古文獻整理與研究

第九輯

陝西省社會科學院古籍整理研究所 編

党斌 主編

鳳凰出版社

圖書在版編目（CIP）數據

古文獻整理與研究. 第九輯 / 陝西省社會科學院古籍整理研究所編；党斌主編. -- 南京：鳳凰出版社，2024. 12. -- ISBN 978-7-5506-4420-5

Ⅰ. G256.1-53

中國國家版本館CIP數據核字第20245ZA990號

書　　　名	古文獻整理與研究（第九輯）
編　　　者	陝西省社會科學院古籍整理研究所
主　　　編	党　斌
責 任 編 輯	徐珊珊
裝 幀 設 計	陳貴子
責 任 監 製	程明嬌
出 版 發 行	鳳凰出版社（原江蘇古籍出版社）
	發行部電話025-83223462
出版社地址	江蘇省南京市中央路165號，郵編：210009
照　　　排	南京凱建文化發展有限公司
印　　　刷	江蘇鳳凰數碼印務有限公司
	江蘇省南京市棲霞區堯新大道399號，郵編：210038
開　　　本	787毫米×1092毫米　1/16
印　　　張	16.75
字　　　數	316千字
版　　　次	2024年12月第1版
印　　　次	2024年12月第1次印刷
標 準 書 號	ISBN 978-7-5506-4420-5
定　　　價	145.00圓

（本書凡印裝錯誤可向承印廠調換，電話：025-57718474）

《古文獻整理與研究》編委會

目　録

傳統文獻研究

新出與稀見文獻研究

域外漢籍研究

學術論衡

校勘札記

《春秋》失載部分日食原因探析[*]

曹景年

關于《春秋》日食的記載及其推算,前人已經有大量研究,尤以張培瑜先生爲代表,據他的推算,在《春秋》240多年中,曲阜可見的日食有 98 次,《春秋》共記載 37 次,①其中 33 次是確實可靠的,另有 4 次可能是誤記或其他訛誤造成的。② 一個值得關注的問題是,《春秋》所記日食僅相當于全部可見日食的三分之一左右,那麽,《春秋》爲何失載那麽多次日食?

關于這一點,前人提出了一些解釋。清王韜《春秋日食説》云:"春秋時日食乃由目睹,非憑測算,目見日食即書于策,不見即不書,春秋二百四十餘年中,豈止三十六日食耶? 蓋據魯所得者而書之耳。"③他認爲史官没有觀測到,故没有記録。楊伯峻先生説:"《春秋》二百四十二年間,魯都曲阜可以見到的日蝕在六十次以上,《春秋》僅記載了一半,另外一半或者失載,或者脱落了。"④認爲可能有兩種原因,一是確實没有記載,二是本來記載了但在後世流傳過程中脱落了。鄭志瑛在楊伯峻的基礎上進行了延伸思考,他首先經過考證認爲《春秋》經文在流傳過程中遺失一千多字,這其中可能包括 2—3 次日食。其次,他根據楊伯峻提出的春秋時期"魯都曲阜可以見到的日蝕在六十次以上"的觀點,通過考察距離曲阜不遠的濟南的年光照量約爲 60%,將其放大到整個《春秋》時代,恰好應該有 23 次左右的日蝕因天氣原因無法觀測到,⑤與楊伯峻之説相符合。徐建委根據《春秋》失載大量日食這一現象,認爲《春秋》不是魯國舊史,因爲"日食觀測和記録是史官的職責,若

　* 本文爲孔子研究院課題"《左傳》所載孔子言行與《論語》比較研究"(22KZYJY16)階段性成果。
　① 含哀公十四年五月的一次。《春秋》經文實止哀公十四年春,《左傳》經文則續至哀公十六年孔子卒。
　② 張培瑜等:《中國古代曆法》,北京:中國科學技術出版社,2008 年,第 171 頁。
　③ 王韜撰,曾次亮點校:《春秋曆學三種》,北京:中華書局,1959 年,第 175 頁。
　④ 楊伯峻:《楊伯峻治學論稿》,長沙:嶽麓書社,1992 年,第 51 頁。
　⑤ 鄭志瑛:《淺析〈春秋〉"漏記"日蝕的原因》,《貴州文史叢刊》1992 年第 1 期,第 54 頁。又見《邯鄲日報》2022 年6 月 29 日第 8 版,改題爲《對〈春秋〉"漏記"日食原因的計量分析》。

《春秋》爲魯史官所編,則其必有完善的日食記録……因此,僅依據日食記録的不完整,也可以排除《春秋》爲魯國史官所修史書的可能性",由此他認爲,《春秋》所載日食是一種"有目的的或深意的選擇"的結果,而不是漏記。① 那麽,選擇的標準是什麽? 他又進而推測或許與戰國秦漢時流行的"弑君三十六"的説法有關:"此處極可能就是戰國秦漢間被廣爲稱述的《春秋》之中'弑君三十六'的暗示或微言。"徐氏的觀點意在論證《春秋》是孔子編纂,寄寓了孔子的微言大義,而非僅是魯國舊史。

　　徐建委主要參考了張培瑜先生《中國曆法研究》一書的數據,但却有意無意忽略了張先生對《春秋》漏載日食方面的一些重要數據和推論。張先生對《春秋》記載的 33 次日食和未載的 65 次日食的食分②作了比較,發現一個重要現象,即《春秋》對大食分日食記録較爲全面,而小食分日食則脱漏甚多,五分以上大食的 53%,《春秋》皆有記載,而五分以下日食的 87%,《春秋》皆未著録,三分以下的 30 餘次小食僅記録了一次,詳見表1。

表 1　《春秋》記載與失載日食統計表③

	總計	九分以上	八分以上	五分以上	五分以下	三分以上	三分以下
《春秋》記載	33	7	14	27	6	32	1
《春秋》失載	65	2	7	24	41	36	29

　　《春秋》多記大食,而忽略小食,這顯然不太可能是孔子選擇的結果,因爲古代史官對天象的記録一般比較籠統簡略,如所謂"五星連珠""長虹貫日"等,關於日食的記録只是某年月日"日有食之",而不會有日食大小的詳細記載,那麽孔子又何從選擇大食分日食而放棄小食分日食呢? 可見,據《春秋》漏載日食的現象無法推翻《春秋》是魯國舊史的傳統觀點。

　　在張培瑜先生數據的基礎上,我們可以對《春秋》漏載日食的原因作進一步分析。《春秋》失載日食無非兩種原因,一是客觀原因没觀測到,一是主觀原因雖觀測到而未記録。

　　古人受客觀條件限制,漏記日食是非常正常的現象,不僅是春秋時期,秦漢以降的史書中,所記載的日食也有很嚴重的漏記現象。據學者統計,西漢漏記 46%的日食,三國魏時漏記 35%,西晋漏記 15%,東晋漏記 45%,只有東漢記録最全,僅漏記 7%。④ 但無論如

---

　　①　徐建委:《〈春秋〉"闔弑吴子餘祭"條釋證——續論〈左傳〉的古本與今本》,《北京師範大學學報(社會科學版)》2015 年第 5 期,第 69 頁。
　　②　食分,指被遮住的日面直徑的比例,用來表示日食的程度,如三分日食爲 0.3,指日面直徑被遮住十分之三。
　　③　本表數據均來自張培瑜等《中國古代曆法》,第 167—172 頁。其中《春秋》失載的三分以上、三分以下數據張先生正文論述中將其顛倒,此據其文中表格改正。
　　④　劉次沅、馬莉萍:《春秋至兩晋日食記録統計分析》,《時間頻率學報》2015 年第 2 期,第 126 頁。

何,漏記日食都是正常現象。導致日食漏記的客觀原因大概有以下幾種:第一,小食分日食不易觀測到。《春秋》漏記的 65 次日食中,有 21 次食分是二分以下,12 次在一分以下,這些日食僅憑肉眼可能很難觀測到。第二,天氣影響,陰雨、多雲、大霧等不良氣象會嚴重影響日食的觀測,即使在中午出現日食,如果是陰雨天氣,可能也觀測不到。鄭志瑛先生的文章就是採用這一思路,雖然他的數據不完全準確。第三,史官的責任心、職業素養也會影響日食記錄,責任心不强或觀測能力不够,可能也會漏記很多日食。第四,跟時代背景也有關係,若社會比較動亂,影響史官的正常工作狀態,也會影響日食的記錄。

除以上幾種情況之外,筆者在考察張先生所列日食數據時,發現一個有趣的現象,即日食是否漏記,跟發生的時刻有密切的關係。現將曲阜可見的三分以上日食共 69 次(含《春秋》記載的 1 次三分以下日食),按照食甚時刻的先後順序表列于下,其中加粗的爲《春秋》所記的日食,其餘爲《春秋》漏記的日食。

表 2　《春秋》日食發生時刻表①

《春秋》年代	公曆日期	食分	食甚時刻
文十二	6 月 29 日	0.67	4:50
襄十五　八月丁巳	**5 月 31 日**	**0.35**	**4:57**
襄三	8 月 10 日	0.43	5:17
莊十二	8 月 18 日	0.32	5:23
僖六	8 月 9 日	0.33	5:23
桓十五	6 月 6 日	0.45	5:35
宣九	9 月 10 日	0.81	5:44
僖卅二	9 月 19 日	0.37	5:52
襄十三	7 月 20 日	0.37	5:54
宣十七　六月癸卯	**5 月 8 日**	**0.43**	**6:00**
文六	5 月 7 日	0.31	6:23
文十五　六月辛丑朔	**4 月 28 日**	**0.87**	**6:29**
宣十　四月丙辰	**3 月 6 日**	**0.50**	**6:48**
襄廿七　十二月乙亥朔	**10 月 13 日**	**0.94**	**7:08**
隱三　二月己巳	**2 月 22 日**	**0.47**	**7:18**
莊廿八	3 月 27 日	0.72	7:34

①　本表數據均來自張培瑜等:《中國古代曆法》,第 167—169 頁。

續表

《春秋》年代	公曆日期	食分	食甚時刻
僖七	2月2日	0.94	7:35
桓四	12月31日	0.66	7:37
莊十九	4月5日	0.65	7:40
宣四	12月3日	0.55	7:41
成十七　十二月丁巳朔	10月22日	0.66	7:43
昭廿四　五月乙未朔	4月9日	0.58	8:16
文二	7月19日	0.64	8:20
哀十九	7月22日	0.36	8:31
僖十三	9月19日	0.31	8:54
僖二	10月21日	0.38	8:57
襄廿三　二月癸酉朔	1月5日	0.91	9:02
定十四	2月6日	0.87	9:17
桓十一	8月17日	0.61	9:36
隱十一	9月18日	0.39	9:51
昭卅一　十二月辛亥朔	11月14日	0.53	9:56
莊廿五　六月辛未朔	5月27日	0.88	10:01
昭廿一　七月壬午朔	6月10日	0.62	10:11
莊廿六　十二月癸亥朔	11月10日	0.72	10:16
襄元	3月7日	0.86	11:17
定十二　十一月丙寅朔	9月22日	0.87	11:24
昭廿二　十二月癸酉朔	11月23日	0.59	11:28
定十五　八月庚辰朔	7月22日	0.51	11:56
昭十五　六月丁巳朔	4月18日	0.93	11:58
莊十四	1月1日	0.57	12:11
哀十四　五月庚申朔	4月19日	0.82	12:43
文元　二月癸亥	2月3日	0.79	12:53
文十四	12月13日	0.92	13:18
哀七	9月1日	0.39	13:51
襄廿四　七月甲子朔	6月19日	1.01	13:58
莊十五	6月17日	0.61	14:27

續表

《春秋》年代	公曆日期	食分	食甚時刻
昭七　四月甲辰朔	3月18日	0.35	14:31
襄廿一　九月庚戌朔	8月20日	0.69	14:34
成十六　六月丙寅朔	5月9日	0.96	14:35
僖五　九月戊申朔	8月19日	0.88	14:52
定五　三月辛亥朔	2月16日	0.44	15:16
襄十四　二月乙未朔	1月14日	0.65	15:17
莊三十　九月庚午朔	8月28日	0.84	15:36
桓三　七月壬辰朔	7月17日	1.00	15:37
宣八　七月甲子	9月20日	0.91	15:42
桓十七　十月朔	10月10日	0.58	15:45
宣六	11月22日	0.55	16:12
文十七	9月30日	0.67	16:39
僖卅一	4月6日	0.51	17:12
僖十九	11月11日	0.61	17:15
昭十七　六月甲戌朔	8月21日	0.82	17:34
襄廿六	10月23日	0.51	17:35
僖廿四	2月23日	0.80	17:40
莊十八　三月	4月15日	0.68	17:46
僖十二　三月庚午	4月6日	0.26	17:59
桓十	3月5日	0.60	18:03
宣三	7月19日	0.57	18:39
僖九	6月7日	0.73	18:42
定七	6月21日	0.80	19:20

　　通過上表可以發現，早上9時之前共發生日食26次，《春秋》記錄8次，失載18次。9時至下午5時，發生日食32次，《春秋》記錄22次，失載10次。下午5時後，發生日食11次，《春秋》記錄3次，失載8次。由此可見，日食記錄跟日食發生的時刻有很大關係，早晚時分的日食漏記較多，白天時段漏記較少。衆所周知，早上和黄昏，天空往往不夠亮，且常常伴有雲霧，會影響日食的觀測；而上午9時至下午5時，是天空最明亮的時候，故這個時段的日食大部分能夠被觀測到并記錄下來。

　　在客觀條件限制之外,《春秋》漏記日食也可能與史官主觀上不重視有一定關係。《春秋》除了記載歷史事件之外,還記載了一些自然災害,但數量不多,據前人總結,有日食三十六、不雨七、無冰三、大旱二、山崩二等,《春秋》242 年中發生的災害當不止此數,《春秋》的記載肯定是有選擇性的。其選擇的標準可能是:只記載比較嚴重的自然災害,一般的災害不予記録。這一點《左傳》有非常詳細的解釋。如莊二十九年經:"秋,有蜚。"《左傳》云:"秋,有蜚,爲災也。凡物,不爲災,不書。"又隱元年傳云:"有蜚。不爲災,亦不書。"莊十八年經:"秋,有蜮。"《左傳》云:"秋,有蜮,爲災也。"可見,至少在《左傳》看來,不造成重大後果的小災,《春秋》是不予記載的。日食雖然只是天文現象,而不能直接造成災害,但在當時人眼中,日食往往意味着某種不好的事件將會發生,而食分的大小很可能會與事件的嚴重程度密切相關,對于大食分日食,人們肯定非常重視,如莊二十五年"六月辛未,朔,日有食之,鼓、用牲于社"。這是 0.88 的大食。文十五年"六月辛丑朔,日有食之。鼓,用牲于社"。① 這是 0.87 的大食。對于這兩次大食分日食,魯國都舉行了一些禳祭活動,這也是《春秋》記載的僅有的兩次針對日食做出的行動。而對于其他小食分日食,可能未必如此重視,甚至連記録的必要都沒有。

　　綜合本文論述,《春秋》缺載日食,大部分是客觀原因造成的,可能也有史官因小食影響不大不予記録的因素。但無論如何,都不是孔子編纂《春秋》時有意選擇的結果,據此不足以懷疑《春秋》是魯國舊史的傳統觀點。

【作者簡介】曹景年,男,1983 年生,博士,孔子研究院助理研究員、山東省泰山學者青年專家,主要從事經學文獻研究。

　　① 以上《春秋》經傳引文出自楊伯峻編著:《春秋左傳注(修訂本)》,北京:中華書局,2016 年,第 265、66、19、224、226、251、664 頁。

《史記》"帝紂""商紂"辨

華 喆

《史記》中，紂，或稱"帝紂"，或稱"商紂"，《周本紀》："武王使師尚父與百夫致師，以大卒馳帝紂師。"[①]裴駰《集解》："徐廣曰：'帝，一作商。'"[②]《逸周書·克殷解》作"王既以虎賁戎車馳商師"，[③]《路史·國名紀》卷四注引史遷《本紀》作"武王以戎車馳商師"。[④]"帝"與"商"的關係，歷來認爲是字形訛誤，或以"帝"是，或以"商"是。本文將結合傳世文獻與出土文獻，探討"帝""商"的字形關係及其變化軌迹，并對"商紂""帝紂"兩個稱謂進行辨析。

一、傳世文獻與出土文獻中"商""帝"的訛變現象

《史記·周本紀》："崇侯虎譖西伯于殷紂曰：'西伯積善累德，諸侯皆嚮之，將不利于帝。'帝紂乃囚西伯于羑里。"[⑤]梁玉繩《史記志疑》云：

> 此處兩"帝"字及下文"以告帝紂""帝紂聞武王來""以大卒馳帝紂師"三"帝"字，《史詮》謂"皆當作'商'，字之訛也"。據徐廣云"帝，一作商"，則《史詮》是。[⑥]

按，梁氏同意《史詮》之說，認爲此處"帝"字乃"商"字之訛，稱"商紂"爲是，當是以《逸周書》

---

① 司馬遷撰，裴駰集解，司馬貞索隱，張守節正義：《史記》卷四，點校本二十四史修訂本，北京：中華書局，2014年，第160頁。

② 司馬遷撰，裴駰集解，司馬貞索隱，張守節正義：《史記》卷四，點校本二十四史修訂本，第161頁。

③ 黃懷信、張懋鎔、田旭東撰，黃懷信修訂，李學勤審定：《逸周書彙校集注（修訂本）》卷四，上海：上海古籍出版社，2007年，第341頁。同頁還記載：《史略》作"王既戎車武賁馳商師，商師大崩"。

④ 周明著：《路史箋注》，成都：巴蜀書社，2021年，第685頁。按，《路史》注所引稱"史遷《本紀》"，然其前後内容與今《周本紀》不類，與《逸周書·克殷解》相近，稱"史遷《本紀》"者疑誤。

⑤ 司馬遷撰，裴駰集解，司馬貞索隱，張守節正義：《史記》卷四，點校本二十四史修訂本，第151頁。

⑥ 梁玉繩：《史記志疑》卷三，北京：中華書局，1981年，第78頁。

《路史》爲據,其説可商榷。① 不過傳世文獻"商""帝"互訛現象確實多見,前人已有提及,我們結合出土文獻材料,先就此問題加以論述。

古書中有"帝"訛爲"商"的現象。《楚辭·天問》"啓棘賓商",歷來注釋頗多分歧,②其中"商"字,王逸謂"陳列宮商之音",釋爲"宮商"之"商";洪興祖謂"此言賓商者,疑謂待商以賓客之禮",釋爲"殷商"之"商";朱熹謂"'商'當作'天',以篆文相似而誤也";朱駿聲云"(商)爲'帝'之誤字。《天問》'啓棘賓商',按當作'帝',天也";王闓運云"商,蓋'帝'之誤,啓列戟僎于上帝";游國恩謂"'商'者或爲'帝'之訛字","或爲'高'之誤文","又或即以同音借爲上,上亦天也"。于省吾認爲,朱駿聲、王闓運謂"商"當作"帝"甚確,"其他異説,概可弗從"。③ 其説可從。④

《逸周書·克殷解》:"商辛奔内,登于廩臺之上,屛遮而自燔于火。"⑤魏慈德認爲,在甲骨、金文中未見以"商辛"稱紂者,"商辛"當爲"帝辛"之訛。⑥ 其説有理,《路史·國名紀》卷四注正作"帝辛奔内,登廩臺"。⑦《管子·輕重戊》:"疏三江,鑿五湖,道四涇之水,以商九州之高,以治九藪,民乃知城郭、門閭、室屋之築,而天下化之。"王挺斌認爲,"商"當爲"帝"或"啻"之誤,"帝""啻"通"奠",訓爲"定"。⑧

出土文獻中亦有"商"訛爲"帝"的例子,如銀雀山漢簡《孫臏兵法·見威王》簡256"帝奄反,周公淺之",整理者注:"'帝'字當是'商'字之誤寫,商奄,國名。"⑨

①　《周本紀》"帝紂乃囚西伯于羑里",此處"帝紂"之"帝",也有可能是承前而衍,前已稱"殷紂",此處或當簡稱爲"紂",而上文有"將不利于帝",抄者見《史記》中有"帝紂"之稱,遂誤衍一"帝"字。

②　詳見游國恩著,游寶諒編:《天問纂義》,《游國恩楚辭論著集》(第二卷),北京:中華書局,2008年,第201—212頁。以下所列舉釋例均出自此書。

③　于省吾:《澤螺居楚辭新證》,北京:中華書局,1982年,第266頁。

④　聞一多《天問疏證》説:"《山海經》帝舜即帝嚳,是舜本商人之天帝。《大荒西經》'嬪于天',天即天帝舜。舜既爲商之天帝,則《天問》曰'賓商',《山海經》曰'嬪天',仍即一事。説者或謂'商'爲'帝'之訛,殆失之迂。"此爲一説,録以備考,參見屈原著,金開誠等校注:《屈原集校注》,北京:中華書局,1996年,第340頁。另有黄文焕釋爲"略也",林雲銘釋爲"度也",夏大霖釋爲"裁度也",曹耀湘釋爲"舜之子商均也",游國恩云:"宮商、商均、商度、商張之説,甚或謂勤于子而屠其母,或謂禹勤而鯀戮(以屠母爲屠父),以死分竟地爲抱恨終天,皆望文生義,强不知以爲知之患也。"見游國恩著,游寶諒編:《天問纂義》,第212頁。

⑤　黄懷信、張懋鎔、田旭東撰,黄懷信修訂,李學勤審定:《逸周書彙校集注(修訂本)》卷四,第344頁。

⑥　魏慈德:《〈逸周書·世俘〉〈克殷〉兩篇出土文獻互證試論》,《東華人文學報》2004年第6期,第47頁。

⑦　周明著:《路史箋注》,第685頁。

⑧　王挺斌:《〈管子·輕重戊〉"以商九州之高"解》,《中國典籍與文化》2017年第2期,第148頁。按,王氏文中提到了多處傳世古書中"商""帝"訛誤的例子,此處不再贅述。

⑨　銀雀山漢墓竹簡整理小組編:《銀雀山漢墓竹簡(壹)·釋文注釋》,北京:文物出版社,1985年,第49頁。

二、從出土文獻角度來看"商""帝"二字的訛變軌迹

從出土文獻材料來看，秦漢文字中"商""帝"二字字形有一定的差距，如馬王堆簡帛書中"商"字一般寫法爲"商"或者"商"，①而"帝"字作"帝"或"帝"，②兩個字的上部雖然相似，但是"商"字下部之"口"則使二字有了明顯的差異，直接訛誤的可能性較小。

于省吾云："'帝'之訛爲'商'者，金文晚期'帝'字也作'啇'（見《陳侯因𦤦敦》）。'啇'及從'啇'之字隸書多寫作'商'，形近故易訛。"③于省吾的説法不僅適用于金文材料，在用字習慣上，秦漢時期的出土材料中，"帝"也可寫作"啇"，而"啇"形與"商"相近，容易產生訛誤。"啇"當是"帝"與"商"互訛的中間字。

秦漢時期的出土文獻中，"啇"單字的寫法爲"啇"或者"啇"，④從"啇"得聲的"適"字，馬王堆帛書作"適"，⑤武威漢簡作"適"，⑥北大漢簡《老子》簡192寫作"適"，⑦皆從"商"形；漢代璽印人名中的"適"字，亦有多從"商"形者，石繼承《漢印文字研究》云：⑧

> 這種寫法在西漢中期以後成熟的隸書中也經常可以見到。漢印"馬適昭——馬適昭"（圖2-40-1）、"馬適僑印"（圖2-40-2）、"楊卻適"（圖2-40-3）、"馬適衡印"（圖2-40-4）、"馬適恢印"（圖2-40-5）、"禽適將軍章"（圖2-40-6）中的"適"，就都寫作從"商"之形。

圖 2-40

1.《范》 2.《顧》 3.《纘》301 4.《蓮》圖31頁 5.《顧》 6.《匯》153

① 陳松長編著，鄭曙斌、喻燕姣協編：《馬王堆簡帛文字編》，北京：文物出版社，2001年，第86頁。
② 陳松長編著，鄭曙斌、喻燕姣協編：《馬王堆簡帛文字編》，第2、3頁。
③ 于省吾：《澤螺居楚辭新證》，第265頁。魏慈德也認爲，"因'啇'隸書作'商'，與'商'形近易訛"。見魏慈德：《〈逸周書·世俘〉、〈克殷〉兩篇出土文獻互證試論》，《東華人文學報》2004年第6期，第47頁。
④ 陳松長編著，鄭曙斌、喻燕姣協編：《馬王堆簡帛文字編》，第53頁。
⑤ 陳松長編著，鄭曙斌、喻燕姣協編：《馬王堆簡帛文字編》，第69頁。
⑥ 參看徐富貴編撰：《武威儀禮漢簡文字編》，臺北：(臺北)"國家"出版社，2006年，第38、39頁。
⑦ 北京大學出土文獻研究所編：《北京大學藏西漢竹書(貳)》，上海：上海古籍出版社，2012年，第97頁。
⑧ 石繼承：《漢印文字研究》，上海：上海古籍出版社，2021年，第146頁。

在出土文獻中,早期的隸書有"啻"誤作"商"字之例,如孔家坡漢簡日書《主歲》篇中, "青啻"之"啻"作"啻"(簡 427),與之對應的"赤啻"之"啻"則作"商"(簡 429),[①]二者已相混。銀雀山漢簡《占書》簡 2091"月并出,啻人亡",[②]"啻"即"商"字之訛。馬王堆帛書《五十二病方》287 行"取商牢漬醯中",[③]"商"是"啻"字的一種寫法,更接近于"商"形,實爲"商"字之訛。

秦漢時期的出土文獻中,"帝"字寫作"啻"者亦多見,如:睡虎地雲夢秦簡《日書甲種·行》簡 128:"凡是日赤啻恒以開臨下民而降其殃,不可具爲百事,皆毋所利。"簡 129—130: "苟毋直赤啻臨日,它日雖有不吉之名,毋所大害。"[④]"赤啻"讀爲"赤帝"。馬王堆帛書《五十二病方》390 行"天啻下若,以漆弓矢",391 行"啻有五兵",[⑤]此兩處之"啻"字皆讀爲"帝"。《戰國縱橫家書》"必爲兩啻",裘錫圭《讀〈戰國縱橫家書釋文注釋〉札記》:

> 勾(趙)氏之慮,以爲齊秦復合,必爲兩啻(敵)以功(攻)勾(趙),若出一口。(41
> 頁。圖版 90 行),注六:兩敵,指齊、秦。
> 按:"兩啻"當讀爲"兩帝","爲兩帝"指齊、秦并稱帝……可見帛書的"啻"不應讀
> 爲"敵"而應讀爲"帝"。[⑥]

其説可從。《太平御覽》卷八十四引《周書》:"文王獨坐,屏去左右,深念遠慮,召太公望曰:'帝王猛暴無文,强梁好武……'"[⑦]銀雀山漢簡《六韜·五》簡 677 有類似的文句:

> 文王在酆,召太公望曰:"於乎! 謀念哉! 啻王猛極秋罪不我舍。女嘗助予務謀,

① 湖北省文物考古研究所、隨州市考古隊編著:《隨州孔家坡漢墓簡牘》,北京:文物出版社,2006 年,第 107 頁。
② 銀雀山漢墓竹簡整理小組編:《銀雀山漢墓竹簡(貳)·釋文注釋》,北京:文物出版社,2010 年,第 242 頁。
③ 裘錫圭主編:《長沙馬王堆漢墓簡帛集成(伍)》,北京:中華書局,2014 年,第 266 頁。按,此"商"字,劉玉環認爲應直接釋爲"商"字,"比較'商'和'啻'的古文字形可以看出,'商'和'啻'字形相近,兩者的主要區別是:'商'字的中間部分('口'上面的筆劃)是一撇一捺兩筆,'啻'字的中間部分('口'上面的筆劃)是一竪一撇一捺三筆。仔細觀察我們要討論的字形,表面上呈現三叉,實際上是由兩筆構成,即斜向左的竪筆和與竪筆稍微交叉的橫筆,這兩筆是一撇一捺的草率寫法。此字應直接釋爲'商'。"(見劉玉環《秦漢簡帛訛字研究》,北京:中國書籍出版社,2013 年,第 141 頁。)不過,兩字雖微有區別,但是字形之相近是無疑的。
④ 陳偉主編,武漢大學簡帛研究中心、湖北省博物館、湖北省文物考古研究所編:《秦簡牘合集(壹)·睡虎地秦墓簡牘》,武漢:武漢大學出版社,2014 年,第 411 頁。本書第 398 頁《日書甲種·帝》中,"帝"皆寫作"啻",劉樂賢將"啻"讀爲"帝",見注[1]。
⑤ 裘錫圭主編:《長沙馬王堆漢墓簡帛集成(伍)》,第 285 頁。
⑥ 裘錫圭:《讀〈戰國縱橫家書釋文注釋〉札記》,見《裘錫圭學術文集》第二冊,上海:復旦大學出版社,2015 年,第 195 頁。
⑦ 李昉等撰,夏劍欽校點:《太平御覽》,石家莊:河北教育出版社,1994 年,第 728 頁。

今我何如?”

整理者注:宋本作“商王虐極,罪殺不辜”,“啻”“商”二字形近,簡本“啻”字當爲“商”之誤字。①

可見《太平御覽》中的“帝”亦“商”字之訛,這也直接證明了三個字的遞變軌迹,即“商”訛爲“啻”,而“啻”又可作“帝”字用,遂有“商”訛爲“帝”的現象。

三、辨析《史記》“帝紂”與“商紂”

那《史記》本文到底是作“帝紂”,還是作“商紂”呢? 就現在的《史記》文本而言,“帝紂”的稱呼也是常見的,除梁氏提及者,他如《殷本紀》“帝紂資辨捷疾”,②《封禪書》“帝紂淫亂”,③《宋微子世家》“帝紂之庶兄也”;④亦有稱“商紂”者,如《周本紀》“脩社及商紂宫”、⑤“封商紂子禄父殷之餘民”,⑥《齊太公世家》“誓于牧野,伐商紂”;⑦又有稱“殷紂”者,如《周本紀》“崇侯虎譖西伯于殷紂”,⑧似乎太史公對此人并没有一個統一的稱謂。“帝紂”“商紂”何者爲是? 要解决這個問題,我們有必要討論一下商代帝王的稱謂。

商代後期,殷人把“帝”這一稱號用于人王的名號中,他們常以“帝＋天干”這樣的稱謂方式來稱呼部分先王,如卜辭中屢見的“帝甲”(如《合集》27438)、“帝丁”(如《合集》27372);⑨又如商代晚期的青銅器,四祀𠨘其卣、⑩𫢋鼎⑪銘文中的“帝乙”,騰興建認爲:

> 殷先王中被稱爲“帝某”者有武丁(帝丁)、祖己(帝己)、祖甲(帝甲)、文丁(文武帝)、帝乙(文武帝乙),另外,最末的商紂王也被稱作帝辛,他們都是武丁以後的商王,而將“帝”加之于先王名號中的稱謂方式最早見于祖甲時期的卜辭。⑫

① 銀雀山漢墓竹簡整理小組編:《銀雀山漢墓竹簡(壹)・釋文注釋》,第114頁。
② 司馬遷撰,裴駰集解,司馬貞索隱,張守節正義:《史記》卷三,點校本二十四史修訂本,第135頁。
③ 司馬遷撰,裴駰集解,司馬貞索隱,張守節正義:《史記》卷二十八,點校本二十四史修訂本,第1633頁。
④ 司馬遷撰,裴駰集解,司馬貞索隱,張守節正義:《史記》卷三十八,點校本二十四史修訂本,第1943頁。
⑤ 司馬遷撰,裴駰集解,司馬貞索隱,張守節正義:《史記》卷四,點校本二十四史修訂本,第162頁。
⑥ 司馬遷撰,裴駰集解,司馬貞索隱,張守節正義:《史記》卷四,點校本二十四史修訂本,第163頁。
⑦ 司馬遷撰,裴駰集解,司馬貞索隱,張守節正義:《史記》卷四,點校本二十四史修訂本,第1792頁。
⑧ 司馬遷撰,裴駰集解,司馬貞索隱,張守節正義:《史記》卷四,點校本二十四史修訂本,第151頁。
⑨ 郭沫若主編,胡厚宣總編輯:《甲骨文合集》,北京:中華書局,1978—1983年。本文簡稱《合集》。
⑩ 中國社會科學院考古研究所編:《殷周金文集成釋文》第四卷,香港:香港中文大學出版社,2001年,第157頁。
⑪ 鍾柏生、陳昭容、黃銘崇、袁國華編:《新收殷周青銅器銘文暨器影彙編》,臺北:藝文印書館,2006年,第1073頁。
⑫ 騰興建:《由新見卜辭看商代“帝某”之“帝”的内涵》,《文獻》2022年第1期,第108頁。

《殷本紀》云:"帝乙崩,子辛立,是爲帝辛,天下謂之紂。"[1]可見,"紂"是一個稱號。[2] 紂爲亡國之君,然而周人當還是遵循了殷人的習慣,稱之爲"帝辛"。查《殷本紀》對殷商歷代帝王的稱謂,除"帝紂資辨捷疾"一句爲"帝+稱號"外,其他均是"帝+某(或省)+天干"的形式,與商代晚期甲骨、金文的稱謂習慣基本一致,因此"帝紂"亦如"商辛"(見前魏慈德説),皆不符合當時的稱謂習慣。

　　《周本紀》叙述的武王伐紂事件,當取材于《逸周書》,觀《逸周書》諸篇,《克殷解》"周車三百五十乘陳于牧野,帝辛從""帝辛奔内",[3]稱之爲"帝辛";《商誓解》"今在商紂,昏憂天下",[4]《明堂解》"大維商紂暴虐",[5]《芮良夫解》"商紂不道夏桀之虐",[6]《周書序》"昔在文王、商紂并立,困于虐政",[7]皆稱之爲"商紂";《世俘解》"征伐商王紂""則咸劉商王紂",[8]稱之爲"商王紂"。可見,《逸周書》主要稱紂爲"帝辛""商紂"或"商王紂"。清華簡《封許之命》簡3"扞輔武王,干敦殷受",[9]稱之爲"殷受",與《周本紀》之"殷紂"同,與《逸周書》"商紂"亦密合,爲"國名+稱號"的形式。

　　不僅如此,查檢《逸周書》之外的傳世文獻,《史記》成書前及與之相近的西漢後期,他書未見有稱"帝紂"者,稱"帝辛"者有之,如《國語·周語上》:"商王帝辛大惡于民。"[10]《易林·賁之乾》:"帝辛沈湎,商滅其墟。"[11]《説苑·敬慎》:"昔者殷王帝辛之時,爵生烏于城之隅。"[12]而稱"商紂"者則多見,略舉數例:

---

①　司馬遷撰,裴駰集解,司馬貞索隱,張守節正義:《史記》卷三,點校本二十四史修訂本,第135頁。

②　紂,又寫作"受",或謂是謚號,這裏我們作爲一個稱號來看待。《尚書·西伯戡黎序》:"殷始咎周,周人乘黎,祖伊恐,奔告于受,作《西伯戡黎》。"《正義》:"《經》云'奔告于王',王無謚號,故《序》言'受'以明之。此及《泰誓》《武成》皆呼此君爲'受',自外書傳皆呼爲'紂'。'受'即'紂'也,音相亂,故字改易耳。《殷本紀》云:'帝乙崩,子辛立,是爲帝辛,天下謂之紂。'鄭玄云:'紂,帝乙之少子,名辛,帝乙愛而欲立焉,號曰受德。時人傳聲轉作紂也,史掌書知其本,故曰受,與孔大同。'《謚法》云:'殘義損善曰紂。'殷時未有謚法,後人見其惡,爲作惡義耳。"按,鄭玄云"名辛"無疑是錯誤的。段玉裁《古文尚書撰異》:"馬融云'受讀曰紂',此依今文爲注也。又云'或曰受婦人之言,故號曰受也',此馬廣異聞也。'紂'與'受'非名也,據馬、鄭云'號曰受',號與名不同。《史記》云'帝辛,天下謂之紂',亦謂天下號以'紂'耳。紂猶亂也,紂與討同部,討,雜也。《謚法》云'殘義損善曰紂',則周公以後因商紂立此文,紂本非謚也。"

③　黄懷信、張懋鎔、田旭東撰,黄懷信修訂,李學勤審定:《逸周書彙校集注(修訂本)》卷四,第339、344頁。本篇原作"商辛奔内","商辛"當作"帝辛",見前文論述。

④　黄懷信、張懋鎔、田旭東撰,黄懷信修訂,李學勤審定:《逸周書彙校集注(修訂本)》卷五,第454頁。

⑤　黄懷信、張懋鎔、田旭東撰,黄懷信修訂,李學勤審定:《逸周書彙校集注(修訂本)》卷六,第709頁。

⑥　黄懷信、張懋鎔、田旭東撰,黄懷信修訂,李學勤審定:《逸周書彙校集注(修訂本)》卷九,第1000頁。

⑦　黄懷信、張懋鎔、田旭東撰,黄懷信修訂,李學勤審定:《逸周書彙校集注(修訂本)》卷十,第1117頁。

⑧　黄懷信、張懋鎔、田旭東撰,黄懷信修訂,李學勤審定:《逸周書彙校集注(修訂本)》卷四,第412、415頁。

⑨　李學勤主編,清華大學出土文獻研究與保護中心編:《清華大學藏戰國竹簡(伍)》,上海:中西書局,第118頁。

⑩　左丘明撰,徐元誥集解,王樹民、沈長雲點校:《國語集解》,北京:中華書局,2002年,第5頁。

⑪　焦延壽著,馬新欽點校:《易林》卷六,南京:鳳凰出版社,2017年,第285頁。

⑫　劉向撰,向宗魯校證:《説苑校證》卷十,北京:中華書局,1987年,第247頁。

《尸子》：昔商紂有臣曰王子須，務爲諂使其君樂。①

《左傳·宣公三年》：商紂暴虐，鼎遷于周。②

《左傳·宣公十五年》：夫恃才與衆，亡之道也，商紂由之，故滅。③

《左傳·昭公四年》：商紂爲黎之蒐，東夷叛之。④

《韓詩外傳》：昔者商紂默默而亡，武王諤諤而昌。⑤

《易林·需之益》：商紂牧野，顛敗所在。⑥

綜上，傳世文獻和出土文獻中，對于紂的稱謂習慣，除直接稱"紂"之外，主要是"帝辛""商（殷）紂"或"商王紂"。從這個角度來説，《史記》中的"帝紂"不符合當時的稱謂習慣，疑當是"商紂"之訛。具體到《周本紀》"帝紂師"，徐廣注謂"帝一作商"，《逸周書·克殷解》作"商師"，疑《史記》本亦作"商師"，後"商"字訛爲"帝"，而句不可通，遂又加"紂"字，從而形成了"帝紂師"的文本。

《史記》之後的傳世文獻中，"帝紂"一詞出現的頻率升高，且多與《史記》材料有關，很可能是受《史記》的影響。⑦ 不過，《史記》整齊百家，取材廣泛，書中往往存在差異，甚至有彼此矛盾的情況，而謂一書之中多處"商紂"同時訛爲"帝紂"，也屬可疑，此種情況或出于後人所改，或是材料來源不同的緣故。這個問題可以進一步探討，我們也寄希望于出土文獻中有紂之稱謂的新發現，爲我們的研究提供更充足的材料。

【作者簡介】華喆，男，1987 年生，山東大學文學院博士研究生，主要從事出土文獻與古文字研究。

---

① 汪繼培輯，魏代富疏證：《尸子疏證》卷下，南京：鳳凰出版社，2018 年，第 125 頁。

② 楊伯峻編著：《春秋左傳注（修訂本）》，北京：中華書局，1981 年，第 671 頁。

③ 楊伯峻編著：《春秋左傳注（修訂本）》，第 763 頁。

④ 楊伯峻編著：《春秋左傳注（修訂本）》，第 1252 頁。

⑤ 韓嬰撰，許維遹校釋：《韓詩外傳集釋》卷七，北京：中華書局，1980 年，第 249 頁。

⑥ 焦延壽著，馬新欽點校：《易林》卷二，第 70 頁。

⑦ 如《漢書·郊祀志上》："後十三世帝武丁……後五世帝乙……後三世帝紂淫亂，武王伐之。"皇甫謐《帝王世紀》"帝紂能倒曳九牛，撫梁易柱"，是《史記》"帝紂……材力過人，手格猛獸"的具體呈現。

《春秋釋例》述要

王志勇

　　《春秋釋例》對研究《左傳》及春秋歷史具有重要的文獻價值,但自明代開始此書便佚失,後清代四庫館臣從《永樂大典》中輯出部分内容,并参考《春秋左傳正義》等書對内容進行校勘與考證,使我們今天得以了解此書大概。

　　《春秋釋例》作者杜預,字元凱,晋京兆杜陵人。生于魏文帝黄初三年(222),卒于晋武帝太康六年(285),終年六十三歲。據《晋書》卷三十四本傳,杜預祖畿,魏尚書僕射。父恕,幽州刺史。文帝嗣立,預尚帝妹高陸公主,起家拜尚書郎。此後歷任曹魏尚書郎、西晋河南尹、安西軍司、秦州刺史、度支尚書、鎮南大將軍,官至司隸校尉。觀其一生,在政治、軍事、經濟、文化等領域均有建樹。曾参與制定《晋律》,三陳平吴策,掌管國家賦税事務七載,奏上《二元乾度曆》等,時人稱其爲"杜武庫"。

　　《晋書》本傳云:"預博學多通,明于興廢之道,常言:'德不可以企及,立功立言可庶幾也。'""既立功之後,從容無事,乃耽思經籍,爲《春秋左氏經傳集解》。"[1]是杜預早有著述立説之志。除了《春秋左氏經傳集解》之外,據《隋書·經籍志》所載,他尚著有如《喪服要集》《春秋左氏傳音》《春秋左氏傳評》《律本》《雜律》《女記》《晋征南將軍杜預集》等,涉獵範圍甚廣,惜亡佚過半。杜預自云"有《左傳》癖",其對《左傳》所作注解,自古至今一直是解讀《左傳》的重要参考。

　　《春秋釋例》原書自明以後亡佚,今見者乃後人輯本,内容主要包括"釋例""土地名""世族譜""經傳長曆""終篇"五個部分。據《晋書》本傳所言:"又参考衆家譜第,謂之《釋例》。又作《盟會圖》《春秋長曆》,備成一家之學,比老乃成。"[2]《三國志·魏書·杜恕傳》裴注與此同,從二者所言來看,《春秋長曆》《盟會圖》等不在《春秋釋例》之内。然杜預《春秋左氏傳序》"又别集諸例及地名、譜第、曆數,相與爲部,凡四十部,十五卷,皆顯其異同,

---

① 房玄齡等:《晋書》,北京:中華書局,1974 年,第 1025、1031 頁。
② 房玄齡等:《晋書》,第 1031 頁。

從而釋之,名曰《釋例》。將令學者觀其所聚,異同之説,《釋例》詳之也"。① 據杜言《春秋長曆》等俱在《釋例》之內,今輯本即據此搜羅排列也。

"釋例"四卷,包括公即位例、會盟朝聘例、戰敗例、母弟例、吊贈葬例、大夫卒例、滅取入例等共四十二例,所謂"例",即如杜預《春秋左氏傳序》所言:"其發凡以言例,皆經國之常制,周公之垂法,史書之舊章。仲尼從而修之,以成一經之通體。"②是一套書寫規則,以此來"其微顯闡幽,裁成義類者,皆據舊例而發義,指行事以正襃貶",③此爲"正例";又有諸如"書""不書""先書""故書""不言""不稱""書曰"之類,"皆所以起新舊,發大義,謂之變例",④"其經無義例,因行事而言,則傳直言其歸趣而已,非例也"。⑤ 孔穎達《正義》總結三例爲"傳體有三,即上文發凡正例、新意變例、歸趣非例是也",⑥十分準確。《釋例·終篇》云:"稱凡者五十,其別四十有九。"然據孔穎達《正義》所言"《釋例》四十部,無凡者十五",⑦今輯本無"凡"之例更多于原書,見于《釋例》原文的傳例共二十條左右,遠不足"五十"之數。"釋例"部分的完整體例是,先引經、傳中有代表性的原文,有"凡"者附于相關引文之後,部分篇目引文闕如。之後以"釋例曰"起首,申述傳文,闡釋傳例,分析具體案例,再對時人之説予以辯駁。孫星衍《重刊春秋釋例序》云:"其《釋例》援據經傳,以類相從,得比事屬辭之旨,是非不謬于聖人,異乎後人舍傳求經,其弊且至疑經也。"⑧因此,"釋例"雖然篇幅僅佔全書三分之一,但也是最重要的部分。

"土地名"三卷,本之《泰始郡國圖》,亦有"釋例曰"。但本篇更大的篇幅是分國別、按年代逐條臚列地名,再注以當時所在之地,無則闕如。最後附以四夷、山名、水名,亦按年代臚列。"世族譜"二卷,本之劉向《世本》,以春秋各國爲序,先簡單介紹國史,後分國君、夫人、公子、公女、貴族、雜人諸類臚列人名,并簡注字號、別名及人物關係。"經傳長曆"六卷,有"釋例曰",爲總論。後以春秋魯十二公爲序,歷述每年各月干支大小,次列經、傳中出現的干支紀日,并注明日期,紀日有謬者,予以糾正。"終篇"爲全書總結,言明撰述之旨,然缺佚過甚,凡不能歸于以上各篇的佚文,附列于此。

杜預《春秋左氏傳序》言:"預今所以爲異,專修丘明之傳以釋經。經之條貫,必出于

① 十三經注疏整理委員會:《春秋左傳正義》,北京:北京大學出版社,2000年12月,第28頁。
② 十三經注疏整理委員會:《春秋左傳正義》,第16頁。
③ 十三經注疏整理委員會:《春秋左傳正義》,第18頁。
④ 十三經注疏整理委員會:《春秋左傳正義》,第19頁。
⑤ 十三經注疏整理委員會:《春秋左傳正義》,第20頁。
⑥ 十三經注疏整理委員會:《春秋左傳正義》,第21頁。
⑦ 十三經注疏整理委員會:《春秋左傳正義》,第17頁。
⑧ 杜預:《春秋釋例》,見王雲五主編:《叢書集成初編》第3628冊,上海:商務印書館,1936年12月,第1頁。

傳。傳之義例,總歸諸凡。推變例以正褒貶,簡二傳而去異端,蓋丘明之志也。"①雖然杜氏固守《左傳》,所論難免有偏頗之嫌,但"推變例以正褒貶",確實是探求"《春秋》大義"的重要方法,《春秋釋例》與《春秋左氏經傳集解》相輔相成,互爲表裏,是解讀《春秋》的重要典籍。此書甫出,時祕書監摯虞譽之曰:"左丘明本爲《春秋》作傳,而《左傳》遂自孤行。《釋例》本爲傳設,而所發明何但《左傳》,故亦孤行。"②《四庫提要》論曰:"考預書雖有曲從左氏之失,而用心周密,後人無以復加。其例亦皆參考經文,得其體要,非《公》《穀》二家穿鑿月日者比。……《春秋》以《左傳》爲根本,《左傳》以杜解爲門徑,《集解》又以是書爲羽翼。緣是以求筆削之旨,亦可云考古之津梁、窮經之淵藪矣。"③評價可謂恰當。

《春秋釋例》在歷史上的流傳,見于歷代目録書。《隋書·經籍志》《新唐書·藝文志》《經典釋文·叙録》皆著録"《春秋釋例》十五卷"。《景定建康志·文籍志》"經書之目"中有《春秋》類二十七本,其中有《春秋釋例》,未標卷數。④《崇文總目》卷一亦著録十五卷,云"凡五十三例"。⑤《宋史·藝文志》除《春秋釋例》十五卷之外,又有《春秋謚法》一卷,并注云"即杜預《春秋釋例·謚法篇》"。⑥私家目録中,晁公武《郡齋讀書志》亦云十五卷,并云:"凡四十部。集《左傳》諸例及地名、譜第、曆數,皆顯其同異,從而釋之,發明尤多。"⑦陳振孫《直齋書録解題》略同,又補充有"唐劉賁爲之序"。⑧

《春秋釋例》明以後散佚。今傳世本爲《四庫全書》館臣從《永樂大典》《春秋左傳正義》中輯得。孔穎達《正義》論全書次第云:"其四十部次第,從隱即位爲首,先有其事,則先次之。唯世族土地,事既非例,故退之于後。《終篇》宜最處末,故次《終篇》之前,《終篇》處其終耳。土地之名起于宋衛'遇于垂',世族譜起于'無駭卒','無駭卒'在遇垂之後,故地名在世族之前也。"⑨今輯本諸篇次序大致如孔氏所言。據《清史稿》卷一百四十五《藝文志》所言:"晋杜預《春秋釋例》十五卷,宋呂祖謙《春秋左氏傳續說》十二卷。"并注云"以上均乾隆三十八年王際華等奉敕輯"。⑩是以王際華爲纂輯者之一,又國家圖書館藏抄本中有孔繼涵"借楊庶常昌霖本抄"之語,知楊昌霖亦是與事者之一。館臣除了輯録、排序之外,又

① 十三經注疏整理委員會:《春秋左傳正義》,第 26 頁。
② 房玄齡等:《晋書》,第 1032 頁。
③ 杜預:《春秋釋例》,見《景印文淵閣四庫全書》第 146 册,臺北:臺灣商務印書館,2008 年,第 3 頁。
④ 周應合:《景定建康志》,嘉慶七年(1802)金陵孫忠愍仿宋本,卷三十三,第 4 頁。
⑤ 王堯臣等編次,錢東垣輯釋:《崇文總目》,臺北:臺灣商務印書館,1968 年,第 24 頁。
⑥ 脱脱等:《宋史》第 15 册,北京:中華書局,1977 年,第 5057、5070 頁。
⑦ 晁公武撰,孫猛校證:《郡齋讀書志校證》,上海:上海古籍出版社,1990 年,第 88 頁。
⑧ 陳振孫撰,徐小蠻、顧美華點校:《直齋書録解題》,上海:上海古籍出版社,1987 年,第 53 頁。
⑨ 十三經注疏整理委員會:《春秋左傳正義》,第 28 頁。
⑩ 趙爾巽等:《清史稿》,北京:中華書局,1976 年,第 4243 頁。

于書中標題、正文之下雙行小字增補案語,其主要内容爲注明《永樂大典》本篇存佚情況,文句文獻來源,若同見于《永樂大典》《春秋左傳正義》者,則注明文字異同,有些案語則附有考證。

傅世本中,《四庫全書》本據《提要》成書于乾隆四十九年(1784)十月,但藍本乾隆三十八年(1773)已完成,此應爲最早。其後有國家圖書館藏乾隆丁酉(四十二年,1777)六月嘉定錢坫抄本,此本原爲孔繼涵、孔廣栻校本。抄本正文、案語抄録時有闕漏、誤增者,且篇目次序有錯亂。觀其字迹,多數篇目用正楷書寫,少數篇目、段落用草書,以整頁或箋條覆于原紙上,此應爲孔繼涵、孔廣栻父子的"工作本"的抄本。之後有武英殿聚珍版叢書木活字本,乾隆四十六年(1781),孔繼涵校并補輯,此即上抄本之定本;莊述祖、孫星衍岱南閣叢書本(嘉慶二年,1797);掃葉山房本(嘉慶五年,1800,據武英殿聚珍本);福建刻道光十年(1830)重修印本;古經解彙函本(同治光緒年間,據武英殿聚珍);光緒二十五年(1899)傅氏集文堂刻本;民國十三年(1924,據莊述祖、孫星衍本)上海博古齋影印本;《叢書集成初編》本,1936年排印,據粵刻聚珍本,後附録孫星華光緒二十年(1894)所作的校勘記。以上諸本中,以四庫本、聚珍本、岱南閣本最爲重要,後出者多依據此三本。

《春秋釋例》從《永樂大典》中輯出,而《永樂大典》亦是轉抄,因此今本去原書甚遠。《永樂大典》今僅有800餘卷存世,有《春秋釋例》佚文的卷數則更少,無法全面比勘館臣抄録之謬。虞萬里先生從現存《永樂大典》卷一三三四五"謚"下檢得引《春秋釋例》《春秋》等有關謚法近五十條。此外,我們又粗略檢索一過,得《土地名》周地"任人"一條,已見四庫本。2021年,徐淵首次點校整理了《春秋釋例》,但未參考國家圖書館藏抄本及《永樂大典》,亦未參考虞萬里先生的成果,且書中底本文字、校語、標點、格式均存在不少問題。

《春秋釋例》作爲輯本,未必完全還原其書本來面貌,且所輯條目不盡完備,相關研究成果也不甚豐富,有待進一步深入研究。

【作者簡介】王志勇,男,陝西省社會科學院古籍整理研究所副研究員,主要從事先秦兩漢文獻整理與研究。

馮從吾集外詩文輯考[*]

周日蓉

　　馮從吾(1556—1627),字仲好,號少墟,明代陝西西安府長安(今西安)人。萬曆十七年(1589)進士,與袁可立、高攀龍同科,官至工部尚書。創辦關中書院,人稱"關西夫子"。又在京建首善書院時,與鄒元標相交甚善,時有"南鄒北馮"之稱。曾受業于許孚遠,是關學在明季復興的重要人物,明清之際著名關學學者李顒《又答董郡伯》評價其學術成就云:"關學一脉,張子(張載)開先,涇野(吕柟)接武,至先生(馮從吾)而集其成,宗風賴以大振。"[①]

　　《馮少墟集》最早由陝西巡按畢懋康于萬曆四十年(1612)刊行,共二十二卷,此本現今各大藏書機構均未見收藏。現存的明代刻本主要有:(1) 萬曆四十五年(1617)張維任刻本,凡二十二卷,附續集一卷;(2)萬曆四十七年(1619)劉必逵刻本,凡二十卷;(3)天啓元年(1621)馮嘉年刻本,凡二十二卷,乃在畢懋康刻本的基礎上類序充刻,增修而成,其内容較萬曆各本要爲齊全,文字又少篡改,頗爲精良。現存的清代刻本主要有:(1) 康熙十二年(1673)洪琼刊本,凡正集二十二卷、續集四卷,其中續集部分主要收録了馮從吾于天啓三年(1623)至六年(1626)間所創作的作品;(2)道光五年(1825)《廣明儒理學備考》本,凡一卷;(3) 光緒二十二年(1896)馬天佑補刻本,凡正集二十二卷、續集五卷,此本乃在洪琼刊本的基礎上修訂而成,具體體現在將續集四卷重新編次爲五卷,但其文字訛脱情况甚于洪琼刊本。除刻本,清乾隆年間修《四庫全書》亦收録《馮少墟集》二十二卷。迄今爲止,收録馮從吾學術及詩文作品最爲完備的本子是由劉學智、孫學功點校整理的《馮從吾集》,該整理本以清光緒二十二年(1896)刻本爲底本,以明天啓元年(1621)馮嘉年增修本爲校本,并參校了明萬曆四十五年(1617)張維任刻本、清康熙十二年(1673)洪琼刻本以及《文淵閣四庫全書》本等,輯録了《敕賜重修清真寺碑》《敕賜清真寺碑記》《廷試進士策問》《華陰縣

　　* 本文爲陝西省社會科學基金項目"《馮少墟集》《續集》點校"(2022GJ001)階段性成果。
　　① 李顒撰,陳俊民點校:《二曲集》卷十七,北京:中華書局,1996年,第181頁。

志序》4篇集外佚文,是當下學界研究馮從吾學術思想使用最爲廣泛的版本。

然而,上述諸本所收尚有遺漏,今從明代碑刻、(萬曆)《蘭溪縣志》、(順治)《鄢陵縣志》、(康熙)《山陽縣初志》、(嘉慶)《續潼關縣志》等明清方志以及《皇明館課經世宏辭續集》《鍾臺先生文集》等明代詩文集輯得馮從吾集外文8篇,兹録文并略考如下。

一、刻列卿年表序

夫卿之設,其來尚矣,而昭代得人,于兹爲盛。自洪永迄今,其間名臣碩輔,後先相望,可得而言也。故《列卿年表》,斷自徐中山始,而爲之序。序曰:

夫名爲實徵,往爲來鑑,于都哉。其諸爵里姓氏,業已表于世矣。然所以表于世,而不與其年俱往者,安所寄也? 聞之曰:章善明理之爲卿。然善不章則蔽,理不明則闇,蔽與闇則無爲可表矣。又曰:卿者,慶也。萬物皆慶,賴之其職。上應芒宿,下括河海,以承一人而統群牧。故唐虞以股肱康,文王以多士寧。《書》詠"良哉",《詩》稱"濟濟",此卿之説也。如此,則可以表于世,而列于古公卿之林矣。以余所睹注,列卿自中山而下,調燮如文敏、文定,銓政如端毅,堂討如忠靖,典禮如忠安,典兵如肅愍,典刑如文肅,典工如永寧,御史大夫如僖敏,其它如文恪、文成諸君子,聲實鴻鉅,爲國之楨。雖因職效猷,施各不同,大都皆博識遠慮,弘算通才。廟堂寶其風,疆場運其畫,帷幄贊其詞,百司受其成。所謂章善明理,而萬物慶賴之者,非邪? 縱中有一二詿吏議者,要不足爲聖化累,具在編中,可考鏡矣。

余嘗難今之才,可以追踪成周。而周之設官分職,大小相維,輕重相制。故用之盡其才,而稱盛于唐虞。我太祖鑒前代之失,羅丞相之任。六部之設,則六官之制也。通政之設,則納言之遺也。翰林之設,則内史之舊也。冢宰統百官而列之六卿,本兵掌軍機而參之五行,則綱維相制之意也。權殺于漢,而綱維定;員省于唐,而貫理周。語不虛耳。且又列聖醖釀,尊崇儒術,士不在六行之科,習孔氏道者,勿使進法一人,一人無貳志。此賢者得以展其才,而不肖者不得逞以非也。猗歟,休哉! 列卿之得以表于世,而列千古大臣之林者,信非偶矣。或謂太祖設官,分六部以萬機,而臺諫拂其違;責郡縣以六事,而按察糾其濫。今年表止于列卿,何右尊而左卑,重内而輕外邪? 夫閲歷久者,其施爲當;諳練深者,其識見别。故表列卿,所以示後進者之鵠也。噫,爲人鵠者,可易易哉! 故余付《列卿年表》于剞劂,而爲之論著。若此,便知夫列卿之所以表于世者,不顓在爵里姓氏間也。

輯自《皇明館課經世宏辭續集》卷之七,明萬曆二十一年(1593)周曰校刻本,署"少墟馮從吾,庶吉士"。

明代遴選新科進士爲庶吉士,進入翰林院接受館課教習,以儲才蓄德,俾爲國家大用。翰林院庶吉士的教習作業,稱爲"館課"。《皇明館課經世宏辭續集》十五卷爲王錫爵、陸翀之所輯,卷首有萬曆二十年(1592)王錫爵序,云:"乃以辛秋散館後,裒其著述之雅馴及前刻所未罄者,合而編之,爲《宏辭續集》。"①所謂"前刻",指的是王錫爵與沈一貫所輯的《國朝館課經世宏辭》十五卷,選録洪武初至萬曆十七年(1589)己丑科的諸多館課卷,萬曆十八年(1590)由金陵書商周曰校的萬卷樓刊刻。《皇明館課經世宏辭續集》輯于"辛秋"即萬曆十九年辛卯(1591)秋散館後,將萬曆十七年(1589)己丑科的館課,"裒其著述之雅馴及前刻所未罄者,合而編之"。據《明神宗實録》載,馮從吾于萬曆十七年(1589)六月爲翰林院庶吉士,至萬曆十九年(1591)八月甲辰散館後改山西道御史,則馮氏此序當作于萬曆十七年(1589)六月之後,萬曆十九年(1591)八月之前。

二、哭鍾臺田先生詩

　　春老靈輀發上都,西清欲望已全孤。誰知作記渾難返,縱是裁招未可呼。五夜温清悲逐子,百年風木泣將雛。君王臆有貽恩厚,忍見諸生怨束芻。

輯自《鍾臺先生文集》卷十二附録《哭鍾臺田先生詩》,明萬曆二十八年(1600)田元振刻本,署"關中馮從吾"。

《鍾臺先生文集》的作者田一儁(1540—1591),字德萬,號鍾臺,福建大田梅嶺人。明隆慶二年(1568)會元,萬曆十七年(1589)任禮部右侍郎兼侍讀學士,後轉任左侍郎教習庶吉士,掌翰林院。《明史》有傳。

馮從吾于萬曆十七年(1589)六月爲翰林院庶吉士,與董其昌、焦竑等人師事田一儁,應館課。董其昌《馮少墟集序》云:"在昔己丑之歲,庶常吉士二十有二人,天子命少宗伯田公爲之師。而金陵焦弱侯以理學專門爲領袖,是時同儕多壯年盛氣,不甚省弱侯語。惟會稽陶周望好禪理,長安馮仲好好聖學,時與弱侯相激。"②

《明神宗實録》卷二百三十四載:"(萬曆十九年閏三月辛未)予原任禮部左侍郎兼侍讀

---

　　①　王錫爵、陸翀之輯:《皇明館課經世宏辭續集》卷首,明萬曆二十一年周曰校刻本。
　　②　董其昌:《序少墟先生集》,見馮從吾著,劉學智、孫學功點校整理:《馮從吾集》卷首,西安:西北大學出版社,2015年,第23頁。

學士、教習庶吉士田一儁祭一壇,特給全葬。一儁,福建大田人。以進士會試第一,改翰林院庶吉士,授本院編修,歷掌南京翰林院左諭德兼侍讀、玉牒纂修官、國子監祭酒、經筵講官、禮部左侍郎兼侍讀學士、教習庶吉士,仍掌翰林院事。以本年三月十八日卒。一儁挺身,甘守澹泊,没無餘貲。在辟雍造士,務飭準繩,爲衆論所推云。"①可知,田一儁卒于萬曆十九年三月十八日(1591年4月11日),于閏三月初六日(辛未,4月28日)予以祭葬,由是可知,馮氏此詩作于萬曆十九年三月十八日至閏三月初六日間或稍晚。

三、重修天聖宫墻垣碑記

咸陽邑城北距三十里大魏村,有重陽祖師號曰天聖。歷代相沿,其來久矣,所謂傅重陽故墟是也。其祖師仙迹之托始,始于何時? 宫殿之肇造,造于何代? 胥歷歷有記。暨緣圮修葺,亦有記焉。余不復贅。

適兹萬曆丁未歲,秦藩信官張朝者,退慕仙風乃玄門正宗。況是宫也,倚峻巒,屏太乙,涇流渭津其帶之,卓然聳一方之觀望,允矣動當代之肅將也。故重其道,不敢輕其道所發迹之地,睹昔廟貌雖崇,而歷世曠遠,不無廢壞。矧兹墻垣猶屬土築,非惟不足以華人耳目,亦易爲風雨所損者,恐非棲神之所也。爰是,慨然樂輸資材,貿易磚石,包砌修葺,焕然一新。宫墻增麗,方之舊制,其生色更何如也,詢我雍都一巨觀哉! 夫功不兩月而告□,誠不可無記云爾。托余爲言,余將何説? 蓋朝等固非爲微福計,而福自集矣;亦非爲免禍計,而禍自遠矣。吾聽後之睹是績者,感發興起,但有頹圮,勤加補葺,則天聖宫與天俱不朽矣。敬志貞石,以爲更新功德之記。

赐進士第文林郎河南道監察御史前翰林院庶吉士長安少墟馮從吾撰
赐進士第文林郎户部主事六盤李廷訓篆
咸陽字興庵高學詩書
大明萬曆三十五年歲次丁未孟夏四月吉日立碑
信官張朝,西安護衛趙儉、楊甫松、楊甫林刊字

《重修天聖宫墻垣碑記》,明萬曆三十五年(1607)四月秦信官張朝立,馮從吾撰,李廷信篆額,高學詩書,趙儉、楊甫松、楊甫林刻石。原存于咸陽市秦都區大魏村東天聖宫舊址,現藏咸陽博物院。高1.59米,寬0.64米,厚0.14米。碑陽額篆書2行,滿行4字,題

---

① "中央研究院"歷史語言研究所校勘:《明實録》,臺北:"中央研究院"歷史語言研究所,1968年,第4338頁。

"重修天聖宫之碑記"。碑陰額楷 2 行,滿行 4 字,題"重陽王祖師仙迹記"。碑文陰刻,楷書 16 行,滿行 36 字。碑文記述了天聖宫的位置,以及重修天聖宫墙垣之緣起和經過。碑陰楷書 262 字,記錄了大魏村、南吴村、底張鎮、西程村等村名及捐資人名等。詳見吴敏霞主編《陝西碑刻總目提要初編》(第二册)。①

四、蘭溪大雲書院楹聯

　　畎畝興思,樂堯舜君民之道,而吾身親見;杏壇趨步,克視聽言動之己,而天下歸仁。

　　輯自(萬曆)《蘭溪縣志》卷六《雜志類》,明萬曆刊清康熙間補刊本。

　　大雲書院,明徐用檢講學處,址在蘭溪縣學東。徐用檢(1528—1611),字克賢,號魯源,浙江蘭溪人。嘉靖四十一年(1562)進士,授刑部主事。事詳黄宗羲《明儒學案》卷十四。(嘉慶)《蘭溪縣志》卷十六《古迹志》載:"大雲書院……門人甘士價、張惟任皆捐俸助建……門人吉水羅大紘扁其堂曰'志學',關西馮從吾聯其柱云……"②明莊起元《漆園巵言·文部傳類·徐太常魯源先生傳》載:"歲己酉,巡撫甘公以門下士爲建大雲書院。"③可知大雲書院始建于萬曆己酉,即萬曆三十七年(1609)。又(光緒)《蘭溪縣志》卷八《雜誌·古迹》載,大雲書院于咸豐年間毁于兵燹,同治年間移建于城隍廟西徐用檢故宅存心堂舊址。④

　　馮氏此聯,上聯典出《孟子·萬章上》:"湯三使往聘之,既而幡然改曰:'與我處畎畝之中,由是以樂堯、舜之道,吾豈若使是君爲堯、舜之君哉? 吾豈若使是民爲堯、舜之民哉?吾豈若于吾身親見之哉?'"⑤下聯典出《論語·顔淵》:"顔淵問仁。子曰:'克己復禮爲仁。一日克己復禮,天下歸仁焉。爲仁由己,而由人乎哉!'顔淵曰:'請問其目?'子曰:'非禮勿視,非禮勿聽,非禮勿言,非禮勿動。'顔淵曰:'回雖不敏,請事斯語矣。'"⑥

　　① 吴敏霞主編:《陝西碑刻總目提要初編》(第二册),北京:科學出版社,2018 年,第 323 頁。
　　② 張許修、陳鳳翬纂:(嘉慶)《蘭溪縣志》卷十六,清嘉慶五年(1800)刊本。
　　③ 莊起元:《漆園巵言》,明萬曆年間刻本。
　　④ 秦簧修、唐壬森纂:(光緒)《蘭溪縣志》卷八,清光緒十四年刊本。
　　⑤ 趙岐注、孫奭疏:《孟子注疏》卷第九下,見阮元校刻《十三經注疏》(清嘉慶刊本),北京:中華書局,2009 年,第 5956 頁。
　　⑥ 何晏集解、邢昺疏:《論語注疏》卷第十二,見阮元校刻《十三經注疏》(清嘉慶刊本),北京:中華書局,2009 年,第 5436 頁。

五、重修鄢陵縣城記

　　鄢陵,古鄭邑也。春秋鄭伯克段于鄢,即此。戰國謂之安陵,置縣自漢始,至國朝而鄢陵稱中州文獻邑矣。顧城卑且壞,正德時,中原盜起,而鄢陵破,民首被其荼毒,殘創蓋累累焉。盜去,而令龍氏至,乃始與邑父老強就城,且相誚城之晚。其後令塞來更一修,迄今可七十年,而無有能繼修之者。用是城之四門樓咸圮無餘矣,而城覆于隍者過半。

　　張君心虞受命來令鄢。登城視隍,乃慨然嘆曰:"茲豈聖天子設令保障一方意哉?是予之責也夫!是予之責也夫!"已,復得前盜起狀,則又曰:"前事之失,後世之永鑑也。"且語曰:"不見未然睹已然。"于是量力審時,度財計費,毅然以城事上計于巡臺東明李公、按臺廣州曾公、方伯南和李公、總憲關中周公、巡道內江李公、守道陽城田公、太守新城王公,皆允修築。張君乃遂筮日布令,集眾興事焉。**凡補七十二丈城頭磚墙五百七十二丈四門暨小北門築城東西南三面一千八十四丈補甃北面磚城門則各創重樓一**,皆巍然堅麗,足垂永久焉。四門外甕城,昔皆土,今皆甃以磚。隍塹濬之,視昔加深,有水處則藝蓮,餘皆樹以檉。而隍外增築新堤一,週可七里許。又創角樓五,敵樓六,箭樓四,吊橋外棹楔四,亦皆堅而麗。其城之門闑闑扉及楣闑之屬,皆堅木爲質,飾以純鐵。而城上增築女墻一,週可六里許,此皆昔所無者。已更念城郭完而不繕其守之具不可,則樹以旗杆五,皆易之舟中者。其旗繡布各五,而色各以其方,蓋晴用繡,雨則布也。置銃十有五,覆以銃樓八,滾木悶棍之屬四百,長槍及刀之屬三百,火藥以觔計者二百,各有庋所,此又皆昔所無者。而取《易·乾》之四德,榜署四門樓之內,東曰體仁,南曰嘉會,西曰和義,北曰貞幹。復以一方山川形勝之概,榜于其外,東曰襟帶青徐,南曰江漢通途,西曰覽勝嵩華,北曰溱洧環奇,而獨以小北門不以署。其城外之四棹楔,則取四時之氣,榜曰青陽,曰朱明,曰白藏,曰玄英。夫完城郭,繕器械,金湯百雉,煥然改觀。張君一城成而眾美備矣。君子曰:"斯城也,足以壯觀而助武,禦暴而衛民,禮讓而弦歌,真所稱保障哉!豈昔鄭人區區徒恃爲巖邑止也耶?"然是役也,厥功大已,乃經始于萬曆壬子二月,僅七閱月而告成。所請動庫金僅五百二十七兩奇,廩穀二千四百石奇。蓋張君獲上有道,故上皆允悦而樂嘉;治民有本,故民皆歡躍而忘勞。事成于不日,費省而功倍云。

　　張君篤嗜理學,期在行踐其言。前署澧學,澧人化之。今治鄢,俗化風淳,百廢具舉,尤加意于學校。城鄢,特其政事一斑耳。城成,而鄢父老數十人來關中,謂余與張君莫逆,請余文記其事,余謝不敏。乃父老復來請,而鄉大夫梁公、王公,鄠署諭崔君,司訓路君、楊君,暨通邑士曹子希周輩,又交趣之,遂不獲竟辭,乃記其增築之歲月如此。贊理其間,則有主簿江都張輔明,典史欒城張維翰,而出甓灰諸物助修者,鄉大夫士與父老子弟姓名,及分管諸人姓名,皆繫之碑陰。

張君諱舜典,心虞其字,予陝之鳳翔人,甲午鄉進士。

輯自(順治)《鄠陵縣志》卷十《藝文志》,清順治十六年(1659)刻本,署"馮從吾,長安人,翰林"。

據馮氏所記,張舜典重修鄠陵城,"經始于萬曆壬子二月,僅七閱月而告成"。據此可知,馮氏作文之時,當在萬曆壬子即萬曆四十年(1612)八、九月間。

張舜典(1557—1629),字心虞,號雞山,陝西鳳翔人。萬曆二十二年(1594)舉人。自諸生時即從學湛門高足浙江德清人許孚遠,并與鄒元標、顧憲成等相與論學。萬曆四十年(1612)七月,任鄠陵知縣,盡心民事,巨細必理,又創設宏仁書院,開化民風。四十五年(1617),被舉薦升爲彰德府同知,因"佐貳于時事無可措手,而隨俗則又心恥尸素"之故,"乃斬然告致仕歸"。① 天啓元年(1621),升兵部武選員外郎,因上疏"懇懇以勸聖學、遠宦寺爲言",② 而爲閹党所忌恨。不久,辭官歸里,以著書講學爲業,著有《雞山語要》等。

張舜典與馮從吾交善。萬曆三十二年(1604)許孚遠卒,張舜典返回鳳翔。恰逢馮從吾"以侍御告歸,講學長安",二人"時時商證道術離合異同之故,稱莫逆焉"。③ 次年秋,張舜典造訪馮從吾,二人談心性之學,"日爲辨難,每至夜分,喜而忘倦"。④ 其後,馮從吾將二人所論辯之內容,輯爲《辨學錄》八十一章。二人晚年以講學爲業,"少墟先生尚居里第,學會益盛。而先生則主盟岐陽,而從游亦衆",一時有"東馮西張"之稱。⑤

按,(道光)《鄠陵縣志》卷七《建置志·城池》云:"萬曆壬子,知縣張舜典補築城東西南三面一千八十四丈,補甃北面磚城七十二丈,城頭磚墻五百七十二丈,四門暨小北門各創重樓,……"⑥據此可知,(順治)《鄠陵縣志》卷十《藝文志》所錄馮氏記文"凡補七十二丈城頭磚墻五百七十二丈四門暨小北門築城東西南三面一千八十四丈補甃北面磚城門則各創重樓一"一段,文字有錯簡。

①②⑤　馮從吾撰,陳俊民、徐興海點校:《關學編(附續編)》,北京:中華書局,1987年,第76頁。

③　馮從吾撰,陳俊民、徐興海點校:《關學編(附續編)》,第75頁。

④　張舜典:《辨學錄跋》,見馮從吾撰,劉學智、孫學功點校整理:《馮從吾集》卷一,第58頁。

⑥　何鄂聯修,洪符孫纂:(道光)《鄠陵縣志》卷七,清道光十二年(1832)刻本。

六、何侯去思碑記

歲萬曆丙辰，山陽何侯以丁艱行。別駕王君視篆，日孳孳詢邑之舊政于鄉大夫士，屬于耆舊俊彥、于事公室者，皆曰："何侯真足思也。"王君輾然進邑博、邑幕、邑庠、邑父老等，聚而與之言曰："斯民也，三代之所以直道而行也。"其是與非，自有不容偏者。去思之情，當鐫之石，以垂不朽矣。率而求記于余。

余聞趙文子曰：德政既成，吾聽于民風，聽臚言于市。令山陽者多矣，而繫民思者無幾，豈民不三代哉！退矣棠之歌召伯得民也，未得其心，奚近而悅，久而思哉？壬子歲，何侯下車，以採藿餘黎困谿壑也。甚矣，治者難之。侯瞿瞿日中不食，一夕九寤，求民隱爲釐剔計。若賦詭矣，核之，思却其蠹也。役疲矣，酌之，思新其轍也。牘案矣，清之，思平其情也。俗荒于游，僻于邪矣，振之，思塞其流也。乃皪皪然以明宣其醻，以廉率其儉，以斷辟其梗，類皆古循良迹。自是三年信于民，雖窮谷扶携，奔走恐後。是以侯去而民思之猶一日。困狡點者思侯明，摺豪强者思侯斷，癉供輸者思侯廉。非侯之政入人深，而民之公是不容泯乎。且邑舊編戶二十里，戶口多寡不均，偏肥偏瘠，民率病焉。侯獨洞其源，求爲均平之。露冕行郊，以民居之湊集定里甲，哀多蓋寡，則里無大小，肥瘠均停，閭閻有整齊之風，而最便催征，此特見也。邑中科甲寥寥不振，咎在講業無地，陶鑄無人。侯慨然體國家設學育才之意，創建書院，以開風氣，時臨誨之，贍之廩餼，教行而作者眾，科名之振自茲始。年來外患相仍，而民無勍敵，咎在教習未預、兵革未備。侯奮然思國家神氣之培，揀選驍勇，以操長枝，日練習之，重其責任，明其賞罰，知方而戮力多，威武之振則又自茲始。其繫民去後思，孰大于是？彼颭言于治之日無足表，而臚言于去之後爲足風。今以三年之政，鐫之貞瑉，用垂不朽，且贍祠仰止，竭報稱于萬一。匪媚也，直道也。侯行矣，方赫聲名于聖朝，陟崇斂福，民尤舉手加額，且頌且祝。余爲執□之役，故于侯今日後日并及之。

何諱篤，號小溪，河南洛陽人，以舉孝廉發迹。維時代署邑篆，督總厥工，則王怡湖，湖廣彝陵州人。纂述政迹，共襄乃事，則學博王□□，山西長子縣人。分猷恊力，伐石勒銘，則□幕□□□，浙江會稽人。集財舉事，則鄉官士民共成之。相應列其名于石。

輯自（康熙）《山陽縣初志》卷之四，清康熙三十三年（1694）刻本，署"進士河南道御史長安馮從吾撰"。據文中"歲萬曆丙辰"一句知，此文當作于萬曆丙辰，即萬曆四十四年

(1616)。

何篪,號小溪,一作小翕,河南洛陽人。萬曆十九年(1591)舉人,三十一年(1603)任沁水知縣,三十三年(1605)任翼城知縣,四十一年(1613)至四十四年任山陽知縣。① 生平詳(乾隆)《重修洛陽縣志》卷之八《人物》。據馮氏所記,何篪任山陽知縣期間,均平里甲,創辦書院,設學育才,操練驍勇,治行尤著。

七、張御史維任祠記

我明萬曆四十有八,襛潼人士覜先達侍御張公覺庵生祠成,來問記。余曰:"夫曷祠? 祠曷記? 且潼有不朽筆,曷余記?"曰:"維潼有河,而環潼皆山。每夏雨暴注,則河挾山水氾濫北湧,輒冲圮爲人害,未有障狂瀾者。幸公首議,得院司道諸當路千金助,公益捐幾半,堤若樹悉甃以石,日覜建永利,而河患以平。潼學官弟子,幸主上廣厲,今科名駸駸盛,猶然于國初制。公又力請于督學,用兩臺令題,得旨增廩額、貢額比于州,而茹拔廣建明新書院,置學田,以昌明正學,而斯文賴以不墜。是皆不世功,倣諸《甘棠》畏壘,故宜祠宜記。而先生方明孔孟之道,與公并冠冕人倫,故記宜先生。"

余乃進而言曰:"祠哉! 記哉! 是公所嘉惠于爾潼者哉! 爾潼抑安所徼天幸以有公也,惠天下而并及爾潼乎哉? 夫潼據河、華上游,控肴、函,俯河水,蒲版,蓋周、晉、秦一都會。而公尊甫鳳山先生崛起于兹,以鄉進士試重慶理。未幾,投綬歸。吊唐虞之遺風,溯伊洛之淵源,倣横渠之精思力踐,杜門著述,允矣。其身爲律度,其教公也,又皆窮經致用,盡人盡物之旨。是以公自弱冠舉孝廉,益明習,主計民瘼,以出爲賢令,爲名御史,所至尸視有由爾。余不敏,請勿記其功,記其學;勿記其貽,記其報;勿記其祠,記其人。人者,主祠者也;報者,永貽者也;學者,表功者也。學益明,功益著矣;報益衆,貽益遠矣;人益親,祠益大矣。故願爾人士處爲真儒,天下觀明新之學,非學非士也;出爲純臣,天下蒙明德之治,非治非學也。始乎潼,愜乎天下,而公于鳳山先生之庭訓益有光。是公之學,公之貽,公之功,垂千百世不朽,爾人士所以報公者,亦垂千百世不易。則是祠微特比諸《甘棠》畏壘而已,即尼山、鄒嶧并峙可也。不然,叙經始,計工費,侈規模,公意當不在是。又不然,而徒登薦伏謁爲祠,恐非爾潼人士步趨先達也者,余亦曷能爲若記!"曰:"唯唯,願鑱諸石懋勉焉。永無忘先生言,并無

---

① 秦凝奎、苟升纂修:(康熙)《山陽縣初志》卷之二,清康熙三十三年(1694)刻本。

負公惠之意。"

　　萬曆歲次庚申季春吉日。

　　輯自（嘉慶）《續潼關縣志》卷之下《藝文·記》，清嘉慶二十二年（1817）刻本，署"馮從吾"。文末署作文之時爲"萬曆歲次庚申季春吉日"，萬曆庚申即萬曆四十八年（1620）。

　　張維任（1561—1628），一作惟任，字仲衡，一作希聲、希尹，號覺庵，陝西潼關人。萬曆七年（1579）舉人，由推官擢知巫山縣，後升爲試監察御史、貴州御史等。萬曆三十八年（1610）爲兩浙巡鹽，四十四年（1616）任貴州道監察御史，四十五年（1617）任河南巡按，天啓五年（1625）由御史擢山西右參政升大理寺右寺丞，六年（1626）任大理寺左寺丞。所治皆有政聲，亦關心鄉里，馮從吾于記中記之甚詳。與馮從吾交善，于萬曆三十二年（1604）爲其《善利圖》作序，又于萬曆四十五年（1617）爲之輯刻《馮少墟集》二十二卷、附續集一卷。

八、重修正殿記

　　嘗觀天其運乎？地其處乎？日月其争于其所乎？孰主張是？孰綱維是？孰居無事，推而行是？雲者爲雨乎？雨者爲雲乎？孰隆施是？孰居無事，淫樂而勸是？風起北方，一西一東，有上彷徨。孰居無事而披拂是？惟神乎！

　　夫神曰：高山大王則爲衆神之具瞻可知，爲衆神之範圍又可知。噫嘻！奚爲而至是哉！非道無繇已。夫道有情有信，無爲無形，未有天地，自古以固存。神鬼神帝，生天生地，在太極之先而不爲高，在六極之下而不爲深，先天地生而不爲久，長于上古而不爲老。稽諸豨韋氏得之以挈天地，伏羲得之以襲氣母，黄帝得之以登雲天，顓頊得之以處玄宫，彭祖得之上及有虞，下及五霸，傅説得之以相武丁，吞有天下。乘東維，騎箕尾，而比干列星。再稽諸神乎？維斗得之，終古不忒；日月得之，終古不息；堪壞得之，以襲昆侖；馮夷得之，以游大川；肩吾得之，以處泰山；禺强得之，立乎北極；西王母得之，坐乎少廣。莫知其始，莫知其終。噫嘻！大王尊神得之，清虛峻極，炳耀今古。風雨雷霆，無不馭也；河□民物，無不奠也。至于皇圖鞏固，皆大王尊神佑之也。于是域中赫其靈，一方凜其威，故建妥神之廟。奈日久則疏漏不免，西社人等目擊心傷，虔輸資財，翻修正殿一座。及暖閣格扇磚石，皆昔無而今有也。皆昔之所謂頹然，而今之所謂屹然也。又昔之所謂蕭然，而今之所謂焕然者也。再循覽之，大勢嚴整，如跂斯翼乎！廉隅整飭，如矢斯棘乎！棟宇峻起，如鳥斯革乎！檐阿華采而軒翔，又如翬斯飛乎？ 神之顧斯殿也，庶幾居歆，庶幾以介景福，庶幾無有後艱以對修殿之悃誠歟！

　　賜進士出身河南道監察御史前翰林院庶吉士馮從吾頓首撰

　　時大明萬曆四拾捌年歲次庚申孟秋之吉山人許自健頓首書

　　輯自李慧、曹發展注考《咸陽碑刻（下）》，三秦出版社 2003 年，第 574—575 頁。

　　《咸陽碑刻·圖版》云："明萬曆四十八年（1620）七月。此碑石灰岩質，首佚，龜座。高 2.0 米，寬 0.87 米，厚 0.21 米。碑身陽、陰二面四周均施綫刻蔓草紋圖案，上、下有榫。碑文 17 行，滿行 40 字，正書。現存咸陽市秦都區雙照鄉龐北村。"①

【作者簡介】周日蓉，男，1988 年生，文學博士，西北大學文學院博士後，主要從事古典目録學、地方文獻研究。

---

　　① 　李慧、曹發展注考：《咸陽碑刻（上）》，西安：三秦出版社，2003 年，第 161 頁。

小克鼎"遹正八師之年"新解

黄一村

　　小克鼎傳清光緒十六年(1890)出土于陝西扶風法門鎮任家村窖藏,同出的有大克鼎、克鐘、善夫克盨等一批重器。鼎計有同銘七件,現在分别藏于北京故宮博物院、上海博物館、天津博物館、南京大學考古與藝術博物館、日本京都藤井有鄰館、日本京都黑川古文化研究所及日本東京書道博物館。鼎銘 72 個字,記載善夫克舍命于成周之事,過去郭沫若、陳夢家、馬承源等先生已對鼎銘作了考釋,近年韋心瀅也對器主克所屬家族的結構及其興衰作了詳盡的分析。① 本文在前人考釋的基礎上,討論銘文中"遹正八師之年"一句的釋讀問題。

　　由于過去學者多將本句視爲大事紀年,在討論本句的釋讀之前,有必要先談談西周銅器銘文中的大事紀年現象。西周銅器銘文中採用大事紀年法者有十餘見,皆見于西周早、中期,如:

> 唯公大保來伐反夷年,在十又一月庚申。(旅鼎,集成 2728)②
> 唯王來格于成周年。(厚趠方鼎,集成 2730)③

　　西周中期以後,大事紀年逐漸被王年紀年所取代,在銅器銘文中消失。如果不計小克鼎,時代最晚的大事紀年銅器銘文應當是上海博物館及首都博物館所藏的兩件同銘叔尊(集成 6008、6009),其銘文的紀時部分爲:

---

　　① 郭沫若:《兩周金文辭大系》,北京:科學出版社,1982 年,第 123 頁;陳夢家:《西周銅器斷代》,北京:中華書局,2004 年,第 263 頁;馬承源主編:《商周青銅器銘文選》第三册,北京:文物出版社,1984 年,第 222 頁;韋心瀅:《克之家族結構與相關問題研究》,見北京大學出土文獻研究所編:《青銅器與金文》第二輯,上海:上海古籍出版社,2018 年,第 118—143 頁。
　　②③ 中國社會科學院考古研究所編:《殷周金文集成釋文》(第二卷),香港:香港中文大學出版社,2001 年,第 331 頁。

　　　　唯十又三月既生霸丁卯,㲋從師雍父戍于由師之年。①

　　銘文中提到的"師雍父"又稱"伯雍父",爲西周中期重臣,自作有伯雍父盤,1975 年在陝西扶風出土。此人在由地駐扎戍守之事又見于:

　　　　稢從師雍父戍于由師。(稢卣,集成 5411)②
　　　　唯六月既死霸丙寅,師雍父戍在由師。(遇甗,集成 948)③
　　　　王令彔曰:蠢淮夷敢伐内國,汝其以成周師氏戍于由師,伯雍父蔑彔懋,賜貝十朋。(彔彧卣,銘圖 13332)④

　　彧器目前主流的意見是定在穆王世。通過器形、人物和史事的繫聯,將㲋尊的時代也定在穆王世是比較合適的。小克鼎的年代已到西周晚期,在此時突然使用消失已久的大事紀年,是十分奇怪的。

　　在西周銅器銘文中,大事紀年和王年紀年一般只會出現其一。商艷濤認爲西周銅器銘文中有"大事紀年與年祀并用的情況",并認爲"這兩種紀年方式并用時,大事紀年起強調作用",⑤所舉之例除小克鼎外,還有上述的㲋尊及何尊。㲋尊銘文"唯十又三月既生霸丁卯",⑥實際未記王年,大事紀年"㲋從師雍父戍于由師之年"與月、月相及干支共同組成完整的紀時,作爲并用之例并不合適。何尊銘文開頭稱:

　　　　唯王初遷宅于成周,復稱武王禮,裸自天,在四月丙戌,王誥宗小子于京室。(銘圖 11819)⑦

體會文意,不難理解提及"王初遷宅于成周"云云,實際是爲了引出下文成王對宗小子們的誥命,應當理解爲作器緣由的一部分,而非紀時銘文。何尊銘文在銘末記"唯王五祀",相同之例又如大盂鼎在銘末記"唯王廿又三祀"、五祀衛鼎在銘末記"唯王五祀"等,與商代甲骨刻辭、銅器銘文中的紀時部分比較,仍能看得出其演變之迹:

---

①⑥　中國社會科學院考古研究所編:《殷周金文集成釋文》(第四卷),第 271 頁。
②　中國社會科學院考古研究所編:《殷周金文集成釋文》(第四卷),第 155 頁。
③　中國社會科學院考古研究所編:《殷周金文集成釋文》(第一卷),第 595 頁。
④　吳鎮烽編著:《商周青銅器銘文暨圖像集成》(第二十四卷),上海:上海古籍出版社,2012 年,第 288 頁。
⑤　商艷濤:《略論先秦古文字材料中的大事紀年》,《中國歷史文物》2008 年第 1 期,第 83—88 頁。
⑦　吳鎮烽編著:《商周青銅器銘文暨圖像集成》(第二十一卷),第 311 頁。

在六月,唯王七祀翼日。(亞魚鼎,銘圖2201)①

在五月,唯王六祀肜日。(合補11299)②

　　這是西周早、中期銘文格式體例的習慣尚未完全形成,仍受到商代銘文紀時習慣影響所致。

　　從以上分析來看,大事紀年和王年紀年在西周金文中功能相近,二者在同一銘文中并存既不必要,也没有確切的成例。

　　了解了西周大事紀年銘文的相關情況後,再來看小克鼎銘文。銘文開頭稱:

　　唯王廿又三年九月,王在宗周,王命善夫克舍令于成周,遹正八師之年。(集成2798)③

　　既往學者在討論此句時,多着眼于"遹正八師"的釋讀而未及"之年",應當是將"遹正八師之年"視爲大事紀年,如黄尚明認爲"克鼎紀年方式似可理解爲以周天子在位年數與大事紀年兩種方法并存",④應可代表一般的意見。通過上文的分析可知,將小克鼎銘文理解爲兩種紀年法并存實際是很值得懷疑的,西周晚期的銅器銘文中也没有其他大事紀年之例。

　　"遹正八師之年"句在銘文中的位置也值得注意。除了在銘末補記年祀的銘文之外,西周金文中凡用大事紀年的,用以紀年之事必然與月份、月相、干支等其他紀時信息相連,交待完時間後再進行後面的叙述,而小克鼎銘中的"遹正八師之年"如果視爲大事紀年,則是先用王年紀年,再記"王在宗周"命善夫克"舍令于成周",再回過頭來記"遹正八師之年",這與西周金文的一般體例也不相符合。克家族世代擔任西周王室重臣,并非不熟稔銘文體例的新貴,不應寫出與西周晚期一般體例不符的銘文來。

　　基于以上的討論,本句的理解應當重新考慮。

　　古代"年"有豐收、收成義。《説文》:"年,穀熟也。"穀一熟爲一年,年歲之年是其引申義。"年"字的古義在西周金文中罕見,或許是受到體例所限,但甲骨卜辭中常見向神明"蔡年"及貞問是否"受年"的記載,"年"即用古義:

① 吳鎮烽編著:《商周青銅器銘文暨圖像集成》(第四卷),第406頁。
② 中國社科院歷史研究所編:《甲骨文合集補編》,北京:語文出版社,1997年,第1193頁。
③ 中國社會科學院考古研究所編:《殷周金文集成釋文》(第二卷),第368頁。
④ 黄尚明:《大事紀年法并非始于楚人》,《江漢考古》2015年第6期,第71—74頁。

貞：桑年于岳，燎三小宰，卯三牛。（合集 385）①

貞：桑于王亥年。（合集 10105）②

甲午卜，㕥貞：西土受年？

貞：西土不其受年？（合集 9743）③

其例多不備舉。《春秋》有：

冬，齊侯使其弟年來聘。有年。（桓公三年）④

冬，大有年。（宣公十六年）⑤

"有年"即是豐收之意。《公羊傳》桓公三年對"有年""大有年"作了解釋：

有年何以書？以喜書也。大有年何以書？亦以喜書也。此其曰有年何？僅有年也。彼其曰大有年何？大豐年也。僅有年亦足以當喜乎？恃有年也。⑥

可資參考。《尚書·金縢》文末稱"歲則大熟"，清華簡本《金縢》簡 14 對應之處作"歲大有年"，亦用此義。⑦ 由此可見，"年"字在商代時多用古義"年成"，此義到了東周時期仍未完全消失。西周時代的"年"雖然大多用作年祀之年，但用爲"年成"之年也是完全有可能的。

銘文中的"正"字，過去學者多根據師㝨簋銘文"延正師氏"，理解爲"底績考成""巡省校閱"一類意思。對"年"字作出新的解釋之後，"正"的解釋也應當重新考慮。兮甲盤銘文有：

王令甲正嶺成周四方積，至于南淮夷。（兮甲盤，集成 10174）⑧

---

① 郭沫若主編，胡厚宣總編輯，中國社會科學院歷史研究所編：《甲骨文合集》（第一册），北京：中華書局，1982年，第 90 頁。

② 郭沫若主編，胡厚宣總編輯，中國社會科學院歷史研究所編：《甲骨文合集》（第四册），第 1476 頁。

③ 郭沫若主編，胡厚宣總編輯，中國社會科學院歷史研究所編：《甲骨文合集》（第四册），第 1419 頁。

④⑥ 何休解詁，徐彦疏，刁小龍整理：《春秋公羊傳注疏》，上海：上海古籍出版社，2014 年，第 135 頁。

⑤ 何休解詁，徐彦疏，刁小龍整理：《春秋公羊傳注疏》，第 648 頁。

⑦ 清華大學出土文獻研究與保護中心編，李學勤主編：《清華大學藏戰國竹簡（壹）》，上海：中西書局，2010 年，第 158 頁。

⑧ 中國社會科學院考古研究所編：《殷周金文集成釋文》（第六卷），第 131 頁。

　　兮甲盤中的"正"無疑應讀爲徵收之"徵"。這一段記載與小克鼎銘文文意應當相近，克受王委派舍命于成周并徵收八師之"年"，猶如兮甲受王委派徵收成周四方之"積"。準此，則小克鼎銘文的"正"亦應當讀爲徵收之"徵"。

　　對于西周金文中"六師""八師"的組織性質，過去于省吾、楊寬等學者曾有過往返的討論。[1] 從西周金文中的記載來看，"六師""八師"除承擔軍事任務外，還設置一些與農牧業生產有關的職務，如：

　　　　王令盠曰："兼司六師眔八師埶（藝）。"（盠方尊，集成 6013）[2]
　　　　王令尹吳曰："免……用更乃祖考官，司六師卜事、工卜。"（免簋，銘三 516）[3]
　　　　王呼作册尹册命柳："司六師牧。"（南宮柳鼎，集成 2805）[4]

　　"六師""八師"有樹藝、卜事、牧等事務，可見其在當時并非單一的軍事組織。李學勤指出：

　　　　西周金文的"六師""八師"只能以當時軍事制度與行政制度的合一來解釋。"六師""八師"不僅指軍隊，也通指出軍的鄉，這乃是釋讀有關金文的關鍵。[5]

　　其説可信。小克鼎銘文中的"八師"在這裏指的應當是八師所在之鄉，則其可以作爲被"徵年"的對象，也就不難理解了。

　　綜上所述，小克鼎銘文中的"遹正八師之年"，不應理解爲大事紀年，其含義是克受王命，前往成周八師的駐地徵收年成。

　　【作者簡介】黄一村，男，1991 年生，蘭州大學文學院講師，主要從事出土文獻與古文字研究。

---

　　① 于省吾：《略論西周金文中的"六𠂤"和"八𠂤"及其屯田制》，《考古》1964 年第 3 期，第 152—155 頁；楊寬：《論西周金文中"六𠂤""八𠂤"和鄉遂制度的關係》，《考古》1964 年第 8 期，第 414—419 頁；于省吾：《關于〈論西周金文中六𠂤八𠂤和鄉遂制度的關係〉一文的意見》，《考古》1965 年第 3 期，第 131—133 頁；楊寬：《再論西周金文中"六𠂤"和"八𠂤"的性質》，《考古》1965 年第 10 期，第 525—528 頁。
　　② 中國社會科學院考古研究所編：《殷周金文集成釋文》（第四卷），第 274 頁。
　　③ 吳鎮烽編著：《商周青銅器銘文暨圖像集成三編》，上海：上海古籍出版社，2020 年，第 66—68 頁。
　　④ 中國社會科學院考古研究所編：《殷周金文集成釋文》（第二卷），第 372 頁。
　　⑤ 李學勤：《論西周金文的六師、八師》，《華夏考古》1987 年第 2 期，第 206—210 頁。

"賡載"考

——傳世、簡牘文獻對讀一例[*]

胡　寧

《尚書·益稷》篇的最後，是一段"帝"與"皋陶""作歌"的記述，帝先歌，皋陶接續而歌，原文用"賡載歌"表述，何爲"賡載"，古來注家、學者有不同的闡釋意見。近年簡牘文獻不斷公佈，楚簡文獻中的一些内容有助于我們理解"賡載"的内涵，也有助于我們理解整段記載的結構和性質，筆者不揣淺陋，作這篇小文，嘗試探討之，以就教于方家。

爲便于討論，先將原文抄録如下：

> 帝庸作歌曰："敕天之命，惟時惟幾。"乃歌曰："股肱喜哉，元首起哉，百工熙哉。"皋陶拜手稽首，颺言曰："念哉！率作興事，慎乃憲，欽哉！屢省乃成，欽哉！"乃賡載歌曰："元首明哉，股肱良哉，庶事康哉！"又歌曰："元首叢脞哉，股肱惰哉，萬事墮哉！"帝拜曰："俞，往欽哉！"[1]

"帝"即舜，《益稷》篇在今文《尚書》中是《皋陶謨》的後半部分，梅氏將其分出爲一篇，所記主要是帝與禹、皋陶的對話，以及夔陳述樂舞之事，最後一段的"歌"可以視爲全篇的總結。

一、諸家意見

"乃賡載歌曰"一句，《史記·夏本紀》作"乃更爲歌曰"，[2]是訓"賡"爲"更"、訓"載"爲"爲"。僞孔傳則以"續"釋"賡"，以"成"釋"載"，并作説明曰："帝歌歸美股肱，義未足，故續

---

* 本文爲 2020 年度國家社會科學基金後期資助重點項目"春秋用詩與貴族政治研究"（20FZSA007）、2019 年度國家社會科學基金重大項目"出土簡帛文獻與古書形成問題研究"（19ZDA250）階段性研究成果。

① 阮元校刻：《十三經注疏·尚書正義》，北京：中華書局，1980 年，第 144 頁。
② 司馬遷撰，裴駰集解，司馬貞索隱，張守節正義：《史記》，北京：中華書局，1982 年，第 82 頁。

歌。先君後臣,衆事乃安,以成其義。"①意思是説帝舜之歌尚未完備,皋陶以歌足成之。孔疏言及鄭玄訓"載"爲"始":"《詩》云:'西有長庚。'毛傳亦以賡爲續,是相傳有此訓也。鄭玄以'載'爲始,孔以載爲成,各以意訓耳。"②孫星衍《尚書今古文注疏》辨析以上各種訓釋曰:

> 賡者,《釋詁》云:"續也。"《説文》以爲"續"古文。載者,《孟子·滕文公》:"自葛載。"注云:"一説言當作再字。"言續帝歌,再爲歌也……史公以"賡"爲"更"者,《晋語》:"性利相更。"注云:"更,續也。"以"載"説"爲"者,《釋詁》云:"載,僞也。"僞與爲通。鄭注《周禮·大宗伯》云:"載,爲也。"鄭注見《書》疏。以載爲始者,《詩·載見》傳文。始歌,謂帝所作歌。③

這樣説來,《史記》用"更"字表示的也是"續"義,而訓"載"爲"始"與《詩經·載見》之毛傳同,"始歌"指前面帝舜所作之歌,是"賡"(續)的賓語,"賡載歌"的意思是皋陶接續帝舜始作之歌。

近代注《書》名著,如曾運乾《正讀》和屈萬里《集釋》,皆採《史記》之文,取"爲"釋"載"。楊筠如《尚書覈詁》引《列子·黄帝》篇"五年之後,心庚念是非,口庚言利害;七年之後,從心之所念,庚無是非,從口之所言,庚無利害"一段,説:"是賡、更古本通用,更、續之義,互相備也。"又説:"載,事也,引申爲作爲之義,故《史記》作'爲'。"④《校釋譯論》亦認爲"載"訓"爲"是確論,將此句譯爲"于是皋陶接着歌唱道"。⑤ 可見依《史記》作解是學界主流意見。同意孔疏所引鄭玄注、孫氏《注疏》意見的也有,如雒江生《尚書校詁》云:"《書》疏引鄭玄曰:'載,始也。'是鄭讀載爲才。言皋陶乃接續舜始歌重新歌唱道……"⑥

續爲歌也好,續始歌也好,都能講通,若想對此表述作進一步的辨析,揭示更爲確切的含義,需要有類似的文本材料和類似的用語來作比對,傳世文獻中很難找到,而清華簡《周公之琴舞》恰好可以彌補不足。

---

①②　阮元校刻:《十三經注疏·尚書正義》,第 144 頁。

③　孫星衍撰,陳抗、盛冬鈴點校:《尚書今古文注疏》,北京:中華書局,1986 年,第 134 頁。

④　楊筠如:《尚書覈詁》,西安:陝西人民出版社,1959 年,第 50 頁。

⑤　顧頡剛、劉起釪:《尚書校釋譯論》,北京:中華書局,2005 年,第 499、506 頁。

⑥　雒江生校詁:《尚書校詁》,北京:中華書局,2018 年,第 86 頁。

二、清華簡《周公之琴舞》中的詩樂術語

　　《周公之琴舞》2012 年公佈于《清華大學藏戰國竹簡(叁)》,有 17 支簡,背面有編號,除了簡 15 殘缺近半,皆保存完好。篇中記録周公、成王所作 10 首詩,且爲一個儀式整體,以"琴舞"演繹。我們把詩的内容去掉,僅留提示作者、演繹形式和次序的表述,則如下:

> 周公作多士儆毖,琴舞九絉。
>
> 元入啓曰:……
>
> 成王作儆毖,琴舞九絉。
>
> 元入啓曰:……
>
> 亂曰:……
>
> 再啓曰:……
>
> 亂曰:……
>
> 叄啓曰:……
>
> 亂曰:……
>
> 四啓曰:……
>
> ……
>
> 九啓曰:……
>
> 亂曰:……①

　　"元入",原整理者的釋讀是"元内",注曰:"元,始。内,讀爲'納',進獻。元納,首獻之曲。"②這是一種説法,李守奎等先生亦持此見。③ 王志平認爲"元"應讀爲"筦","筦"同"管","内"讀爲"入","筦入"就是文獻中所言"下管",是禮儀用樂的一個環節,樂工在堂下吹管。④ 這是第二種説法,季旭升亦持此見。子居則説:"'元内'當讀爲'元入',而且實際

---

① 胡寧:《楚簡逸詩——上博簡、清華簡詩篇輯注》,上海:上海古籍出版社,2018 年,第 98—100 頁。

② 清華大學出土文獻研究與保護中心編,李學勤主編:《清華大學藏戰國竹簡(叁)》,上海:中西書局,2012 年,第 135 頁。

③ 李守奎:《清華簡〈周公之琴舞〉與周頌》,《文物》2012 年第 8 期,第 75 頁。

④ 王志平:《清華簡〈周公之琴舞〉樂制探微》,見清華大學出土文獻研究與保護中心編,李學勤主編:《出土文獻》(第四輯),上海:中西書局,2013 年,第 69—74 頁。

上,先秦出土文獻中的'內'字,絕大多數皆宜讀爲'入'。'元入'即傳世文獻中所習見的'始入',本篇中當是指舞者進入舞蹈場地中并就于舞位。《禮記·祭統》即載有'及入舞,君執干戚就舞位',可參看。"①這是第三種説法。筆者認爲當以後者,即子居所言爲近是。既然後面所列各詩以"再""三""四"等爲標識,"元"應該也是表示演出次序的,只能釋爲"始",不應讀爲"筦"或"管"。況且禮儀用樂的"下管"在次序上先于"舞",本身并不是"舞"的一部分。諸詩是"琴舞"的歌詞,則"元內"的'內'當與樂舞的表演相關,最合理的訓釋應是"入"。"元內"就是"始入",子居認爲是"舞者進入舞蹈場地中并就于舞位",筆者認爲應是指歌者入而不是舞者入,此舞所用之詩或爲周公口吻或爲成王口吻,歌者應有兩位,歌周公之詩者先入,始入所唱第一首就是《無悔》。唱完之後,歌成王之詩者進入,始入所唱第一首就是《敬之》。"始入"之詩有兩首,而第一首只有"啓"沒有"亂","亂"者樂之終,則兩首詩在音樂上應屬"一終"或言"一糺"。也就是説,"琴舞九糺"是樂有九個部分,而詩是有十首的。

《周公之琴舞》所載"琴舞九糺"是按"元入啓""再啓""叁啓""四啓"……排列的,"啓"與"亂"相對,即詩樂的開始部分與結束部分。李守奎説:"(啓)與'亂'相對,啓是開始的部分,亂是收尾的部分,是一章詩的內部區分。"②張存良進一步詳論曰:

> 我們認爲,釋"啓"爲始,以"亂"爲收,可以粗通其説,然未能盡其誼,而且與其説是"詩"的內部區分,更勿寧説是"樂"的章節構成。因爲"啓"和"亂"……實質上則標示的是樂舞的兩個不同樂章,既有演奏次序上的前後之分,更有演奏方式上的根本不同。"啓"有開、闢之義,引申而有"始"義。樂章之前而標之以"啓",乃"啓奏"即"始奏"之義。何以啓奏?曰金或鼓。《周禮·春官·宗伯》"鐘師掌金奏",鄭玄注曰"金奏,擊金以爲奏樂之節。金謂鐘及鎛"。賈公彦疏曰:"此即鐘師自擊不編之鐘。凡作樂先擊鐘。"不編之鐘即單個懸掛于虡業之上的鈕鐘或直立于木座之上的甬鐘之屬。因爲古之樂工多爲矇瞽之人,故猝然擊鐘既可鳴警而吸引觀(聽)者,以示樂舞之開始,也用以告誡統馭樂隊,做好演奏的準備,此第一聲"擊金"即"啓奏"之義也,猶後世戲曲中司鼓以清脆警耳之干鼓聲爲開場之奏也。③

---

① 子居:《清華簡〈周公之琴舞〉解析》,《學燈》第二十九期(網刊)。
② 李守奎:《清華簡〈周公之琴舞〉與周頌》,《文物》2012 年第 8 期,第 75 頁。
③ 張存良:《由清華簡〈周公之琴舞〉談先秦樂詩中的"啓"和"亂"》,居延遺址與絲綢之路歷史文化國際學術研討會,2013 年 8 月 24—26 日。

　　方建軍則結合青銅器銘文論之曰:"'啓'在商代即作爲音樂用語,如河南安陽殷墟曾出土商晚期編磬三件,分別刻銘'永啓''永余'和'夭余',其中的'永(咏)啓',意即歌唱的開始。《周公之琴舞》的'啓曰',表示每一成演唱的開始,'啓'前加上數字,用于各啓之間的分隔,'亂'則不必再加數字標識。"①

　　我們從這些先秦詩樂術語出發,再去看《益稷》中的"賡載",不難有新的認識。"賡",《史記》譯爲"更",錢宗武《譯注》提到"賡"在西周金文裏多寫作"更""遟""敳",②則亦不能排除史遷看到的原文就是"更"。孫星衍說"更"亦訓爲"續",其實"更"有"再""又"之義,《玉篇》:"更,歷也,復也。"《增韻》:"再也。"若"載"依鄭注訓爲"始",則"賡載"不就是"再啓"嗎?《周公之琴舞》中的詩有"啓"有"亂",《益稷》中并沒有用"亂"或類似的詞,但值得注意的是,帝舜與皋陶所歌皆明顯有前後兩個部分,帝舜先是"作歌曰",內容是"敕天之命,惟時惟幾"兩句,又"乃歌曰",內容是"股肱喜哉,元首起哉,百工熙哉"三句。皋陶先是說了一段話,然後"賡載歌曰",內容是"元首明哉,股肱良哉,庶事康哉"三句,接着"又歌曰",內容是"元首叢脞哉,股肱惰哉,萬事墮哉"三句。

　　這樣看來,《益稷》中的帝舜與皋陶作歌,與《周公之琴舞》周公與成王作儆毖,在結構上頗有相通之處。儘管前者僅有兩首,遠少于後者九絿,前者每首的篇幅也小于後者的頌詩,但兩者都將每首詩歌分爲兩部分,且這樣劃分顯然有樂舞演繹上的理由。儘管前者沒用"元入啓"和"亂"這樣的表述,但用"賡載"指稱皋陶接在帝舜之後作歌,與"再啓"正可對照。

三、戲劇結構

　　筆者在拙著《楚簡詩類文獻與詩經學要論叢考》中專章討論了"儀式樂舞的戲劇結構與史志性質",其中就包括對《周公之琴舞》的探討,用表格形式作了總結:

表 1　《周公之琴舞》組詩的基本要素

次序	樂舞表演中的名稱	作者	儆毖的對象	表演形式
1	元入啓	周公	多士	扮演周公的男優入場,歌并舞
2	元入啓	成王	成王	扮演成王的男優入場,歌并舞
3	再啓	周公	多士	扮演周公的男優歌并舞,扮演多士的衆男優舞

---

① 方建軍:《論清華簡"琴舞九絿"及"啓、亂"》,《音樂研究》2014年第4期,第8頁。
② 錢宗武譯注:《尚書譯注》,北京:中華書局,2022年,第85頁。

次序	樂舞表演中的名稱	作者	傲慾的對象	表演形式
4	三啓	成王	成王	扮演成王的男優歌并舞
5	四啓	周公	成王	扮演周公、成王的男優歌并舞
6	五啓	成王	多士	扮演成王的男優歌并舞,扮演多士的衆男優舞
7	六啓	成王	成王、多士	扮演成王的男優歌并舞,扮演多士的衆男優舞
8	七啓	成王	成王、多士	扮演成王的男優歌并舞,扮演多士的衆男優舞
9	八啓	周公	多士	扮演周公的男優歌并舞,扮演多士的衆男優舞
10	九啓	成王	成王、多士	扮演成王的男優歌并舞,最後全體男優合唱并舞

并説:"這樣,詩(歌詞)、音樂、舞蹈相結合,實際上以'藝術'的形式再現了西周初年的重要歷史場景,展現了周公、成王的形象,强調了敬天重德、勤勉不懈、效法先王、上下團結并相互督促的政治理念。"①

在拙著的"後記"部分中,筆者又就此作了如下表述:

歷史的記録與傳承,并不一定是用文本的形式,也可以是儀式樂舞表演的形式,《大武》《大夏》這樣具有複雜結構和戲劇屬性的樂舞表演,春秋戰國時期應有很多,這些樂舞的形成可以是很早的,或者包含着很早形成的部分,一定程度上是對早期歷史人物與歷史事件的"模仿式記録",蘊含着寶貴的歷史信息,在流傳了很多年之後,某個偶然的時機下,被某個觀看表演的人用他當時的語言復述内容,寫成文本。這文本固然相當晚了,其中的歷史信息却并非憑空捏造,而是早就以樂舞的形式傳承多年了。我認爲戰國文獻中很多材料,都可以按這個思路去重新審視其史料價值(比如《虞夏書》中某些場景和對話,和諸子書中的一些記載,戲劇性都是很明顯的)。②

筆者所言"《虞夏書》中某些場景和對話"就包括《益稷》在内,我們不妨將其視爲包含着念白和唱詞的,具有戲劇表演性質的儀式樂舞的文本化。在這個儀式樂舞中,有優伶扮演的帝舜、禹、皋陶和夔等人,倒數第二段"夔曰:'戛擊鳴球,搏拊琴瑟以詠,祖考來格,虞賓在位,群后德讓。'下管鼗鼓,合止柷敔,笙鏞以間;鳥獸蹌蹌。《簫韶》九成,鳳皇來儀。夔曰:'於!予擊石拊石,百獸率舞,庶尹允諧。'"應該有各種樂器的合奏和扮演鳥獸的群

① 胡寧:《楚簡詩類文獻與詩經學要論叢考》,北京:中華書局,2021年,第201—202頁。
② 胡寧:《楚簡詩類文獻與詩經學要論叢考》,第249頁。

體舞。而最後一段帝與皋陶的先後歌唱，并夾着皋陶的一段話，當是整場儀式樂舞的高潮，歌詞所表達的是政治上的勸誡，與《周公之琴舞》中以頌詩表達"儆毖"之意是類似的。此段中僅有與"再啓"類似的"賡載"，"帝庸作歌"則没用與"元入啓"類似的表述，可能是因爲扮演帝舜、皋陶的歌者早已入場（所以有前文的對話）。

儀式樂舞在傳承中，唱詞會隨着時代語言特點的變化發生變化，經過長期的流傳纔最終被文本化，這個過程也伴隨着通俗化。這樣去思考《虞夏書》各篇的語言反比《周書》淺近的問題，或許不失爲一種與歷史實際相接近的思路。

【作者簡介】胡寧，男，1978 年生，歷史學博士，上海大學歷史學系副教授，碩士生導師，主要從事先秦史研究。

張家山漢簡《二年律令》與《漢律十六章》對讀小札

牛新房　李鳳超

　　張家山 247 號墓與 336 號墓都位于湖北江陵（今荆州市荆州區），兩座漢墓相距僅 400 餘米，根據墓中所出的竹簡内容及隨葬品，可以推測 247 號墓的年代不遲于吕后二年（前 186），①336 號墓的年代下限則爲漢文帝七年（前 173），②二者年代僅相距十餘年。兩座漢墓中分别出土了多種簡册，其中 247 號墓的《二年律令》與 336 號墓的《漢律十六章》都是法律文書簡，在内容上有許多相同或相似之處。2001 年出版的《張家山漢墓竹簡〔二四七號墓〕》，公佈了《二年律令》的圖版和釋文，2006 年整理者又出版了《張家山漢墓竹簡〔二四七號墓〕：釋文修訂本》，對釋文有所修訂。2007 年出版的《二年律令與奏讞書：張家山二四七號漢墓出土法律文獻釋讀》，整理者利用紅外綫成像技術，對《二年律令》與《奏讞書》重新做了釋讀，“使一些原來難于辨認的字迹變得清晰，增補了若干新識之字”，③并對簡序有所調整，同時也公佈了一些新的竹簡殘片。2022 年出版的《張家山漢墓竹簡〔三三六號墓〕》，公佈了《漢律十六章》的圖版和釋文，竹簡的保存狀况相對較好。通過與《漢律十六章》的對讀，《二年律令》中的一些殘字可以得到正確釋讀，個别簡序也可以調整。

一、《二年律令》簡 14 首字“諸”改釋爲“書”

　　《二年律令》中的簡 14—15：④

　　　　☑諸詐增减券書，及爲書故詐弗副，其以避負償，若受賞賜財物，皆坐贓爲盗。其以避論，及所不當 14【得爲】，以所避罪罪之。所避毋罪名，罪名不盈四兩，及毋避也，

---

　　①　張家山二四七號漢墓竹簡整理小組編：《張家山漢墓竹簡〔二四七號墓〕》，北京：文物出版社，2001 年，前言。
　　②　荆州博物館編，彭浩主編：《張家山漢墓竹簡〔三三六號墓〕》，北京：文物出版社，2022 年，前言。
　　③　彭浩、陳偉、（日）工藤元男主編：《二年律令與奏讞書：張家山二四七號漢墓出土法律文獻釋讀》，上海：上海古籍出版社，2007 年，前言。
　　④　彭浩、陳偉、（日）工藤元男主編：《二年律令與奏讞書：張家山二四七號漢墓出土法律文獻釋讀》，第 96 頁。

皆罰金四兩。15

《漢律十六章》中的簡 9—10:①

　　詐爲券書,詐增減券書,及爲書故詐弗副,其以避負償,若受賞賜財物,皆坐贓爲盜;其 9 以避論,及所不當得爲,以所避罪罪之;所避毋罪名,罪名不盈四兩,及毋避也,皆罰金四兩。10

二者對讀可以發現,《漢律十六章》簡 9 比《二年律令》簡 14 多出一句"詐爲券書",《二年律令》"諸詐增減券書"一句則以"諸"字起首。《漢律十六章》整理者注釋:"詐爲券書,《二年律令》簡一四缺。"②張志鵬認爲:"據《漢律十六章》簡 9 可補充《二年律令》簡 14 殘斷部分爲'詐爲券書','諸'爲'書'誤釋。"③

朱紅林在《張家山漢簡〈二年律令〉集釋》中引用張家界古人堤漢簡《賊律》"《賊律》曰:詐爲券書"和《唐律‧詐僞律》"諸詐爲官私文書及增減",④可見在有關文書使用的律文中,"詐爲券書"和"詐爲官私文書"的規定始終是存在的。重新查驗《張家山漢墓竹簡〔二四七號墓〕》中簡 14 的圖版,可以看到簡的上部分有殘斷,大約缺失 3 個字,簡上可見的第一個字僅存下半部分,整理者將該殘字釋作"諸",後出的釋文修訂本及《二年律令與奏讞書:張家山二四七號漢墓出土法律文獻釋讀》作同樣處理。整理者釋爲"諸"的字,圖版及相關字形如下:

表 1　《二年律令》簡 14 簡首殘字字形對比

簡 14 殘字		對比字形	
《張家山漢墓竹簡〔二四七號墓〕》	《二年律令與奏讞書》	簡 12"書"字	簡 20"諸"字

對比可知,簡 14 殘字左邊部分與同篇所見的"諸"字左邊所從的"言"字明顯存在差別,從更爲清晰的《二年律令與奏讞書:張家山二四七號漢墓出土法律文獻釋讀》圖版來

①②　荆州博物館編,彭浩主編:《張家山漢墓竹簡〔三三六號墓〕》,第 163 頁。

③　張志鵬:《〈二年律令〉、〈漢律十六章〉之〈賊律〉簡序新探》,武漢大學簡帛研究中心網站,2023 年 7 月 19 日,http://www.bsm.org.cn/?hanjian/9121.html。

④　朱紅林:《張家山漢簡〈二年律令〉集釋》,北京:社會科學文獻出版社,2005 年,第 21—22 頁。

看,其左下部分明顯是一撇,與簡 12 的"書"字類似,因此此字應當改釋爲"書"。"書"字恰好對應《漢律十六章》簡 9 的"詐爲券書"之"書",《二年律令》簡 14 上部缺失的 3 個字亦應據《漢律十六章》補爲"詐爲券"3 字,前引張志鵬的看法是正確的。如此,《二年律令》簡 14—15 釋文應補充修訂爲:

【詐爲券】書,詐增減券書,及爲書故詐弗副,其以避負償,若受賞賜財物,皆坐贓爲盜。其以避論,及所不當 14【得爲】,以所避罪罪之。所避毋罪名,罪名不盈四兩,及毋避也,皆罰金四兩。15

二、《二年律令》簡 44 的釋文修正

《二年律令·賊律》簡 44:①

☑母妻子者,棄市。其悍主而謁殺之,亦棄市;謁斬止(?)若刑,爲斬、刑之。其奊詢詈主、主父母妻 44

《漢律十六章》簡 39 可與之對讀,二者屬于同一則律文:②

奴婢敺(毆)及牧殺主、主父母妻子者,棄市。其悍主而謁殺之,亦棄市;謁斬足若刑爲斬,刑之。39

查驗《二年律令·賊律》圖版,簡 44 上段殘缺,其與相鄰竹簡的對比圖如下所示:

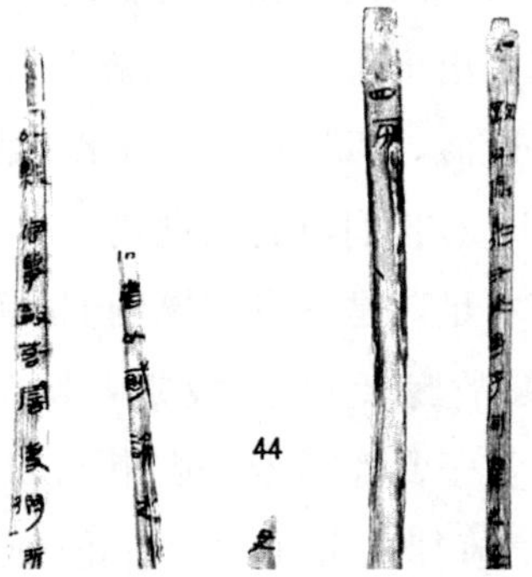

圖 1　《二年律令》簡 44 與相鄰竹簡的對比

① 彭浩、陳偉、(日)工藤元男主編:《二年律令與奏讞書:張家山二四七號漢墓出土法律文獻釋讀》,第 107 頁。
② 荊州博物館編,彭浩主編:《張家山漢墓竹簡〔三三六號墓〕》,第 169 頁。

參照鄰近諸簡上的文字大小與字距,"母"字之上約缺失 9—10 個字,《漢律十六章》整理者通過與《漢律十六章》中簡 39 的對讀,認爲《二年律令》簡 44"母妻子者"前缺文可補作"奴婢毆(毆)及牧殺主、主父",①所補字數與缺字數吻合,補全後的簡 44 釋文如下:

【奴婢毆(毆)及牧殺主、主父】母妻子者,棄市。其悍主而謁殺之,亦棄市;謁斬止(?)若刑,爲斬、刑之。其夬訽詈主、主父母妻 44

除此之外,簡 44 與《漢律十六章》中的簡 39 還有一處不同,即《漢律十六章》簡 39 比《二年律令》簡 44 多出一個"足"字。查驗《二年律令》簡 44 圖版,"謁斬"二字後還有一模糊字迹,從字距看顯然還應有一字:

圖 2　《二年律令》簡 44 殘字

《張家山漢墓竹簡〔二四七號墓〕》整理者忽略該字,將簡文直接釋作"謁斬若刑"。《二年律令與奏讞書:張家山二四七號漢墓出土法律文獻釋讀》的整理者認爲"'斬''若'之間尚有一字。據紅外綫影像,與'止'字近似,疑爲'止'字,讀作'趾'。從文意看,'斬趾'當是斬左趾、斬右趾之合稱",釋作"謁斬止(?)若刑,爲斬、刑之"。②

"斬左/右止(趾)"即"斬左/右足",是秦漢時期刖刑的兩種處罰方式,代表不同的處罰等級,如《二年律令》:"有罪當黥,故黥者劓之,故劓者斬左止(趾),斬左止(趾)者斬右止(趾),斬右止(趾)者府(腐)之。女子當磔若要(腰)斬者棄市,當斬爲城旦舂者黥爲舂,當贖斬者贖黥,當耐者贖耐。"③由這條律文可知,"斬右止(趾)"比"斬左止(趾)"的處罰等級

---

①　參見荆州博物館編,彭浩主編:《張家山漢墓竹簡〔三三六號墓〕》,第 169 頁。
②　彭浩、陳偉、(日)工藤元男主編:《二年律令與奏讞書:張家山二四七號漢墓出土法律文獻釋讀》,第 107 頁。
③　彭浩、陳偉、(日)工藤元男主編:《二年律令與奏讞書:張家山二四七號漢墓出土法律文獻釋讀》,第 126 頁。

要重。出土文獻及傳世文獻中提及將雙脚砍掉的行爲時，一般不稱"斬止"而稱"斬足"，如《嶽麓書院藏秦簡·占夢書》"夢見斬足者，天閟欲食"，[①]《商君書·賞刑》"三軍之士，止之如斬足，行之如流水"等。[②] 秦時又有"鋈足"之刑，如《睡虎地秦墓竹簡·法律答問》："葆子有辠（罪）未斷而誣告人，其辠（罪）當刑城旦，耐以爲鬼薪鋈足"，意思是當葆子這一特殊優待群體犯了應當被施以"刑城旦"的罪時，因受優待，改爲施以"耐鬼薪鋈足"。[③] 可見，在秦漢刑罰中"斬右止（趾）"與"斬左止（趾）"是兩種等級不同的刑罰。在目前所見的出土文獻中，需要區分左右時都稱"止（趾）"，如：

　　五人盜，臧（贓）一錢以上，斬左止……1　《睡虎地秦墓竹簡·法律答問》[④]

　　群盜赦爲庶人，將盜戒（械）囚刑 125 辠（罪）以上，亡，以故辠（罪），斬左止爲城旦……126　《睡虎地秦墓竹簡·法律答問》[⑤]

　　有罪當黥，故黥者劓之，故劓者斬左止（趾），斬左止（趾）者斬右止（趾），斬右止（趾）者府（腐）之。88　《二年律令與奏讞書：張家山二四七號漢墓出土法律文獻釋讀》[⑥]

　　鞫獄故縱、不直，及診、報、辟故弗窮審者，死罪，斬左止（趾）爲城旦，它各以其罪論之。93　《二年律令與奏讞書：張家山二四七號漢墓出土法律文獻釋讀》[⑦]

　　强略人以爲妻及助者，斬左止（趾）以爲城旦。194　《二年律令與奏讞書：張家山二四七號漢墓出土法律文獻釋讀》[⑧]

---

① 朱漢民、陳松長主編：《嶽麓書院藏秦簡（壹）》，上海：上海辭書出版社，2010 年，第 44 頁。
② 蔣禮鴻：《商君書錐指》卷四《賞刑》，北京：中華書局，1986 年，第 104 頁。
③ 關于"鋈足"的含義，《秦簡牘合集：釋文注釋修訂本（壹、貳）》中收集了各家説法："鋈，整理者：讀爲夭，《廣雅·釋詁一》：'折也。'鋈足，意爲刖足。一説，鋈足應爲在足部施加刑械，與欽足、鐕足類似。張政烺（1980）：後世的脚鐐就是秦律的'鋈足'。劉海年（1981，178—179 頁）：《史記·平準書》'欽左趾'集解引韋昭曰：'欽，以鐵爲之，著左趾以代刖也。'張斐《晉晉律序》：'狀如跟衣，著【左】足下，重六斤，以代臏，至魏武改以代刖也。'秦律中的'鋈足'應是欽刑的一種。按照法律規定，在某些情況下，對于某種人，它可以取代刖刑。栗勁（1985，261 頁）：'鋈足'可以理解在足的外表附加上一種刑具，使受刑者感到痛苦和不方便，用來代替斬左止這種刖刑。在本質上説來'鋈足'也屬于笞刑一類的刑罰。堀毅（1988，158 頁）：鋈足相當于後世的欽左右趾，是對本應受肉刑的人適用的代用刑。黃文傑（2008B）：'鋈'是'鐐'的假借字。'鐐'是套在脚腕上的刑具。古代用'欽'表示。'鋈足'即'欽足'，也就是'鐐足'"。參見陳偉主編：《秦簡牘合集：釋文注釋修訂本（壹、貳）》，武漢：武漢大學出版社，2016 年，第 225—226 頁。
④ 陳偉主編：《秦簡牘合集：釋文注釋修訂本（壹、貳）》，第 181 頁。
⑤ 陳偉主編：《秦簡牘合集：釋文注釋修訂本（壹、貳）》，第 231 頁。
⑥ 彭浩、陳偉、（日）工藤元男主編：《二年律令與奏讞書：張家山二四七號漢墓出土法律文獻釋讀》，第 126 頁。
⑦ 彭浩、陳偉、（日）工藤元男主編：《二年律令與奏讞書：張家山二四七號漢墓出土法律文獻釋讀》，第 128 頁。
⑧ 彭浩、陳偉、（日）工藤元男主編：《二年律令與奏讞書：張家山二四七號漢墓出土法律文獻釋讀》，第 167 頁。

由此可以推論,在區分左右時用"止(趾)"稱"斬左/右止(趾)",在合稱時則用"足"稱"斬足""鋈足"。

此外仔細觀察圖版可以發現,簡 44 上"謁斬"之"斬"後的殘存字迹只依稀可見相對靠下的幾點筆畫,《二年律令與奏讞書:張家山二四七號漢墓出土法律文獻釋讀》整理者將之釋爲"止"應是只關注到了模糊文字的下半段,但是如果補作"止"就會出現該字與上一字"斬"字之間間隔過大的問題。因此這一殘字不應當釋爲"止",而應改釋爲"足","足"字的下半部分與"止"字的筆畫類似,但是整字寫出來要更大一些,恰好符合其上"斬"字與其下"若"字之間的一字間隔:

表 2　簡 44 殘字與"足""止"字形對比

簡 44 殘字		他簡"足"字		他簡"止"字	
		140	142	88	88

因此《二年律令》簡 44 應當與《漢律十六章》簡 39 的釋文一樣,作"謁斬足若刑"。修改後的《二年律令》簡 44 釋文爲:

> 【奴婢毆(毆)及牧殺主、主父】母妻子者,棄市。其悍主而謁殺之,亦棄市;謁斬【足】若刑,爲斬、刑之。44

同時《漢律十六章》簡 39 的句讀也需要做調整。"斬足"與"刑"之間的"若"爲連詞,説明後面的"斬刑"應當以頓號分開,《漢律十六章》"謁斬足若刑爲斬刑之"一句的句讀應從《二年律令》,斷爲"謁斬足若刑,爲斬、刑之",意爲"(主人向官府)請示對奴婢處以斬'足'或其他肉刑後,(官府已經知悉)然後對奴婢處以'斬'或'刑'"。修改後的《漢律十六章》簡 39 釋文爲:

> 奴婢毆(毆)及牧殺主、主父母妻子者,棄市。其悍主而謁殺之,亦棄市;謁斬足若刑,爲斬、刑之。39

三、《二年律令》簡 100 殘字補釋及律文歸屬

《二年律令》簡 100 上部殘缺，整理者認爲缺失 5 個字，釋文作：①

　　□□□□□，以其罪論之。完城旦舂罪，黥之。鬼薪白粲罪，黥以爲城旦舂。其自出者，死罪，黥爲城旦舂；它罪，完爲城旦舂。100

吳雪飛認爲這"可能是一條關于犯罪後逃亡的法律"，并將缺字補爲"有罪而亡者"或"有罪去亡"。② 韓厚明認爲殘缺的内容當與"有罪當完爲城旦舂、鬼薪白粲以上而亡"有關，并同意吳雪飛將缺字補爲"有罪而亡者"的看法。③

《漢律十六章》簡 251—252 釋文：④

　　有罪命而得，以其罪論之。完城旦舂罪，黥之。鬼薪白粲罪，黥以爲城旦舂。其自出者，251 死罪黥爲城旦舂，它罪完爲城旦舂。252

整理者注釋："從'有罪命而得'至本條律文末的文字不見于《二年律令》，係漢文帝時增加"，⑤黃浩波指出"此條即《二年律令》100 簡，只是 100 簡正好殘去簡首'有罪命而得'五字"。⑥

　　重新查驗《二年律令》簡 100 圖版，其上端殘斷，下部分滿寫，與相鄰較完整的簡 101 相比，確實約缺失五個字：

①　彭浩、陳偉、（日）工藤元男主編：《二年律令與奏讞書：張家山二四七號漢墓出土法律文獻釋讀》，第 132 頁。
②　吳雪飛：《嶽麓簡與〈二年律令〉對讀三則》，武漢大學簡帛研究中心網站，2016 年 12 月 5 日，http://www.bsm.org.cn/?qinjian/7425.html。
③　韓厚明：《張家山漢簡字詞集釋》，吉林大學 2018 年博士學位論文，第 283 頁。
④⑤　荆州博物館編，彭浩主編：《張家山漢墓竹簡〔三三六號墓〕》，第 198 頁。
⑥　參見武漢大學簡帛研究中心網站論壇主題帖"張家山漢墓竹簡（336 號墓）《漢律十六章》初讀"第 22 樓網友黃浩波的發言，2023 年 3 月 16 日，http://www.bsm.org.cn/forum/forum.php?mod＝viewthread&tid＝12793&page＝3。

圖 3　《二年律令》簡 100 簡首缺字對比

但是仔細觀察簡 100 可以發現,釋文的第一個字"以"之上還可見上一個字的殘筆,與同篇其他比較完整清晰的"得"字對比可以看出,此殘字正是"得"字所從的"彳"旁:

表 3　《二年律令》簡 100 殘字與"得"字字形對比

簡 100 殘字	簡 5"得"字	簡 19"得"字

據此,《二年律令》簡 100 的殘字應釋爲"得",即對應《漢律十六章》簡 251"有罪命而得"之"得"。由此亦可以進一步確認"得"字之上缺失的字應爲 4 個,可據《漢律十六章》簡 251 補足"有罪命而"四字。因此黄浩波的補字意見是正確的。如此,《二年律令》簡 100 釋出殘字及補足文字後的釋文如下:

　　【有罪命而】得,以其罪論之。完城旦舂罪,黥之。鬼薪白粲罪,黥以爲城旦舂。其自出者,死罪,黥爲城旦舂;它罪,完爲城旦舂。100

　　釋出殘字"得"及根據《漢律十六章》簡 251 補足"有罪命而"四字後,可見《二年律令》簡 100 是一條獨立完整的律文,在《張家山漢墓竹簡〔二四七號墓〕》中,整理者把這條律文歸爲《具律》,《張家山漢墓竹簡〔二四七號墓〕:釋文修訂本》在標題簡 125"具律"的注釋中提出"此律所收當有《囚律》條款，如簡九三至一一七號，多數當屬《囚律》"，^①可見整理者對簡 100 這條律文的歸屬是不確定的。前文提到，吴雪飛、韓厚明都認爲這條律文應該與逃亡有關，韓厚明從簡 100 的出土位置、律文内容及與嶽麓秦簡相關内容的對比等方面進行了深入分析，認爲簡 100 應歸入《亡律》。^②現在以《漢律十六章》簡 251—252 爲參照，釋出了《二年律令》簡 100 的殘字并補足缺文，可見二者内容完全一致。《張家山漢墓竹簡〔三三六號墓〕》的整理者將簡 251—252 這條律文歸爲《亡律》，應該是正確的，從《張家山漢墓竹簡〔三三六號墓〕》附録一所顯示的竹簡背劃綫來看，^③簡 251—252 與同屬于《亡律》的其他相鄰竹簡背劃綫存在連續性：

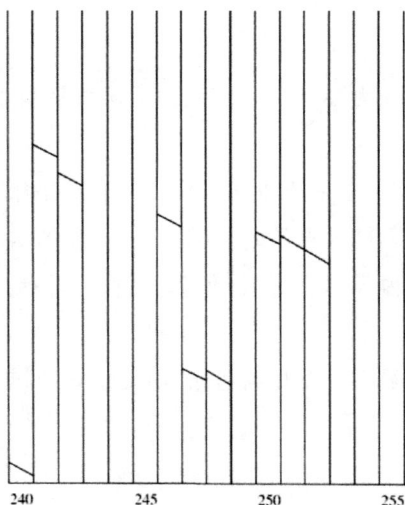

圖 4　《漢律十六章·亡律》簡 240—255 背劃綫示意圖

這也可以作爲整理者排序合理性的旁證。因此《二年律令》簡 100 應當從《具律》中剔除，而歸屬于《亡律》。

四、《二年律令》簡 82—86 簡序調整

《漢律十六章》簡 101—106：^④

① 張家山二四七號漢墓竹簡整理小組編著：《張家山漢墓竹簡〔二四七號墓〕：釋文修訂本》，北京：文物出版社，2006 年，第 26 頁。
② 韓厚明：《張家山漢簡字詞集釋》，第 283—284 頁。
③ 荆州博物館編，彭浩主編：《張家山漢墓竹簡〔三三六號墓〕》，第 244 頁。
④ 荆州博物館編，彭浩主編：《張家山漢墓竹簡〔三三六號墓〕》，第 178—179 頁。

公士、公士妻及老行年七十以上，若年不盈十七歲，有罪當刑者，皆完之。101

上造、上造妻以上，及内孫、外孫、【耳】孫、玄孫有罪，其當刑及當爲城旦舂者，耐以爲鬼薪白粲。102

諸侯王子、内孫、耳孫，徹侯子、内孫有罪如上造、上造妻以上。103

公士以上妻殺傷其夫，不得以夫爵論。104

吏、民有罪當笞，謁罰金一兩以當笞者，許之。105 有罪年不盈十歲，除；其殺人，完爲城旦舂。106

相關律文見于《二年律令》簡 82—86：①

上造、上造妻以上，及内公孫、外公孫、内公耳玄孫有罪，其當刑及當爲城旦舂者，耐以爲鬼薪白粲。82

公士、公士妻及□□行年七十以上，若年不盈十七歲，有罪當刑者，皆完之。83

☑妻(?)殺傷其夫，不得以夫爵論。84

吕宣王内孫、外孫、内耳孫玄孫，諸侯王子、内孫耳孫，徹侯子、内孫有罪，如上造、上造妻以上。85

吏、民有罪當笞，謁罰金一兩以當笞者，許之。有罪年不盈十歲，除；其殺人，完爲城旦舂。86

通過律文比對可以發現，《漢律十六章》簡 101—106 與《二年律令》簡 82—86 的内容基本相同，《二年律令》的簡文略有殘缺，簡 85 又比《漢律十六章》多出"吕宣王内孫、外孫、内耳孫玄孫"一句。根據《史記·吕太后本紀》裴駰《集解》引徐廣注："吕后父吕公，漢元年爲臨泗侯，四年卒，高后元年追謚曰吕宣王"，②可知"吕宣王"是吕后稱制後給自己父親吕文追封的尊號，這一内容應是吕后對自身家族的優待，吕后死後，群臣誅滅諸吕，文帝繼位，吕氏家族所得的優待自然被廢除，這句話不見于《漢律十六章》的原因應當與此有關，可視爲漢文帝時期做出的律文調整，這也與此兩批竹簡的抄寫時間吻合。

簡 84 竹簡殘損，《張家山漢墓竹簡〔二四七號墓〕》與《張家山漢墓竹簡〔二四七號墓〕：釋文修訂本》的釋文皆爲"殺傷其夫，不得以夫爵論"，③《二年律令與奏讞書：張家山二四

① 彭浩、陳偉、(日)工藤元男主編：《二年律令與奏讞書：張家山二四七號漢墓出土法律文獻釋讀》，第 123—125 頁。

② 司馬遷撰，裴駰集解，司馬貞索隱，張守節正義：《史記》，北京：中華書局，2014 年，第 503 頁。

③ 張家山二四七號漢墓竹簡整理小組編著：《張家山漢墓竹簡〔二四七號墓〕：釋文修訂本》，第 20 頁。

七號漢墓出土法律文獻釋讀》中則將釋文修訂爲"妻（?）殺傷其夫，不得以夫爵論"，并指出：

> 仔細審視圖版和紅外綫影像，"殺"字之上當有兩字的殘畫，第一字不識，第二字疑是"妻"字。《置後律》三七二號簡有"女子比其夫爵"。《具律》八二號簡有"上造妻"，八三號簡有"公士妻"。由此可見，妻子的待遇比照丈夫的爵位。本條律文指妻子殺傷丈夫，不得依丈夫爵位減罪。[1]

《漢律十六章》整理者則認爲，《二年律令》簡 84 上段缺字可依照《漢律十六章》簡 104 補作"公士以上妻"。[2]

　　從圖版上的字形對比來看，《二年律令與奏讞書：張家山二四七號漢墓出土法律文獻釋讀》整理者疑"殺"字上的第二個字應當釋爲"妻"字的看法是正確的：

表 4　《二年律令》簡 84 第二個殘字字形對比

《二年律令》簡 84"殺"字上殘字	他簡"妻"字		
	38	42	68

同時又可以看到"妻"字的殘筆之上還有一點筆畫，應當是另一個字的殘筆，同樣依據字形對比，這應當是"上"字的橫筆：

表 5　《二年律令》簡 84 第一個殘字字形對比

《二年律令》簡 84"殺"字上殘字	他簡"上"字		
	28	29	35

---

① 彭浩、陳偉、（日）工藤元男主編：《二年律令與奏讞書：張家山二四七號漢墓出土法律文獻釋讀》，第 125 頁。
② 荆州博物館編，彭浩主編：《張家山漢墓竹簡〔三三六號墓〕》，第 178 頁。

補全"上妻"二字之後的簡 84 與相鄰比較完整的簡 85 長度對比來看，還缺失 2—3 個字：

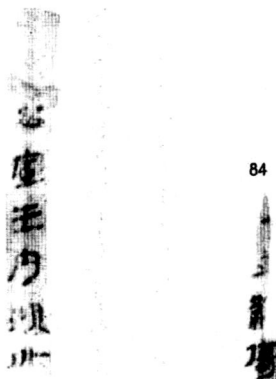

圖 5　《二年律令》簡 84 首缺字對比

根據與《漢律十六章》簡 104 對讀，恰好可以補入"公士以"三字。因此《漢律十六章》整理者的意見可從，這樣補全後的《二年律令》簡 84 釋文爲：

【公士以】上妻殺傷其夫，不得以夫爵論。84

除此之外，《漢律十六章》與《二年律令》的簡序明顯不同，從簡文邏輯上看，《漢律十六章》的簡序更加合理，《二年律令》則有許多邏輯不通之處。漢代爵制分爲二十等級，《漢書·百官公卿表上》：

爵：一級曰公士，二上造，三簪裊，四不更，五大夫，六官大夫，七公大夫，八公乘，九五大夫，十左庶長，十一右庶長，十二左更，十三中更，十四右更，十五少上造，十六大上造，十七駟車庶長，十八大庶長，十九關內侯，二十徹侯。①

按二十等爵制的爵級順序，最低一級爲公士，上造次之，最高級徹侯，相應地在律文的行文中，也應當按照由低級到高級的順序書寫，先講公士，其次是上造，再次是諸侯，然後講對"公士以上"即最低一級爵級以上者的共同規定，這些規定所針對的對象是有爵階層，最後則是對一般下層民衆即"吏、民"的規定，如此行文纔符合法律規定的一般邏輯，《漢律十六章》簡 101—106 即是按此順序排列。相較之下，《二年律令》簡 82—86 的順序則明顯混

---

①　班固撰，顏師古注：《漢書》卷十九上，北京：中華書局，1962 年，第 739—740 頁。

亂,簡 82 中更高一級的"上造"在前,簡 83 中更低一級的"公士"在後,次序顛倒;又因爲簡
84 出土時簡身殘斷,簡上缺字,整理者無從得知該簡上的首字"妻"是何身份者之"妻",便
放在了"公士"之後、"諸侯"之前,今根據《漢律十六章》將釋文補全之後可知是"公士以上"
者之妻,那麽簡 84 就應當放在對"諸侯"的規定之後,《二年律令》簡 82—86 的簡序應當調
整爲"83—82—85—84—86",并且可以根據《漢律十六章》將《二年律令》所缺的文字補全。
重新編聯補全後的《二年律令》簡 83—82—85—84—86 釋文如下:

    公士、公士妻及【老】行年七十以上,若年不盈十七歲,有罪當刑者,皆完之。83

    上造、上造妻以上,及内公孫、外公孫、内公耳玄孫有罪,其當刑及當爲城旦舂者,
耐以爲鬼薪白粲。82

    吕宣王内孫、外孫、内耳孫玄孫,諸侯王子、内孫耳孫,徹侯子、内孫有罪,如上造、
上造妻以上。85

    【公士以】上妻殺傷其夫,不得以夫爵論。84

    吏、民有罪當笞,謁罰金一兩以當笞者,許之。有罪年不盈十歲,除;其殺人,完爲
城旦舂。86

【作者簡介】牛新房,男,1981 年生,歷史學博士,華南師範大學歷史文化學院副教授,
主要從事古文字與出土文獻、先秦—秦漢史研究。李鳳超,女,2000 年生,碩士研究生,華
南師範大學歷史文化學院,主要從事秦漢出土文獻研究。

北齊禁軍鮮卑—漢雙語職官名號考[*]

劉　勇

在石刻和傳世文獻中出現的大賢真、若曷、烏賀真爲鮮卑語漢譯，與對應的都督職組成雙語職官號。北齊禁軍鮮卑—漢雙語名號是北朝後期軍事制度方面的鮮卑化回潮現象，考察其出現和消失情形，可爲理解中古史走向、民族融合的複雜軌迹提供新視野。

一、大賢真—備身/內直備身都督

綜合考察近年來發現的墓誌、碑刻與文獻中的大賢真資料，可以確定大賢真爲鮮卑語漢譯，"大賢真—備身都督/內直備身都督"是北齊禁軍軍官的鮮卑—漢雙語職官名號。

北齊時，□憘、郁久閭可婆頭、劉安、伊婁密、賀拔伏恩、婁子彦、韓鳳七人，多出自以六鎮鮮卑爲主的胡族勛貴家族，均曾被授予"大賢真—備身都督"或"內直備身都督"這一鮮卑—漢雙語職官名號。文獻和墓誌資料中并非所有任"備身都督"都有"大賢真"這個鮮卑名號，^①可能是授都督職時未同時授鮮卑名號，或授雙語職官號但轉寫時將鮮卑語名號略去。

"大賢真"與漢職"備身都督/內直備身都督"對應，但并不必然同時雙授，雙授更似一種榮耀和禮遇。

□憘、郁久閭可婆頭是久經沙場的禁軍將領，軍事經驗豐富，劉安、婁子彦、韓鳳任禁軍軍官，多因勛貴子弟身份。婁子彦和韓鳳是典型官三代，憑權貴背景任禁軍軍職，後成

---

* 本文爲2021年度國家社會科學基金特別委托項目"大同地區碑銘所見民族融合歷史研究"（21@ZH030）階段性成果。

① 慕容紹宗子慕容三藏"仕齊，釋褐太尉府參軍事，尋遷備身都督。武平初，襲爵燕郡公，邑八百户"（魏徵、令狐德棻：《隋書》卷六十五《慕容三藏傳》，北京：中華書局，1973年，第1532頁）。趙道德"入爲備身正都督，食高密郡幹"（趙超：《漢魏南北朝墓誌彙編》，天津：天津古籍出版社，1992年，第429頁）。乞伏保達"天保元年，轉前鋒都督，進爵東垣縣子，別封建安縣鄉男。又除驃騎大將軍，封化蒙縣散男……尋遷直蕩備身都督"（趙超：《漢魏南北朝墓誌彙編》，第450頁）。

爲敗壞政治的幫凶。史料有限,尚不明賀拔伏恩來歷,但其爲後主寵信,晋陽之戰時臨陣投降,品行可知。

"大賢真備身/内直備身正都督"從四品,副職從五品,是實際掌握禁軍部隊的中層指揮官,品級不高但地位重要。北齊後期,大賢真—備身都督/内直備身都督職成爲鮮卑勋貴官二代、官三代攀附高升的跳板和捷徑。

1. 墓誌中的大賢真

(1)《□憘墓誌》

《□憘墓誌》2001 年出土于太原東山,誌蓋不存,難斷墓主姓氏。墓誌記述軍事將領墓主□憘一生中兩次被授予"大賢真"名號,頗有史料價值。①

墓誌載:

> 公諱憘,字元樂,代郡平城人也。……祖世達,安南將軍,仇池鎮將。……父衆德,儀同三司,恒州刺史。……神武皇帝龍飛冀壁,虎據信都,……乃除虎賁中郎將、親信別將。拔堅城于舊鄴,覆勍敵于寒陵……除京畿帳内都督……而西賊宇文氏總率烏合,列陣芒阜……擒魁獻泮,除車騎大將軍、左光禄大夫。又加北襄縣男。……有魏塞裳,大齊應録……封榆中縣開國男,除大賢真備身正都督,食乘氏縣幹。……除假儀同三司,轉大賢真内備身都督。而北狄西戎同惡相濟,乘虚冢突,奄及晋陽。于是先登陷陣,溺驂漂杵。……乃封景昌縣開國子,尋除驍騎將軍。又除北肆州六州都督加儀同三司。……以武平二年四月廿四日薨于位,時春秋六十有三。……以武平三年歲次壬辰十月己巳朔十六日甲申葬于晋陽縣皇陵城北四里之山。……②

《隋書》卷二十七《百官志中》載,領軍府統領的北齊禁軍有左右衛府、領左右府兩大系統。其中領左右府其下有左右備身、刀劍備身和備身等部。負責東宫安全的左右衛坊率下有騎官備身、内直備身、備身等部。各部長官有正、副都督。③

北齊時,□憘長期擔任禁軍中層軍官,先後爲大賢真備身正都督、大賢真内備身都督。

---

① 《□憘墓誌》拓片參見太原市三晋文化研究會編:《晋陽古刻選·北朝墓誌卷》,太原:山西人民出版社,2008年,第 333—350 頁。大賢真研究經常一民老師指導建議,特致謝忱。

② 《□憘墓誌》考證參見拙文《大賢真——碑誌、文獻互證的鮮卑語》,《文物世界》2018 年第 5 期,第 42—45 頁。此後數年不斷出現有關鮮卑語大賢真、若曷、烏賀真的石刻史料,爲繼續深入考察北齊禁軍鮮卑—漢雙語職官名號提供了可能。

③ 魏徵、令狐德棻:《隋書》卷二十七《百官志中》,第 758—760 頁。

"内備身都督"即"内直備身正都督"之略寫。大賢真是□憘一生歷官中的重要名號,墓誌中兩次記述,確屬罕見。

武平二年(571),□憘在北肆州六州都督任上去世,享年六十三歲,推算生于北魏永平二年(509)。自隨高歡信都起兵至去世,□憘爲高氏服務四十年,大部分時間爲禁軍中层軍官。

(2)《可婆頭墓誌》

陝西西安近年出土《隋故大將軍九隴公郁久閭公墓誌銘》(簡稱《可婆頭墓誌》)。墓主爲柔然王族後裔。墓誌製作于隋開皇十二年(592)。墓主由北齊入北周再入隋,是柔然權貴歸附中原王朝的個案。

墓誌載:

　　　　公諱可婆頭,京兆長安人。……茹茹主莫容可汗,則公之曾祖烏稽可汗。祖賀根吐豆弗俟利弗,父臣明吐豆弗,并王子王孫,世官世禄。……年十七襲爵爲吐豆弗,歸齊,蒙授使持節沙州諸軍事、沙州刺史、大賢真備身正都督,①食平寇縣幹,尋加伏波將軍、假儀同三司。突厥寇擾,公手梟元惡,勛授儀同三司、安德縣開國公,邑五百户,賜物一千段。……還拜左衛大將軍。入周,例授上開府、九隴郡開國公,尋加大將軍。大隋肇曆,除北道行軍總管……十年拜北道行軍元帥……以二月廿二日遘疾薨于齒州邸舍,春秋六十有二。……粤以開皇十二年正月廿六日遷葬于京兆之高陽原,禮也。

郁久閭可婆頭被北齊授予鮮卑—漢雙語職官號"大賢真備身正都督",□憘亦曾任此職。"突厥寇擾,公手梟元惡,勛授儀同三司、安德縣開國公,邑五百户,賜物一千段"。此戰即北周楊忠聯合突厥圍攻晉陽事。郁久閭可婆頭在此戰中"手梟元惡",與《□憘墓誌》中的"先登陷陣"十分類似,兩人均領所部禁軍參加此次晉陽保衛戰,戰後得到晉升。

(3)《劉安墓誌》

陝西西安附近出土《□□儀同三司高唐縣開國公劉君之墓誌》(下簡稱《劉安墓誌》)載:

---

①　王其褘、周曉薇編著:《隋代墓誌銘匯考》第2册,北京:綫裝書局,2007年,第64—68頁。此處録文原文斷句誤爲"大賢真備身、正都督"。平田陽一郎對此墓誌分析認爲,大賢真爲鮮卑語,是鮮卑起源的側近官新例,但未結合其禁衛武職背景做更多探討。參見平田陽一郎:《〈隋郁久閭可婆頭墓誌〉譯注與相關考察》,《沼津工業高等專門學校研究報告》第49號,2015年1月。

　　諱安，字任達，瀛洲河間樂城人也。賜屬雍州□□縣。公以門業清顯，勳效勞功，特授大賢真□□正都督、直閣將軍，別封雍州彰縣散子。天□□年，驅馳幹藝，展力勤勞，特授渭州諸軍事、渭州刺史。武平六年，勳成久碻，將勸有方，特授□儀同三司、游擊將軍。其年授驍騎將軍。險化□□，恭幹有德，夙預方勤，特授開府儀同三司、□□高塘縣開國公，食邑五百戶。妻洛州宜遷□君、徐州彭城郡君賀拔氏。大隋開皇十八年歲次戊午正月癸酉朔廿四日丙申葬于京師□□洪固鄉冑貴里。祖提，龍驤將軍、歷城鎮將，□□知名。王武力絕人，幼有大略，常懷濟世匡□之志，扶危定傾之心。早有高譽，爲帝所重，建義□年除輔國將軍、靈州鎮城大都督、山鹿縣開國公、食邑五百戶。父豐，大司馬、司徒公、尚書令、□定瀛殷幽平安燕營汾雲十二州諸軍事十二州刺史、威武郡開國公、高昌王。①

　　“大賢真備身正都督”爲一固定組合名號，墓誌銘文中“大賢”後一字有損，但仍可辨出爲“真”字。其後漫漶二字實爲“備身”。

　　劉安之父劉豐，《北齊書》《北史》有傳，②劉豐爲普樂人，普樂爲靈州治所，因抗拒破六韓拔陵進攻，劉豐受封郡守，應是當地大族。《北齊書》卷二十七載劉豐“魏永安初，除靈州鎮城大都督”。③建義元年和永安元年爲同年，即 528 年。《劉安墓誌》殘字處應爲建義元年(528)。《隋代墓誌銘匯考》誤補爲北周建德年號。劉豐投奔東魏，頗得高歡信任，後在圍攻王思政的潁川之戰時陣亡。《北齊書·文宣紀》記載：“[天保元年(550 年)六月]詔……故殷州刺史劉豐……等并左右先帝，經贊皇基，或不幸早徂，或殞身王事，可遣使者就墓致祭，并撫問妻子，慰逮存亡”。④ 北齊建立時，劉豐家屬得到撫慰。

　　劉豐本傳記載其有子八人，嗣子曄。劉安應爲八子之一。《劉安墓誌》載其因“門業清顯，勳效勞功”，“特授大賢真□□正都督、直閣將軍，別封雍州彰縣散子”，可見其受封多來自父輩功勳。據《隋書·百官志中》，備身正都督、直閣將軍、縣散子，在北齊均爲從四品。⑤

　　(4)《齊伊婁公墓誌》

　　《齊伊婁公墓誌》載：

---

①　王其褘、周曉薇編著：《隋代墓誌銘匯考》第 2 冊，第 280—281 頁。
②　李百藥：《北齊書》卷二十七《劉豐傳》，北京：中華書局，1972 年，第 377 頁；李延壽：《北史》卷五十三《劉豐傳》，北京：中華書局，1974 年，第 1901—1902 頁。
③　李百藥：《北齊書》卷二十七《劉豐傳》，第 377 頁。
④　李百藥：《北齊書》卷四《文宣紀》，第 52 頁。
⑤　魏徵、令狐德棻：《隋書》卷二十七《百官志中》，第 766 頁。

君諱密，字洪達，善無人也。……敦，魏殿中尚書司空公……祖庫賀提，雲州□□都官尚書……考萬歲，幽安二州刺史。……君……太昌中以勳賢之胄起家伏波將軍……除寧遠將軍、羽林監……加鎮遠將軍、南陽子，俄而轉子爲伯。……天保之初，除前將軍，轉伯爲侯。……除征西將軍直蕩副都督。皇建初轉侯爲公。大寧之始，除驃騎大將軍大賢真備身副都督帶直寢。位望稍隆，而勤誠靡監。除若曷直蕩正都督、食承高縣幹。宿衛丹墀。……武平始除阿香城厢。其年轉除京陵城厢。頻煩禦侮，稍展如狼之心，令終不竭，彌盡如羆之意。除定陽鎮城。……以武平二年正月五日遇疾鎮之府舍，歸薨于晋陽，時年五十九。……①

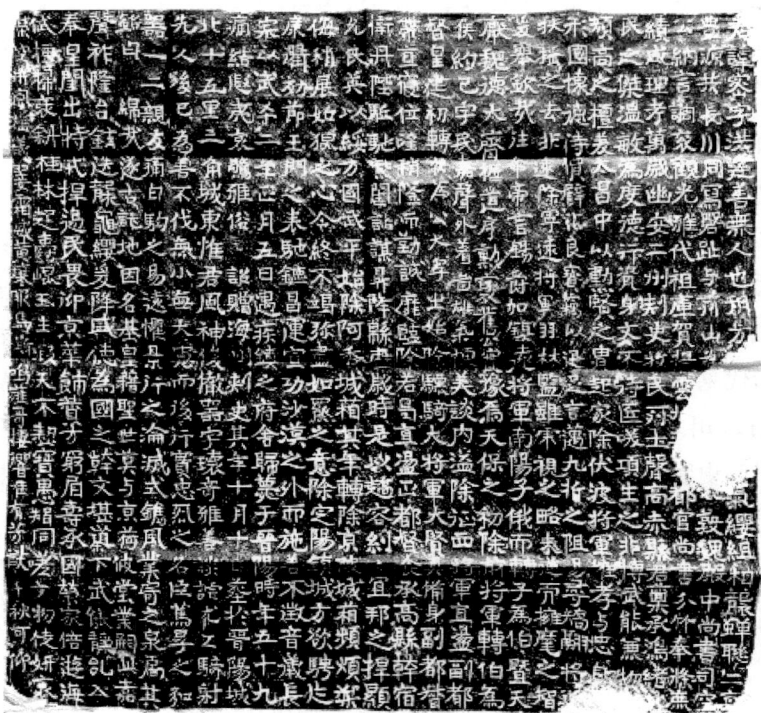

圖 1　伊婁密墓誌圖

　　據《魏書·官氏志》載，伊婁氏爲帝室十姓之一，拓跋氏親族，“太和以前，國之喪葬祠禮，非十族不得與也”。② 可見墓主伊婁密是拓跋鮮卑皇室旁支後裔。據《魏書·地形志》記載，善無爲安置六鎮鮮卑的僑州恒州屬郡。③

---

① 拓片圖片由馬金花老師提供。
② 魏收：《魏書》卷一百一十三《官氏志》，北京：中華書局，1974 年，第 3006 頁。
③ 魏收：《魏書》卷一百零六《地形志上》，第 2497 頁。

　　墓誌載墓主以所謂“勛賢之胄”背景進入仕途。入齊,伊婁密由直蕩副都督起任北齊皇宮和東宮禁軍軍官。據《隋書·百官志中》,直蕩、備身等副都督爲從五品,直蕩、備身正都督爲從四品。[①]

　　伊婁密爲大賢真備身副都督,可見,備身正、副都督職前均可授予鮮卑官號“大賢真”。伊婁密後晋升若曷直蕩正都督。與大賢真一樣,“若曷”也是禁軍軍官鮮卑名號。墓誌記載伊婁密先後被授予“大賢真備身都督”和“若曷直蕩正都督”兩個鮮卑—漢雙語職官名號,是重要的鮮卑語石刻史料。

　　(5)《若元保墓誌》

　　晋陽古城考古博物館展出北齊圓首墓誌多件,《若元保墓誌》爲其中之一。此類墓誌接近于東漢地表墓碑形制,只是體量縮小後改置于墓中。[②] 北齊時晋陽土洞類墓葬亦有此類早期碑形墓誌出土。墓主群體多是擔任中下層官員的鮮卑軍人。[③]《若元保墓誌》亦屬此類。

　　銘文載:

　　　　大賢真都督賀拔伏恩下故人中堅將軍虞候備身若元保,户屬恒州代郡。天保十年歲次己卯十月乙酉朔十二日丙申葬。

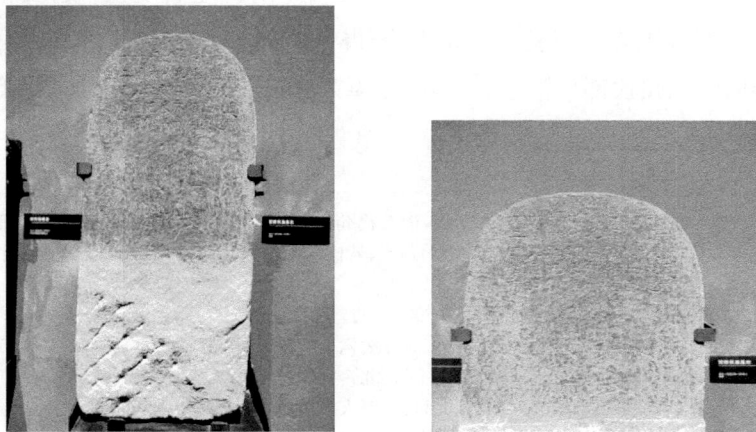

圖 2　若元保墓志

---

①　魏徵、令狐德棻:《隋書》卷二十七《百官志中》,第 766—767 頁。

②　由東漢墓表至北朝墓誌的轉化過程參見趙超《中國古代石刻概論(增訂本)》(北京:中華書局,2019 年,第 211—219 頁)。

③　武夏:《晋陽北齊中低級官吏土洞墓研究》,見《邊疆考古研究》第 31 輯,北京:科學出版社,2022 年,第 208—224 頁。

由墓誌銘文知墓主爲若元保。鮮卑有若干氏，後改苟氏，也有改若氏。① 若元保即若干元保，此時改爲單字姓。墓主若元保是大賢真都督賀拔伏恩下屬軍官。時人熟知其意，大賢真都督可單獨用于日常用語和書寫，并未與漢語"備身"聯名。

賀拔伏恩，文獻有載，一見于北齊武平三年(572)，後主令中領軍賀拔伏恩爲使者前往幽州殺斛律光弟斛律羨；②二見于北周滅北齊晋陽之戰，武平七年(576)十二月，開府儀同三司賀拔伏恩等宿衛近臣 30 多人投降北周，均封官職。庚申日，周武帝攻入晋陽，遭北齊軍隊伏擊，賀拔伏恩抽打馬匹後部，和投降北周的皮子信帶路，協助武帝脱險出城。③

梳理賀拔伏恩的官職進階次序：

天保十年(559)大賢真備身都督從四品

武平三年(572)中領軍第三品

武平七年(576)開府儀同三司從一品

中領軍與領軍同爲掌握北齊禁軍的領軍府長官，下有左右衛府、領左右府等禁軍部隊。④

若元保爲中堅將軍、虞候備身，他爲大賢真都督賀拔伏恩下屬，其官品應低于賀拔伏恩，中堅將軍與大賢真備身都督同爲從四品，可能爲若元保去世後的贈官。

虞候本爲守望掌管山澤之官，《左傳》昭公二十年晏子曰："藪之薪蒸，虞候守之。"⑤北魏時也有此職，⑥北周、北齊後亦有虞候(大)都督。⑦ 隋有左右虞候，從七品，"掌斥候伺非"。⑧ 可見虞候職在偵查。但虞候不見于《隋書·百官志中》中關于北齊職官的記載。

若元保爲僑州恒州代郡户籍，爲六鎮鮮卑軍人無疑。此墓誌採自太原，或是墓主家族在晋陽有墓地。

---

① 魏收《魏書》卷一百一十三《官氏志》："若干氏，後改爲苟氏。"(第 3007 頁)；《古今姓氏書辯證》卷三十八："若干出《姓苑》。後魏代北人，後改爲若氏。"由若干改姓的苟氏、若氏，字形相近。(南昌：江西人民出版社，2006 年版，第 596 頁。)

② 李百藥：《北齊書》卷十七《斛律金附子羨傳》，第 228 頁。

③ 司馬光撰，胡三省注：《資治通鑑》卷一百七十二《陳紀六》，北京：中華書局，1956 年，第 5360、5363、5364 頁。

④ 參見魏徵、令狐德棻《隋書》卷二十七《百官志中》述北齊官制。

⑤ 杜預：《春秋左傳集解》第二十四《昭公五》，上海：上海人民出版社，1977 年，第 1460 頁。

⑥ 魏收《魏書》卷十八《廣陽王建附深傳》載六鎮變亂時元深上書有云："征鎮驅使，但爲虞候白直，一生推遷，不過軍主。"(第 430 頁)

⑦ 令狐德棻等《周書》卷二十七《韓果傳》："所行之處，山川形勢，備能記憶。兼善伺敵虛實，揣知情狀，有潛匿溪谷欲爲間偵者，果登高望之，所疑處，往必有獲。太祖由是以果爲虞候都督。每從征行，常領候騎，晝夜巡察，略不眠寢。"(北京：中華書局，1971 年，第 441—442 頁)李百藥：《北齊書》卷十九《莫多婁貸文傳》："中興初，除伏波將軍、武賁中郎將、虞候大都督。"(第 252 頁)李延壽《北史》卷五十五《唐邕傳》："從武成幸晋陽，帝至武軍驛，因醉責虞候都督范洪，將殺之。"(北京：中華書局，1974 年，第 2002 頁)可見軍中虞候偵查之責。

⑧ 魏徵、令狐德棻：《隋書》卷二十八《百官志下》，第 780 頁。

2.　其他資料中的大賢真

（1）碑刻

安陽寶山靈泉寺是北朝隋唐時鄴城區域著名佛寺,有兩通北齊刻經碑,一爲《司徒公婁睿華嚴經碑》,一爲《華嚴八會碑》。婁睿即北齊婁太后之侄,外戚權貴。婁睿家族爲靈泉寺功德主,出鉅資營建,以僧靈裕爲師,立碑時間在河清三年(564)正月至三月間。[①]

《司徒公婁睿華嚴經碑》首行題:

大方廣佛華嚴經菩薩明難品第六。寺檀越主司徒公使持節都督瀛冀光岐豐五州諸軍事,瀛冀光岐豐五州刺史,食常山郡幹,東安王婁睿、東安郡君楊。

首行左側抹角邊鎸刻:

王世子假節督岐州諸軍事,揚烈將軍,岐州刺史,儀同三司,左右直長,大賢真内備身正都督,食廣州南陽峽城縣幹,海虞伯子彦;第二子通直散騎侍郎仲彦。

婁睿世子婁子彦爲“大賢真内備身正都督”,即“大賢真内直備身正都督”,省“直”字。婁子彦以貴戚子弟任禁衛軍官,與□憘、郁久閭可婆頭等實際戰爭中成長起來的軍官不同。

河清二年(563)六月,在武成帝高湛謀害其侄、與其同年的文襄帝高澄子高孝瑜事件中,婁子彦充當幫凶角色。《北史·文襄諸子傳·高孝瑜傳》載:“武成大怒,頓飲其酒三十七杯。體至肥大,腰帶十圍。使婁子彦載以出,酖之于車。至西華門,煩熱躁悶,投水而絶。”[②]此時婁子彦爲大賢真内備身正都督,便于在中樞内外行動。

（2）傳世文獻

《北史·韓鳳傳》載:

(韓)鳳少聰察,有脊力,善騎射,稍遷烏賀真、大賢真正都督。後主居東宫,年尚幼,武成簡都督三十人,送令侍衛,鳳在其數。[③]

---

①　李裕群:《靈泉寺北齊婁睿〈華嚴經碑〉研究》,《考古學報》2012年第1期,第63—82頁。

②　李延壽:《北史》卷五十二《文襄諸子傳·高孝瑜傳》,第1876頁。

③　李延壽:《北史》卷九十二《韓鳳傳》,第3052頁。

韓鳳字長鸞,北齊後期著名恩幸,政治敗壞禍首。其祖韓賢爲高歡親信,本出懷朔,早年戰死,其父韓裔歷任東魏北齊地方軍政長官數十年。韓鳳任烏賀真、大賢真正都督。烏賀真與大賢真一樣,應是鮮卑語漢譯。① "正都督"前省略了都督號。

武成帝對宗室諸王多加屠害,其意在確立皇位的父子繼承制度,在禁軍軍官中遴選團隊護衛後主安全,也在爲後主建立最初的統治基礎。韓鳳以大賢真正都督入選,其發迹起點正是侍衛期間得到後主信任。

《北齊書·韓鳳傳》中此事記載與《北史》本傳大同小異,更爲簡略:"(韓)鳳少而聰察,有膂力,善騎射。稍遷都督,後主居東宮,年幼稚,世祖簡都督二十人送令侍衛,鳳在其數。"②

二、若曷—直蕩都督

綜合考察墓誌和文獻資料,近年新見墓誌中的"若曷"爲鮮卑語漢譯,與"大賢真—備身/内直備身都督"一樣,"若曷—直蕩都督"也是北齊禁軍的鮮卑—漢雙語職官名號。

可朱渾孝裕、劉貴、獨孤輝、伊婁密、元世雄五人皆出自鮮卑勛貴家族,在禁軍中均曾獲得"若曷—直蕩正/副都督"名號。可朱渾孝裕因父爲元勛,一直在禁軍體系任職,升遷較快,由中級軍官後爲高級將領,劉貴、獨孤輝早期投靠高歡,任禁軍中級軍官,繼爲地方軍政長官。伊婁密在禁軍任職多年,後外任軍鎮長官。元世雄也長期在禁軍任職。

"若曷—直蕩都督"是雙語組合職官號。"若曷"含義還不明確,或與直蕩寓意有關。

吐谷渾本出鮮卑慕容部,隋時有王名伏允號步薩鉢,唐時有王名"諾曷鉢",偌、若同,鉢或爲詞綴,則"若曷"也爲人名。"直蕩"名後趙已有,石虎時"改直蕩爲龍騰""將伐遼西鮮卑段遼,募有勇力者三萬人,皆拜龍騰中郎"。③ 可見後趙時"直蕩"即爲禁衛軍號。南朝梁、陳和北魏後期,軍中出現直蕩都督、直蕩別將、蕩主等不同級別的禁軍或霸府宿衛軍名目,④北齊繼承和發展了南北朝禁軍體制,將直蕩作爲禁軍左右衛府下屬部隊番號。

近年新見墓誌中多次出現若曷爲鮮卑語音譯,與漢職官直蕩都督構成北齊禁軍的雙語職官號。

---

① 《北史》韓鳳本傳中出現的"烏賀真""大賢真",有研究以爲"烏賀真、大賢真不見于他處,其意難明,疑即所謂帳内領民、帳内親信之類"。(羅新:《北齊韓長鸞之家世》,見羅新著:《王化與山險:中古邊裔論集》,北京:北京大學出版社,2019 年,第 399 頁)經與石刻資料比對,可明其爲鮮卑語漢譯。

② 李百藥:《北齊書》卷五十《韓鳳傳》,第 692 頁。

③ 房玄齡等:《晋書》卷一百零六《石季龍載記上》,北京:中華書局,1974 年,第 2765、2767 頁。

④ 張金龍:《魏晉南北朝禁衛武官制度研究》,北京:中華書局,2004 年,第 871—872 頁。

1.《可朱渾孝裕墓誌》

近年出土《齊故尚書右僕射司空公可朱渾扶風王墓誌銘》(簡稱《可朱渾孝裕墓誌》)載：

> 字孝裕，太安郡狄那縣人也。……父道元，假黄鉞、太宰、太師、司空公、司徒公、并州刺史、扶風王。……以勛門之胤，釋褐員外散騎侍郎。雍容省闥，獨標俊美。尋除若曷直蕩第二副都督、直齋，食南營州新昌縣幹。河清元年十二月中，襲扶風郡王。……天統四年二月中，除儀同三司。其年五月，進位開府。……尋別封膠州東武縣開國侯，食邑八百户。……□□除武衛大將軍，食晋州南絳郡幹。武平四年五月中，除右衛大將軍。……俄爾江湖不静，僭楚放命。爰命虎臣，揚旌討撲。王披堅執鋭，親率旗鼓，其張翼舒，左嬰右拂，思欲顧盼而平隴蜀，欻唾而蕩荆揚。時不利兮，奄同遂古。以大齊武平五年五月十一日薨于揚州之地，春秋年卅八。……①

墓主可朱渾孝裕爲東魏北齊元勛扶風王可朱渾道元子，後襲封王。在北齊和南朝陳争奪淮南的戰争中被俘，後被殺。

可朱渾孝裕個人履歷是典型的禁軍軍官升官簿，最初爲直蕩、直齋、直閣將軍，是禁軍中級軍官，後晋升武衛大將軍、右衛大將軍，是禁軍高級將領。

據《隋書·百官志中》，皇宮禁衛部隊領軍府最高指揮官是領軍將軍，北齊又以領軍大將軍爲最高階將軍。其下分左右衛府、領左右府兩部分，左右衛府爲最精鋭。左右衛府統領是左、右衛將軍兩人，第三品，分别統領左、右厢。下各有武衛將軍兩人爲副手，武衛將軍爲從第三品。其下統領御仗、直蕩、直入、勛武前鋒、直衛、翊衛、前鋒、直突、直閤等部。其中直蕩正、副都督爲從四品和從五品。② 左右衛府最高指揮官在北齊時出現左右衛大將軍之名，相應，其副手武衛將軍名中也加"大"，爲武衛大將軍。

可朱渾孝裕長期就職于北齊禁軍精鋭左右衛府系統，由四、五品中級軍官漸升任三品的高級將領。值得注意的是，墓誌中的若曷直蕩第二副都督。《隋書·百官志》載北齊官制，有副都督，無第二副都督，元勛子弟可朱渾孝裕首次擔任禁軍軍職，可能因爲資歷尚淺，故爲第二副都督。

---

① 羅新：《跋北齊可朱渾孝裕墓誌》，見羅新著：《王化與山險：中古邊裔論集》，第 357—358 頁。
② 參見魏徵、令狐德棻《隋書》卷二十七《百官志中》述北齊官制。

2.《劉貴墓誌》

2003 年在山西太原東山崗頭村出土《齊故儀同劉君墓誌銘》（簡稱《劉貴墓誌》）載：

> 君諱貴，河間武垣人也。……祖因游宦遂家于顯州，爲大酋長，父惡奴，爲莫河弗。……獻武皇帝……引爲親信，隱若腹心，開除奉車都尉加中堅將軍又除鎮遠將軍、步兵校尉、封同官縣開國男、食邑二百户。……遷撫軍將軍、若曷直蕩正都督、食新昌縣幹。……遷使持節都督東夏州刺史……與善無證，未窮上壽，忽膺下世。……以河清二年五月九日葬于黃陵城西北□里……①

顯州爲安置六鎮鮮卑的僑州。劉貴祖爲大酋長，父爲莫河弗，莫河弗即莫何弗、莫弗，最初在草原民族語言中可能有"勇健者"之義，後來指部落中的小酋長，唐代突厥、回紇等民族都有此稱號，但内涵有所區别。墓誌此處恰爲莫河弗即小酋長語義的又一實例。②可見，墓主爲胡族貴族子弟。

"遷撫軍將軍、若曷直蕩正都督、食新昌縣幹"，是劉貴仕途中重要一環，此後其擔任郡守至州刺史的軍政長官。

3.《獨孤輝墓誌》

2004 年徵集于山西太原晉源區董茹的《□□車騎大將軍儀同三司義州刺史太府卿獨孤使君墓誌》（簡稱《獨孤輝墓誌》）載：

> 君諱輝，字糞堆，建平郡人也。……祖羨，恒州刺史。父可洛侯，普名鎮將。……太祖獻武皇帝，補天正地，斷鼇練石。將扶日月，始俠風雲，我則劍及于門，衣不暇帶，釋褐平漠將軍、羽林監、右中郎將，轉安西將軍、瀛州倉曹參軍，尋遷撫軍將軍、銀青光禄大夫、領民都督，封□平縣開國子。及霧屯長社，泥生函谷，褰旗斬將，勇振三軍。別封□廣縣開國男，邑四百户。轉若曷直蕩正都督。……除使持節都督膠洲諸軍事、車騎大將軍、膠州刺史。……轉使持節都督東楚州諸軍事、東楚州刺史。……仍遷使

---

① 太原市三晉文化研究會編：《晉陽古刻選·北朝墓誌卷》，第 177—186 頁。該書失載誌蓋拓片，蓋存太原市文物考古研究所，上題"齊故儀同劉君墓誌銘"。

② 劉春華：《"莫賀弗"試析》，《西北民族研究》2001 年第 1 期，第 148—154 頁。另《厙狄迴洛墓誌》載迴洛爲"大酋長公之孫，小酋長公之子"，也是一例。此或是當時墓誌中描述胡族酋長先祖名號的一類流行格式。

持節都督西楚州諸軍事、西楚州刺史、假儀同三司。……除使持節都督北營州諸軍事、北營州刺史。……以河清四年四月癸丑朔廿五日丁丑薨于州館,時年五十八……①

墓誌載獨孤輝建平郡人,建平郡爲僑治顯州治所在。獨孤輝與前文劉貴同爲安置在僑治顯州的六鎮鮮卑上層,二人履歷頗爲類似。獨孤輝任若曷直蕩正都督,爲北齊禁軍鮮卑—漢雙語名號。此後獨孤輝任膠州、東楚州、西楚州、北營州四地軍政長官,多屬邊疆地區。

4. 《齊伊婁公墓誌》

上文提到的《齊伊婁公墓誌》出現了"大賢真"和"若曷"兩個鮮卑語名號,是珍貴的鮮卑語資料。墓主伊婁密是拓跋鮮卑貴族後裔,從直蕩副都督起任北齊皇宮和東宮系統的中層禁衛軍官。在任直蕩和備身副都督職後,墓主升任直蕩正都督時得到"若曷"名號。值得注意的是,墓主任直蕩副都督時并未有"若曷"號。

5. 《元世雄墓誌》

《齊故儀同三司安定子元世雄墓誌銘》(簡稱《元世雄墓誌》)載:

君諱世雄,字地勇,代郡人也。……以大寧元年,起家爲勛附前鋒第二正都督。至三年中,轉勛附第一正都督。至河清三年,又爲直突都督。……君以勤勞夙著,驅馳自久,尋轉若曷直蕩第二副、直齋,尋加廣德將軍。戎號之美,于斯允集。……以大齊天統元年歲次庚申六月乙亥朔,薨于晉陽,春秋卅六。②

元世雄爲北魏宗室後裔,歷任禁衛軍職。起家勛附前鋒第二都督,勛附番號或是禁軍中特爲勛貴子弟所設。《隋書·百官志中》載北齊官制在皇宮禁軍系統的左右衛府下有勛武前鋒正副都督職,未載勛附。③ 墓主曾任若曷直蕩第二副(都督)、直齋,與《可朱渾孝裕墓誌》所載雙語職官相同。

"若曷"與"直蕩正/副都督"組合成雙語職官號,但直蕩都督和鮮卑語"若曷"名號并非必

---

① 太原市三晉文化研究會編:《晉陽古刻選·北朝墓誌卷》,第217—230頁。
② 葉煒、劉秀峰主編:《墨香閣藏北朝墓誌》,上海:上海古籍出版社,2016年,第173—174頁。
③ 魏徵、令狐德棻:《隋書》卷二十七《百官志中》,第758頁。

然雙授。墓誌資料中可見狄湛、①虞弘、②高六奇、③吳遷、④□子輝⑤、趙道德、⑥雲榮、⑦賀婁悦、⑧乞伏保達、⑨梁子彦、⑩穆建⑪共 11 人曾任直蕩都督，無"若曷"名號。除趙道德和□子輝任職較早，其他均在北齊時。其中穆建、乞伏保達、賀婁悦、□子輝、趙道德爲鮮卑及其附庸，雲榮爲南匈奴鐵弗部，狄湛爲羌，虞弘爲西域胡，高六奇、吳遷、梁子彦爲漢地大族子弟。

虞弘爲外臣兼或具商胡身份，趙道德爲高氏鷹犬。乞伏保達、賀婁悦、穆建、□子輝、高六奇長期在禁軍系統任軍職，狄湛、雲榮自禁軍出任地方長官。

三、烏賀真—直突都督

經碑刻、文獻互證，"烏賀真—直突都督"也是一組鮮卑—漢雙語職官號。

《北史·韓鳳傳》載："（韓）鳳少聰察，有膂力，善騎射，稍遷烏賀真、大賢真正都督。後主居東宫，年尚幼，武成簡都督三十人，送令侍衛，鳳在其數。"⑫可知韓長鸞先後擔任烏賀真與大賢真正都督。文字節略，未載對應都督名號。前文已考釋"大賢真"爲鮮卑語，與"備身"或"内直備身正""副都督"組成雙語職官名號。"烏賀真"也應有對應的都督名號。就叙述任職次序由低到高的規律看，此都督品階應低于備身（内直備身）都督。

太原純陽宫碑廊中有隋《洛陰修寺碑》。銘文内容豐富，尤其是碑陰、碑左側保存衆多供養人題名，爲研究隋初府兵制、民族融合進程提供大量資訊。⑬

碑左側有一條長文題名：

――――――――

① 太原市文物考古研究所：《太原北齊狄湛墓》，《文物》2003 年第 3 期，第 37—42 頁；羅新、葉煒：《新出魏晉南北朝墓誌疏證》，北京：中華書局，2005 年，第 172—174 頁。

② 太原市三晋文化研究會編：《晋陽古刻選·隋唐五代墓誌卷》，北京：文物出版社，2013 年，第 1—12 頁。

③ 羅新、葉煒：《新出魏晉南北朝墓誌疏證》，第 352—353 頁。

④ 趙超：《漢魏南北朝墓誌彙編》，第 447 頁。

⑤ 趙超：《漢魏南北朝墓誌彙編》，第 403 頁。

⑥ 趙超：《漢魏南北朝墓誌彙編》，第 428—429 頁。

⑦ 趙超：《漢魏南北朝墓誌彙編》，第 464—465 頁。

⑧ 太原市三晋文化研究會編：《晋陽古刻選·北朝墓誌卷》，第 121—128 頁；常一民：《太原市神堂溝北齊賀婁悦墓整理簡報》，《文物季刊》1992 年第 3 期，第 33—38 頁；羅新、葉煒：《新出魏晉南北朝墓誌疏證》，第 170—171 頁。

⑨ 趙萬里：《漢魏南北朝墓誌集釋》，北京：科學出版社，1956 年，圖版三三九之二；趙超：《漢魏南北朝墓誌彙編》，第 450 頁。

⑩ 趙萬里：《漢魏南北朝墓誌集釋》，圖版三四〇之二；趙超：《漢魏南北朝墓誌彙編》，第 451 頁。

⑪ 王連龍：《新見北朝墓誌集釋》，北京：中國書籍出版社，2012 年，第 163—165 頁。

⑫ 李延壽：《北史》卷九十二《韓鳳傳》，第 3052 頁。

⑬ 參拙文《洛陰修寺碑考——隋府兵制下汾河中游民族大融合實例》，見《北朝研究》第十三輯，北京：科學出版社，2021 年，第 152—164 頁。

驃騎將軍、石寶縣開國公、烏賀真直 突 都督王□□頭。妻是蘭、息大都督安貴、妻是蘭、妻慕容、息寶□。

"王□□頭"爲四字姓名，中古時匈奴、鮮卑、羌、高麗等族中均有王氏。"□□頭"三字名顯爲胡語音譯。王□□頭妻爲是蘭氏，其子大都督安貴有兩位妻子，一爲是蘭氏、一爲慕容氏。是蘭氏、慕容氏均爲鮮卑姓氏。可見這是一典型胡族家庭。

隋初府兵制軍府長官爲驃騎將軍。縣開國公爵位，北齊爲二品，在隋爲從一品。題名中"直"字後一字漫漶，可識讀上部首爲寶蓋頭，應是"突"字。北齊官制，直突都督爲從六品，備身/內直備身正都督爲從四品。烏賀真—直突都督品階低于大賢真—備身/內直備身正都督，與《韓鳳傳》記述烏賀真、大賢真正都督的晉升次序相符。

由此，與大賢真—備身都督、若曷—直蕩都督一樣，烏賀真與直突都督是一組鮮卑—漢雙語職官號。

洛陰修寺碑立碑時入隋已約 20 年，王氏家族仍將曾擁有的北齊禁軍雙語職官號刊入題名，以示榮耀。可見雙語職官號在鮮卑軍人社會中的美譽度和影響力。

四、北齊禁軍鮮卑—漢雙語職官名號的出現和消失

1. 雙語職官名號出現的原因

北魏分裂後，以六鎮鮮卑爲軍事支柱的關東、關西政權均出現鮮卑化回潮現象，使用鮮卑語和鮮卑姓氏一度成爲風尚。最初處于弱勢的關西政權西魏北周方面恢復鮮卑姓氏、提倡鮮卑語。但其六鎮鮮卑力量有限，鮮卑—漢高層的合作意圖更爲密切和迫切：各族將領被賜予鮮卑姓氏，漢兵加入禁軍系統。在府兵制和周禮復古名義下，各族上層結成比較穩定的統治集團。

關東東魏北齊政權立國之本是六鎮鮮卑，核心武裝由高歡家族直接掌控。學習、使用鮮卑語在東魏北齊時十分流行。[1] 將某些有特殊含義的鮮卑語與不同的禁軍都督職組

---

[1] 高歡常用鮮卑語號令軍隊："高祖(高歡)每申令三軍，常鮮卑語，(高)昂若在列，則爲華言。"《北齊書》卷十三《高昂傳》，第 295 頁）。北齊社會一度以學習鮮卑語爲風尚："齊朝有一士大夫，嘗謂吾曰：'我有一兒，年已十七，頗曉書疏，教其鮮卑語及彈琵琶，稍欲通解，以此伏事公卿，無不寵愛，亦要事也。"［王利器：《顏氏家訓集解(增補本)》卷一《教子》，北京：中華書局，1993 年，第 21 頁］。"後魏初定中原，軍容號令，皆以夷語。後染華俗，多不能通，故録其本言，相傳教習，謂之'國語'。"北朝時鮮卑語號爲國語，學習書籍很多，《隋書》收録十幾部以國語或鮮卑語爲名的課本，其中一部《鮮卑號令》作者即北周武帝宇文邕《《隋書》卷三十二《經籍志一》，第 945、947 頁）。

合,構成禁軍軍官雙語職官號,是北齊推行鮮卑化的一項具體舉措,與西魏北周推動鮮卑姓氏的恢復和賜姓有異曲同工之處,實際效果和影響却大有不同。

北魏早期統治體制長期存在内、外朝系統,直至孝文帝漢化改革方纔逐漸取消合并于漢制。① 北魏早期多見鮮卑—漢雙語職官號,有些鮮卑語官號所對應的漢職官號品階範圍很是廣泛。内朝官系統中的鮮卑語官號多爲皇帝信用的拓跋鮮卑勛貴或皇室親屬或外戚家族成員擔任,如羽真、内行内小、内阿干等。内朝官系統管轄範圍龐雜,宿衛是重要職責。北魏早期禁軍軍官多有鮮卑—漢雙語職官號。如文成帝和平二年(461)《南巡碑》題名中的隨行禁軍武官大多有鮮卑—漢雙語職官號。② 鮮卑語名號有的對應的漢官品階範圍較廣,有的則相對固定:題名中"内三郎"對應漢職官將軍號和其他官號,由第六品下階至從二品上階;"内都幢將"對應將軍官號二品左右;"内小幢將"對應將軍號六品上階至四品上階;"三郎幢將"對應將軍號六品上階至五品上階;"雅樂真幢將"對應的將軍號六品上階至從三品上階;"斛洛真"對應將軍號六品上階;"折紇真"對應將軍號六品上階至從二品上階。③

禁軍由内朝官中的内行武官統領。嚴耀中認爲其職級自下而上大體有内三郎、内幢將、内都幢將等,最高由内行長統轄。④ 北魏早期禁軍史料有不同來源,有研究者認爲北魏早期禁軍有多個指揮系統,内都幢將是禁軍長官之一。⑤

隨着北魏統治區域擴大和軍事作戰的需要,禁軍中有部分常被安排在各地戰略樞紐駐防,成爲鎮戍軍。因此,禁軍將領在中央禁軍和地方鎮戍軍之間的調動也十分頻繁。⑥ 東魏北齊時禁軍將領在中央禁衛和地方駐防六州鮮卑軍府之間的調動與此亦高度相似。

北魏早期的内外朝系統也是鮮卑貴族社會地位的重要制度保障。東魏北齊鮮卑化回潮時期的制度安排,如恢復鮮卑—漢雙語職官的具體舉措,很可能即以此爲淵源和參考。

北魏早期禁軍鮮卑官號對應不同品級的漢官將軍號過泛,北齊禁軍鮮卑官號對應的

---

① 嚴耀中:《北魏前期政治制度》第三章《内行與外朝——别開生面的北魏行政中樞》,長春:吉林教育出版社,1990 年,第 50—76 頁。

② 張慶捷:《〈南巡碑〉中的拓跋職官》,見張慶春著:《民族彙聚與文明互動——北朝社會的考古學考察》,北京:商務印書館,2010 年,第 63—92 頁。

③ 張慶捷:《〈南巡碑〉中的拓跋職官》,見張慶春著:《民族彙聚與文明互動——北朝社會的考古學考察》,第 63—92 頁。限于史料,《南巡碑》中的雙語職官號的授予條件、鮮卑語與漢職官的對應關係等還有更多討論空間。

④ 嚴耀中:《北魏前期政治制度》,第 153 頁。

⑤ (日)松下憲一:《北魏石刻史料所見的内朝官——以〈北魏文成帝南巡碑〉的分析爲中心》,見(日)松下憲一著:《北魏胡族體制論》,日本:北海道大學大學院文學研究科,2007 年,第 57—86 頁。

⑥ 嚴耀中:《北魏前期政治制度》,第 162 頁。

漢官號改將軍爲都督號，品階明確。本文考證的大賢真＋備身都督、若曷＋直蕩都督、烏賀真＋直突都督均爲北齊禁軍軍官的雙語職官號。

北齊官制：皇宮禁軍系統領左右府下的備身正都督、東宮禁軍左右衛坊率下的內直備身正都督爲從四品，備身副都督和內直備身副都督爲從五品；皇宮禁軍系統左右衛府下的直蕩正都督爲從四品，直蕩副都督爲從五品；皇宮禁軍系統左右衛府下的直突都督爲從六品。①

據前文考證，大賢真對應的都督職有備身正都督、備身副都督、內直備身正都督，若曷對應都督職有直蕩正都督、直蕩第二副都督，烏賀真對應的都督職有直突都督。由此對應，大賢真備身正（副）都督/內直備身都督——從四品或從五品；若曷直蕩正/副都督——從四品或從五品；烏賀真直突都督——從六品。

可見，大賢真和若曷對應從四品或從五品的備身部和直蕩部正副都督職、烏賀真對應直突部從六品都督職。這三個鮮卑語名號分別對應從六品至四品的禁軍中下級都督職位。

2. 雙語職官名號應是一種榮譽和禮遇

流傳至今、可以確認的鮮卑語極少。② 傳世文獻中最爲明確的鮮卑語出自《南齊書·魏虜傳》中記載的十餘個鮮卑語音譯，多以真字結尾：“國中呼內左右爲‘直真’，外左右爲‘烏矮真’，曹局文書吏爲‘比德真’，檐衣人爲‘樸大真’，帶仗人爲‘胡洛真’，通事人爲‘乞萬真’，守門人爲‘可薄真’……”③這些名詞中“真”的含義應是執掌或擅長某種能力的人，歷來爲學界重視。④ 近年來在石刻文物中也發現以“真”字結尾的鮮卑語漢譯，⑤大賢真、烏賀真也應是此類。

唐代胡樂大橫吹部 24 曲，曲名大多爲胡語音譯。第三曲名《賀六渾》即高歡的胡語名

---

① 參見魏徵、令狐德棻《隋書》卷二十七《百官志中》述北齊官制。
② 有研究者考證文獻和石刻中出現的“真勤”“羽真”等鮮卑語詞音譯，認爲“直勤”“羽真”等詞有類似尊號語義，并與不同的漢地官職對應。限于史料，尚不能確認其原義。參見羅新：《北魏直勤考》，《歷史研究》2004 年第 4 期，第24—38 頁。劉凱：《北魏羽真考》，《學術月刊》2015 年第 2 期，第 128—144 頁。
③ 蕭子顯：《南齊書》，北京：中華書局，1972 年，第 985 頁。
④ 繆鉞：《北朝之鮮卑語》，見繆鉞著：《讀史存稿》，北京：生活·讀書·新知三聯書店，1963 年，第 53—76 頁；烏其拉圖：《〈南齊書〉中部分拓跋鮮卑語名詞的復原考釋》，《內蒙古社會科學》（漢文版）2002 年第 6 期，第 103—107 頁。
⑤ 北魏文成帝南巡碑題名中有以“真”結尾的胡語音譯：折絶真、斛洛真、羽真、雅樂真。參看張慶捷：《〈南巡碑〉中的拓跋職官》，見張慶捷著：《民族彙聚與文明互動——北朝社會的考古學考察》，第 63—73 頁。

字。其中有 21 曲備用,第 20 曲名《大賢真》。[①] 盛唐時鮮卑語使用範圍和人群消失,胡語本意漸不爲人知。這類胡樂多爲軍樂,"大賢真"能成爲曲名,并列入樂目,説明是北朝時較爲流行的軍樂。

與"大賢真"類似,"若曷""烏賀真"也應具有一定的美譽度和知名度,故爲北齊選用爲禁軍軍官的鮮卑官號。

要注意的是,雙語職官號并非必然同時雙授,更似榮譽和禮遇。任直蕩、備身都督職時無鮮卑名號,可能是授都督職時未同時得到鮮卑名號。北齊鮮卑化回潮時被授禁軍鮮卑—漢雙職名號是榮耀之事,墓誌如未提及,應多是未被授予。在文本記録、轉寫資料時鮮卑名號則可能被節略,如韓鳳的大賢真名號在《北史》本傳有,《北齊書》本傳却無。

北齊禁軍鮮卑—漢雙語職官號制度應有操作流程,如雙語職官號的授予範圍、各層級軍官對應的鮮卑號,被授予人員的選擇標準、待遇、退出機制等。限于史料,有待後考。

3. 雙語職官名號的消失

六鎮鮮卑是北齊禁軍的核心和精鋭,軍官名號採用母語鮮卑語彙,組成鮮卑—漢雙語組合職官號,某種形式上似乎恢復了北魏早期的雙語名號,于强化六鎮鮮卑子弟的社會優越感和榮譽感,增强凝聚力,無疑具有現實意義。但北齊禁軍雙語職官號已非北魏早期的内朝官,北齊亦無法恢復内外朝系統。在這個意義上看,經孝文帝改革,北朝漢化體制已確立,鮮卑化回潮現象多是局部的、表面的,更類似歷史過程中的一個小迴旋。

東魏北齊禁軍軍官中鮮卑爲主,其他胡族爲輔,漢人較少。雙語名號關照主體仍是鮮卑軍人,未對各種社會力量的凝聚和團結產生影響,反而有相反的效果。如韓鳳等爲代表的六鎮子弟被授予鮮卑—漢雙語職官號,以禁軍都督身份爲跳板進入統治上層,加速了北齊政局紊亂。

東魏北齊統治階層中皇室争奪帝位,鮮卑、漢、西域胡等利益集團角力不斷,政治逐漸失序。北齊末年漢人大族祖珽一度得勢,曾"始奏罷京畿府,并于領軍,事連百姓,皆歸郡

---

① 《文獻通考》(第七册)卷一百三十八《樂考 11 竹之屬胡部》(北京:中華書局,2011 年,第 4214 頁):"大横吹 小横吹 并以竹爲之,笛之類也。《律書·樂圖》云:横吹,胡樂也。……《唐樂圖》所載,大横吹部有節、鼓、角、笛、蕭、笳、觱篥七色,……惟大横吹二十四曲内三曲,馬上警嚴用之。(一曰《懽憘樹》,二曰《空口蓮》,三曰《賀六渾》。其餘二十一曲,備擬所用:一曰《靈泉崔》,二曰《達和若輪空》,三曰《白净王子》,四曰《他賢逸勒》,五曰《鳴和羅純羽璡》,六曰《歡度熱》,七曰《吐九利純比倫》,八曰《玄比敦》,九曰《植普離》,十曰《胡笛爾笛》,十一曰《鳴羅特罰》,十二曰《比久伏大汗》,十三曰《于理真斤》,十四曰《素和斛律》,十五曰《鳴纏真》,十六曰《烏鐵甘》,十七曰《特介漢》,十八曰《度賓哀》,十九曰《阿若干樓達》,二十曰《大賢真》,二十一曰《破陣樂》)。"

縣,宿衛都督等號位從舊官名,文武服章并依故事"。① 此奏議"宿衛都督等號位從舊官名",是將禁軍都督名號改回"舊官名",文武官員服飾也要依從過去制度,即孝文帝改革確立的漢制。宿衛都督的"新官名"應即鮮卑—漢雙語職官號。此句僅提及官名,但實際上雙語職官號必有相應制度化操作安排。北齊鮮卑化涉及範圍廣泛,涵蓋社會諸多方面,在禁軍軍官雙語名號和官員服飾之外,北齊後期晋陽中下級軍人梯形土洞墓葬突出鮮卑特色,也應在鮮卑化回潮體系之中。這一墓葬形式與禁軍雙語職官號之間或許也存在某些制度聯繫。②

祖珽主張意在壓制鮮卑勛貴地位,回歸漢化體制。統治階層内鬥不絶,是北齊由强轉弱的重要原因之一。此動議在北齊後期政治環境下未見下文。

北周滅齊、隋代周滅陳,北朝後期鮮卑化回潮現象消散于大一統格局之中。北齊禁軍鮮卑—漢雙語職官號退出官制系統,漸被忽視,終被淡忘。"大賢真""若曷""烏賀真"等鮮卑語也消失在民族融合的歷史長河裏。如今,傳世文獻中難覓其踪,幸好在石刻資料中還能搜集到一鱗半爪。

歷史進程從未一蹴而就,總是充滿不確定、反復曲折。北齊禁軍鮮卑—漢雙語職官號是北朝後期鮮卑化回潮特定時期軍事制度方面的産物,考察其出現和消失情形,爲理解中古史走向、民族融合的複雜軌迹,提供了新視野。

【作者簡介】劉勇,男,1973 年生,歷史學碩士,山西大學歷史文化學院特聘研究員,主要從事魏晋南北朝史、石刻文獻研究、中古民族史研究。

---

① 李延壽:《北史》卷四十七《祖瑩傳附子珽傳》載:"自和士開執事以來,政體墮壞,珽推崇高望,官人稱職,内外稱美。復欲增損政務,沙汰人物。始奏罷京畿府并于領軍,事連百姓,皆歸郡縣,宿衛都督等號位從舊官名,文武服章并依故事。又欲黜諸閹豎及群小輩,推誠延士,爲致安之方。"(第 1743 頁)
② 參見武夏《晋陽北齊中低級官吏土洞墓研究》(《邊疆考古研究》第 31 輯,第 218 頁):"晋陽中低級官吏的墓葬,在天保以後建立了具有鮮卑風俗的梯形土洞墓,并進行了制度化的規範,形成了不同于鄴城的區域特色。以此可以看出,北齊政權通過認同、尊重與保護鮮卑民族風俗來團結晋陽地區六鎮鮮卑的中層將領。"

四到六世紀天水權氏家族的宗教信仰與族群融合

——以造像記和墓誌爲中心

周玉茹

天水權氏家族在春秋時從楚地遷至隴右。作爲僑姓,權氏家族地位在四世紀末葉經歷了短暫的榮耀,其後百餘年中一度陷入沉寂,至北朝中後期再度崛起,中唐時期家族影響力達到頂峰。[①] 數百年中家族社會影響力的變化和中古中國社會制度、人才選拔機制、族群交流融合、宗教傳播等存在密切關係。于志剛在《中古天水權氏家族的變遷》(《唐史論叢》2021 年第 2 期,第 148—150 頁)一文中對權氏家族在四百餘年中的發展演變作了考察,本文擬在于文的基礎上,就權氏家族政治影響力和宗教信仰選擇以及胡族身份的形成等問題的關係作一分析。

一、十六國北朝時期權氏家族的沉浮起伏

1. 四世紀末到六世紀前期權氏家族的榮耀與沉寂

權氏家族源出楚地,春秋末期遷移至隴右,《元和姓纂》謂權氏出自楚國王族之羋姓:"楚若敖之孫鬥緡尹權,因氏焉。秦滅楚,遷大姓于隴西,因居天水。"[②]權氏家族的郡望,史料或言其天水人,或言其略陽人,或言其顯親人。[③] 天水、略陽、顯親,雖表述不同,實質指的都是今甘肅省天水市秦安縣及其周邊一帶。顯親縣是十六國北朝時期權氏家族勢力

---

① 以權德興登上相位爲標志,權氏家族在唐代的家族影響力達到頂峰,至此,權氏家族譜系得以正式確立,《元和姓纂》也將權氏納入著姓之列。

② 林寶撰,岑仲勉校記《元和姓纂》卷五"權"條,北京:中華書局,1994 年,第 549 頁。

③ 房玄齡等:《晋書》卷一百一十七《姚興記》謂權翼爲略陽人,權千城(即《資治通鑑》所記"權千成",本文統一使用後者)爲略陽豪族。(北京:中華書局,1974 年,第 2884、2977 頁);《權白女墓誌》謂其爲天水人;令狐德棻等《周書》卷二十八《權景宣傳》則以權翼六世孫權景宣爲天水顯親人。(北京:中華書局,1971 年,第 477 頁)

所在,所轄範圍在甘肅秦安縣一帶。二秦時期權千成曾被封爲顯親縣公。從十六國至北周,權氏家族有多人擁有顯親縣公的爵位,最早者權千成,繼之者有權景宣等。

十六國北朝時期活躍在關隴一帶有影響力的權氏人物不多。十六國時期,史籍記載的權氏名人有權翼、權宣褒、權宣吉、權小郎、權千成、權萬世、權小成等人。到了北朝後期,活躍在政治舞臺的權氏族人開始增多,如權曇達、權景宣、權如璋、權超、權襲慶等,皆一時豪傑。

二秦之際,權氏作爲顯親豪強勢力的一支,游走于氐族符氏、羌族姚氏、鮮卑乞伏氏等各個政治集團之間。權翼,字子良,生卒年不詳,活躍在前後秦時期。權翼作爲隴西羌人姚氏集團的重要謀士,先後效力于姚氏、符氏政治集團。權翼爲給事黄門侍郎,主管機密,與王猛、薛贊同列,遷司隸校尉,官至侍中,可謂權傾一時。[1] 符堅兵敗淝水後,建元二十年(384)權翼投奔姚襄,不久病亡。

前後秦征戰之際,權千成帶領族人佔據顯親縣,太元十七年(392),休官權千成據顯親,自稱秦州牧。[2] 不久,權千成又爲前秦符登所逼,請降于西秦王乞伏乾歸,受封爲東秦州刺史、休官大都統、顯親公。[3] 太元二十一年(396)權萬世也率衆降西秦。[4] 此後,權姓另外兩位實權人物權小郎和權小成率領部族和乞伏鮮卑對抗二十餘年後也相繼投降。

2. 西魏北周時期的權氏家族的崛起

隨着權氏族首或降或亡,關隴一帶權氏部族一度陷入沉寂,自此,隴右一帶地方政權中很少看到權姓族人的身影,直到權翼的六世孫權景宣時,權氏再次嶄露頭角,通過軍功和聯姻等方式,逐步進入西魏北周的權力中心。

權景宣是隴右豪族中較早追隨宇文泰者:"景宣少聰悟,有氣俠……曉兵權,有智略,從周文拔弘農,破沙苑,皆先登陷陣。"[5]權景宣以軍功受封,先後官至秦州大中正、開府儀同三司、侍中等職,晋封千金郡公。權超曾任西魏秦州刺史,子權襲慶和孫權武皆驍勇善戰,權襲慶官至北周開府,死後追贈齊郡公。[6]

---

①　房玄齡等:《晋書》卷一百一十三《符堅記上》,第 2885、2966 頁。

②　司馬光編著,胡三省音注:《資治通鑑》第一百零八卷《晋紀三十》"烈宗孝武帝下　太元十七年",北京:中華書局,2011 年,第 3409 頁。

③　司馬光編著,胡三省音注:《資治通鑑》第一百零八卷《晋紀三十》"烈宗孝武帝下　太元十八年",第 3409—3410 頁。

④　司馬光編著,胡三省音注:《資治通鑑》第一百零八卷《晋紀三十》"烈宗孝武帝下　太元二十一年",第 3425 頁。

⑤　李延壽:《北史》卷六十一《權景宣傳》,北京:中華書局,1974 年,第 2190 頁。

⑥　魏徵等:《隋書》卷六十五《權武傳》,北京:中華書局,1973 年,第 1536 頁。

北朝中後期,本地豪族往往壟斷了大中正和州刺史的職位,"時諸功臣多爲本州刺史",①權超和權景宣在西魏北周時由軍功得執秦州郡姓土望之牛耳,反映出權氏鄉里名望的大幅度提升。權景宣子如璋,位至開府、膠州刺史;子如玖,官至儀同大將軍。② 權景宣的族兄,中唐宰相權德輿的八世祖權某此時亦官至北周開府儀同三司、宜昌公。③ 權道奴官拜渭州南安郡(治所在今甘肅隴西縣)郡守一職。

除了載入正史的權景宣、權超等人以外,閃耀於北周政壇的還有碑刻題記中的衆多權氏人物,《權道奴造像碑》記載權道奴職銜爲渭州南安郡守(治所在今甘肅隴西縣東)。④權(景)彦、權景暉兄弟的名字出現在 1925 年出土于天水秦州區的《追遠寺造像碑》題記中。⑤ 權(景)彦曾任"遷州長史、別駕"和"柱國、蔡國公府參軍"二職,權景暉則爲隴右府參軍。隴右府即隴右總管府,隴右總管即秦州總管,總領秦、渭等十四州軍政,是北周政權重要經略要地。蔡國公和隴右總管實爲同一人,即宇文泰兄宇文導之子宇文廣(542—570)。宇文廣初封永昌郡公,至武帝時,更受倚重,先後加封開府儀同三司、梁州總管、蔡國公、秦州總管、陝州總管等職。秦州爲隴右腹心之地,也是宇文導父子長期經略所在。⑥從權(景)彦和權景暉兄弟接續擔任宇文廣倚重的僚屬來看,權氏家族作爲秦州重要的地方豪强,已成爲宇文氏家族拓展深化在隴右影響力的重要力量。

二、十六國北朝時期權氏家族的宗教信仰和族屬

從十六國到北朝末年,權氏家族一度經歷了曇花一現的顯赫,長時間的沉寂和重新崛起的歷史沉浮,權氏家族政治和社會地位的變化,除了族人的赫赫軍功以外,權氏家族的宗教信仰和民族屬性的變化也是重要因素。這一時期,權氏家族宗教信仰由儒教轉向佛儒并行,民族屬性則從漢族轉向胡族。

---

①　令狐德棻等:《周書》卷三十六《令狐整傳》,第 644 頁。

②　令狐德棻等:《周書》卷二十八《權景宣傳》,第 477—480 頁。權如玖,《北史》作"權仕玢"。

③　權德輿撰,郭廣偉校點:《權德輿詩文集》第 3 卷《伏蒙十六叔寄示喜慶感懷三十韻因獻之》、第 28 卷《世德銘》,上海:上海古籍出版社,2008 年,第 41、436 頁;同見于志剛:《中古天水權氏家族的變遷》,《唐史論叢》2021 年第 2 期,第 150—151 頁。

④　劉雁翔校注:《天水金石文獻輯録校注》第三章第二節之《權道奴造像碑》,西安:三秦出版社,2017 年,第 363—364 頁。

⑤　魏宏利:《北朝關中地區造像題記整理研究》,北京:中國社會科學出版社,2017 年,第 271 頁;邵正坤:《〈追遠寺造像記〉研究》,《雲岡研究》2021 年第 1 期,第 75 頁。又,邵正坤認爲,《追遠寺造像碑》題記將權(景)彦記爲"權彦",權景暉名字在題記正文中又記作"權徽",兩人名字在不同的地方省略了"景"字,很可能是當時人名省稱的習慣造成的。

⑥　邵鬱:《北周宇文廣、宇文廣墓誌疏證》,《天水師範學院學報》2014 年第 3 期,第 17—21 頁。

1. 站在華夏正統立場上斥毀佛教的權翼

權翼作爲權氏家族歷史上舉足輕重的人物,不僅智謀深遠,且在文化立場上也有鮮明的立場。苻堅對高僧道安禮敬備至,將千萬將士浴血奮戰攻打襄陽獲得的戰績總結爲獲得"一個半人"(道安爲一人,習鑿齒爲半人)。權翼對道安受到超常待遇表示强烈不滿,理由是道安作爲僧人,身份低微:

> (堅)游于東苑,命沙門道安同輦。權翼諫曰:"臣聞天子之法駕,侍中陪乘,清道而行,進止有度。三代末主,或虧大倫,適一時之情,書惡來世。故班姬辭輦,垂美無窮。道安毀形賤士,不宜參穢神輿。"①

在正統儒家文化語境下,出家意味着毀身、棄家、棄國,不容于儒教禮法,直到西晉時,國家仍然明令禁止漢人出家。權翼以僕射身份斥責爲苻堅倚重的道安,很大程度上是因爲道安所代表的佛教作爲異域文化,和權翼自認爲的華夏正統身份所代表的儒家文化大相徑庭。這一點,權翼和苻堅集團的另一重臣王猛相一致。王猛苦苦勸諫阻止苻堅南下的理由即在于東晉王室所承祧的乃是華夏正統,"正朔相承,國之寶也":

> 及疾篤,堅親臨省病,問以後事。猛曰:"晉雖僻陋吴越,乃正朔相承。親仁善鄰,國之寶也。臣没之後,願不以晉爲圖。"②

在權翼之前的後趙時,中書著作郎王度曾以華夷之辨反對石氏允許漢人出家的政策,"佛出西域,外國之神,功不施民,非天子諸華所應祠奉。……華戎制異,人神流別。外不同内,饗祭殊禮,華夏服祀,不宜雜錯"。③

從權翼的言行來看,此時的權氏以華夏正統自居,嚴夷夏之别,在宗教信仰上,則以儒爲依止。佛教對于此一時期的權氏家族而言屬于域外異教。權翼、王猛和王度代表了當時北方儒家精英的基本態度,他們對于傳來不久的佛教文化和僧人持否定態度,所以權翼纔會對道安發出"毀形賤士"的惡聲。

---

① 房玄齡等:《晋書》卷一百一十四《苻堅記下》,第 2913 頁。《高僧傳》對這一段記載較爲簡略:"臣聞天子法駕,侍中陪乘。道安毀形,寧可參厠"。慧皎撰,湯用彤校注,湯一玄整理:《高僧傳》卷五《道安傳》,北京:中華書局,1992年,第 182 頁。
② 房玄齡等:《晋書》卷一百十四《苻堅記下·王猛》,第 2933 頁。
③ 慧皎撰,湯用彤校注,湯一玄整理:《高僧傳》卷九《佛圖澄傳》,第 352 頁。

2. 西魏北周時期與權氏家族佛教信仰

從西魏開始,權氏家族的宗教信仰開始了由儒而佛的轉變。對于這一問題,文獻無載,但從清代初年到 20 世紀末,天水地區陸續出土權氏作爲供養人的造像 11 通,①造像時間從西魏大統二年延續到北周建德三年(536—574),且大多屬于多個家族合作造像,詳情列表如下:

表 1 西魏北周權氏家族造像列表

序號	題名	時間	出土(藏)地	供養人姓氏	造像目的	尊像名
1	權醜仁兄弟造像碑②	大統二年(536)	甘肅省秦安縣甘肅省博物館	權、王、吕	權醜仁兄弟爲族人祈福而立	彌勒一佛二菩薩
2	權旱郎造像碑③	大統十二年(546)	甘肅省秦安縣甘肅省博物館	權、王、文	權旱郎爲族中亡者追福	釋迦、千佛
3	權景宣造像碑④	恭帝二年(555)	甘肅省秦安縣石佛寺	權		釋迦
4	權道奴造像碑⑤	保定三年(563)	甘肅省秦安縣甘肅省博物館	權、廉、王、吕、仵		彌勒
5	王文超造像碑⑥	保定四年(564)	甘肅省秦安縣甘肅省博物館	王、吕、權、仵		釋迦、彌勒
6	追遠寺造像碑⑦	天和元年(566)	甘肅省秦安縣	權、王		釋迦一佛二弟子
7	王令猥造像碑⑧	建德二年(573)	甘肅省張家川縣	王、皇甫、梁、權、張		釋迦、彌勒
8	宇文建崇造像碑⑨	建德三年(574)	甘肅省秦安縣西安碑林博物館	宇文(吕)、李、仵、王、權		浮圖三級

---

① 關于權氏家族造像,王懷宥在《甘肅天水地區出土北朝權氏佛教石刻造像研究》(周偉洲主編:《西北民族論叢》第 21 輯,第 14—35 頁)中有詳述。

② 李寧民、王來全主編:《甘肅散見佛教石刻造像調查與研究·天水卷》,北京:文物出版社,2018 年,第 48—57 頁。

③ 李寧民、王來全主編:《甘肅散見佛教石刻造像調查與研究·天水卷》,第 191 頁,又題作"權氏千佛碑"。

④ 汪明:《石佛鎮權氏石造像題記簡考》,《敦煌研究》2016 年第 5 期,第 73 頁。

⑤ 李寧民、王來全主編:《甘肅散見佛教石刻造像調查與研究·天水卷》,第 200—205 頁。

⑥ 張寶璽編著:《甘肅佛教石刻造像》,蘭州:甘肅人民美術出版社,2001 年,第 217 頁。

⑦ 張維:《隴右金石録》,見《石刻史料新編》第 1 輯第 21 册,臺北:新文豐出版公司,1977 年,第 5968 頁。

⑧ 李寧民、王來全主編:《甘肅散見佛教石刻造像調查與研究·天水卷》,第 214—217 頁。

⑨ 長庚監修,安維峻總撰:《甘肅全省新通志(宣統)》卷九十二《碑記·建崇寺條》,見魏宏利著:《北朝關中地區造像記整理研究》,第 325 頁。

續表

序號	題名	時間	出土(藏)地	供養人姓氏	造像目的	尊像名
9	諸邑子造像銘①	北周	秦安縣中山鄉關帝廟	權、吕、王、仵		釋迦、思維菩薩
10	權氏造像塔②	北周	甘肅省莊浪縣良邑鎮	權、王		
11	水帝洞焦氏等供養題名③	北周	甘肅省武山縣水帝洞石窟	焦、梁、莫折、權		釋迦

從供養人組成看,除第 3 號供養人全爲權氏家族成員外,其他造像均爲多個姓氏共同參與的合作造像,其中第 5、7、8、11 號權氏并非造像發起者,而僅僅是作爲造像參與人之一,特别是第 9 號造像塔"諸邑子石銘",説明造像碑供養人屬于同一個邑義。從已出土家族造像數量上看,權氏家族在隴東地區是家族造像數量最多者。④

造像供養之外,在北周時期,權氏家族似出現家族成員剃度的情況。武山水帝洞石窟第 11 號崖面壁畫上繪有一佛四脇侍菩薩像。佛右側第一身爲女供養人,圓形頭光,榜題"佛弟子權之女供養";其身後繪一側身而立的侍男,圓形頭光,榜題"佛弟子權□□供養"。壁畫下方偏左,又各繪一排女供養人像。⑤ 從以上兩例造像供養人的形象上看,權氏家族出家者既有男性也有女性。

如果説偶然的造像屬于北朝時期較爲平常的佛教功德福田行爲,尚不能説明佛教對家族的影響,但在同一地域範圍内持續數十年家族造像供養,此外更有家族成員加入僧團,足以證明佛教已成爲權氏家族累世的信仰,佛教文化對其浸潤日益深厚。

3. 佛教信仰與權氏的族屬變化

從以上 11 通造像題記供養人題名來看,和權氏合作造像的吕氏、王氏、仵氏、焦氏、宇文氏、莫折氏等都屬于胡姓。吕氏爲氐族,後改爲宇文氏;王氏、莫折氏爲羌族。⑥ 這些合作造像的異姓家族之間存在着長期的通婚關係,特别是權氏、吕氏、王氏和仵氏四姓相互通婚,關係密切。馬長壽先生認爲,十六國北朝時期,隴右胡族在婚姻制度上以内婚制爲

---

① 張銘、魏文斌:《甘肅秦安"諸邑子石銘"考析——甘肅館藏佛教造像研究之三》,《敦煌研究》2016 年第 5 期,第 54 頁。
② 張寶璽:《甘肅佛教石刻造像續編》,《隴右文博》2006 年第 2 期,第 9 頁。
③⑤ 魏文斌、吴荭:《甘肅武山水帝洞石窟北周供養題記反映的歷史與民族問題》,見雲岡石窟研究院編:《2005 年雲岡國際學術研討會論文集·研究卷》,北京:文物出版社,2006 年,第 417 頁。
④ 李賀文:《碑銘視野下北朝時期隴東地區的少數民族考述》,《天水師範學院學報》2020 年第 4 期,第 36 頁。
⑥ 姚薇元:《北朝胡姓考(修訂本)》,北京:中華書局,2007 年,第 345—363 頁。

主，"唐代以前，無論鮮卑、西羌大都保持着族内婚制，不與外族通婚。只有上層人物，如貴族、達官則不在此限"。^① 此外，王懷宥在對甘肅省華亭縣造像供養人之間婚姻關係進行考察後認爲，隴山一帶的屠各人，在整個北朝自始至終保留着族内異姓婚制，不與外族通婚的傳統。^② 與權氏家族通婚的吕氏、仵氏等皆爲氐羌豪族，很可能在這百餘年發展中，權氏已被隴右胡族視作同類，已不再如前秦權翼時以華夏正統自居。

三、權白女的佛教信仰和胡族身份

北朝末期權氏家族的佛教信仰和族屬的變化在宇文泰后宫權白女身上得到了印證。2000 年 5 月，陝西省考古隊在對咸陽市渭城區北杜鎮咸陽機場洪瀆原墓葬進行考古發掘時出土了《大周柱國譙國公太夫人權氏（白女）墓誌》。^③ 誌主權白女（531—558），郡望秦州天水，父祖名諱不詳，後爲西魏權臣宇文泰所納，生下第十子譙王宇文儉。^④ 魏後二年（558）權白女去世，天和七年（572）葬于咸陽洪瀆原墓地。

1. 墓誌所見權白女的宗教信仰

對于權氏的精神生活，墓誌稱其"標神禪誦，憑心清静"。從文字記述看，權氏應該是一位虔誠的佛教徒，具備一定的佛學修養。從其生卒年來看，她的信仰應該是來自本家的熏習。權氏雖然去世較早，她對所生子宇文儉的宗教信仰應該有一定影響。天和五年（570）宇文儉被封益州總管，赴益州上任時犍陀羅僧人闍那崛多（523—600）與之同行。入蜀後，他任益州僧主，住成都龍淵寺，譯出《妙法蓮華經普門品重誦偈》《佛語經》等多部經典。^⑤

2. 權白女的胡族身份

北朝末年，隨着北魏統治危機進一步加重，統治者一改孝文帝以來的漢化政策，出現一股逆漢化的潮流，在典制、禮法層面恢復拓跋部爲首的鮮卑典章制度和禮儀習俗成爲潮流，上層貴族紛紛恢復胡姓和胡族的生活方式，北魏孝武帝一改南郊祭天的漢地傳統，轉

---

① 馬長壽：《碑銘所見前秦至隋初的關中部族》，桂林：廣西師範大學出版社，2006 年，第 77 頁。
② 王懷宥：《甘肅華亭縣出土北朝佛教石刻造像供養人族屬考》，《敦煌學輯刊》2016 年第 2 期，第 145 頁。
③ 邢福來、李明：《咸陽發現北周最高等級墓葬》，《中國文物報》2001 年 5 月 2 日。墓誌録文刊于故宮博物院、陝西省考古研究院編著：《新中國出土墓誌·陝西（肆）》，北京：文物出版社，2021 年，第 15 頁。
④ 《權白女墓誌》謂儉爲第十子，《宇文儉墓誌》則稱其爲第八子。
⑤ 道宣撰，蘇小華校注：《續高僧傳校注》卷三《闍那崛多》，上海：上海古籍出版社，2021 年，第 38 頁。

而採用"舉甗立汗"的代都舊制。①

宇文氏作爲六鎮舊部的後代,在孝文帝漢化改革政策中受益有限,入關後,宇文泰主張恢復鮮卑傳統,恢復胡姓或者命令臣屬改姓胡姓成爲宇文泰入關後拉攏豪族的重要舉措之一。② 他先後在大統十五年(549)和恭帝元年(554)發佈復(改)胡姓的詔令,③復(改)姓的人群從南遷的鮮卑貴族擴展到府兵系統中的中下級軍士,多達三十餘位胡漢將領被賜姓爲新的鮮卑姓。如本是氐族的吕姓(前秦吕光後代)賜姓宇文,④漢將楊忠本係弘農楊氏,被賜姓普六茹氏,漢將趙貴改姓乙弗氏,漢將李弼被賜姓徒何氏等。宇文泰第十四子宇文通母本出清河崔氏,後改姓東夷烏六渾氏;宇文儉妻子陸氏在乃父陸通被賜鮮卑姓步六孤氏後,也隨之改名爲步六孤須蜜多。⑤ 改姓之外,宇文泰爲了拉攏關隴豪族,擴大政治軍事聯盟,採取了封賞與聯姻等各種形式,聯姻等級順序首選是元魏皇族,接下來是代北八大勳貴之家子女,最後則是關隴一帶的胡酋豪族。

宇文泰后宫所生十三子中,七子生母俱載名姓者六人,即馮翊公主元氏生嫡子孝閔帝覺;姚羌後裔姚氏夫人生明帝毓;代北貴族叱奴氏生武帝邕和衛剌王直;茹茹貴族達步幹氏生齊王憲;東胡王姬生趙僭王招;后宮權氏生譙王儉。⑥ 此外,第十四子宇文通生母爲烏六渾氏。⑦ 除權氏外,其餘諸位皇子生母均出身胡姓貴族。權白女并未如另一位宇文泰后宫宇文通生母一樣改胡姓(由崔氏改爲東夷烏六渾氏),最大的可能是,權氏家族久居關隴,在此之前,已經胡化,被視作當地胡酋豪族,因此纔有和宇文氏聯姻的資格,自然也就没有改姓或賜姓的必要。

四、權氏家族改信佛教和胡化的内在動力

權氏家族改信佛教和胡化并非一朝一夕的衝動,而是家族順應時代的主動選擇。

自永嘉南渡以來,中原板蕩,匈奴、鮮卑、羯、氐、羌等少數民族紛紛南下,在激烈的社會動蕩中,佛教也在胡漢民衆中快速傳播,"帶動佛教在東晉南北朝的這輪大發展,一個重

---

① 羅新:《黑甗上的北魏皇帝》,北京:海豚出版社,2014 年,第 1—19 頁。

② 李文才:《試論西魏北周時期的賜、復胡姓》,《民族研究》2001 年第 3 期,第 45—46 頁。

③ 李延壽:《北史》卷五《西魏文帝紀》,第 180 頁;令狐德棻等:《周書》卷二《文帝紀下》,第 36 頁。

④ 《建崇寺造像碑》供養人宇文建崇自云:佛弟子本姓吕,蒙太祖賜姓宇文建崇。

⑤ 《大周柱國譙國公夫人故步六孤氏墓誌銘》,見趙超:《漢魏南北朝墓誌彙編》,天津:天津人民出版社,2008 年,第 484 頁。

⑥ 李延壽:《北史》卷五十八《文帝十王》,第 2085 頁;令狐德棻等:《周書》卷十三《文帝諸子》,第 201 頁。

⑦ 《大周柱國冀國公墓誌銘》,見故宫博物院、陝西省考古研究院編著:《新中國出土墓誌·陝西(肆)》,第 13 頁。

要的原因，就是少數民族進入中原。在此後的一個相當時期，北方少數民族成了信仰佛教并推動佛教發展的主力"。① 在信仰的選擇上，進入中原的少數民族（胡人）一大特點就是對于佛教的信仰。佛教之所以得到胡人族群上下的歡迎，是因爲在儒家精英固有的華夷秩序觀念里，華夏居中而統治四夷，"天子"只能出自華夏，"胡人不能爲天子"。② 胡族統治者和佛教一樣，都來自邊鄙地區，屬于"四夷"，不能和華夏正統相提并論。佛教獨有的平等精神爲他們擺脱既有的華夷秩序观念提供了精神自信，河西地區匈奴、氐、羌、盧水胡人很早就接受了佛教，石勒父子給予佛陀"戎神"③的地位，將佛圖澄視若股肱，胡族統治者自稱"天王"，以之代替華夏的皇帝稱謂，佛教成爲維護其政權正當性的工具：

（兩晋十六國時期）佛教首先被當作奪取和建立民族政權的輿論受到扶植……（胡族政權）從異民族的立場出發，以胡人奉胡神維護胡國家爲目的，從突破傳統的華夏文化束縛的角度上奉佛，帶有自覺性。④

十六國北朝時期，佛教一方面爲少數民族政權提供政治合法性，也爲普通民衆提供了價值認同，成爲實現民族融合的精神紐帶。金克木曾指出："一個有嚴密組織的佛教宗派可以從物質上和精神上組織起很多人在自己周圍，這對于少數民族的鞏固自己的社會結構有利……在民族雜居而經濟和政治結構複雜變化的歷史條件下，佛教作用勝過了原有的所謂儒家文化。"⑤在此背景下，權氏家族在族首相繼被周圍少數民族政權降服的背景下，逐步接受佛教，和此前已經信奉佛教的氐族、羌族、匈奴族等少數民族豪强吕氏、仵氏等建立了共同的價值認同，被引爲同類，加入通婚聯姻的行列，在族群融合中逐步提升家族的影響力。

五、結　語

從四世紀末到六世紀中期，權氏家族起伏沉浮的背後是其家族信仰及族屬變化的結果。在此期間，權氏宗教信仰從高揚本土儒教旗幟到以佛教信仰爲主、佛儒兼信的轉變，

① 杜繼文：《佛教在中國文化發展中的地位和意義》，見杜繼文著：《中國佛教與中國文化》，北京：宗教文化出版社，2003年，第29頁。
② 陳侃理主編：《變動的傳統：中國古代政治史新論》，上海：上海古籍出版社，2023年，第224—233頁。
③ 慧皎撰，湯用彤校注，湯一玄整理：《高僧傳》卷九《佛圖澄傳》，第352頁。
④ 杜繼文：《中國佛教的多民族性與諸宗派的個性》，《中國社會科學》1990年第6期，第116頁。
⑤ 金克木：《三談比較文化》，《讀書》1982年第7期，第80頁。

而在族屬上，則經歷了從漢到胡的轉變。宗教信仰和民族族屬的變化相輔相成，共同伴隨權氏家族政治社會影響力從天水擴大到長安。

　　作爲外來移民，權氏家族的先世爲了在隴右胡族部落林立的現狀中崛起，採取了改信佛教，主動胡化實現族群融合，以達到被當地胡族部落大姓認可的目的。事實證明，權氏先祖這一順應歷史潮流的應對是成功的。他們通過佛教信仰實現了和胡族其他部落的文化認同，成爲其聯姻的對象，逐步提高了家族的政治社會地位。在西魏北周時期，進一步以軍功和胡族身份，成爲權臣宇文泰的聯姻對象，將家族影響力從地方州郡延伸到中央。

　　【作者簡介】周玉茹，女，陝西省社會科學院宗教研究所研究員，主要從事中古佛教與社會研究。

新出武周《郢州刺史楊君碑》考*

王　治　傅清音

唐郢州刺史楊君碑（圖 1），2014 年出土于西安市長安區航天城地區，隨即入藏西安碑林博物館。此碑出土時已斷爲兩截，上半截長 130 厘米，下半截長 144 厘米，碑寬 102 厘米，厚 32 厘米，今已粘接完整，但斷裂處及碑石兩側損泐處闕失文字較多，遂致楊君名字不詳。楊君家世不見載于史籍，一生行迹自隋至唐初，以門蔭入仕，隋煬帝以其伐遼之功加以賞賫；因佐命之功，唐高祖授戎秩之官，太宗委北門之任。楊君後任郢州刺史、檢校德州刺史，唐貞觀十七年（643）入計京都，或與其年發生的齊王李祐謀反案有關。唐文明元年（684），楊君次子亦即碑文撰寫者楊玄敏遷葬其父于雍州明堂縣興壽坊鳳棲原，同時祔葬的還有楊君妻李氏、楊君長子、第三子與長孫。然通讀碑文，此碑的刻立時間不在唐文明元年（684），而在武則天改唐爲周之後。碑石在大量使用武周新字之外，值得關注的是碑文中包含武周政權正統性和合法性的特殊話語。立在公共場所的傳統石碑兼爲宣傳的手段和觀摩的對象，武則天敕制碑如《大周封祀壇碑》等穩固政權的政治意圖毋庸置疑，而武周時期曾對官吏立碑有嚴格的規定，這一時期爲先人樹碑立傳、刊刻墓誌時，盛稱武周政權上膺天命、下契人情，也應是武則天輿論宣傳的組成部分。《唐郢州刺史楊君碑》的撰寫、刻立者楊玄敏揚名顯親的基礎是對武周政權合法性的認同和宣傳。

爲討論方便，謹先錄文如下：

大周故郢州刺史楊府君之碑
唐故左光禄大夫郢州刺史上柱□國□□□□□□□□□□□□□□□碑文/
蓋聞崇臺廣大廈，資大近以成功；列嶽□□，□□□□□□。□□□之著像，縑□□□
□□。□若張黃龔邵，踵武于西京；王衛秦劉，聯芳于東漢。□□□□□□□□□/
騰茂實于當年，其有囊括數賢，并吞群彥，弘風導德，易俗訓□，凜志氣于天機，□

＊　本文爲陝西省社會科學基金項目"陝西出土北周墓誌整理與研究"（2023GJ004）系列成果。

□□□□用者，則見之于上柱國、鄆州刺史、沁源子矣。公諱□□，□□□，弘農/仙掌人，後漢司徒太尉震之後也。昔者唐帝司徒，神生其道；周王介弟，天降其□。□□□以開邦，文承家而得姓。若乃長河北注，驪泉貝闕韜其□；□□□□，□□/蓮峰蓄其秘。地靈鍾美，冠蓋所以連陰；天爵攸歸，英俊于焉〔奕〕〔弈〕代。固以傳國史之□，□家風之詩，可略而言，無待□權。十代祖成，魏中書舍人、西河□□、平陽郡守，/子孫因而家平陽焉。亦由衛鬺之孫，遂居安邑；杜預之後，即住襄陽。非同徙橘之難，是曰惟桑之地。曾祖播，後魏奉朝請、廣平王記室、散騎侍郎、魯陽郡守。雅好博/古，覃思墳籍。青襟兩發，撫塵而敦六□；黃耇二毛，擊壤而觀百氏。祖超，後魏太中大夫、奉朝請、龍驤將軍，從西魏武帝入關，拜左光祿大夫、驃騎將軍、平陽郡公。戎/秩命高，軍司寄切，晋臣方而未重，漢□比以爲輕。父榮，周司輅大夫、車騎將軍、文鄧二州刺史，望允衛珠，聲飛露冕，豈止英名振遠，故亦遺愛無忘。公九苞生德，八/桂傳芳，嗣良冶之崇基，稟公門之積□。熊熊逸氣，上燭青霄；浩浩長瀾，遥輸碧海。刷羽搏扶之翰，浮笋旁達之珍，縱擊水于三千，重連城于十二。潁川司馬操，辯劉/廙之黃中；沛國趙元儒，知石苞之遠量。故得發揮盛業，標牓周行，假道于仁義之途，托宿于温良之境。貞以勵俗，介以飭□，總幾覺于靈臺，思周群藝；包擧行于神/府，道洽如仁。鵟紳屬以提衡，諸侯聞而掃第。隋開皇中，以門蔭授左衛親衛。公神資秀傑，天縱英遠。忠勇沉毅，得自天真；孝友淳深，無待因習。斯固余吾植髮，即知/千里之由；豫章晞幹，且表七年之漸。大業十年，除右屯衛寶觀府鷹揚郎將。煬帝親馭貔貅，問罪遼碣。公克勤鞭弭，侍從戎遊，執馘獻俘，加班授賞，除右禦侮衛武/賁中郎將。大唐受命于天，升陑誓衆，白蛇既斬，赤伏將明。公杖義乘機，投戈去亂，既削羽山之矛，便從潁陽之謁。高祖神堯皇帝重公誠節，即授戎班，除/右武衛尚賢府驃騎將軍。吳漢歸心，即爲偏將；鄧禹杖策，竟立功名。異代一時，斯其謂矣。尋遷右三驃騎將軍、鄭縣道總管，從平京城，授銀青光祿大夫，在京長上，/即義寧之二年也。于時皇基草創，政道權輿，三川未平，四方多梗。建德縱禍，更異前禽；劉闥挻袄，仍忘後伏。太宗文武聖皇帝時惟或躍，總彼元戎，妙選六/軍，龍行九伐。以公武略昭著，忠懃洽聞，除左一軍總管，從平東都。軍還，除左光祿大夫，加上柱國。貞觀元年，封沁源開國男，紫綬既紆，白茅斯苴，五等差于穀璧，/百里方乎震雷。繼代象賢，流枝汩葉。尋又檢校屯營飛騎，八屯武帳，七德兵權，勇士蓄怒于軍容，雄戟耀芒于欄錡。北軍任重，今古同歸，委質爪牙，帝難其選。/既而鄆門修迥，楚塞遐長，鄂陼多游行之徒，夢澤豐過詫之黨。崇山弗鬱，獷獷如雲，大江漫潏，推□塞路。懲奸馭黠，允屬爲邦，格耻弘風，佇歸良守，除鄆州刺史。政/若神明，澤猶時雨，威以肅吏，居無盧犬之驚；惠以臨人,門無赤子之諫。酌貪泉而競爽,冠 洗 幘以安貧。童騎不違,私書靡發。又檢校德州刺史,茂迹光于謠詠,休烈/被于圖篆。家給人足,遠至邇安。貞觀十七年入計京都,因而遘疾,閱川易遠,悲谷送微,大耋可嗟,小年長謝,粵以十八年正月十日薨于京師興化坊私第,春秋六/十有一,即以其年厝于京兆韋曲之北原。嗚呼! 赤松未游,黃金不化。言非田豫,勗漏盡于鳴鐘;殊異馬卿,得遺文于封禪。未及懸車之禮,先凋鄉杖之年。鼎鍊不調,/袞章誰補? 粵以 文 明 元年 歲次甲申 九月 乙酉朔十二日庚申遷窆于雍州 明 堂縣興壽坊西北鳳棲原。南望豹巖,接幽棲之霧雨;旁分龍隰,俯農野之耘耔。山門/秋而苦月寒,宰樹深而鳴禽靖。陵 頹 谷徙,空聞子臮之田;古往今來,應識戴侯之表。公夫人隴西李氏,周驃騎大將軍、上洛公嵩之孫,隋車騎將軍、義陽子武之女。/琴瑟克諧,條枚以茂,從夫以貴,允□朝章。貞觀五年,授遂安郡君,而偕老難追,藏舟易失,式遵同穴,永祔斯墳。長子玄覽,虞州司功參軍;第三子玄寂,右勛衛,明經/擢第;長孫承基,國子監大成等,既荀氏之龍光,即陳家之星象。降年不永,零落忽諸,并以其年,葬于此地,各依昭穆,列于墳後。惟公墻仞崇高,波瀾浚廣,游談者仰/之而 不 逮,好事者窺之而莫測。百□非然諾之資,七尺異丘山之重。名利不關于耳目,嗜欲未涉于襟情。比蹈義于熊掌,方好問于雞蹠,戎昭致果,盛略紛紜,達學/從政,□獻允塞。楚臣穿葉之能,措□非妙;越女刺猨之技,擊蔗非工。接士親仁,愛奇好異,許子將之月旦,仰以慚通;李元禮之仙舟,聞而請益。重以體仁知命,入孝/移忠,□雲霧而誕儀形,湛江海而弘度量。何圖畎室貽禍,梁木其摧,報施不征,溘焉長謝,而積善餘慶,歸乎哲人。第二子玄敏,晋州司馬、絳州長史、棣衛常三州諸/軍事常州刺史。大周創業,萬□□□恩,四海朝宗,百神奉職,任揚州大都督府長史、汾州刺史、沁源縣開國子。妻薛,河東縣君,淳粹淑靈,中和上德。□名顯位,大/孝尊親,以爲桂陽之碑,雖留善□;□□□績,久著良書。而降鳥高墳,思弘相質,草玄幽壑,永奉披文。言希濟北之詞,用擬平原之頌。其銘曰:高辛遠胄,崇基聳構。襃道神生,□□/□□。□宗孕寶,嶽靈騰秀。別幹殊芬,分枝送茂。其一 關西播美,東京降祉。藹藹昌源,悠悠遐祀。長叢其族,公門復始。道軼扰宗,慶/派材子。其二 于鑠君侯,昭哉盛德。□□□□,□□之則。其行克修,其儀不忒。環海凝量,垂天振翼。其三 識惟先覺,理知契微。投誠去亂,杖義垂機。玉帳斯裹,雕戈是揮。功/□賈寇,績預盧微。其四 北軍寄重,□□□□。□□既清,鉤陳以屬。效乃勤國,忠惟簡帝。茅竹分剖,河山帶礪。其五 郇路調風,齊邦訓俗。家識禮讓,人知榮辱。靡發私/書,無求官燭。洗幘貽範,留床自□。其六 □□□□,□化如休。藏舟遽遠,過隙誰留。思纏風樹,痛積山丘。原阡既辟,防墓徒修。其七 孝道蒸蒸,佳城鬱鬱。永錫無遺,□名厚/秩。令德

儲祉，豐碑相質。烏奕家 風 ，□□□□。 其八

圖 1　鄆州刺史楊君碑

一、楊君行迹及立碑時間考

楊君名字因碑石殘損而不詳,以其在唐貞觀十八年(644)卒時春秋六十一,可知生于隋開皇四年(584)。楊君曾祖楊播,祖父楊超,父楊榮歷官經北魏至北周,不見載于史籍。北魏永熙三年(534),楊超在孝武帝爲權臣高歡所迫時追從西行,孝武帝隨即爲宇文泰鴆殺,後者另立元寶炬爲帝,即西魏文帝。碑文誤以北魏孝武帝爲西魏武帝。楊君以門蔭起家,大業十年(614)授右屯衛寶觀府鷹揚郎將,時年三十一。同年,隋煬帝第三次征伐高麗:"二月,辛未,詔百僚議伐高麗,數日,無敢言者。戊子,詔復徵天下兵,百道俱進。"[1]據碑文可知,楊君參與了此次作戰,且以立功除右禦侮衛武賁中郎將。史載來護兒爲元帥擊破高麗兵,高麗王遣使乞降,隋煬帝大悦,[2]楊君應緣此受賞。隋末割據,楊君投誠李淵,又從李世民平定叛亂,故得以加官進位,歷授右武衛尚賢府驃騎將軍、右三驃騎將軍、鄭縣道總管、銀青光禄大夫、左一軍總管、左光禄大夫、上柱國、沁源開國男、檢校屯營飛騎、郢州刺史、檢校德州刺史。楊君投唐之後,"尋遷右三驃騎將軍"。據《舊唐書·太宗本紀上》"(太宗)拜右領大都督,右三軍皆隸焉",[3]楊君追隨秦王,攻伐征討多有戰功,這使他爲太宗所知,其後委以北門之任"尋又檢校屯營飛騎"。唐貞觀十二年(638),"十一月,丁未,初置左、右屯營飛騎于玄武門,以諸將軍領之"。[4]太宗對北門的重視,由他怒責房玄齡、高士廉過問北門營繕一事可見一斑:"房玄齡、高士廉遇少府少監寶德素于路,問:'北門近何營繕?'德素奏之。上怒,讓玄齡等曰:'君但知南牙政事,北門小營繕,何預君事!'"[5]忠如房玄齡、貴如高士廉,尚因北門之問而獲譴,足見北門任重,楊君之被親信由此可知。

唐貞觀十七年(643),檢校德州刺史的楊君入計京都事,或與齊王李祐謀反案有關。齊王李祐是唐太宗李世民第五子,貞觀十年(636)封齊王,授齊州都督。貞觀十七年(643),李祐起兵謀反,同年賜死。李祐謀反事泄後,唐太宗曾派遣刑部尚書劉德威前往按驗,并詔相關人等入京。李祐抗拒不從,太宗詔令兵部尚書李勣發兵討之。[6]彼時楊君在檢校德州刺史任上,地區迫近,且亦于同年入計京都,或與李祐案有關聯。

據碑文可知,楊君遷葬的時間在唐文明元年(684)九月十二日,然立碑時間應不在其

① 司馬光編著,胡三省注:《資治通鑑》卷一百八十二,北京:中華書局,1956年,第5689—5690頁。
② 司馬光編著,胡三省注:《資治通鑑》卷一百八十二,第5691頁。
③ 劉昫等:《舊唐書》卷二《太宗本紀上》,北京:中華書局,1975年,第22頁。
④ 司馬光編著,胡三省注:《資治通鑑》卷一百九十五,第6141頁。
⑤ 司馬光編著,胡三省注:《資治通鑑》卷一百九十六,第6173頁。
⑥ 劉昫等:《舊唐書》卷七十六《李祐傳》,第2657—2658頁。

時。首先,碑文稱楊君爲"弘農仙掌人",據《舊唐書》卷三十八《地理志一》:"華陰　隋縣。垂拱二年,改爲仙掌縣。天授二年,分置同津縣于關口,長安中廢。神龍元年,復爲華陰。"①則立碑時間在垂拱二年(686)及後。其次,碑文中較多使用了武周造字,據《資治通鑑·唐紀二十》:"(載初元年正月)鳳閣侍郎河東宗秦客,改造'天''地'等十二字以獻,丁亥,行之。太后自名'曌',改詔曰制。"②知立碑時間在唐載初元年(689)正月及後。又,碑額題"大周故鄆州刺史楊府君之碑",文中有"大周創業"之語,《資治通鑑·唐紀二十》有"(天授元年,九月)庚辰,太后可皇帝及群臣之請。壬午,御則天樓,赦天下,以唐爲周,改元"。③可知立碑時間當在則天改唐爲周的天授元年(690)及後。再次,碑文記遷窆之地爲"雍州明堂縣興壽坊西北鳳棲原",據《舊唐書》卷三十八《地理志一》:"萬年　隋大興縣。武德元年,改爲萬年。乾封元年,分置明堂縣,治永樂坊。長安三年廢,復并萬年。"④文中仍稱明堂縣,則立碑在長安三年(703)之前。因此,立碑時間在唐天授元年(690)至唐長安三年(703)之間。

二、楊玄敏遷葬及立碑行爲考

據碑文可知,楊君在朝代更迭之際支持李淵,并追隨太宗平定叛亂,爲大唐創業立下了汗馬功勞,貞觀十八年(644)卒于興化坊私第。興化坊在朱雀街西第二街,多爲達官顯貴住宅,有尚書右僕射、密國公封德彝宅,其後邠王李守禮、租庸使劉震、晉國公裴度等皆曾居于此坊。然楊君長子、第三子、長孫早卒,官職不顯,惟第二子楊玄敏歷任晉州司馬、絳州長史、棣衛常三州諸軍事常州刺史,且在武周時期受到信任和賞識,得任揚州大都督府長史、汾州刺史并受封爵。大周革命使唐代宗室、老臣并罹酷害的同時,亦給另一些人帶來了時運機遇,這在武周時期的碑刻墓誌中有迹可循。以唐長壽三年(694)《閻泰墓誌》爲例,誌主閻泰係閻立德第三子,以門蔭入仕,在唐高宗時期歷官至尚舍奉御,隨後緣事貶官,十餘年不預人事。適逢武則天改唐爲周,閻泰人生的最後階段發生了戲劇般的變化,誌文曰:屬大周革命,推擇舊人,起爲榮州司馬。因面陳時事,聖上垂聰,旬日復除尚方監丞。⑤所謂"舊人",緣于閻泰曾在武則天爲其父母寫三千部《金剛般若波羅蜜經》《妙法蓮

①　劉昫等:《舊唐書》卷三十八《地理志一》,第 1399 頁。
②　司馬光編著,胡三省注:《資治通鑑》卷二百零四,第 6462—6463 頁。
③　司馬光編著,胡三省注:《資治通鑑》卷二百零四,第 6467 頁。
④　劉昫等:《舊唐書》卷三十八《地理志一》,第 1396 頁。
⑤　胡戟:《珍稀墓誌百品》,西安:陝西師範大學出版社,2016 年,第 96 頁。

華經》的大型寫經活動中擔任"抄經使"。① 闓泰雖卒于復被擢用之年,然大周革命帶來的尊崇堂而皇之地刻進了墓誌。而大周創業也給楊玄敏的仕途帶來了變化,得任揚州大都督府長史。《舊唐書》卷四《高宗本紀上》有"(唐龍朔二年)十二月辛丑……以并、揚、荆、益四都督府并爲大都督府。沛王賢爲揚州大都督,周王顯爲并州大都督,殷王旭輪遥領冀州大都督。"②可知揚州都督府升爲大都督府在唐高宗龍朔二年(662)。又,據《新唐書》卷四十九下《百官志四》:"京兆、河南牧,大都督,大都護,皆親王遥領。兩府之政,以尹主之;大都督府之政,以長史主之。""大都督府 都督一人,從二品;長史一人,從三品。"③大都督府長史主理府中政事,其重要性不言而喻。至唐睿宗景雲二年(711)時,"敕天下分置都督府二十四""其揚、益、并、荆爲大都督府,長史正三品",④大都督府長史爲三品官,地位殊爲重要。

一方面,武則天光宅元年(684),揚州發生了徐敬業謀反案,"遂起一州之兵,復稱嗣聖元年。開三府:一曰匡復府,二曰英公府,三曰揚州大都督府。敬業自稱匡復府上將,領揚州大都督"。⑤ 徐敬業之亂雖在當年就被平定,然武則天自此疑心愈重,"太后自徐敬業之反,疑天下人多圖己,又自以久專國事,且内行不正,知宗室大臣怨望,心不服,欲大誅殺以威之"。⑥ 因此,對發生叛亂的揚州等地的官員委任應該會更爲謹慎。另一方面,基于揚州的地理位置和經濟地位,在此地任官也具有特殊性,"長安中,累遷揚州大都督府長史。揚州地當衝要,多富商大賈,珠翠珍怪之産,前長史張潛、于辯機皆致之數萬,唯璥挺身而去"。⑦ 武則天改唐爲周後,曾任命其兄武惟良之子武攸緒爲揚州大都督府長史,"天授中封安平郡王,歷遷殿中監,出爲揚州大都督府長史。聖曆中,棄官隱于嵩山,以琴書藥餌爲務"。⑧ 楊玄敏在武周時期擔任揚州大都督府長史,應是受到武則天的信任。

楊君卒于唐貞觀十八年(644),同年葬于京兆韋曲之北原,次子楊玄敏在武則天執掌朝政之時遷葬其父,并楊君妻李氏、楊君長子、第三子與長孫諸人祔葬。碑文有"大周創業,萬□□□恩,四海朝宗,百神奉職"之語,宣揚武周政權施仁布恩,遠近歸服。武則天一方面任用佞臣,聽信讒言;另一方面施以强權,督以威刑。在這種特殊的政治環境下,順逆

① 吳炯炯、鄭炳林:《武周〈闓泰墓誌〉考證》,《蘭州大學學報(社會科學版)》2017 年第 5 期,第 80—90 頁。
② 劉昫等:《舊唐書》卷四《高宗本紀上》,第 84 頁。
③ 歐陽修、宋祁等:《新唐書》卷四十九《百官志四下》,第 1310、1314 頁。
④ 王溥:《唐會要》卷六十八,北京:中華書局,1955 年,第 1192、1194 頁。
⑤ 司馬光編著,胡三省注:《資治通鑑》卷二百零三,第 6423 頁。
⑥ 司馬光編著,胡三省注:《資治通鑑》卷二百零三,第 6438 頁。
⑦ 劉昫等:《舊唐書》卷八十八《蘇瓌傳》,第 2878 頁。
⑧ 劉昫等:《舊唐書》卷一百八十三《外戚傳》,第 4740 頁。

吉凶皆在頃刻之間。據唐垂拱四年(688)《武欽載墓誌》可知，武欽載的父親武思文，係唐英國公徐世勣之子，徐敬業之叔父。唐光宅元年(684)，徐敬業在揚州發動叛亂時，思文"知敬業之謀，先遣使間道上變，爲敬業所攻，拒守久之，力屈而陷。思文請斬以徇，敬業不許，謂思文曰：'叔黨于武氏，宜改姓武。'"①徐敬業之亂平定後，武則天"以徐思文爲忠，特免緣坐，拜司僕少卿。謂曰：'敬業改卿姓武，朕今不復奪也。'"②武思文之子武欽載卒于唐調露元年(679)，垂拱四年(688)改葬，誌文有："洎聖母神皇之臨天下，其父思文，表忠貞之節，又錫同聖氏，仍編貫帝鄉，故今爲并州文水人也。"③史書僅記武則天仍以思文姓武氏，墓誌則稱武則天甚至將武思文改以并州文水爲籍。武則天于唐垂拱四年(688)五月乙亥加尊號爲聖母神皇，④武思文在其年改葬其子武欽載時，不僅將則天尊號及時刻在誌石，且將換姓改籍之事悉數記録。然即便武思文"忠心"如此，在羅織紛紜之時，亦不免于禍，"(天授二年八月)或告地官尚書武思文初與徐敬業通謀；甲子，流思文于嶺南，復姓徐氏"。⑤官吏的一言一行皆在佈控之中，因此，楊玄敏爲父立碑時也須謹慎。

　　武周時期在中國歷史上極具特殊性，歷代統治者爲了昭示政權合法性，皆致力于輿論宣傳，而武則天以女主臨朝，更是不遺餘力。武則天推崇佛教、上承周制、崇尚符瑞，皆屬于武周政權的政治宣傳。武則天時期對立碑有嚴格的規定，據《資治通鑑·唐紀二二》："(聖曆二年八月)制：'州縣長吏，非奉有敕旨，毋得擅立碑。'"⑥因此，得以立碑者應是得到執政允行的，因此這一時期爲先人樹碑立傳、刊刻墓誌時盛稱武周政權上膺天命、下契人情，也可以作爲武則天輿論宣傳的組成部分。如楊炯曾撰《唐成知禮神道碑》，成知禮卒于唐高宗之時，武則天改唐爲周後追贈其爲荊州刺史，碑文中有"我大周叙洪範，作武成，大賚而萬姓悦，垂拱而天下治"之語，極稱武周政治之美。楊玄敏既受大周恩遇，復以爲其父立碑之機表忠節之意，可謂順理成章。

三、結　語

　　楊玄敏遷葬其父的時間在唐文明元年(684)，雖是唐睿宗李旦的年號，實是武則天臨朝稱制，《大周無上孝明高皇后碑銘并序》中有"文明元年，聖上臨朝。其年九月，追尊先妃

① 司馬光編著，胡三省注：《資治通鑑》卷二百零三，第 6427 頁。
② 司馬光編著，胡三省注：《資治通鑑》卷二百零三，第 6433 頁。
③ 吳鋼主編：《全唐文補遺》(第五輯)，西安：三秦出版社，1998 年，第 203 頁。
④ 司馬光編著，胡三省注：《資治通鑑》卷二百零四，第 6448 頁。
⑤ 司馬光編著，胡三省注：《資治通鑑》卷二百零四，第 6474 頁。
⑥ 司馬光編著，胡三省注：《資治通鑑》卷二百零六，第 6540 頁。

曰魏王妃，食邑一萬户，實封加滿五千户，改咸陽園寢曰順義陵，大名天啓……永昌元年……天垂革命之符，地湧受終之籙……天授元年……金輪既轉，玉鏡方懸"之語，是武則天奪取政權步步爲營的重要階段。通讀碑文，此碑的刻立時間不在唐文明元年（684），而在武則天改唐爲周之後，武周時期曾對官吏立碑有嚴格的規定，楊玄敏爲其父樹碑立傳，盛稱武周政權，既以表忠節，亦是武則天興論宣傳的組成部分之一。

【作者簡介】王治，男，1977 年生，博士，西北政法大學教師；傅清音，女，1981 年生，碩士，西安碑林博物館副研究館員，主要從事石刻文獻整理與研究。

高麗妙清之亂與金富軾的軍事觀

鄧雯卿　　拜根興

因金朝的强勢崛起,原本以遼爲中心、漸趨穩定的東北亞國際局勢出現了一輪新的變化。仁宗時期(1123—1146)是高麗面對新興金朝勢力和于戰亂中誕生的南宋王朝,審時度勢、調整對外策略的過渡期。隨着外部局勢的變化,高麗内部的野心家應運而生,僧人妙清利用佛教進行政治宣傳,輔之以陰陽圖讖學説號召遷都西京,既而于仁宗十三年(1135)起兵叛亂,最終被金富軾率兵平定。

關于妙清之亂涉及問題,日本學界對高麗兩京軍事政治制度、仁宗朝的内憂外患以及西京遷都均有較爲詳細的分析和考證。[①] 對于妙清之亂的評價,韓國學界有不同的觀點。[②] 而國内學界對此關注不多,其中劉子敏的文章涉及金富軾參與平定妙清之亂的過程,他從對外關係的角度分析金富軾維護自新羅以來朝鮮半島國家所遵循的"事大"外交政策,并認爲金富軾的對内平叛舉措與對外使宋行爲都起到了維護中原王朝與朝鮮半島政權友誼的作用。[③] 此外,國内學界還有一些通史類著作簡要論述了妙清之亂的過程及其與東北亞政局的關係。關于平定這場戰亂的將領金富軾,在國内的史書記載及學者研究中,其大多以文人鴻儒的角色出現,而他的軍事將領身份幾乎很少被提及。因此,通過對現有史料記載的分析,梳理妙清之亂的來龍去脉及其對後世的影響,一方面可以豐富對平定這場叛亂的元帥金富軾的認識,另一方面可通過對儒將金富軾軍事觀的分析,深化對

---

① 關于妙清之亂,日本學界的研究成果主要有:(日)池内宏:《大花宫と所謂倭城》,《東洋學報》第9編第2號,1919年6月,第246—280頁。(日)瀬野馬熊:《高麗妙清の亂に就いて(上)》,《東洋學報》第18編第2號,1929年12月,第245—276頁;《高麗妙清の亂に就いて(下)》第18編第4號,1930年10月,第568—598頁。

② 19世紀末20世紀初,因列强的侵略,朝鮮半島陷入殖民地泥潭,在激烈的民族生存危機下,韓國的民族主義史學誕生,詳見(韓)權延雄著,拜根興譯:《韓國史撰述方法論的反省和展望》,《社會科學評論》2004年第2期。韓國的民族史學家曾經將妙清視作"民族英雄",而對金富軾的平叛行爲和事金主張進行批評。

③ 劉子敏:《金富軾在古代中韓關係中的重要地位》,見耿昇等主編:《多元視野中的中外關係史研究:中國中外關係史學會第六屆會員代表大會論文集》,延吉:延邊大學出版社,2007年,第558—564頁。

高麗王朝"事大"外交政策在兩宋之際所出現的困境的理解。無可否認的是,由唐入宋以後中華文化對朝鮮半島的影響仍十分深刻。

一、妙清之亂發生的背景

王氏高麗自唐末五代建國,又于元明鼎革之際走向覆滅,期間一直面臨外部環境"盛衰之連環性"帶來的激烈動蕩與變革。曾經鼎盛一時的中原王朝在北方游牧民族接連興起的衝擊下不復往日榮光。總體而言,北宋雖然將五代以來諸國相爭、分戰割據的形勢終結,開始與契丹(遼)政權南北抗衡,但兩次北伐的失敗使其統一宏業破滅,遂成爲東北亞地區實力最爲雄厚的政權之一。遼通過三次對高麗的軍事行動,使高麗被迫承認其宗主地位并遣使朝貢。此後女真勢力興起,又打破了漸趨穩定的宋、遼、高麗關係。1115 年(宋政和五年,遼天慶五年)完顏阿骨打建國,滅亡了遼和北宋。此後蒙古崛起,相繼滅金與南宋,又對整個東亞地區造成了巨大的震蕩。在這种形勢下,高麗難以踐行像新羅對唐朝那般極具典範意義的"事大外交",[①]相反,外部局勢的變化使得高麗内部頻頻出現動蕩不安的情況。

首先,高麗王朝外患嚴重,邊境地區受到侵擾。高麗睿宗(1106—1122 年在位)、仁宗(1122—1146 年在位)時期是遼、金政權更迭的過渡期。女真部落發迹前曾于高麗北部邊境一帶活動且向高麗進貢、稱臣,而睿宗在位的十七年間,雙方關係發生了逆轉。高麗對金的態度從"虜人來朝"到睿宗十四年(1119)八月"遣中書主事曹舜舉聘于金"。[②]高麗雖審時度勢主動遣使赴金,但因言辭不謙而被拒收國書。在金興遼衰的局面下,應如何認清國際形勢的變化,找到合適的生存策略是高麗面對的棘手問題。仁宗即位後不久,金先滅遼,後南下滅宋并擄走徽欽二帝。這對高麗造成了極大的衝擊,迫使其向金朝表示臣服。但實際上學界對于高麗何時確立與金的朝貢關係還未有統一看法,主要是因爲高麗遲遲沒有向金納誓表,對金朝的"事大"禮儀并未徹底遵從。同時,其一方面在邊境將長城增築三尺,另一方面與宋的聯絡并未斷絕。這反映高麗一直持觀望態度,希望有機會擺脱被動的局面。

其次,高麗朝臣因對金朝的不同態度形成了兩股勢力,且鬥爭激烈。仁宗即位時,外戚李資謙當政,把控朝局,納兩女于王,有不附己者,百計中傷,以其族屬佈列要職,多樹黨

---

① 馮立君:《新羅"事大外交"的思想與實踐》,《韓國研究論叢》2020 年第 1 期,第 66—83 頁。

② (朝鮮)鄭麟趾等著,孫曉主編:《高麗史》卷十四《睿宗世家》,重慶:西南師範大學出版社;北京:人民出版社,2014 年,第 422 頁。

與,自爲國公。① 仁宗依靠拓俊京的力量除掉李資謙,後拓俊京又恃功跋扈,引發一場新的動亂。李資謙、拓俊京等人是堅定的事金派,主張向金稱臣。而將領尹瓘②的後代尹彦頤,持堅定的反金立場:

> 方大金全盛,欲使我朝稱臣,衆議紛然。公(尹彦頤)獨之曰:"主憂臣辱,臣不敢愛其死,女真本我朝人子孫,故爲臣僕,相次朝天,近境之人皆屬我朝户籍久矣。我朝安得反爲臣乎?"是時權臣擅命,乃稱臣仍上誓表。③

他在北宋滅亡的衝擊下甚至建議稱帝建元,擺脱依附被動的局面。"(仁宗)在壬子年西幸時,(尹彦頤)上請立元稱號,又諷誘國學生奏前件事,蓋欲激怒大金……"④雙方的鬥争十分激烈。

再者,高麗王朝篤信佛教,妙清的得勢與其佛教僧侶的身份密切相關。佛教在高麗具有鎮護國家的祈禳性和陰陽風水的迷信色彩。⑤ 仁宗時期佛教在王室的支持下十分興盛,也頗爲時人抨擊,《高麗史節要》記載:

> 六月,陰陽會議所奏,近來僧俗雜類,聚集成群,號萬佛香徒,或念佛讀經作爲詭誕,或内外寺社僧徒賣酒鬻蔥,或持兵作惡踴躍游戲,可謂亂常敗俗,請令御史臺金吾衛巡檢禁止,從之。⑥

妙清是高麗西京的一名僧人,其附會高麗開國的道詵和尚,自認爲師承一脉,"禪師道詵傳之康靖和,靖和傳之我"。⑦ 他還將佛教的内容與陰陽五行學説結合在一起,"西京妖僧妙清、日者白壽翰,説王設灌頂道場于常安殿,其術詭誕不可知"。⑧ 然而仁宗及一批官員對妙清的學説深信不疑,持推崇的態度。"陛下寵信妙清,左右近習及諸大臣,交相薦譽,以爲聖人,根深蒂固,牢不可拔。自大華宫之役,勞民動衆,百姓怨咨。"⑨

---

① (朝鮮)鄭麟趾等著,孫曉主編:《高麗史》卷一百二十七《李資謙傳》,第 3850 頁。
② 睿宗年間,高麗曾與女真爆發過曷懶甸戰役,尹瓘率兵抗擊之。
③ (韓)金龍善編著:《高麗墓誌銘集成》,春川:翰林大學校出版部,1993 年,第 113 頁。
④ (朝鮮)鄭麟趾等著,孫曉主編:《高麗史》卷九十六《尹彦頤傳》,第 2985 頁。
⑤ 何勁松:《韓國佛教史》,北京:社會科學文獻出版社,2008 年,第 269 頁。
⑥ (朝鮮)金宗瑞:《高麗史節要》卷十,仁宗九年六月,奎章閣刻本,第 145 頁。
⑦ (朝鮮)鄭麟趾等著,孫曉主編:《高麗史》卷一百二十七《妙清傳》,第 3861 頁。
⑧ (朝鮮)金宗瑞:《高麗史節要》卷九,仁宗五年三月,第 74—76 頁。
⑨ (朝鮮)鄭麟趾等著,孫曉主編:《高麗史》卷九十八《林完傳》,第 3043 頁。

妙清認爲西京有王氣，號召將都城從開城遷至西京：

> 臣等觀西京林原驛，是陰陽家所謂大華勢，若立宮闕禦之，則可并天下。金國執
> 贄自降，三十六國皆爲臣妾。①

西京（今朝鮮平壤）曾是高句麗的首都，位于大同江畔，由于朝鮮半島地理環境"三面阻海，一隅連陸"②的特點，西京成爲高麗應對遼金元等北方游牧政權南下的橋頭堡，因而遷都意味着反金與稱帝建元主張的貫徹。

妙清的主張遭到了以金富軾爲代表的儒士群體的抨擊，金富軾曾多次上表仁宗，反對遷都西京與興師動衆修建宮殿。據《高麗史節要》記載：

> 九月，（仁宗）幸長源亭，時妙清之黨固請西巡，欲濟逆謀，王下兩府議之，金富軾
> 奏言：今夏雷震乾龍殿，不是吉兆，避災于此，不亦左乎？況今西成未收，車駕若出，必
> 至蹂禾，非仁民愛物之意，乃與諫臣上疏極言，上曰："所言至當，朕不敢西行，乃以御
> 官所奏出御是亭。"③

此書成書于李氏朝鮮文宗時期，體現了臣僚士大夫的立場與觀點。④ 其中的史論部分將高麗佛教活動的昌盛比于唐憲宗。"唐憲宗迎佛骨于禁中……卒至陳弘至之禍甚慘，而唐室之亂實階于此……此以往之覆轍，後世人主所當鑒也。……其後妙清一妖僧耳，以西都叛，兵連禍結，尚賴忠臣義士之力，僅能殄滅，所謂事佛求福者，果安在哉？"⑤這反映了當時高麗在文化層面儒佛之間的矛盾與衝突。

除了儒佛之間的矛盾，雙方對事金的態度也迥異。高麗因金人南下內部出現高漲的反金情緒：

> 直門下省安稷崇，右諫議李仲，中書舍人林存，左司諫崔誠等奏東京持禮使書狀
> 官崔逢深本武舉人，書狀非其任，又素狂言有輕國之志，竊恐生事，不宜遣之，伏閤固
> 爭三日，王不允，逢深與鄭知常交結，尊師妙清，嘗上言陛下欲平治三韓則捨西京三聖

---

① （朝鮮）鄭麟趾等著，孫曉主編：《高麗史》卷一百二十七《妙清傳》，第 3859 頁。
② （朝鮮）鄭麟趾等著，孫曉主編：《高麗史》卷十《地理志》，第 1781 頁。
③ （朝鮮）金宗瑞：《高麗史節要》卷十，仁宗十二年九月，第 27 頁。
④ 王霞：《〈高麗史節要〉的編纂特點及史料價值》，《域外漢籍研究集刊》2015 年第 2 期，第 43—56 頁。
⑤ （朝鮮）金宗瑞：《高麗史節要》卷九，仁宗八年七月，第 134 頁。

人無與共之,即指妙清、壽翰、知常也。又大言國家與我壯士千人則可入金國虜其主來獻,其狂妄如此。①

妙清在西京,依靠鄭知常等人與仁宗的近臣聯絡,都城的金安、洪彝叙、李仲孚、文公仁、林景清等人相從其學説。而金富軾、任元凱、李之氏等人持拒絶態度,并多次在仁宗試圖遷都之時進行勸誡:

　　西京父老檢校太師致仕李齊挺等五十人希妙清、知常旨,上表請稱尊號建元。知常等因説王曰:“大同江有瑞氣,此神龍吐涎,千載罕逢。請上應天心,下順人望,以壓金國。”王以問(李)之氏,對曰:“金國强敵,不可輕也。况兩府大臣留守上都,不可偏聽一兩人之言,以決大議。”王乃止。②

自仁宗六年(1128)至仁宗十三年(1135),妙清一直向朝中滲透勢力,并多次以天意來勸説仁宗遷往西京。但一直未能如願,“伏望主上移御此都,不然,必有變”。③終于仁宗十三年(1135)舉兵叛亂。楊渭生在《宋麗關係史研究》中總結高麗王朝始終困擾着的三大問題爲“内亂、外患、佞佛”,④妙清之亂正發生于這三種矛盾交織的高峰期。

二、金富軾平定叛亂

囿于僧侶身份,妙清在朝中的勢力并不深厚,因而這場叛亂僅兩年便得以平定。《高麗史節要》和《高麗史·金富軾傳》對其的記載大體一致。以妙清之死爲界,此次内亂可分爲兩個階段。

第一階段爲仁宗十三年(1135)正月至二月。妙清與西京的分司侍郎趙匡、兵部尚書柳旵以及司宰少卿趙昌言、安仲榮等據守西京,將西京内部的反對勢力崔宰、李寵林、安至宗等囚禁。自立大爲國號,建元天開,自號軍隊爲“天遣忠義”,“欲分數遣道,直趣上京”。⑤同時“凡上京人在西都者,無貴賤僧俗,皆拘之”。⑥

① (朝鮮)金宗瑞:《高麗史節要》卷十,仁宗九年九月,第148頁。
② (朝鮮)鄭麟趾等著,孫曉主編:《高麗史》卷一百二十七《妙清傳》,第3861頁。
③ (朝鮮)鄭麟趾等著,孫曉主編:《高麗史》卷一百二十七《妙清傳》,第3863頁。
④ 楊渭生:《宋麗關係史研究》,杭州:杭州大學出版社,1997年,第19—23頁。
⑤ (朝鮮)徐居正:《東國通鑒》卷二十三,仁宗十三年正月,朝鮮古書刊行會,1912年,第115頁。
⑥ (朝鮮)鄭麟趾等著,孫曉主編:《高麗史》卷一百二十七《妙清傳》,第3862頁。

　　仁宗收到西京叛亂的消息後,"召宰樞議之,命富軾、元凱及承宣金正純會兵部治兵衛討賊計,遂以富軾爲元帥往征之"。① 開京之出兵實際上并未有大規模作戰的準備,僅希望能够起到震懾作用以平息内亂。仁宗叮囑金富軾"關外之事,卿其專之,以賞罰用命不用命。然西人皆吾赤子,殲厥渠魁,慎勿多殺"。② 其希望金富軾能在兵戎相接以外,發揮規勸與順化的作用。而此時高麗中央軍隊"士卒頗驕,衆心馳解",且"有輕敵心,器仗未整"。因此金富軾選擇不從正面直接進攻,而是建議"引軍從間道繞出賊背,取諸城軍資,以餉大軍。告諭順逆,使與西人絶,然後益兵休士,飛檄賊中,徐以大兵臨之,此萬全之計也"。③ 同時,此階段西京城人的反叛之意也較不明顯,當金富軾與陳淑、李周衍等人成功會師兵臨西京城下之時,西人"列城震懼,出迎官軍"。④ 最終"西人遂斬妙清、昆及昆子浩等首,使分司太府少卿尹瞻、少監趙昌言、大將軍郭應素、郎將徐挺等偕淳夫請罪于朝"。⑤ 由此可見,妙清實際影響的範圍是有限的。

　　但妙清之死并没有促成事件的平息,反而更鮮明地暴露出高麗朝臣的複雜鬥爭狀況。妙清被殺後,"匡等知不可抗,意欲出降,自以罪重,猶豫未決"。⑥ 在此之際,高麗朝廷却没有按照承諾厚待請罪歸順的西京官員,反而使其面臨着牢獄之災。西京真正的首領趙匡"聞瞻等下獄,謂必不免,復反",⑦掀起了叛亂的高潮。此時金富軾的任務轉變爲徹底將西京及其據守勢力拿下,以鞏固國内統治。因此他"與諸將誓告皇天、后土、山川神祇",⑧ 宣誓出戰,于仁宗十三年(1135)二月開啓了第二階段的作戰。

　　由于西京地勢險峻,所以此階段的戰綫較長。從仁宗十三年(1135)二月一直持續到十四年三月。第二階段的作戰因高麗朝中的複雜局勢而起,在具體實踐中轉變成了對西京的包圍戰。西京曾是朝鮮半島舊政權高句麗的都城平壤。此城易守難攻,金富軾認爲"西京北負山岡,三面阻水,城且高險,未易猝拔,宜環城列營以逼之"。⑨ 而西京防守也十分穩固,因其位于大同江沿岸,"西人沿江築城,自宣耀門至多景樓,凡一千七百三十四間,置六門以拒之"。⑩

　　金富軾的迎戰策略爲一方面兵分五路,將中央軍分爲前軍、中軍、左軍、右軍、後軍,分別屯駐列營。另一方面招撫西京城外民户,以免被西京人利用聚衆叛亂。高麗的後軍駐守在大同江沿岸,"王遣内侍祗候鄭襲明、濟危副使許純、雜織署令王軾往西京西南海島,會弓手、水手四千六百餘人,以戰艦百四十艘,入順化縣南江禦賊船。至是,又遣上將軍李

　　① (朝鮮)鄭麟趾等著,孫曉主編:《高麗史》卷一百二十七《妙清傳》,第3863頁。
　　② (朝鮮)鄭麟趾等著,孫曉主編:《高麗史》卷九十八《金富軾傳》,第3019頁。
　　③④⑤⑥ (朝鮮)鄭麟趾等著,孫曉主編:《高麗史》卷九十八《金富軾傳》,第3020頁。
　　⑦⑧ (朝鮮)鄭麟趾等著,孫曉主編:《高麗史》卷九十八《金富軾傳》,第3021頁。
　　⑨⑩ (朝鮮)鄭麟趾等著,孫曉主編:《高麗史》卷九十八《金富軾傳》,第3022頁。

禄千,大將軍金台壽,録事鄭俊、尹惟翰,軍候魏通元等自西海領舟師五十艘助討"。^① 但高麗的水師部隊被西京人以火燒之計襲擊成功。富軾夜送步騎一千援助後軍,沉重打擊了西京勢力。然而金富軾没有選擇乘勝追擊,"時諸軍野屯數月,富軾恐春夏之交,水潦洊至,爲賊所襲,欲築城按甲,州鎮兵番休就農,持久以伺其便",^②他部署軍隊築城安頓,以待時機。"以北界州鎮江各築小城,數日而畢。峙兵積穀,閉門休士,雖或與賊交兵,無大勝敗。"^③自仁宗十三年(1135)三月至仁宗十四年(1136),發動過兩次五軍會攻,但均未取得勝利。仁宗十四年(1136)二月,在尹彦頤、池錫崇的固請下"不如潛師突擊,破重城,可以成功",^④金富軾下達了攻城的決戰指令。在高麗軍隊猛烈的攻擊下,西京最終被攻剋,趙匡自焚而死,其同黨也大多自刎。仁宗十四年(1136)四月,金富軾凱還,拜"輸忠定難靖國功臣、檢校太保、守太尉、門下侍中、判尚書吏部事、監修國史、上柱國兼太子太保,又賜四軍兵馬使",^⑤妙清之亂得以最終平定。

三、金富軾的軍事觀

金富軾及其家族出自慶州,《宣和奉使高麗圖經》記載:"金氏世爲高麗大族,自前史已載,其與朴氏族望相埒,故其子孫多以文學進。"^⑥國內學界有許多研究對其生平經歷及其詩文作品中的思想進行過梳理和分析,^⑦但是關于金富軾的軍事觀念與軍事形象鮮少提及。而《高麗史》中的金富軾傳記則主要着墨在對妙清之亂的平定,反而對金富軾修撰《三國史記》之事的記述及其外交使節身份僅一筆帶過。《高麗史·金富軾傳》中仁宗對他的褒奬:

> 卿以文武之才,都將相之任,寬得士心,沈機妙物,凡所制禦之術,以定于胸中。始築城塞,以休士卒,終起土山,以壓賊壘。卒使逆類,望風自潰,束手出降,不頓一戈,下全城于反掌,決不踰時,收萬世之偉績,非卿萬全之策,不能至此。^⑧

---

① （朝鮮）鄭麟趾等著,孫曉主編:《高麗史》卷九十八《金富軾傳》,第 3022 頁。
②③ （朝鮮）鄭麟趾等著,孫曉主編:《高麗史》卷九十八《金富軾傳》,第 3023 頁。
④ （朝鮮）鄭麟趾等著,孫曉主編:《高麗史》卷九十八《金富軾傳》,第 3025 頁。
⑤⑧ （朝鮮）鄭麟趾等著,孫曉主編:《高麗史》卷九十八《金富軾傳》,第 3028 頁。
⑥ 孫希國:《〈宣和奉使高麗圖經〉整理與研究》,哈爾濱:黑龍江人民出版社,2019 年,第 100 頁。
⑦ 主要有苗威:《從金富軾的高句麗觀看高句麗政權的性質及其歷史歸屬》,《中國邊疆史地研究》2004 年第 4 期,第 76—82 頁;李大龍:《〈三國史記·高句麗本紀〉研究》,哈爾濱:黑龍江教育出版社,2013 年;李春祥:《〈三國史記〉與〈三國遺事〉比較研究》,《東北史地》2016 年第 1 期,第 84—90 頁;党斌:《朝鮮半島代表性漢文地理文獻研究》,陝西師範大學 2020 年博士學位論文。

可見仁宗對金富軾的軍事才能給予極高的贊譽。

在金富軾安排的具體的行軍作戰方面,其有兩點較爲鮮明的特徵。一是能從全域出發,指揮安排周全。因妙清之亂是高麗的内部動亂,所以金富軾既重視物資的補給與軍隊士氣的提振,“時士卒頗驕,謂朝夕凱還,裝褚單寡,會天雨雪,士馬凍餒,衆心解馳。富軾撫循賙給,軍情乃安”,①又注重百姓的安撫與歸化,“戊午,西人執賊魁崔永等出降,富軾受之下吏,慰諭軍民老幼婦女,令入城保家室”。② 同時,在當時的國際局勢下,北部邊防重鎮西京的狀態受到金、宋的密切關注,所以“今聯兵數萬,彌年不絶,老臣當任其咎。然邊鄙之警,盜賊之變,不可不慮。故欲以全策勝之,不傷士卒,不挫國威耳”。③ 金富軾從國内和國際局勢兩方面儘量做到統籌,視野廣闊。

二是在戰術方面,通過迂回戰術、築城圍攻等方式,儘量減少正面交鋒。在發兵之時,金富軾就分析到“頓兵堅城之下,天寒地凍,壁壘未就,忽爲賊所乘,二可危也”。④ 因此在西京包圍戰開始之後,金富軾修築五城開始紮營屯兵:

> 議者皆曰:“西人兵少,今舉國興師,當指日平,數月不絶,尚爲稽緩,築城自固,不亦示弱乎?”富軾曰:“城中兵食有餘,人心方固,攻之難克,不如好謀而成,何必疾戰,多殺人乎?”⑤

由于西京的堅固防守性,若是發動猛烈的攻勢,以隋唐征高句麗爲例,必然成爲一場惡戰,因而這種迂回策略是金富軾審時度勢、綜合考慮的結果。

總體來説,金富軾的軍事觀念是較爲保守穩健的,這同他的文官身份也有重要的關係。朝鮮世宗朝時期,集賢殿副校理梁誠向世宗上備邊十策,其中之一就提到“前朝多用儒將,如姜邯贊、金富軾、趙沖、金得培是也。若以武臣爲將,則亦用文臣爲副,相與文武兼制,以成其功焉”。⑥ 金富軾本人也以書生自居,自謙爲“軍旅之事,非書生之所知,將帥之謀,豈儒者之能預?”⑦他的春秋大義等觀念不僅在其編纂的《三國史記》中得以展現,在他的軍事行爲中也能够彰顯。

---

① （朝鮮）鄭麟趾等著,孫曉主編:《高麗史》卷九十八《金富軾傳》,第 3019 頁。
② （朝鮮）鄭麟趾等著,孫曉主編:《高麗史》卷九十八《金富軾傳》,第 3026 頁。
③ （朝鮮）鄭麟趾等著,孫曉主編:《高麗史》卷九十八《金富軾傳》,第 3024 頁。
④⑤　（朝鮮）鄭麟趾等著,孫曉主編:《高麗史》卷九十八《金富軾傳》,第 3020 頁。
⑥ （韓）韓國國史編纂委員會:《朝鮮王朝實録》世宗三十二年正月辛卯,조선왕조실록:원본보기(history. go. kr)。
⑦ （高麗）金富軾:《讓西北面兵馬使判中軍兵馬事表》,見（朝鮮）崔瀣:《東人之文四六》卷十一,韓國國史編纂委員會,고려시대사료 DB (history. go. kr)。

　　春秋之法，誅亂討賊，必先治黨與，知常爲妙清腹心，表裏爲奸，其爲逆黨無疑，富軾仗鉞專征，先治黨與，不誅知常而誰與？前輩謂富軾文字間積不平而殺之，以啓後人之疑，其不知春秋討賊之義矣。①

　　他的仕宦經歷對他的軍事觀念有重要的影響。金富軾于"肅宗時登第，補安西大都護府司録參軍事，考滿，直翰林院，歷右司諫、中書舍人"。② 都護制度是西漢以來中原王朝設立的一項制度，多用于維護邊疆地區的軍事與百姓生產生活。③ 高麗的政治制度在繼承了新羅舊制的基礎上，也較多地吸收了唐宋時期的官僚體制，呈現較爲雜糅的狀態。高麗的安西都護府原爲海州，屬舊高句麗地界範圍內。高麗顯宗九年（1018）"定置四都護府，改海州安西都護府"。④ 海州既是高麗的海疆，又與高麗的西北陸上邊防重鎮西京僅一川之隔。因而高麗使用"都護"一詞也頗有鎮護邊防之意。因而從其早期仕宦經歷可知，金富軾雖一直從事文官的職務，但具有處理邊境事務的經驗。同時因在宋麗交往中的使節身份，他能够對當時的國際環境有更深刻的認識。⑤

　　遼將伐女真，遣使來請兵。王會群臣議，皆以爲可。富佾與弟富軾及户部員外郎韓沖、右正言閔脩、衛尉少卿拓俊京等言："國家自丁亥、戊子兵亂之後，軍民僅得息肩。今爲他國出師，是自生釁端，其利害恐難測也。"⑥

　　在北宋滅亡之際，恰逢金富軾第三次出使宋朝，帶回了關于當時國際形勢的最新消息，消除了高麗君臣的疑惑。

　　（仁宗五年）金富軾等至宋明州，會金兵入汴道，梗不得入，乃還。初，邊報傳言金人入侵宋敗北，宋師深入金境，于是鄭知常、金安奏曰："時不可失，請出兵應接宋師以成大功，使主上功德載中國史傳之萬世。"王以問金仁存，對曰："傳聞之事，恒多失實，不宜聽浮言興師旅以怒强敵，且金富軾以還，請待之以察真僞。"至是富軾還邊報果虚。⑦

---

①　（朝鮮）安鼎福：《東史綱目》卷八，乙卯十三年春正月，朝鮮古書刊行會，1915年，第383頁。
②　（朝鮮）鄭麟趾等著，孫曉主編：《高麗史》卷九十八《金富軾傳》，第3017頁。
③　李大龍：《都護制度研究》，哈爾濱：黑龍江教育出版社，2012年。
④　（朝鮮）鄭麟趾等著，孫曉主編：《高麗史》卷十《地理志》，第1848頁。
⑤　劉迎勝：《金富軾浮海使宋與宋麗交往研究》，《海交史研究》2015年第1期，第1—10頁。
⑥　（朝鮮）鄭麟趾等著，孫曉主編：《高麗史》卷九十七《金富佾傳》，第2997頁。
⑦　（朝鮮）金宗瑞：《高麗史節要》卷九，仁宗五年五月，第82頁。

　　金富軾也反對高麗貿然出兵與稱帝建元,主張順勢而爲,同金朝確立朝貢關係,行事大之禮節。

四、結　語

　　高麗妙清之亂是仁宗年間(1122—1146)發生的一場内亂,僧人妙清聯合白壽翰、鄭知常等人影響政局,以陰陽圖讖學説爲手段勸説仁宗遷都西京、建元稱帝、舉兵反金,後又聯合西京分司侍郎趙匡等人,于仁宗十三年(1135)在西京舉兵叛亂。最終高麗名臣金富軾臨危受任,以征西元帥之職平息動亂。此次叛亂應將前後兩次作戰過程分開討論,妙清自殺之前的活動有宣揚政治主張的意味,但後期趙匡等人之舉便完全演變爲純粹的内部動亂。此次内亂平定後,高麗與金朝的朝貢關係暫時穩定下來,緩解了東北亞的緊張局勢并使自身政權得以保全穩固。

　　征西元帥金富軾出自慶州大族,以文學著稱于世,其被任爲元帥與高麗自文宗以來重文輕武的風氣和仁宗朝錯綜複雜的政局有着重要的關聯。仁宗二十三年(1145),金富軾撰新羅、高句麗、百濟三國史,并承擔撰寫《仁宗實録》,其在高麗被視爲出將入相的股肱之臣。金富軾受中華傳統文化的影響,其軍事理念中蘊含着儒家君臣忠義之觀念,但在具體行軍過程中,其也能够求真務實、審時度勢,利用高麗的自然地理環境,採用屯兵之計,以圍城消耗的戰術應對易守難攻的西京城。縱觀金富軾的軍事行動與軍事理念,他是産生于中原王朝的"儒將"概念在海東的重要代表人物。而高麗雖然在制度上效仿唐宋,其本質依舊是貴族政治,仁宗去世後高麗陷入武臣專權的局面。"文臣沮喪,鱗瞻與武臣同事,每被掣肘,脂韋自保而已。"[1]此後蒙古入主中原,高麗的獨立自主性喪失。直到李氏朝鮮時期,朝鮮半島恢復自主性,其選擇全盤接受儒家文化,逐漸以"小中華"自居。在成書于朝鮮世宗與文宗年間的《高麗史》和《高麗史節要》等文獻中金富軾等人作爲文臣的軍事形象也被重新提及贊頌,其忠君的春秋大義觀以及以民爲本的思想反映出其受到中華文化的深刻影響。

　　【作者簡介】鄧雯卿,女,1999 年生,陜西師範大學碩士研究生,主要從事隋唐史·中外關係史研究;拜根興,男,陜西師範大學教授,主要從事隋唐史、古代東亞史研究。

---

　　① (朝鮮)鄭麟趾等著,孫曉主編:《高麗史》卷九十《尹瓘傳》,第 2991 頁。

龜井昱《國語》評點淺析*

郭萬青

　　由于日本《國語》本土刊本最早是以劉懷恕本爲底本的林道春訓點本,而劉懷恕本是集《國語》本文、韋注、補音、評點四位一體的刊本,這也決定了日本《國語》的研究内容基本圍繞這四個方面展開,故日本《國語》考校著述往往含有音讀、評點内容。龜井昱之前的日本《國語》研究者中,只有千葉玄之收録評點最多,千葉玄之《國語》研究也較多涉及評點。其他日本《國語》研究者雖然涉及評點,無論内容還是數量都相對較少。龜井昱《國語考》在《國語》文字、技法、段落層次、協韻等方面都有評議,且多有勝義。今據慶應義塾大學圖書館藏龜井昱《國語考》寫本梳理如下,以見其《國語》評點之大略。由于慶應義塾大學圖書館藏寫本無頁碼,故本文引述龜井昱《國語考》僅在《國語》本句之後標出所在卷次,龜井昱考校文字直接隸于下。

一、揭舉用語意圖或特徵

　　對《國語》用語意圖或語詞、語句特徵進行揭示。例如:

　　(1) 至于武王(《周語上》)
　　主諫觀兵務武,故特舉武王也。《史記》"至于文王武王"(秦氏鼎云:"《史記》似勝。"案:何勝之有?)
　　(2) 大畢伯仕之終(《周語上》)
　　曰終、曰來王,犬戎之爲荒服可知矣。筆端簡潔而雋。
　　(3) 自是荒服者不至(《周語上》)
　　周之衰,所以馴致春秋之亂。

---

　　* 本文爲 2019 年度國家社會科學重大項目"《國語》文獻集成與研究"(19ZDA251)階段性成果之一。

（4）且獻楚捷（《周語上》）

不使楚苙中國，文之大勳也，故録。

（5）左右免胄而下（《周語中》）

不敬天子也。

（6）歲飫不倦（《周語中》）

飫易倦，宴易淫，故造語如是。

（7）皆民之爲也（《周語中》）

猶曰治民之務也（上篇“民之所急在于大事”，言治民之急也。《論語》“務民”之義，言治民之事也）。郤至三伐，無干治民，故先提是句，且不義而民畔之者，何曾有爲民之意乎？（注不了）

（8）單襄公見晉厲公（《周語下》）

盟主也，故單子就見之。

（9）一時講武（《周語上》）

宣王抱中興之志，頗張六師，（大、小《雅》可徵）而略富國强兵之本，（本在農）文公之言及講武者，蓋以是也。千畝之戰，果隕其師，亦與是語相照。

以上九條。第一條，在《國語》勘校中往往有“至于文武”“至于文王武王”等勘校結論。龜井昱特別從語詞功能凸顯與語句内容表現傾向的角度指出，此處僅出“武王”的合理之處。第二條，以“筆端簡潔而雋”評價《周語上》首章本處之句。第三條，是從本句所揭示意義的角度進行評議，謂周王朝的衰微在穆王征犬戎時已經凸顯。明人張霈謂：“兵者，凶器也。戰者，危事也。聖人不得已而用之。謀父‘耀德不觀兵’一句，保全了多少生靈。王卒不聽，勤民于遠，而僅得狼、鹿以歸，去先王之訓遠矣。此周之元氣所以殆盡也歟？”[1]可和龜井昱之説相呼應。第四條，主要在説明《國語》記載晉文公獻楚捷的目的，龜井昱認爲晉文公在阻止楚國進入中原方面功勳卓著，故予以記載。第五條，龜井昱是從動作行爲彰顯的倫理德行層面來解釋，謂秦國軍隊的行爲屬于不敬天子。第六條，分析語義，爲“造語如是”提供理據。第七條，從語序的角度揭示本句的語義。第八條，解釋單襄公柯陵之會主動見晉厲公的原因。第九條，“三時務農而一時講武”是虢文公進諫周宣王時所説的話，即農業生産、軍事訓練兩不誤的政策措施。龜井昱認爲周宣王主要在發展兵力方面，但對賴以富國强兵的農業不够重視，故而陳言如此。并舉本篇下文兵敗于千畝，以與虢文公此處

---

① 吴楚材、吴調侯編選，洪本健等解題匯評：《解題匯評古文觀止》，上海：華東師範大學出版社，2002年，第126頁。

所言相照應,進一步證實虢文公陳言的合理之處。此外,對《國語》以穆王將征犬戎事件開篇的原因進行探索時,謂:"滅鎬京者犬戎也,蓋所以繫始。"又上欄云:"此見周室東遷之所由也。穆王不能耀德,輒動兵遠征,終失戎心,至于厥後與申侯殺幽王,平王畏偪東遷焉。是穆王啓釁也。故曰'自是荒服者不至',此乃所以托始之微意也。"對《國語》以穆王征犬戎開篇的深層次原因進行了揭示。

二、劃分語義層次

對整個篇章劃分語義層次、釐定段落,中國明清時期的評點家多有爲之者,日本《國語》研究者對此也有涉及。如秦鼎即對《國語解叙》劃分段落。龜井昱《國語考》也爲《國語》的某些篇章劃分段落層次。

如"穆王將征犬戎"章末,龜井昱謂:"第一段(至'保世以滋大')、二段(至'除其害也')、三段(至'遠無不服')、末段。"即把本篇分爲四段。這一分法和清人高嶹《國語鈔》對本篇的分法相同。

三、揭示韻文或協韻

無論是《國語》本書語言,還是《國語》引述語言,其中有一定數量語法結構相同相近的語段,也有一些韻文。龜井昱在日本學者中較早注意到此類現象,并從協韻的角度進行了初步分析。例如:

(1) 上帝之粢盛(《周語上》)

六句兩兩相比生與成,是韻也。

(2) 武不可覿(《周語中》)

"觀兵"之"觀"同。覿、匿相韻。

(3) 冬裘具(《周語中》)

具與"室"相韻。(《小雅》:"爾牲則具。"舊説:具,居律反。與"物"叶)

(4) 奮揭(《周語中》)

揭,古音必與"始""里"相叶。

(5) 諺曰(《周語下》)

網、上古音叶。

(6) 佐離者嘗焉(《周語下》)

韻語,反興也。注"官"字傷義。

以上六條都見于《周語》。第一條,原文爲:"上帝之粢盛于是乎出,民之蕃庶于是乎生,事之供給于是乎在,和協輯睦于是乎興,財用蕃殖于是乎始,敦厖純固于是乎成。"龜井昱首先指出這六句話兩兩相對,進而指出這六句話有韻文的意味。中國近代學者衛聚賢指出《國語》這六句話屬于對偶文。① 第二條,龜井昱以"武不可覯,文不可匿"中的"匿""覯"二字協韻。第三條,引述舊説"具""物"叶音爲據,以"具""室"協韻。第四條,在第三條所引舊説的啓示下,龜井昱斷定"搞"之古音一定和"始""里"相叶。據段玉裁《説文解字注》,"搞"在其古音十七部之第三部、"始""里"在第一部。郭錫良《漢字古音手册》,"搞"上古音在見紐屋部,"始"上古音在書紐之部,"里"上古音在來紐之部。② 從古音三十部看,是無法協韻的。可見,龜井昱自信太過。第五條,以"網""上"古音相協。第六條,謂爲韻語。從内容上而言,第一條和第六條是一類,揭明語段的基本特徵。其他幾條是一類,揭明具體詞語協韻。

四、釋語句的發出者

《國語》中的人物對話有時候比較複雜,辨析話語的發出者,也是必有之義。龜井昱《國語考》對此類問題也有揭示。例如:

距今九日(《周語上》)

二句,史命司事之言。

龜井昱此説當本冢田虎,冢田虎即謂:"此史命司事之辭,而稷以告王也。"③秦鼎則謂:"曰者,稷又曰也。"④今檢《周語上》本篇原文云:"大史告稷曰:'自今至于初吉,陽氣俱烝,土膏其動。弗震弗渝,脉其滿眚,穀乃不殖。'稷以告王曰:'史帥陽官,以命我司事,曰:距今九日,土其俱動,王其祇祓,監農不易。'王乃使司徒咸戒公卿、百吏、庶民,司空除壇于

① 衛聚賢編:《古史研究》第一集,上海:商務印書館,1931年,第142頁。
② 郭錫良編著:《漢字古音手册》(增訂本),北京:商務印書館,2010年,第183、89、132頁。
③ (日)冢田虎:《增注國語》卷一,日本刊本,享和元年(1801),本卷第11頁。
④ (日)秦鼎:《國語定本》卷一,日本刊本,文化六年(1809),本卷第9頁。

藉,命農大夫咸戒農用。"可證冢田虎、龜井昱所説是。

五、揭示詞句照應

龜井昱在考校《國語》的過程中,特別注重解釋詞語、句子、語段與上下文的照應,往往以"與……(相、反)應""與……對""與……映帶""……照……""應以(于)……""受……""亦……照應""……答……""應上(下)文……"等出之。今各撮舉數例,以見其大概。

(一)評點形式爲"與……(相、反)應",例如:

(1)媚于神(《周語上》)
與"上帝之粢盛"相應,合神、民而結之。
(2)事行而不悖(《周語上》)
與"壅"字反應。(下文亦曰"成而行之,胡可壅也")

第一條,龜井昱認爲"媚于神而和于民"和本篇上文"上帝之粢盛"呼應,用"神""民"作本篇的結尾。金景芳曾謂當時的統治者實現統治,主要利用政和祭兩種東西,"祭的對象是神,政的對象是民。祭同禮聯繫着,政同刑聯繫着。祭是利用宗教實行間接的統治,政是利用暴力實行直接的統治"。"神、民并舉,列爲國君工作的兩個重要對象。這絕不是偶然的,如果同上述祭、政二者聯結起來看,更容易看到其間的關繫。"[1]可爲龜井昱佐證。語義上正面呼應,故謂之"相應"。第二條,龜井昱認爲"事行而不悖"是和上文"壅"字相對,蓋"壅"即"不行",即"悖",故謂"反應"。

(二)評點形式爲"與……對",例如:

(1)將何以固守(《周語上》)
與"將何以守國"對。
(2)豈有賴焉(《周語中》)
豈以天下自利賴而專之乎。(或云:言不情負天下以尊大也。案:注均分之義不可改耳。)"豈"字與下文"豈敢"對説。
(3)内官不過九御(《周語中》)
九御,九品,與上文"千里"對。而隧之爲六,亦自見矣。

---

[1]　金景芳著,吕文鬱、舒大剛主編:《金景芳全集》(第7册),上海:上海古籍出版社,2015年,第3558、3559頁。

（4）出其尊彝（《周語中》）

犧象其重者，故與簠簋對。尊彝泛稱也，故與鼎俎對。（秦云：“犧象、尊彝語重。”案：此似語本文何如？）

（5）日完不忘（《周語中》）

不忘，與上文“不倦”“不淫”對。歲飫時宴之事，亦關日成月要，故文波及之也。

（6）文章比象（《周語中》）

所謂昭其物也。（日月取其明，山取其鎮也）比象，比類象物也。與“序順”對。（《傳》所謂“五色比象”與“三辰旂旗”對）。此節與上六句兩兩相比，其次四句，其結三句。

（7）火朝覿矣（《周語中》）

先提其時也，句法亦特立。候不在疆，入其境也；司空不視塗，行其野也。自“澤不陂”至“墾田若藝”，皆道塗所見也；不致饔、不授館、無寄寓，至其國都也。縣因國并言之，此辭之叙也。“候”與“司空”比，“澤”“川”“野”“道”相比，“場功”與“墾田”比，“膳宰”“司里”比，“國”“縣”比，而四“不”字相聯，“有”與“無”、“末”與“若”相對，其次二“不”字，其結二“無”字，此辭之整也。

（8）堯用殛之于羽山（《周語下》）

一句急，與“皇天弗禍”四句緩對。

以上八條，所與之“對”者，或結構相同，或語氣相同，或語義相對。第一條、第二條、第七條屬于語義的呼應，第三條、第四條、第五條、第六條屬于語言形式上的比列。第八條，龜井昱認爲“堯用殛之于羽山”爲急句。古來殛鯀者有載爲堯、舜、帝（天帝）之異，且有的典籍作模糊處理。即便同一部典籍，載殛鯀者也不相同。如《左傳·文公十八年》載舜流四凶，而《左傳·昭公七年》又謂堯殛鯀于羽山。《國語·晋語》“舜之刑也殛鯀”“昔者鯀違帝命，殛之于羽山”，[①]《周語下》本處則謂堯殛之。韋昭注謂：“堯時在位，而言有虞者，鯀之誅，舜之爲也。”[②]因此，有學者指出：“若我們依韋昭的邏輯，把《周語》這句改爲‘其在有唐……舜用殛之于羽山’，豈不更妥帖嗎？或許有人會責怪我們不該如此强分堯舜，因爲堯派舜做這事，不就等于堯做嗎？《山海經》中天帝不也是假手祝融殛鯀的嗎？”進行假設質疑之後，依據《左傳·文公十八年》的記載，謂：“《左傳》在這裏很明白，釋强調舜做了此

---

① （日）秦鼎：《國語定本》卷十一、十四，日本刊本，第1、15頁。
② （日）秦鼎：《國語定本》卷三，本卷第8頁。

事,而堯'不能'做此事。可見,不是我們强分堯舜,而是古時本有歧説。""如果我們把《周語》這種看似不準確處放在鯀整個由榮到衰,由善到惡的遭遇中去考察,考慮到鯀神話的變遷,這種游移之詞實在是很自然的。但從史家角度看,却不能模棱兩可,因而韋昭試圖調配二者以合他當時的歷史成説。誰知這一解釋,恰恰挑明了這一段文字的不準確性,從而啓迪我們認識到殛鯀者由堯到舜的演化之迹。"①龜井昱謂此"一句急"的原因,恐怕也是緣于"史家角度"。故謂之與上文"皇天弗福,庶民弗助,禍亂并興,共工用滅"爲"緩對"。

(三)評點形式爲"與……映帶",例如:

　　先諸民然後庇焉(《周語中》)
　　先安諸民,而後爲其所庇也。(秦讀"諸"爲之于,非)《傳》曰:"庇焉而繼尋斧焉者也。""先""後"字與"上""下"字映帶。聖人王者也,故以"王天下"受之。

本句所在原文云:"夫人性,陵上者也,不可蓋也。求蓋人,其抑下滋甚,故聖人貴讓。且諺曰:'獸惡其網,民惡其上。'《書》曰:'民可近也,而不可上也。'《詩》曰:'愷悌君子,求福不回。'在禮,敵必三讓,是則聖人知民之不可加也。故王天下者必先諸民,然後庇焉,則能長利。今郤至在七人之下而欲上之,是求蓋七人也,其亦有七怨。"②龜井昱先釋句義,然後針對秦鼎"諸"的解釋進行了批評,認爲此處之"諸"不讀爲"之于"。傳統上一般把"諸"看作"之于""之乎"的兼詞,故秦鼎讀"諸"爲"之于",秦鼎之説實本家田虎,龜井昱研究《國語》而未參衆本,故未能了解源流。龜井昱增字爲訓,謂"先"爲"先安"之省,以"諸"字爲概數詞。實際上韋昭釋"先諸民"爲"先求民志",就已經增字爲訓且不釋"諸"字。今檢關脩齡謂:"必先諸民,先讓于人。"③是以"諸"爲"于"。此處"諸"之用與"于"同。關于"諸"字,鄭玄、韋昭、皇侃、李賢等俱釋爲"之"或"于",至《小爾雅·廣訓》則云:"諸、之,乎也。"④王念孫《廣雅疏證》云:"諸者,'之''于'之合聲,故'諸'訓爲'之',又訓爲'于'。"⑤王引之《經傳釋詞》則謂:"諸,之乎也。急言之曰'諸',徐言之曰'之乎'。"⑥至楊樹達《詞詮》

　　① 李誠:《論屈賦神話的非歷史化傾向》,見中國屈原學會編:《楚辭研究》,濟南:齊魯書社,1988年,第43—44頁。
　　② (日)秦鼎:《國語定本》卷二,本卷第20頁。
　　③ (日)關脩齡:《國語略説》第一,日本刊本,寬政四年(1792),本卷第18頁。
　　④ 遲鐸集釋:《小爾雅集釋》,北京:中華書局,2008年,第206頁。
　　⑤ 王念孫:《廣雅疏證》,北京:中華書局影印本,1983年,第140頁。
　　⑥ 王引之著,黃侃、楊樹達批點:《經傳釋詞》,長沙:嶽麓書社,1984年,第197頁。

則謂諸"代名詞兼介詞,'之于'二字之合聲"。"代名詞兼助詞,'之乎'二字之合聲。"①則"諸"字就其語境可釋爲代詞"之",亦可釋爲"于""乎",也可釋作"之乎""之于"。然就其語境看,所謂釋爲"代名詞兼介詞"者大體可以直接釋爲"介詞",凡釋爲"代名詞兼助詞"者,大體可以直接釋爲"助詞"。既然可以釋爲介詞、助詞,則未如單釋爲"之"、爲"于"、爲"乎"更易把握理解。審王念孫之意,既承認"諸"確乎爲合聲字,但在某些語境中釋爲"之",某些語境釋爲"于",而在任何語境下皆釋爲"之于",釋作"之于"的"諸"字主要強調其引介功能而非指代功能,故可直釋爲介詞"于"。龜井昱進而認爲本句中的"先""後"和上下文中的"上""下"相呼應,并進而揭示"王天下"與上文之"聖人"相呼應。可謂辨析細膩,頗能得間。

(四)評點形式爲"……照……",例如:

　　以義死用(《周語中》)
　　三"義"字照"不義"字。

檢《國語》原文云:"佻天不祥,乘人不義,不祥則天棄之,不義則民叛之。且郤至何三伐之有? 夫仁、禮、勇,皆民之爲也。以義死用謂之勇,奉義順則謂之禮,畜義豐功謂之仁。奸仁爲佻,奸禮爲羞,奸勇爲賊。"②龜井昱所謂"三'義'字照'不義'字",蓋即謂"仁""禮""勇"與"佻""羞""賊"相對。

(五)評點形式爲"應以(于)……",例如:

　　(1)陵其民(《周語上》)
　　言施其所惡也。此四句,應上文四棄。
　　(2)以鎮撫百姓(《周語上》)
　　應以"臨長百姓"。
　　(3)貪而不讓(《周語上》)
　　故不可不陳俎豆百籩也。一節應于後。
　　(4)居大國之間(《周語中》)
　　突然提大國,應楚子入陳。

---

① 楊樹達:《詞詮》,北京:中華書局,1965年,第203頁。
② (日)秦鼎:《國語定本》卷二,本卷第21頁。

（5）王幾頓（《周語上》）

殆乎極也。應"玩則無震"，所謂"君之武震無乃玩而頓乎"（《周語中》），文字可比考。

（6）守終純固（《周語上》）

保其終甚篤也。此三句，應"先王序德于戎翟，守以惇篤"，則雖戎翟不可慢，是一義也。反應"帝辛大惡于民"，則不可以致戎，是一義也。

以上六條，其中以"應……"形式出者四條，以"應于……""應以……"出之者各一條，多先釋其義，然後進行前後文照應的揭示。第一條，龜井昱認爲"廣其心而遠其鄰，陵其民而卑其上"和上文"棄其信""棄其禮""棄其忠""棄其精"相照應。第二條，龜井昱以"而縮取備物以鎮撫百姓"與上文"以臨長百姓而輕重布之"相呼應。第三條，龜井昱以"夫戎翟冒没輕儳，貪而不讓"和下文"其血氣不治，若禽獸焉。其適來班貢，不俟馨香嘉味，故坐諸門外，而使舌人體委與之"相照應。第四條，則以"居大國之間"之"大國"與本篇末尾"九年，楚子入陳"相呼應，且特別指出單襄公在和周定王的對話中"突然提大國"。史繼東則謂："從陳侯廢教、棄制、蔑官、犯令的無禮行徑中得出'居大國之間，而無此四者，其能久乎'的結論回應篇首對陳侯的預言。"① 可見，龜井昱"突然"之説亦非允當。第五條，先釋"幾頓"之義，然後揭出該文字與前文"玩則無震"相呼應，進而以《周語中》之言相參證。第六條，也是先釋語義，然後揭示照應。但龜井昱在本條中揭示了兩種照應，一種是正面呼應，一種是反襯。此外，從龜井昱的釋文看，他把"終"看作名詞性成分，今檢龜井昱《史記考》亦釋本句，謂："終，即上文'終王'也。"②

（六）評點形式爲"受……"，例如：

（1）則德以道諸侯，諸侯必歸之（《周語上》）

"道"受上"道"字，"歸"受上"順"字。如是精緻，宜細嚼而味之。

（2）非國何取（《周語下》）

"國"字受"爲晉休戚"。

（3）天所崇之子孫（《周語下》）

受"子孫豐厚"而言之。如文武，天所崇也。如十四王，是其子孫也。（或説十四

---

① 史繼東：《〈國語〉文學研究》，北京：中國社會科學出版社，2013年，第135頁。
② （日）龜井昱：《史記考》（外題），日本慶應義塾大學圖書館藏寫本。

王乃天所崇貴。非也。)

凡言"受……"者,該句往往對上文某句而言,謂該詞、該句和上文某詞、某句之間具有語義以及事理呼應的關繫。第一條,上文云:"敬王命,順之道也;成禮義,德之則也。"①故龜井昱謂本句"道""歸"二字呼應上文"道""順"二字。第二條,上下文爲:"爲晋休戚,不背本也。被文相德,非國何取。"②龜井昱謂"國"字承上文"爲晋休戚"。陳來在闡述單襄公論晋周德行的時候,把"爲晋休戚"替換爲"爲國休戚",謂:"單襄公評論周的德行,總共提出了十六個德目,即:敬、忠、信、仁、義、智、勇、教、孝、惠、讓、慎、成、端、正、爲國休戚。"③也可爲本文語境"國""晋"呼應提供參照。第三條,謂"天所崇之子孫"承接上文"子孫豐厚",并做了説明。

龜井昱不僅用"……受……"評點形式,同時也用"……覆上……"的評點形式揭示照應,例如:

(4) 象天能敬(《周語下》)

象天而能致其敬也。下句皆一例。(注不達語意錯而不貫)愛人、利制、施辩、慈和四者,字別覆上二句,它七者唯一字覆上。或説"象天能能敬也"下一例,非。

"覆上",即和上文對應。如此處揭出的,"愛人能仁"和上文"仁,文之愛也"對應,"施辩能教"和上文"教,文之施也"對應,"利制能義"和上文"義,文之制也"對應,"慈和能惠"和上文"惠,文之慈也"對應。十一句中另外七句"象天能敬""帥意能忠""思身能信""事建能智""帥義能勇""昭神能孝""推敵能讓"則分別和上文的"夫敬,文之恭也""忠,文之實也""信,文之孚也""智,文之輿也""勇,文之帥也""孝,文之本也""惠,文之慈也""讓,文之材也"相對應。

(七) 評點形式爲"亦……照應",例如:

初,惠后欲立王子帶(《周語中》)

前章特稱惠后之難,乃于是詳言之,亦文之照應。

---

① (日)秦鼎:《國語定本》卷二,本卷第 21 頁。
② (日)秦鼎:《國語定本》卷三,本卷第 5 頁。
③ 陳來:《古代思想文化的世界:春秋時代的宗教、倫理與社會思想》,北京:生活·讀書·新知三聯書店,2002年,第 262 頁。

　　本句所在爲《周語中》第二章,本卷第一章則着重講富辰諫以翟女爲后之害,章末記載周襄王黜翟后,翟人來誅之事。第二章則詳述事件始終,故龜井昱謂之爲照應。這個照應不是篇章内部的上下文之間,而是同一卷次的上下篇之間。

　　(八)評點形式爲"……答……",例如:

　　　　官不易方(《周語中》)

　　　　亦審固也。内爲牢固,外爲散漏。此一節答利之内與外,修辭之兩端,背馳可玩。

　　《左傳·成公十八年》以及《左傳·襄公九年》俱有"官不易方"一句,《成公十八年》杜預謂:"官守其業,無相踰易。"[①]龜井昱《左傳續考》謂:"官不易方,言立官不失其常也。"[②]故龜井昱此處以"亦審固"釋之。"官不易方"所在語段是富辰回答周襄王"利何如而内?何如而外"的,故龜井昱言之,亦含照應之義。

　　可見,龜井昱在《國語》上下文、前後篇内容的照應方面揭示頗多,對綜合研討《國語》篇章語義以及全書内容都具有積極意義。

六、對相同的語言形式進行揭示

　　《國語》中較多語言形式相同,龜井昱往往以"×,與……一例"的評點形式。例如:

　　(1)稷以告王曰(《周語上》)
　　　　與上文"大史告稷曰"一例。
　　(2)樊仲山父(《周語上》)
　　　　祭公謀父一例也。《晉語》"樊仲之官守焉"(《傳》曰:"樊皮叛王,虢公入樊,執樊仲皮。"),非樊之仲山父。
　　(3)晉侯殺于翼東門(《周語下》)
　　　　陳侯殺于夏氏一例,著死于外也。《晉語》:"遂殺諸翼,葬之翼東門之外。"(殺之,如葬諸其地,不輿柩而歸。)注據《傳》文,《晉語》亦有"三月,厲公殺",固通。余唯以書葬地爲太仔細。(于翼東門,亦不甚穩。)

————————————

　　① 左丘明撰,杜預集解,李夢生整理:《春秋左傳集解》,南京:鳳凰出版社,2015年,第398頁。
　　② (日)龜井昱:《左傳續考》卷十三,見《龜井南冥、昭陽全集》第三卷,日本福岡市:葦書房有限會社,1978年,第499頁。

(4) 齊人殺國武子(《周語下》)

在十三年也。與秦人殺子金、子公一例。(文出上篇,受上文十六年)

(5) 敬,文之恭也(《周語下》)

"敬,德之恪也"一例。(出《晋語》)

(6) 象天能敬(《周語下》)

象天而能致其敬也。下句皆一例。(注不達語意,錯而不貫)愛人、利制、施辯、慈和四者,字別覆上二句,它七者唯一字覆上。或説"象天能能敬也"下一例,非。

(7) 慎,德之守也(《周語下》)

"信,所以守也"一例。(見上篇)

(8) 寧爲荼毒(《周語下》)

"哀今之人胡爲虺蜴"一例。注誤。上所引四語,下文逐序受之,而是詩直起下句也。見亂而不惕,即貪亂也。("貪"意未盡,故下曰"貪天禍")所殘,即荼毒。

以上八條,揭示本句與《國語》本篇或其他篇章語言表達形式相同。第一條,揭示"稷以告王"和"大史告稷"句式相同。實際上"稷以告王"是帶有介賓狀語的,介詞"以"後省略了賓語。第二條,龜井昱認爲"樊仲山父"的人物稱名形式和《周語上》首章的"祭公謀父"相同。韋昭謂:"祭,畿內之國,周公之後,爲王卿士。謀父,字也。""仲山父,王卿士,食采于樊。"①則"祭公謀父"中"祭"是采邑,"公"是爵位,"謀父"是名字。而"樊仲山父"中,"樊"是采邑,"仲山父"是名字。二者仍有差別。故龜井昱所謂"一例"是就其大致言之,非完全相同。龜井昱又特別指出《晋語》"樊仲之官守焉"和"樊仲山父"不同。第三條,首先揭出《周語下》首章"晋侯殺于翼東門"和《周語中》第七章"陳侯殺于夏氏"二句一律,進而揭示語義,即謂二句所昭示者,在明國君"死于外"。進而揭出韋昭據《左傳》爲釋,并指出"葬于翼東門"之類的語言表達方式"亦不甚穩","不甚穩"是明清評點家經常用到的術語。第四條,謂《周語下》首章齊人殺國武子與《周語上》第十三章"秦人殺子金、子公"一例,二事皆承前文所載紀年而居于篇末,屬于主要事件結果之後連及的事件。第五條,龜井昱認爲《周語下》"敬,文之恭也"和《晋語》"敬,德之恪也"一例,這一例不僅是語法形式或表達形式上的,二句是以正文訓詁的形式出現的,且被釋詞皆爲"敬"字。"恪""恭"同義,"文""德"同義。第六條,龜井昱謂"象天能敬,帥意能忠,思身能信,愛人能仁,利制能義,事建能智,帥義能勇,施辯能教,昭神能孝,慈和能惠,推敵能讓"句式一律,并批評韋注釋文未

———————————

① (日)秦鼎:《國語定本》卷一,本卷第1、11頁。

能在語言形式上和正文保持一致。并謂或説非是。第七條，"慎，德之守也"爲《周語下》單襄公論晋周之言，"信，所以守也"爲《周語上》內史興論晋文公之言，二句都是判斷句的形式。"慎，德之守也"中，主語和謂語是同位關繫。"信，所以守也"中，主語是謂語的依據。第八條，"寧爲荼毒"爲《周語下》太子晋引《詩》之言，在今傳《詩經·大雅·桑柔》中，龜井昱以之與《詩經·小雅·正月》之"哀今之人，胡爲虺蜴"句法形式相同。此類揭示，實已脱離《國語》本書，屬于《詩經》文例的研討了。今檢龜井昱《毛詩考》于《正月》《桑柔》之下俱未言二者文例相同，唯于《桑柔》"寧爲荼毒"下注云《周語》引是云云。[1] 按照龜井昱的理解，《周語下》"人有言曰：'無過亂人之門。'又曰：'佐離者嘗焉，佐鬥者傷焉。'又曰：'禍不好，不能爲禍。'《詩》曰：'四牡騤騤，旟旐有翩，亂生不夷，靡國不泯。'又曰：'民之貪亂，寧爲荼毒。'夫見亂而不惕，所殘必多，其飾彌章。民有怨亂，猶不可遏，而況神乎？王將防鬥川以飾宮，是飾亂而佐鬥也，其無乃章禍且遇傷乎？自我先王厲、宣、幽、平而貪天禍，至于今未弭我又章之，懼長及子孫，王室其愈卑乎！其若之何？"[2]這一段話中，只有"民之貪亂，寧爲荼毒"和它相鄰近的"夫見亂而不惕，所殘必多，其飾彌章"相照應。其他四處引文分別和下文相對應，即"無過亂人之門"和"民有怨亂，猶不可遏，而況神乎"對應，"佐離者嘗焉，佐鬥者傷焉""禍不好，不能爲禍"和"王將防鬥川以飾宮，是飾亂而佐鬥也，其無乃章禍且遇傷乎"對應，"四牡騤騤，旟旐有翩，亂生不夷，靡國不泯"和"自我先王厲、宣、幽、平而貪天禍，至于今未弭，我又章之，懼長及子孫，王室其愈卑乎"對應。龜井昱揭示可謂細膩。

七、明記述特點

龜井昱對《國語》的記敘特點或行文特點也有揭示。例如：

（1）由大任（《周語中》）

大姜在下者，因上文勢而敘之，不拘世次也。

（2）司事莫至（《周語中》）

司事，猶御事也，言司其事者。（《略説》云云，案：不了了。）"莫至"者，候司空、膳宰、司里及無寄寓、無施捨是也，即職官十九職之反。一句喝去，雋甚！而後段則閎論

---

① （日）龜井昱：《毛詩考》卷二十四，見《龜井南冥、昭陽全集》第二卷，第 323 頁。

② （日）秦鼎：《國語定本》卷三，本卷第 10 頁。

陳之罪，長短有度。

第一條提出敍述次序的問題。富辰在臚列"内利親親者"時，依次爲大任、大姒、大姜、大姬，大任是王季之妃、文王之母，大姒爲文王之妃、武王之母，大姜爲太王之妃、王季之母，大姬爲武王之女、成王之姊。依照正常世次，當先列大姜，次列大任、大姒、大姬。之所以如此者，龜井昱認爲是"依上文勢而叙之"。也有學者對人物身份提出質疑，如沈長雲即謂："大任爲王季之妃，大姒爲文王之婦，大姬爲成王之姊，依周之先公先王次序排列，大姜應是武王之妃。韋昭注説大姜是太王之妃，從排列順序上看，顯然是有問題的。且周與摯、疇二國之親由大任聯結，杞、繒二國由大姒聯結，媯姓陳國之親由大姬聯結，齊、吕二國之親由武王之妃聯結，則武王之妃正應是大姜。如以大姜屬之大王之妃，則大王與齊、吕、許、申并無姻親關繫。故此段引言中的大姜只能是武王之妃。"①第二條，龜井昱先釋"司事"以及"莫至"之義，認爲即上文所述《秩官》職事的反面。清人余誠謂周之《秩官》中"是故小大莫不懷愛，其貴國之賓至，則以班加一等，益虔。至于王使，則皆官正莅事，上卿監之"一段云："此六句是主，文更奇宕，激起下文'司事莫至'。"②正可與龜井昱"一句喝去，雋甚"的點評相呼應。又龜井昱指出"司事莫至"以下一段"閼論陳之罪，長短有度"。浦起龍亦謂本篇："排而節，整而流。"③可與龜井昱之説相參。

八、與其他典籍字詞進行比較

比較《國語》和先秦其他典籍的文體風格等，中國明代的評點家就已經開展此類工作。如孫鑛《居業次編》卷三《與吕甥玉繩論詩文書》云："盲史字精而有法。《國語》初變《尚書》體，是今文祖。"④孫鑛以及明清時期的評點家特别注重《國語》和《左傳》的叙事對比。龜井昱在對《國語》進行評點的過程中，也往往和《尚書》《左傳》等進行比較，并以《國語》引文和今傳典籍對比。例如：

（1）若能有濟也（《周語中》）

二"也"字，不似《尚書》。

---

①　沈長雲：《"邑姜""大姜"辨——周武王后妃稱謂釋疑》，見《文史》2001年第4輯，北京：中華書局，2001年，第271—273頁；復載于氏著《上古史探研》，北京：中華書局，2002年，第117—120頁。

②　余誠編，吕鶯校注《古文釋義》，北京：北京出版社，2018年，第187頁。

③　浦起龍《古文眉詮》卷十，清乾隆九年（1744）三吴書院本，本卷第7頁。

④　孫鑛：《居業次編》，見《四庫禁毁書叢刊·集部》第126册，北京：北京出版社，1997年，第215頁。

（2）發幣于大夫（《周語下》）

發幣，又見《内傳》。（隱七年："戎朝于王，發幣于公卿。"）及《魯語》（"賓發幣于大夫，及仲尼"），《聘禮》所謂"明日問大夫"是也。（聘日之翌日也）

　　第一條，《周語中》首章富辰引《書》"必有忍也，若能有濟也"之言，不見今本，故韋昭等以之爲《尚書》逸句。陳夢家分三類梳理《國語》引《書》，爲引"《書》曰"類、引篇名類、引《夏書》《周書》類，該句屬于第一類。① 龜井昱以爲"不似《尚書》"之言，依據即二句中的句末語氣詞"也"字。今傳今古文《尚書》都没有"也"字出現。錢宗武認爲今文《尚書》無"也"字是由《尚書》記言體政史資料彙編性質決定的。② 張文國認爲："'也'字的語氣强調功能實際上使其前面的成分成爲句子的信息焦點……'也'字的出現，改變了句子語意的重心。它的這種功能在口語裏是由邏輯重音來完成的；而邏輯重音只存在于口語中，在書面語中是不存在的。"并進而推斷，《左傳》《詩經》《論語》等典籍"都不是口語的實録，而經過加工的文學語言"。③ 正因爲今文《尚書》無"也"字，故龜井昱執以爲據，以《周語中》引《書》"不似《尚書》"。至于《周語中》引《書》本句是否爲逸《書》之言，或可從《國語·楚語上》和《尚書·説命》的研究中得到啓示。龐光華梳理了古今學者對《尚書·説命》《國語·楚語上》内容的認識，最終認定"《國語·楚語上》引述訓改了今本《説命》"，提出十三條證據，第一條就是"也"字，認爲《楚語上》引文有"也"字當是《楚語上》在引述時增添上去的。④ 由此可見，《周語中》引《書》文字中的"也"字也有可能是在引述中爲了强調信息焦點而添加上去的。第二條，揭出"發幣"在《左傳》以及《國語·魯語》中也有出現。實際上"發幣"在《周語下》也有用例。是先秦時期贊見禮的主要形式。龜井昱以《聘禮》"明日問大夫"比擬之。

九、釋總括

　　行文中往往有總括上文的語句或詞彙，龜井昱亦爲揭出。例如：

（1）若不然若（《周語中》）

總上文而轉説之之辭也。成二年："不然，寡君之命使臣則有辭矣。"大氐一意。

① 陳夢家：《尚書通論》，上海：商務印書館，1957年，第19—21頁。
② 錢宗武：《〈尚書〉無"也"字説》，見《古漢語研究》1994年第2期，第55—59頁。
③ 張文國：《〈尚書〉語法研究》，成都：巴蜀書社，2000年，第89頁。
④ 龐光華：《今本〈尚書·説命〉非僞書新證》，見上海社會科學院《傳統中國研究集刊》編輯委員會編：《傳統中國研究集刊》第22輯，上海：上海社會科學院出版社，2020年，第14—66頁。

（2）而作之者（《周語下》）

"而"字括上六句。

第一條，"若不然"三字爲《周語中》第二章周襄王對晉文公請隧之辭結束部分。閔齊伋裁注《國語》本句有批點云："冷語收。"①清人余誠亦謂"若不然"以下一段"以餘波爲反掉作收"，②清人吳楚材等謂："仍用逆筆作收，章法愈緊。"③清人汪基云："末段用反掉，尤足以折驕氣，宜其緘口而退也。"④清人朱宗洛云："末段言有地而隧，予亦不能禁，言外見與之自我，則斷不能。其得力尤在前一段，抬得高，跌得重，故下文得操縱如意也。"⑤言"逆筆"，言"反掉"，言"收"，皆可和龜井昱之說相參證。龜井昱又以《左傳·成公二年》句子作類比。第二條，以《周語下》第三章太子晉諫言中"夫事，大不從象，小不從文。上非天刑，下非地德，中非民則，方非時動而作之者"⑥之"而"字總括上文。

十、釋句法與字法

評議專書用字、用詞，是明清評點學之常例。孫鑛群書評點中經常見"字法""×字""句法""×句"等表述。閔齊伋裁注《國語》引述前此評點多家，多有此類評點。今檢閔齊伋裁注《國語》卷一就有"字法""雅字""句法""錯句對""句法三變""倒句""峭句""章法"等評點用語，且"字法""雅字"每篇多處。日本學者中，荻生徂徠也頗用此種評點形式。龜井昱在《國語》評點中也往往注重用字、用詞以及句法的揭示。

（一）評點《國語》用字，例如：

（1）覿武無烈（《周語上》）

上篇"觀則玩，玩則無震"。（玩，言墮于戲弄也）

（2）政自上下者也（《周語中》）

自上而降者，言上之令下不可不順也。是文"下"字、"行"字、"庸"字，皆宛轉用

---

①　閔齊伋裁注：《國語》卷一，見遼寧省圖書館編：《遼寧省圖書館藏陶湘舊藏閔凌刻本集成》之《國語·戰國策·晏子春秋》第一册，北京：中華書局，2017年，本卷第19頁。

②　余誠編，吕鶯校注：《古文釋義》，第178頁。

③　吳楚材、吳調侯編選，洪本健等解題匯評：《解題匯評本古文觀止》，第132頁。

④　汪基：《古文喈鳳新編》卷四，上海：天寶印書局，1923年，本卷第4頁。

⑤　轉引自金振邦編著：《文章技法辭典》，長春：東北師範大學出版社，1991年，第247頁。

⑥　（日）秦鼎：《國語定本》卷三，本卷第12頁。

之，是一奇觀也。欲必一讀之，則作者之巧不著矣。(《詩序》曰："爾自上下者也。下，降也。"秦氏讀三"下"字如一，豈不誣乎?)

(3) 而叔父使士季實來(《周語中》)

"士季"字似剩，亦是艷筆。

(4) 不念胤續之常(《周語中》)

常即典也。上文變字，亦左氏法。

(5) 慎、成、端、正，德之相也(《周語下》)

四德逆叙，與上相變。

(6) 爽二(《周語下》)

爽，忒也。變上"喪"字，亦是修辭。(秦云:《新書》作"無"。)

以上六條，是對《國語》用字的評議。第一條，既是比較《國語》本書用字，也是對相同語義不同表達形式的對比。引述《周語上》首章"觀則玩，玩則無震"以與《周語中》"覿武無烈"類比，以"覿"字與"觀"字義近，而"無烈"與"無震"義亦相會。且特別注云："玩，言墮于戲弄也。"使讀者對"無烈"有進一步之理解與領會。第二條，龜井昱先釋句義，然後揭示本篇用字之法。檢本篇全文共 137 字，而"上""下"皆相連、相對而出，即"夫政自上下者也""上作政而下行之不逆，故上下無怨""是無上下也"，共 4 見。"庸"字 2 見，即"又爲臣殺其君，其安庸刑? 布刑而不庸，再逆矣"。故龜井昱謂之爲"奇觀"。第三條，龜井昱認爲此處稱謂士會之字似乎多餘，又謂爲"艷筆"。武億認爲春秋時期天子稱呼諸侯之字以及諸侯使臣之字是正常現象，即舉《周語中》本條爲例。[①] 龜井昱是從語境的角度而言，武億是從制度的角度而言。第四條，龜井昱指出《國語》中"常""典"二字經常錯落使用，認爲這是"變字"之法。中國古代强調"和而不同"的觀念，故有大量的同義詞、異體字存在，一篇文章中，往往在同樣語法位置、語義環境中，會運用不同的詞，以避免呆板。龜井昱揭出此點，并認爲是一種慣例。第六條和第四條相同。第五條，實際上也是對《國語》文字變換的一種揭示。

(二) 評點《國語》用句

龜井昱對《國語》用句也有評點。例如:

(1) 物害無生(《周語下》)

句法是變于結也。("鑄無射"章注："神無奸行，物無害生。"秦云:"明本作物無害

① 武億:《授堂文鈔》卷一，見王雲五主編:《叢書集成初編》第 2521 册，上海:商務印書館，1935 年，第 12 頁。

生。"案：未知孰真。)此亦"度之于生"拘之效。

（2）則此五者(《周語下》)

五句，舉前哲有令德之則者，福應永久也。"五則"字，得是句而始了然矣。

第一條，今檢《國語》之張一鯤本、綠蔭堂本、鄭以厚本、《國語髓析》、道春點本、千葉玄之本、冢田本、秦鼎本、董增齡本、高木本等"無害"作"害無"，此類本子中以張一鯤本爲最早，故陳樹華指"萬曆本始誤"。[①]《白石神君碑》《太平御覽》《通鑑外紀》《册府元龜》《文章正宗》《通志》引亦作"物無害生"。從上下文句式看，句式爲"A 無 BB"格式，則此處恐亦當作"A 無 BB"。從韋注來看，"蝗螟之屬"即是"物"，"嘉穀"即是"生"。"物無害生"的語序也和注文相合。則"物無害生"當是。龜井昱未能參照多本，僅據秦鼎《國語定本》，故在認同既定文本形式的基礎上，提出此處是句法之變，并以《周語下》"鑄無射"章韋昭"物無害生"爲比。第二條，龜井昱認爲"則此五者"是對前文"五則"的總結與進一步明晰，具有補充解釋功能。

十一、揭示互文

龜井昱《國語》評點中還出現了"互文"的術語。例如：

虞人獻餼(《周語中》)

與"膳宰"互文。(上文"膳宰不致餼")餼有米禾，(米百官門外，米三十車，饔則無殽，有米、禾皆二十車)致餐亦有米禾，而餐、饔、餼皆用三牲，(三牲，膳宰主之；米禾，虞人主之)故曰互文也。(是二句與下二句，言車馬對，宜細細尋繹之)注不了。(鄭曰：牲殺曰饔，生曰餼。案：《儀禮》明明可徵，豈有謂禾米之生爲餼？《魯語》："馬餼不過稂莠。"是唯言食耳)在周禮，米禾，舍人所共。(舍人職賓客亦如之，共其禮車米莒米芻米)

龜井昱認爲《周語中》"膳宰致餐""虞人獻餼"爲互文。進而比較詳細地解釋了之所以把二句看作互文的理由。這一理由實際上也可看作龜井昱對"互文"的基本認識。

---

① 陳樹華：《春秋外傳國語考正》卷三，中國國家圖書館藏盧文弨抄本，本卷第 6 頁。

十二、評析前人評點

龜井昱對前人《國語》評點進行平議。例如：

> 方上而銳下（《周語中》）
> 此亦言一時所見耳。穆、柳刻迫。

柳宗元謂：“放上而銳下，非所以得罪于天子。”[1]穆文熙謂：“方上銳下，又近于相人之術矣，焉用之？”[2]關脩齡對穆文熙之說表示了質疑，謂：“說因其狀而知其不與執政相歡矣。穆氏譏之，非。”[3]皆川淇園亦謂：“方上而銳下，乃彌縫前執政不歡之語也。柳、穆皆不解此，何哉？”[4]龜井昱也不贊同柳宗元、穆文熙的說法，但是角度和關脩齡等不太相同。

結　語

在户崎允明等人的《國語》研究中，充斥了大量的重複内容，主要表現在訂音和校勘方面。渡邊操、千葉玄之、户崎允明、冢田虎等在訂音方面下了很大功夫，多有重複的成分，且所訂音讀類于雞肋。校勘方面多據盧之頤本、閔齊伋本以及明清時期各種評點本進行校勘，且校勘條目也多有重複。龜井昱幾乎不徵引音切資料，《國語》音讀訂正在龜井昱《國語考》中所佔比重較少。對《國語》文字校勘，龜井昱往往依據秦鼎《國語定本》的資料進行依從，不單純臚列異文。龜井昱多理校，且勇于質疑，這一點，和中國乾隆時期的牟庭《國語校注》的校勘相近。《國語》語義訓詁是龜井昱《國語考》的重點内容和中心内容。無論從體量還是從學術價值上而言，都是日本《國語》研究史上較爲厚重的一部學術著作。前此《國語》考校，校勘、釋義、訂音等多單獨立目，如户崎允明等。至龜井昱，很多條目既釋義，又校勘，又評點。且釋義方式多元，并非僅僅採取直訓之法，往往引述《春秋》《左傳》以及相關典籍故訓材料，正反比覈，然後案以己意。不僅釋義，還對前人注解進

---

① 柳宗元撰，尹占華、韓文奇校注：《柳宗元集校注》，北京：中華書局，2013年，第3151頁。
② 穆文熙：《國語鈔評》卷一，明後期金陵胡東塘刻本，本卷第23頁。
③ （日）關脩齡：《國語略説》第一，本卷第18頁。
④ 見日本京都大學圖書館藏皆川淇園批校本。

行評騭。不僅釋語境義,還涉及語源義之研討,語法作用、文例、句式、照應、變字變句之揭示,對職官、禮制、紀年等亦多有考校。在引述相關材料時,往往也對引述的材料進行評騭勘校。

【作者簡介】郭萬青,男,1975 年生,文學博士,唐山師範學院文學院教授,主要從事先秦文獻與訓詁研究。

北宋關中宋氏家族考論*

劉　縉

《宋史》云："鄠、杜、南山，土地膏沃，二渠灌溉，兼有其利。大抵夸尚氣勢，多游俠輕薄之風，甚者好鬥輕死。"①這一段文字頗能代表宋人認知的關中地區社會風貌，尚武好戰與强悍豪横似乎成爲關中文化的標籤。② 誠然，唐末五代以後，關中失去了政治中心的地位，隨之在經濟與文化層面，關中的發展遠遠不及中原和東南地區，"人才結構武盛文衰"。③ 然而，衰落并不代表消失，"那些認爲關中在唐以後急劇衰落的人，很可能會驚訝于關中人士在宋初期官僚體系中的成功"。④ 事實的確如此，北宋的第一個狀元楊礪就是關中鄠縣（今陝西西安鄠邑區）人，⑤除此之外，當時通過科舉入仕的關中士人屢見于史書，而宋璫就位列其中。

宋璫是華州渭南（今陝西渭南）人，乾德四年（966）舉進士，⑥以後長期在地方任職，仕宦軌迹遍及永興（今陝西西安）、秦州（今甘肅天水）、綿州（今四川綿陽）、益州（今四川成都）、蘇州（今江蘇蘇州）等地。他嗜好藏書，"歷官三十年未嘗問家事，唯聚書以貽子孫"。⑦《宋史》稱贊道："忘其身以恤民。"⑧近年來，隨着宋璫之孫宋壽昌及其妻師氏、張氏

* 本文爲陝西省社科基金項目"宋元時期關中地區的民間信仰與地域文化"（2021G006）與國家社會科學基金重大項目"遼宋西夏金元族譜文獻整理與研究"（19ZDA200）階段性成果。

① 脫脫等：《宋史》卷八十七《地理志三》，北京：中華書局，1985年，第2170頁。
② 程民生：《宋代地域文化史》，合肥：安徽文藝出版社，2017年，第4—5頁。
③ 秦暉：《王氣黯然：宋元明陝西史》，太原：山西人民出版社，2020年，第407頁。
④ （新加坡）王昌偉著，劉晨譯：《中國歷史上的關中士人：907—1911》，杭州：浙江大學出版社，2017年，第28頁。
⑤ 脫脫等：《宋史》卷二百八十七《楊礪傳》，第9643—9644頁。
⑥ 龔延明、祖慧編著：《宋代登科總錄》，桂林：廣西師範大學出版社，2014年，第13頁。
⑦ 脫脫等：《宋史》卷二百七十六《宋璫傳》，第9392頁。
⑧ 脫脫等：《宋史》卷二百七十六《張觀傳》，第9403頁。

墓誌的出土,令我們在傳世史料之外,對宋氏家族有了更深認知。①

　　以往學術界從宋壽昌夫婦這三方墓誌出發,對涉及的人物關係、文獻和書法價值等方面均有相關論述,②然而既往研究并未從家族史的角度,對宋氏家族展開詳細討論。有鑒于此,本文將墓誌材料與傳統文獻相結合,對宋氏家族的世系、婚姻、交游與仕宦進行探討,以求能夠深入了解北宋時關中士人的生存狀態。

一、宋氏家族的籍貫與世系

　　宋壽昌墓誌稱家族"土著西鄭,世爲渭南人"。與《宋史》宋瑱本傳所記一致,宋氏祖籍華州渭南,屬于世居關中地區的士人家族。墓誌記載他于嘉祐七年(1062)"以疾終長安私居",其妻師氏墓誌稱其卒後,"會葬龍首崗太倉社,祔先大卿兆次"。說明儘管宋瑱科舉中第之後,多年在外地爲官,但其子孫并未因此遷離關中,宋氏家族依舊居住在長安一帶,且據宋壽昌及師氏墓誌,家族墓地位于長安城北"龍首北阜,太倉舊田",即"龍首崗太倉社"。

　　《宋史·宋瑱傳》只言及宋瑱之父宋鸞和其子宋明遠、宋柔遠、宋垂遠,宋壽昌墓誌則將家族追溯至五世祖宋懃、四世祖宋德權,增加了唐末五代時宋氏家族的發展狀況。宋壽昌共有四子:宋奇、宋章、宋翊、宋京,而據其妻師氏墓誌,可知宋奇和宋章係她所出,"生二男,奇、章,皆謹恪,應進士貢"。但她在36歲時早逝。

　　景祐三年(1036)宋壽昌續娶張載之姐張氏,又生二子:宋翊、宋京,但他在嘉祐七年(1062)卒時,長子宋奇和次子宋章已先他去世,"孫男女存者六人,皆幼,未婚聘"。而張戩撰寫于前一年(嘉祐六年,1061)的師氏墓誌,稱師氏有"二孫男,子立、子美,幼從學。四孫女在室"。綜合看來,宋壽昌在去世前,兩個孫子已經入學,孫女則年幼尚未婚配,這些孫輩或許都是師氏所出二子的後代。

　　元祐四年(1089)吕大臨撰寫的張氏墓誌稱贊道:"虞部君初娶師氏,有子六七人,夫人

① 故宮博物院、陝西省古籍整理辦公室編:《新中國出土墓誌·陝西(叁)》,北京:文物出版社,2015年。《宋故師氏夫人墓誌銘》,拓片見上册第116頁,錄文見下册第81頁;《宋朝奉郎尚書虞部員外郎騎都尉賜緋魚袋宋府君(壽昌)墓誌銘》,拓片見上册第117頁,錄文見下册第81—82頁;《宋故清河縣君張氏夫人墓誌銘》,拓片見上册第123頁,錄文見下册第88—89頁。党斌亦對宋壽昌夫婦這三方墓誌有簡要錄文及考釋,見党斌:《民族·盟約·邊界·戰爭——陝西出土宋代墓誌輯釋》,北京:社會科學文獻出版社,2021年,第125—126、129—131、208—210頁。篇幅所限,本文中凡出自這三方墓誌之史料,恕不一一標注出處。
② 王其褘、周曉薇:《"關學"領袖張載家族人物新史料——〈宋故清河縣君張氏夫人墓誌〉研讀》,見西安碑林博物館編:《碑林集刊(十四)》,西安:陝西人民美術出版社,2009年,第70—83頁。張波:《張載、張戩佚文二則及其文獻價值》,見姜錫東主編:《宋史研究論叢(第十五輯)》,保定:河北大學出版社,2014年,第514—522頁。王衛國:《以"關學"文化圈爲中心的北宋書法藝術——以宋壽昌家族墓誌爲例》,《書法》2021年第4期,第89—96頁。

一撫之以慈,人莫知其繼也。"此處稱師氏遺留子嗣"六七人",與師氏墓誌所載不同,或是除師氏之子外,宋壽昌在迎娶張氏之前,尚有其他姬妾所生子嗣。張氏在宋壽昌去世後又寡居 27 年,以 80 歲高齡離世,"執其喪者,有二子、六孫、三曾孫焉"。説明宋氏家族在宋壽昌去世後 20 多年,子孫蕃衍昌盛,已經有曾孫輩出生。

據此,將宋瑙家族世系統計如下:

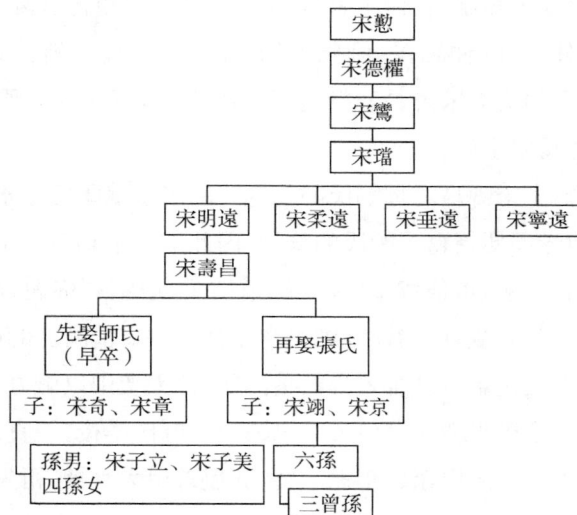

二、宋氏家族的婚姻與社會關係

宋氏家族經過三代的發展,到了宋壽昌這一代,從仕宦層面來考量,實質上是逐漸下滑的,因此,家族已經很難基于政治目的形成姻親關係,只能從本地士人尋找大致對等的門第來結親,這既是一種無奈,也很好地揭示出北宋中期以後關中士人群體之間的社會與交游網絡。

(一)宋氏家族的婚姻

史籍中對宋瑙的婚姻没有記載,而根據宋壽昌墓誌,宋明遠至少有一名妻姜劉氏,也就是宋壽昌的生母,她至嘉祐六年(1061)方辭世,其年宋壽昌本被任命爲通判寧州,"未赴,丁所生永安太君劉氏憂"。次年宋壽昌也離世,享年 64 歲。由此算來,劉氏當以高壽亡故。

　　宋壽昌先娶妻師氏,乃北宋初年高官師頎之孫、師仲説之女。師家本是大名内黄(今河南内黄)人,師頎之父師均中後唐長興二年(931)進士,最終官至永興節度判官,"因家關右"。師頎爲建隆二年(961)進士,其仕途初期主要在關中地區的耀州(今陝西銅川耀州區)、永興軍(今陝西西安)、乾州(今陝西乾縣)、邠州(今陝西彬縣)等地任職,後入蜀,"知資、眉二州","以簡静爲治,蜀人便之"。宋真宗時召入朝中任職,"真宗以其舊人,素負才望,而久次于外",任命他爲知制誥、兼史官修撰,最終卒于"知審官院、通進銀臺封駁司"。其有三子:師仲回、師仲宰、師仲説。① 師氏即師仲説之女,墓誌稱其家"世京兆人",或許在墓誌素材提供者師氏的丈夫宋壽昌和撰寫者張戩看來,師氏家族原籍河南的記憶已經消失,屬于不折不扣的長安士族。

　　其實張戩之前撰寫了宋壽昌之母劉氏的墓誌,"南陽張戩既已銘永安之墓",只是基于宋壽昌"泣書請銘",他遂順便撰寫了師氏的墓誌,因此誌文不到三百字,内容非常簡單,粗略描述了師氏的出身和子嗣,再稱贊她"夫人婦道婉柔,居室有儀範,族人安之,内外無間言"。然後就寫到她卒年 36 歲,居然連詳細生卒年都未書寫清晰。師氏去世之時,宋壽昌剛剛入仕,"君始仕而夫人遽卒",結合宋壽昌墓誌所言"天聖中以職方(宋明遠)致仕,恩授試將作監主簿",師氏當卒于天聖年間(1023—1032)。師氏卒後,一直未下葬,至嘉祐六年(1061)方與劉氏一并安葬于宋氏家族墓地。"會葬龍首崗太倉社,祔先大卿兆次。"

　　宋壽昌于 38 歲(景祐三年,1036)時再娶張載之姊。② 據張氏墓誌,她在元祐四年(1089)去世,"享年八十"。由此推算,她當生于大中祥符二年(1009),所以她出嫁時已經27 歲,遠高于北宋永興軍路婦女 19 歲的平均出嫁年齡,③這着實令人費解。

　　張氏"少從其父殿中丞(張)迪徙家長安",《橫渠先生行狀》稱:"涪州(張迪)卒于西官,諸孤皆幼,不克歸,僑寓于鳳翔郿縣橫渠鎮之南大振谷口,因徙而家焉。"張載生于天禧四年(1020),④由此看來,張載父親張迪遷居關中的時間在 1009 年至 1020 年之間,張載之弟張戩生于天聖八年(1030),⑤張氏又是 1036 年嫁給了宋壽昌,則張迪去世很可能在 1030 年至 1036 年之間。并且張家最初是居住在長安,張迪去世後,或基于經濟因素,張家纔從長安遷徙至郿縣。當時張氏雖已成年,但張載僅十餘歲,張戩還是兒童,符合"諸孤皆幼"的描述。也許正因爲家中事務繁多,二弟皆幼,父親去世,這纔耽誤了張氏的婚期,令她在

---

① 脱脱等:《宋史》卷二百九十六《師頎傳》,第 9860—9861 頁。
② 據宋壽昌墓誌,他卒于嘉祐七年(1062),"享年六十四",以此推算他當生于咸平元年(998)。
③ 鄭麗萍:《宋代婦女婚姻生活研究——以〈全宋文〉所涉 4802 篇墓誌爲例》,華東師範大學 2010 年博士學位論文,第 52 頁。
④ 張載著,章錫琛點校:《張載集》附録《吕大臨橫渠先生行狀》,北京:中華書局,1978 年,第 381—385 頁。
⑤ 張載著,章錫琛點校:《張載集》文集佚存《張天祺墓誌銘》,第 366 頁。

27歲"高齡"纔嫁入宋氏,成爲宋壽昌的繼室。

《橫渠先生行狀》稱:"橫渠至僻陋,有田數百畝以供歲計,約而能足。"熙寧十年(1077)張載去世時,"囊中索然",《宋史》直言"貧無以斂",[1]據此推測張氏家族的經濟狀況應該不佳,很難承擔女兒的嫁資。[2] 然而儘管家資不足,張氏家族尚屬中下級官僚家庭,張家對女兒的婚姻還是比較慎重。而張氏在其父張迪去世後,客居關中距離長安數百里之外的郿縣橫渠鎮,當地應該罕有官僚家族居住,張家亦不會選擇平民之家作爲婚配對象,如此種種,導致了張氏遲至27歲纔出適宋壽昌。宋氏家族三代官宦,宋瓆又喜"聚書以貽子孫",可見宋家的經濟條件應該不錯,張氏在年少時隨父居于長安,其時她父親張迪或許與長安士人多有交往,宋家或與張家是舊識,所以在師氏卒後,宋壽昌再娶張氏。

至于宋壽昌子孫的婚姻狀況,三方墓誌均無詳細描述。

(二) 宋氏家族的社會關係

宋氏家族多年來居住長安,與關中士人之間已經形成比較緊密的社會關係,如宋壽昌能够娶師氏爲妻,就或許因其家族與師氏本是舊識,大中祥符三年(1010),時任閣門祗候的宋垂遠與其弟宋寧遠在回鄉途中共同拜謁西嶽廟,隨行的就有師頎之子師仲宰。[3]

宋壽昌娶張氏爲妻後,其家族又形成新的社會網絡。宋壽昌之母劉氏與原配師氏的墓誌都是由張載之弟張戩撰寫,他的墓誌則是由張載撰寫、范育書丹,張氏的墓誌由吕大臨撰寫、游師雄書丹。

范育是邠州三水(今陝西旬邑)人,曾"從張載學";[4]吕大臨是關中藍田(今陝西藍田)人,他在張氏墓誌中自稱"大臨既學于先生之門";游師雄是京兆武功(今陝西武功)人,"學于張載",[5]這三人均是張載的弟子,也説明宋氏家族在與諸如師氏這種傳統長安仕宦家族的交往之外,伴隨姻親關係的建立,又與當時關學士人群體有了交集,這種藉由婚姻結成的人際網絡,顯然可使家族與當時關中士族之間形成良好的互動關係。

不過宋氏家族這種新的社會關係,實質上非常依賴于張載個人,因爲吕大臨等人主要以張載弟子的身份與宋氏發生聯繫,因此隨着張載的故去,圍繞在他身邊的門人弟子紛紛

① 脱脱等:《宋史》卷四百二十七《張載傳》,第12724頁。
② 鄭麗萍:《宋代婦女婚姻生活研究——以〈全宋文〉所涉4802篇墓誌爲例》,第50—51頁。
③ 李恩繼、文廉、蔣湘南纂修:《(咸豐)同州府志》卷二十六,見《中國地方志集成·陝西府縣誌輯》第18册,南京:鳳凰出版社,2007年,第617頁。
④ 脱脱等:《宋史》卷三百零三《范育傳》,第10050—10051頁。
⑤ 脱脱等:《宋史》卷三百三十二《游師雄傳》,第10688—10690頁。

散去,宋氏也就失去了與長安士人繼續存在交往的主要基礎。所以在元祐四年(1089)張氏去世後,其子"遣使走京師",請求呂大臨爲其母"诔其行",呂大臨考慮到自己既是張載的弟子,又是張戩的女婿,這纔爲張氏撰寫了墓誌。

所以,宋壽昌卒後的宋氏家族,自身已經無法維持以往通過婚姻和舉業等形成內部基石,這令家族在外部的社會關係層面,僅能維持之前的交游網絡,很難再向外拓展。這既說明了婚姻關係對宋氏家族的過往發展有着非常明顯的效力,又昭示了家族的未來會逐漸遠離關中士人群體,終歸于平凡。

三、宋氏家族的仕宦

宋壽昌墓誌稱其五世祖宋懃、四世祖宋德權,在唐末五代時期都曾"爲州從事別駕",曾祖父宋鸞在北宋初曾任監察御史,不過,宋氏家族發展的關鍵人物還是他的祖父宋璫。

(一) 宋璫父子的仕宦履歷

宋璫生于後唐明宗長興三年(932),乾德四年(966)"進士及第",以青城主簿進入仕途,史書稱他"好寫書",任職期滿,"載數千卷以歸"。吳廷祚出鎮永興軍(今陝西西安),他可能考慮到宋璫本是關中人,熟悉當地風土人情,遂將宋璫"辟掌書奏"。開寶四年(971),吳廷祚赴東京(今河南開封)覲見宋太祖時不幸染病去世,[1]宋璫遂調任下邽(今陝西渭南)主簿,也算是回鄉任職。不久,他又升爲著作佐郎,改知綿州(今四川綿陽)。宋太宗繼位後,他"改右贊善大夫,爲峽路轉運副使"。他調任回京,與太宗"召對",太宗比較滿意,于是又外放知秦州(今甘肅天水),"有善政",升任陝西轉運使,很快因代替他知秦州的韋寔"坐事繫獄",宋太宗鑒于他在秦州"前有治績",再次任命他知秦州,并賜錢五十萬。

宋初的秦州,部族衆多,政情複雜,管理不易,"此州(秦州)在隴山之外,號爲富庶,且與羌戎接畛",[2]但宋璫管下的秦州,"安集諸戎,部內清肅",政績斐然。雍熙年間,已經在秦州任職六年的宋璫回到東京,"在任凡六年,召歸",得到宋太宗的嘉許,"面賜金紫",任度支判官,但很快又"遷屯田郎中、知益州"。[3]

北宋時期的益州(今四川成都),治理難度不亞于首都開封,"開封,天子之畿;益州,蜀

---

① 脱脱等:《宋史》卷二百五十七《吳廷祚傳》,第 8947—8948 頁。
② 李壽撰:《續資治通鑑長編》卷四十九,咸平四年冬十月庚戌條,北京:中華書局,2004 年,第 1078 頁。
③ 脱脱等:《宋史》卷二百七十六《宋璫傳》,第 9391—9392 頁。

一都會,皆世號尤難理者"。① 究其緣由,實質是宋政府平蜀後,在巴蜀地區賦斂太重,這纔激起百姓的反抗,"蜀之亂,由賦斂迫急,農民失業,不能自存,遂入于賊"。② 宋璫剛剛到任益州,"屬歲饑多盜",他"以方略擒捕招輯,盜皆首伏屏息",得到宋太宗"下詔嘉獎"。端拱初年,他升任右諫議大夫,剛好因爲此時"兩川轉運使副皆坐事免",他順勢任西川轉運使,不久又"加左諫議大夫,改知陝州"。

淳化年間,三吳地區(今蘇州、常州、湖州、杭州、無錫等地)連續發生旱災,③引發了一系列社會問題,"三吳歲饑、疾病,民多死",宋廷需要選任基層經驗豐富的官員擔任當地長官,"擇長吏養治之",遂命宋璫任知蘇州。宋璫"體豐碩,素病足",到蘇州後,由于當地氣候濕潤,導致病情更加嚴重,"地卑熱,疾益甚"。旁人勸他以疾病爲理由"北歸",但他回復道:"天子以民病俾我綏撫,我以身病而辭焉,非臣子之義也。"體現出强烈的責任感。不久天象有所謂"太白犯南斗",他又認爲:"斗爲吳分,民方饑,天象如此,長吏得無咎乎!"將蘇州發生的饑荒歸咎到自己。淳化四年(993),宋璫不幸逝世于知蘇州任上,享年61歲。宋太宗爲此深感痛惜,"上聞之嗟悼",特地任命其子宋明遠爲蒲城(今陝西蒲城)主簿,以便護送宋璫歸葬故鄉,"俾護其喪歸葬焉"。《宋史》對他的評價頗高:"性清簡,歷官三十年,未嘗問家事,唯聚書以貽子孫。且曰:'使不忘本也。'"

宋璫長子宋明遠是淳化三年(992)進士,"後爲都官員外郎",次子宋柔遠"亦舉進士及第",三子宋垂遠則爲"閤門祗候"。④ 宋垂遠至宋真宗時爲殿直,或許因其父宋璫治理秦州卓有成效,他也在西北軍中任職,"殿直宋垂遠乘傳往原、渭、儀等州及鎮戎軍案視放草牧地"。⑤

縱觀宋璫的爲官生涯,其實與北宋初年的政治形勢密切相關,他雖然是乾德年間進士,但在宋太祖時期仕宦不顯。至宋太宗即位後,仕途纔一片坦途,與同爲關中籍進士的楊礪經歷頗爲相似。⑥ 他先後任職四川和兩浙等重要區域,這樣的仕宦履歷,也恰好契合

---

① 歐陽修撰,李逸安點校:《歐陽修全集》卷二十六《資政殿學士尚書户部侍郎簡肅薛公墓誌銘》,北京:中華書局,2001年,第403頁。

② 李燾:《續資治通鑑長編》卷三十九,至道二年五月己未條,第838頁。

③ 陳橋驛編:《浙江災異簡誌》,淳化二年(991),"五月,餘杭亢旱",杭州:浙江人民出版社,1991年,第184頁。《續資治通鑑長編》卷三十四,淳化四年二月己卯條"江、淮、兩浙、陝西比歲旱災,民多轉徙,頗恣攘奪,抵冒禁法",第745頁。

④ 脱脱等:《宋史》卷二百七十六《宋璫傳》,第9391—9392頁。

⑤ 李燾:《續資治通鑑長編》卷五十六,景德元年夏四月條,第1236頁。

⑥ 關於楊礪的仕宦及家族情況,可參見拙作:《狀元門第:五代宋初關中鄠縣楊礪家族考論》,見四川大學古籍整理研究所、四川大學宋代文化研究中心編:《宋代文化研究(第三十一輯)》,上海:上海古籍出版社,2024年,第28—46頁。

了宋初兩朝對科舉及第者的基本態度,"太宗時期,大開科舉之門,大量取士,直接授以官職,逐漸使科舉出身者佔據了自中央到地方的各級職位,形成朝廷內外皆是宋朝科舉人才的天下的情況"。①

(二) 宋壽昌的宦海浮沉

宋壽昌墓誌記載他是宋明遠之子,與父、祖不同,他并非科舉及第,而是在天聖年間其父以職方員外郎致仕後,由蔭補入仕,"恩授試將作監主簿",得到環州司法參軍的差遣,掌"議法斷刑",後任慶州錄事參軍,"掌州院庶務",②"從路兵城大順川,以功遷感德軍節度推官"。也就是他參與了慶曆二年(1042)范仲淹築大順城之舉,并以此得到升遷,"大順既城,白豹、金湯皆截然不敢動,環慶自是寇益少"。③

然而傳世有關修築大順城之事的公私史料,均未出現宋壽昌的信息,張載撰寫的墓誌也僅僅説宋壽昌只是參與此事,且張載專門撰寫過《慶州大順城記》歌頌范仲淹的功績,④應該對大順城之事比較熟悉,但也并未對宋壽昌在其中的作爲大書特書。并且他所謂升遷至的"節度推官"一職,與前兩任均是從八品,⑤這説明宋壽昌在修築大順城一事中所謂"升遷",應當是宋廷對參與其事官員的整體性獎勵。

之後,宋壽昌"監環州,入中倉,舉轉大理寺丞、知京兆府藍田縣事,就升太子中舍。皇祐三年,知鳳翔府扶風縣,改殿中丞。至和三年,通判邠州事,遷國子博士,虞部員外郎。嘉祐六年,除通判寧州"。從他入仕的"將作監主簿",直至最終"虞部員外郎",非常符合北宋文臣無出身遷轉官階的變化,⑥職事從最初的八品"司法參軍"到從七品的"通判寧州",終其一生,他一直在下層官銜中徘徊。

雖然宋壽昌的仕途不顯,但關學大師張載還是對這位姐夫的爲官之道進行了竭力稱頌。"府君氣質和易,臨事內敏有謀。官環、慶十年。方西兵擾攘,共事皆武夫悍卒,所職修舉,而能盡人人歡心。"宋壽昌長期在邊境州郡爲官,在當時緊張的戰爭環境之下,能夠與武夫悍將相得亦歡,也是相當不容易。因此,時任職環慶長官的范仲淹、孫沔、田況、滕宗諒、尹洙等人對他也比較賞識,"慶府之開,有若范文正、孫、田、滕、尹數公,皆一時重望,

① 張其凡:《宋太宗》,廣州:廣東人民出版社,2022年,第170頁。
② 脱脱等:《宋史》卷一百六十七《職官志》,第3976頁。
③ 李燾:《續資治通鑑長編》卷一百三十六,慶曆二年五月庚申條,第3265—3266頁。
④ 張載著,章錫琛點校:《張載集》文集佚存《慶州大順城記》,第353—354頁。
⑤ 龔延明編著:《宋代官制辭典(增補本)》,北京:中華書局,2017年,第599頁。
⑥ 參見《宋代官制辭典》附表八《北宋前期文臣京朝官遷轉官階表》,第752—753頁。

相繼出鎮,莫不曲被慰薦,引爲腹心"。

北宋的關中地區雖然失去了政治中心的位置,但唐代遺風猶在,宋人稱:"長安多仕族子弟,恃蔭縱橫,二千石鮮能治之者。"①坦言治理長安之難。藍田作爲長安近畿,執掌一縣當也非易事,然而宋壽昌本就是關中人,熟悉故鄉的風土人情,又頗具整治能力,"藍田下車之始,擊去大奸一人,邑民信懼且悦,無敢輕犯。在扶風,辨獲麟游真盜,雪岐民幾死者數人。所至州縣,獄無鉅細,必反坐告者。其簡厚中理,得仁術之大端焉"。

其實自宋太宗朝之後,北宋的科舉制度已逐步完善,科舉入仕成爲主流,"今世用人,大率以文詞進"。②尤其是宋仁宗時期,大量讀書人通過科舉成爲顯宦,"仁宗皇帝在位最久,得君子最多"。③宋壽昌以恩蔭授官,儘管他頗有吏幹,然而入仕途徑極大限制了他的提升,令他難以突破階層藩籬。

至于宋壽昌的子孫,墓誌寫到長子宋奇,"舉鄉進士",就是通過了宋代科舉中的發解試,即州一級的初級考試,④但他和次子宋章都不幸早逝。至于三子宋翊和四子宋京,誌文未有記載,應當均未曾在科舉上有所建樹,且宋壽昌的官職品級不高,子嗣也不能通過門蔭入仕,這預示着自宋初以來保持官宦門第的宋氏家族將逐漸滑落爲普通的士人家族。

結　語

邵雍有詩:"秦川兩漢帝王區,今日關東作帝都。多少聖賢存舊史,夕陽唯只見荒蕪。"⑤這是感慨北宋時的關中已經不復漢唐時代的輝煌,文化和古迹都已經日漸蕭條,其實北宋時期的士人家族何嘗不是如此。

宋初的關中士人,在科舉層面尚能維持往昔的繁盛,諸如楊礪、宋瑇、師頏、宋湜、張昇、楊克讓、寇準等人均是通過科舉入仕,最終位列顯宦,説明關中士人比之中原、東南地區絲毫不讓。但是北宋中期以後,隨着科舉制度的改革、分化,關中士人逐漸落後于這一趨勢,與科舉文化漸行漸遠。⑥宋瑇家族的際遇實際上是非常恰當的事例,祖、父在科舉的成功,僅能維持一到兩代人的榮耀,隨着家族在科舉層面的乏力,婚姻與社會交往方面

---

① 司馬光撰,鄧廣銘、張希清點校:《涑水記聞》卷七,北京:中華書局,1989年,第134頁。

② 蔡襄撰,徐燉等編,吳以寧點校:《蔡襄集》卷二十二《任材》,上海:上海古籍出版社,1996年,第384頁。

③ 歐陽修撰,李逸安點校:《歐陽修全集》卷一百一十一《條約舉人懷挾文字劄子》,第1677頁。

④ 參見龔延明、祖慧編著:《宋代登科總錄》,桂林:廣西師範大學出版社,2014年,第7773頁。

⑤ 邵雍著,郭彧、于天寶點校:《邵雍全集》第四冊《伊川擊壤集》卷十五,上海:上海古籍出版社,2016年,第306頁。

⑥ 可參見諸葛憶兵:《宋代科舉制度史》,杭州:浙江人民出版社,2023年。

不可避免地受到影響,進而使家族的發展日趨緩慢,乃至停滯,最終寂寞無聞。這也是宋代以後關中社會走向的一個縮影,從中心到局部,再到邊緣,關中文化在全國的影響日益式微,成爲無法逆轉的歷史衰變。

【作者簡介】劉縉,男,1980 年生,西安電子科技大學馬克思主義學院教授,河北大學宋史研究中心兼職研究員,主要從事宋代地域文化及民間信仰方面的研究。

北宋武功蘇氏家族的仕進之道[*]

張雲夢

北宋武功蘇氏家族自五代避難遷入邠州，至北宋中葉已經成爲地方豪族。其中最爲後世所知者即從學于張載、二程的蘇昞，作爲道學的早期追隨者之一，蘇昞在元祐舊黨執政期間依靠舉薦，不斷升遷至太學博士，後也因此被劃入黨籍。不過關于蘇昞及其家族，傳世文獻記載十分有限，元明以來《宋史·蘇昞傳》《關學編》《宋元學案》等書關于蘇昞的記載基本沿用南宋《伊洛淵源錄》的内容，錯漏較多。武功縣蘇武紀念館入藏有蘇昞家族墓誌五方，爲了解北宋時期這支武功蘇氏家族成員及其仕進情況提供了一個窗口。①

一、蘇氏家族成員拼織

唐末紛争，臨近長安的武功縣也難以自保。先是黄巢入京，官軍屯駐武功等地進行堵截，百姓避亂皆入深山築栅自保，農事俱廢，糧價翔踴。交戰雙方開始以人爲糧，"人直數百緡，以肥瘠論價"。② 後是李茂貞與朱温在這一帶拉鋸，而後朱温携昭宗東遷，"毁長安宫室百司及民間廬舍"。③ 在歷史跨入"五代"前夕，關中平原已先感受到"好殺之世"的凛冽。大致在五代時期，依然居住在武功縣的一支蘇氏家族，在蘇琬的帶領下，開始北遷至邠州。④ 邠州地臨京兆，處群山之中，屏障四合，《邠州志》多次强調此地好稼穡，如引唐鄭處誨《邠州節度使廳記》云："其俗質而厚，其人樸而易理，業尚播種畜擾。"⑤ 良好的避難條

---

* 本文爲陝西省社會科學院青年專項課題"陝西鄉賢文化資源的整理與利用"（24QN25）階段性成果。

① 現藏五方碑刻中，《宋故武功蘇先生（通）墓誌銘并序》《宋故武功蘇先生（通）妻王氏墓誌銘并序》《宋故武功蘇君（昕）墓誌銘并序》《宋故武功蘇氏（昕）婦清河郡張氏墓銘》圖版刊佈于《珍稀墓誌百品》。《宋故蘇氏（暉）婦雷宋二夫人墓銘》圖版見中華石刻數據庫（宋代墓誌銘數據庫·續編）；ID：ZHB050000004M0001854；http：//inscription.ancientbooks.cn。

② 司馬光編著，胡三省音注：《資治通鑑》卷二百五十四，北京：中華書局，1956 年，第 8268 頁。

③ 司馬光編著，胡三省音注：《資治通鑑》卷二百六十四，第 8626 頁。

④ 按《宋故武功蘇先生墓誌銘并序》所載："其先京兆武功人也。曾祖諱琬，始避寇居廟。"蘇通四十六歲亡于至和二年（1055）七月，以此推算，蘇琬遷居邠州應是五代時期。

⑤ 見《邠州志》卷一《風俗》，國家圖書館藏嘉靖本，第 24 頁。可參考董誥等編：《全唐文》卷七百六十一，北京：中華書局，1983 年，第 7905 頁。

件和農業基礎使得邠州在五代亂世能够吸納較多的人口。

依據《宋故武功蘇先生(通)墓誌銘并序》羅列的家世情況:"曾祖諱琬,始避寇居關。祖諱毅。父諱仲舒,贈大理評事。皆潛遁不仕。"蘇氏家族發展到蘇通這一代,已經成爲當地大姓,合族百人。[1] 誌文雖然不提蘇家的謀生手段,但從蘇通的經歷分析,"其視榮利憺如也","好延四方游學之士",後又東游京師,晚年買山于鄂、杜之間,完全是一副悠游自得的樣子。對此,墓誌還盛贊曰"先生爲人恬退,處富饒而奉己廉約",可見家庭經濟狀況相當可以。

并且,蘇通作爲季子,而前文既稱其父蘇仲舒"贈大理評事",又稱其三代"皆潛遁不仕",則蘇通兩兄至少有一位入仕。依照宋制,文武升朝官方可封贈父母,"文官父不仕者,初封大理評事致仕,次轉一資。初贈亦然,次贈兩資"。[2]《宋史·職官志》亦稱:"建隆已來,凡有恩例,文武朝官、諸司使副、禁軍及藩方馬步都指揮使以上,父亡皆贈官。"[3]蘇通一生不仕,其父能够獲贈大理評事之殊榮,足以説明其至少有一兄官至朝官階列。除此之外,蘇通及其妻王氏墓誌分別由同郡范育書丹、撰文,其中蘇通妻王氏墓誌自稱"外甥前陝州陝縣令范育撰",可知蘇通還有姐妹一人。

分析蘇通兄妹四人大致情況可以發現,在定居邠州四代後,蘇氏家族開始發迹,由普通地主家庭轉變爲官宦之家,門第的提升也逐漸體現在下一代家庭成員的婚姻與仕進上。

其中,蘇通與王氏共育有三子:蘇昕、蘇暉、蘇暲;另有三女,除了幼女未婚嫁,"長適太廟齋郎周敏脩,次適保安軍判官安師孟"。按當時規定,"員外郎以上致仕者,録其子校書郎,三丞以上齋郎",[4]周氏出身官僚家族無疑。安師孟則交游廣泛,曾與章惇、蘇旦、蘇軾同游,蘇軾《答安師孟書》稱其"以美才積學,取榮名于當時"。[5] 元祐八年(1093),游師雄題長安漕臺曰"唐僧懷素書藏真律公二帖,最號精妙,自五代已來,爲予亡友安師孟家藏云云",[6]可見當時已經身亡。至于蘇通三子,除蘇昕早亡,餘皆曰舉進士業,這也是宋朝崇文大環境之下維持、提升門第最爲常見的做法。只是從後續記載看,并無中舉或入仕者,大概也受到蘇通"不喜談章句"的性格特點影響。三子中,蘇昕與蘇通的人生經歷最爲相似,同樣中年而死,留下二子二女;蘇暉先後娶京兆雷氏女、渭南宋氏女,生有四男三女,存者僅女二人;蘇暲記載不明。

---

① 蘇通及其妻王氏墓誌録文可參考党斌:《民族·盟約·邊界·戰爭——陝西出土宋代墓誌輯釋》,北京:社會科學文獻出版社,2021年,第113、142頁。

② 徐松輯,劉琳、刁忠民、舒大剛、尹波等校點:《宋會要輯稿·儀制一〇》,上海:上海古籍出版社,2014年,第2499頁。

③ 脱脱等:《宋史》卷一百七十《職官志》,北京:中華書局,1985年,第4083頁。

④ 脱脱等:《宋史》卷十《仁宗本紀》,第193頁。

⑤ 蘇軾撰,茅維編,孔凡禮點校:《蘇軾文集》卷四十九《答安師孟書》,北京:中華書局,1986年,第1438頁。

⑥ 陸增祥:《八瓊室金石補正》卷一百零七《宋二十六》,民國十四年(1925)劉氏希古樓刻本。

　　相較于蘇通這一家的情況，其二兄的仕進與生平反而語焉不詳，只有蘇通墓誌寥寥幾句，"慶曆中，二兄繼卒。明年，母夫人寧氏亦卒"。蘇通兩位兄長均死于母親寧氏之前，蘇通本人雖然到至和二年（1055）纔去世，享年也不過四十六歲。以此推算，蘇氏三兄弟都享壽不長，屬于中年而卒，這也解釋了爲什麼其父蘇仲舒雖然獲贈官，却僅爲初贈的大理評事。

　　至于蘇通這兩位兄長的子嗣，碑刻中僅提及蘇晦、蘇昕二人。

　　其中，蘇通墓誌題"姪晦撰"，并記録稱其生前即委托蘇晦撰文，曰："吾兹不復矣。爾業古文，其往銘吾幽。"可見對蘇晦文采的認可。同年，蘇昕妻張氏墓銘通篇採用四字銘文撰寫，較爲稀見。撰文者自稱"廣文館進士武功蘇晦"，[1]這也印證"業古文"之辭不虛。結合蘇昕墓誌所題"從父弟晦"字樣，可知蘇晦爲蘇昕的堂弟，乃蘇通二兄中某一人之子，至和二年（1055）已修舉業。

　　相較于蘇晦，頂着張載與二程高徒身份的蘇昞更爲後世關注，但由于人物資料散軼，南宋朱熹《伊洛淵源録》已稱"今無以考其言行之詳"，[2]元明以來《宋史·蘇昞傳》《關學編》《宋元學案》等書有關蘇昞的記載也大致不出朱熹所見。從目前搜集的蘇氏家族墓誌題記來看，蘇昞應爲行輩兄弟間年齡較小者，且在《宋故樂壽縣太君种夫人（吕大鈞妻）墓誌銘》中，蘇昞稱"吾友叔子，鄉里之分則所事也，在師門則所畏也。于夫人，則昞也之妻與夫人實兄弟也"。[3]説明蘇昞與吕大鈞還是連襟，同娶京兆种氏將門种古之女。

　　綜上，今以所見資料將蘇氏家族主要成員列表如下：[4]

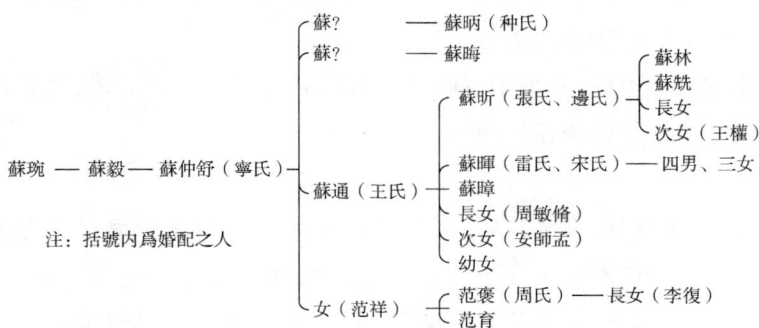

```
                            ┌ 蘇? ── 蘇昞（种氏）
                            ├ 蘇? ── 蘇晦
                            │                              ┌ 蘇林
                            │              ┌ 蘇昕（張氏、邊氏）┤ 蘇犹
                            │              │                ├ 長女
                            │              │                └ 次女（王權）
蘇琬 ── 蘇毅 ── 蘇仲舒（寧氏）┤              ├ 蘇暉（雷氏、宋氏）── 四男、三女
                            │ 蘇通（王氏）┤ 蘇暲
                            │              ├ 長女（周敏脩）
                            │              ├ 次女（安師孟）
                            │              └ 幼女
                            │              ┌ 范褒（周氏）── 長女（李復）
                            └ 女（范祥）   ┤ 范育
```

注：括號內爲婚配之人

　　①　蘇昕妻張氏墓銘曰"甲午之祀，正月辛未，宛然以亡"；又曰"歲在乙未，冬焉可藏。十月丁酉，龜策告吉，葬從舅傍"。可知張氏死亡時間在皇祐六年（1054）正月，葬于至和二年（1055）十月，與蘇通所葬時間一致。墓銘參考党斌：《民族·盟約·邊界·戰争——陝西出土宋代墓誌輯釋》，第110頁。

　　②　朱熹：《伊洛淵源録》卷九《蘇學士》，見《朱子全書》第12册，上海：上海古籍出版社；合肥：安徽教育出版社，2002年，第1037頁。

　　③　陝西省考古研究院等編：《藍田吕氏家族墓園》，北京：文物出版社，2018年，第700頁。

　　④　其中范褒、李復相關資料參見《涑水集》卷八《周夫人墓誌銘》《恭人范氏墓誌銘》，西安：西北大學出版社，2015年，第93—94頁。

二、允文允武——蘇通父子的仕進之道

蘇氏家族爲避亂而遷至邠州，但自西夏叛亂，位于環慶路的邠州反而成爲西夏進攻關中的要衝，自真宗以來多次面臨"羌戎寇境"的壓力。寶元元年(1038)十月，元昊稱帝，"僭號大夏"，①宋夏大規模戰争一觸即發。從寶元二年(1039)起，西夏即數次圍攻延州，到康定元年(1040)，鄜延、環慶路副都總管劉平、石元孫兵敗三川口，消息傳來，關中震動。"時康定，以西虜用兵之際，加之饑饉，盗賊蜂起，人處山谷者，往往不能安而遷徙之。"②戰争的恐慌情緒也蔓延到蘇昞家鄉，時任邠州通判的李絢其誌文中描述道："劉平、石元孫戰没，邊人洶懼。邠州城惡，吏民謀内徙以避之。"③

在這樣一種不安的氛圍裏，蘇通却好似迎來了人生的轉機。誌文記載其性格曰："少博學，性沈默而有大志。不喜談章句，樂文武治世之道。"又稱其"明韜謀而僻于言兵"，嘗曰"使吾雖日迎百敵，無殆焉"。在對蘇通的片段描述中，躍然紙上的是一個允文允武的地方豪强形象，故而面對不利的戰情，蘇通很是激動道"時矣，盍求之乎"，頗具五代尚武遺風。爲實現這一追求，蘇通開始東游京師，遍謁公卿，言論時事并深究利病。在當時持這一做法的人還有不少，如長安的張宗古，"在康定間，以元昊叛命，後詔天下豪俊曉兵策者將禄之，是時首以良畫應詔授官"。④ 戰争對于少部分人來説意味着入仕契機，只是蘇通的運氣似乎不佳，在開封日久，"于志無所合"，被迫返回陝西後，"終不能與碌碌者俱"，最終退與道士游，尋仙問藥，中年而卒。

在蘇通謀求建功立業時，其長子蘇昞也將戰事看作自己輸忠立節、揚名後世的機會。蘇昞墓誌用了近一半的篇幅描述他的轉變：

> 當康定、寶元之間，夏羌犯塞，守兵迎戰不利，西土騷動。君以謂智者盡其謀，勇者奮其力，則兵可强，敵可滅。于是學孫吴兵法，略究其義，而尤長于刺射之伎。既而西師解嚴，君遂退養于家，勤約甚有規法。然平居暇日，尚或躍馬戲劍以自娱，視不忘其志也。⑤

---

① 李燾：《續資治通鑑長編》卷一百二十二，北京：中華書局，2004 年，第 2882 頁。以下簡稱"《長編》"。
② 《有宋彭城劉君墓誌銘并序》，見黨斌：《民族·盟約·邊界·戰争——陝西出土宋代墓誌輯釋》，第 117 頁。
③ 司馬光著，李之亮箋注：《司馬温公集編年箋注》卷七十八《龍圖閣直學士李公墓誌銘》，成都：巴蜀書社，2009年，第 587 頁。
④ 《宋故清河張公慶之墓記》，見黨斌：《民族·盟約·邊界·戰争——陝西出土宋代墓誌輯釋》，第 313 頁。
⑤ 録文參考黨斌：《民族·盟約·邊界·戰争——陝西出土宋代墓誌輯釋》，第 118 頁。

　　按墓誌所云，蘇昕"性强果勇邁，少而不羈"。因此，面對戰事，毅然習武。文中提到的"孫吳兵法""剌射之伎"正是當時武舉的主要內容。只是不久即逢宋夏和議，武舉亦廢，蘇昕也只能"躍馬戲劍以自娛"。蘇通、蘇昕父子兩人都立志投身軍旅，却又皆中年而卒，誌文也爲之感嘆"有志而無命"。

　　從蘇通父子的這一轉變還可以窺見北宋陝西士人群體的豪邁、雄健之氣。代表者，如蘇家的姻親范祥、范育父子，范祥通判鎮戎軍，曾親帥將士擊退元昊圍攻，後又請築劉璠堡、定川砦；①范育則是多次擔任西北統兵官，堅決反對朝廷的棄地之論并主張進築之策。② 更不用説蘇晒的同門游師雄、种師道，前者在擒滅鬼章一戰中，充分顯示了其軍事才華；後者出身种氏將門，卒于靖康之難。至于蘇晒的連襟兼同門吕大鈞，韓絳宣撫陝西、河東時，即被辟爲幕府，後爲鄜延轉運司從事，卒于征討西夏期間。③ 張載的另一個門人吕大忠也是多次任職沿邊軍州，熟知邊情，對宋廷的妥協苟安政策多有批評，嘗獻言："夏人戍守之外，戰士不過十萬，吾三路之衆，足以當之矣。彼屢犯王略，一不與校，臣竊羞之。"④而吕大防知延州期間，不僅激進地進築堡砦，元祐年間拜尚書右丞後，同樣大力支持對青唐羌用兵。⑤ 甚至就連蘇晒等人的老師張載，同樣"少喜談兵，至欲結客取洮西之地"，⑥目前存留的文章就包括《與蔡帥邊事劃一》《涇原路經略司論邊事狀》《經略司邊事劃一》等，足見其對西北軍事的關注。

　　透過蘇氏家族的人際網絡，可以看到北宋陝西士人群體文武雜糅的士風特點，也能從中體會到陝西士人面對西夏的武力威脅，不得不留意軍事的無奈。不過還需加以考量的是，墓誌記載的蘇家習武動機客觀性有多少。在宋代"以文禦武"的大方針下，文人統兵乃是常態。實際上，前文提及的張載、范育、游師雄等人雖然留意戰事，但走的都是科舉入仕的路子。蘇氏父子反而直接"以武求進"，難免有回避科舉之嫌。

　　宋朝科舉的一大特點即解額地域分佈差異懸殊且競争激烈。其中，蘇氏所在的陝西考區解額就十分有限。對此，仁宗年間還象徵性地有過幾次調整。如慶曆四年（1044），"陝西路解額狹處，令貢院定分數以聞"。⑦ 慶曆五年（1045），再次下詔"其陝西路惟永興、鳳翔兩處就試人多，解額尚少，用慶曆四年赦恩已增分數，自餘州軍所增未寬，今欲每州各

　①　脱脱等：《宋史》卷三百零三《范祥傳》，第10049頁。
　②　脱脱等：《宋史》卷三百零三《范育傳》，第10051頁。
　③　脱脱等：《宋史》卷三百四十《吕大鈞傳》，第10847頁。
　④　脱脱等：《宋史》卷三百四十《吕大忠傳》，第10846頁。
　⑤　脱脱等：《宋史》卷三百四十《吕大防傳》，第10841頁。
　⑥　脱脱等：《宋史》卷四百二十七《張載傳》，第12723頁。
　⑦　李燾：《長編》卷一百五十三，第3721頁。

增一名”。① 如果我們以司馬光所列考試情況來審視，可以發現這些改革作用很有限。其中，嘉祐五年（1060），“國子監得解及免解進士共一百八人，及第者二十八人，開封府得解及免解進士共二百六十六人，及第者六十九人，并約四人中取一人……陝西路得解及免解進士共一百二十三人，及第者各只一人”。嘉祐七年（1062），國子監、開封府依然維持高録取率，而“陝西路得解及免解進士共一百二十四人，及第者二人，約六十二人中取一人”。② 羅直溫可以説是當時陝西舉子科舉艱難的典型代表，其“嘗四預鄉薦，而兩爲陝魁，皆不利于春官”。③

蘇通誌文稱“不喜談章句”因而“不肯從鄉里貢”，恐怕并不是實情。作爲邠州的富室大家，蘇氏父子能够更加從容地選擇仕進方式，所以没有老死場屋，反而在戰爭中看到了“以武入仕”的機會。并且在當時，像蘇昕一樣捨文業而從武學的不在少數，甚至于引起仁宗的擔憂，“以至捨學業而事籌策，矯温淳而務麄猛，紛然相效，爲之愈多。朕方恢隆文風，敦厚俗尚，一失其本，恐陷末流，宜罷試于兵謀，俾專繇于儒術”。④ 在崇文的大時代轉向下，蘇氏父子選擇“以武求進”，其結果不免遺憾。

三、身份與政治——以蘇晦、蘇昞入仕爲切入點

在梳理完蘇通、蘇昕父子的仕進選擇後，蘇晦、蘇昞的入仕路綫同樣值得留意，他們也都避開了競爭激烈的地方軍州發解試，却又基于各自的身份，在特殊的政策和時代背景下步入仕途。二人的身份變遷主要反映在石刻文獻的題記部分，今以所見蘇晦題記排列如下：

至和二年（1055），《宋故武功蘇先生（通）墓誌銘并序》題“姪晦撰”，范育書丹。

至和二年（1055），《宋故武功蘇氏（昕）婦清河郡張氏墓銘》題“廣文館進士武功蘇晦撰”，范育書丹。

熙寧二年（1069），《宋故武功蘇君（昕）墓誌銘并序》題“從父弟晦，哀其有志而無命也”，蘇昞書丹，吕大觀填諱。

元豐元年（1078），《宋故安定程君墓誌銘》題“將仕郎守耀州雲陽縣令蘇晦篆蓋”，

① 李燾：《長編》卷一百五十五，第3761頁。
② 司馬光著，李之亮箋注：《司馬温公集編年箋注》卷三十《貢院乞逐路取人狀》，第327—328頁。
③ 《羅直溫墓誌》，見党斌《民族·盟約·邊界·戰争——陝西出土宋代墓誌輯釋》，第236頁。
④ 徐松輯，劉琳、刁忠民、舒大剛、尹波等校點：《宋會要輯稿·選舉十七》，第5588頁。

游師雄撰文,范育書丹。①

　　蘇晦題記持續時間二十餘年,其中涉及的蘇昞、范育、吕大觀、游師雄幾人皆從學于張載,交往密切,可視爲同一交際圈子。從署名分析,至少在至和二年(1055),蘇晦的身份已是"廣文館進士"。在宋代,"進士"一稱已經泛化,凡舉進士業者皆可自稱進士,此處所指當是廣文館生員。蘇晦的這一身份與宋代特殊的科舉政策有關。

　　當時制度"許文武升朝官嫡親附國學取解"。② 仁宗慶曆二年,天章閣侍講王洙再次確認,國子監每逢科舉,允許品官子弟投納文狀,量試學業,通過者分別成爲廣文、太學、律學三館學生,而後可以隨秋試召保取解。③ 禮部也有規定:"凡試國子監者,先補中廣文館生,乃得以牒求試。"④國子監的高録取比前文已説明,而廣文館在當時的角色類似于"國學預備學校",蘇晦自稱"廣文館進士"即説明獲得國子監發解試資格。這也佐證了前文推論,其父即官至升朝官階列者。

　　可即便憑藉官員子弟的特殊身份,蘇晦的仕進之路仍談不上順利,直到二十三年後纔似乎有所突破。元豐元年(1078)《宋故安定程君墓誌銘》題名稱"將仕郎守耀州雲陽縣令蘇晦"。將仕郎爲宋文散官末階,雲陽縣則屬耀州,縣域大致位于邠州至京兆府的中間地帶。蘇晦花費二十三年的時間纔終于由廣文館生員轉變爲一縣縣令,只是以官銜所帶"守"字來看,其階官還是選人低階。

　　相較于蘇晦的經歷,蘇昞同樣没有選擇常規的科舉入仕。以目前所見蘇昞石刻題記分析:

　　　　熙寧二年(1069),《宋故武功蘇君(昕)墓誌銘》題"從父弟昞書",蘇晦撰文,吕大觀填諱。

　　　　元符三年(1100),李援與蘇昞等于草堂寺題名一段。⑤

　　　　元符三年(1100),《宋故追復寶文閣直學士朝散大夫致仕吕公(大忠)之墓》題"托其故莫府武功蘇昞紀其大略"⑥。

　　　　政和二年(1112),《宋故樂壽縣太君种夫人(吕大鈞妻)墓誌銘》題"武功蘇昞撰",

①　圖版及録文見西安市長安博物館編:《長安新出墓誌》,北京:文物出版社,2011年,第332—333頁。
②　脱脱等:《宋史》卷一百五十七《選舉三》,第3658頁。
③　馬端臨:《文獻通考》卷四十二《學校考三》,北京:中華書局,2011年,第1221頁。
④　馬端臨:《文獻通考》卷四十二《學校考三》,第1226頁。
⑤　王昶:《金石萃編》卷一百四十《宋一八》,南京:江蘇古籍出版社,1998年,第254頁。
⑥　党斌:《民族·盟約·邊界·戰爭——陝西出土宋代墓誌輯釋》,第259頁。

王燆書丹,程穎篆蓋。①

元祐年間,呂大忠舉薦蘇昞時稱"京兆府處士蘇昞,德性純茂,强學篤志,行年四十,不求仕進",希望朝廷能够擢用,"俾充學官之選"。② 朱熹《伊洛淵源録》《宋史·蘇昞傳》均認爲元祐末年,呂進伯薦之,自布衣招爲博士,疑此處文本有删節。③ 元符三年(1100),呂大忠墓誌云"托其故莫(幕)府武功蘇昞紀其大略",證明蘇昞此前是有入仕經歷的,個別研究也將呂大忠《代伯兄薦蘇昞狀》繫于元祐末年,認爲是舉薦蘇昞爲太常博士,這一判斷有誤。④ 考《長編》元祐元年(1086)十月,"又詔齊、廬、宿、常、虔、潁、同、懷州各置教授一員。以進士吳師仁爲越州司户參軍,充杭州州學教授;尹材爲虢州司户參軍,田述古爲襄州司法參軍,蘇昞爲邠州司户參軍,并除教授。從近臣薦也"。⑤ 這裏的近臣和呂大忠前文舉狀正好對應。

以此推算,熙寧二年(1069)蘇昞書蘇昕墓誌銘時年方二十三,至熙寧十年(1077),張載卒,又從二程學。彼時蘇昞對入仕并没有表現出太迫切的意願,直到元祐元年(1086)正月,與其關係密切的呂大忠開始擔任陝西轉運副使,十月再任陝西路轉運使。加之當時舊黨執政,一批與舊黨有關聯的士人開始靠着這層關係擔任各州學官,蘇昞也躋身其列。至于蘇昞自稱"故莫(幕)府",説明在邠州學官與太學博士之間,應該還有過幕職官經歷。宋代地方高級官員依然保留了少部分辟舉的權力,在經過中央同意後,可以自己徵辟屬僚。元祐元年(1086)呂大忠主政陝西後,一大重要舉措就是擴大人事任免權,上任伊始,呂大忠即"乞延渭秦慶州、永興軍通判,許本司選定奏差一次"。⑥《宋史·呂大忠傳》還記録有幕府馬涓以及同在二程門下的謝良佐,蘇昞很可能也在此期間被呂大忠舉薦擔任屬僚。

至元祐末,蘇昞再次被舉薦擔任太學博士。太學博士即元豐之前的國子監直講。按慣例,國子監直講自中書門下選差,元祐年間大量親近舊黨的文人由此進入國學,如上文

① 陝西省考古研究院等編:《藍田呂氏家族墓園》,第 700 頁。

② 曾棗莊、劉琳主編:《全宋文》卷二三八五《代伯兄薦蘇昞狀》,上海:上海辭書出版社;合肥:安徽教育出版社,2006 年,第 110 册,第 152 頁。

③ 王應麟:《玉海》卷一百二十二《學校》稱:"元祐中,杭之吳師仁,虢之尹材,襄之田述古,邠之蘇昞……皆以文行,命爲本州學官。"説明此處舉狀乃是針對邠州教授而作。

④ 如《關學編》將"學官之選"寫作"學宫之選",繫于元祐末;《全宋文》蘇昞小傳同誤。另呂大臨《呂氏鄉約鄉儀》、朱熹《伊洛淵源録》、李幼武《道學名臣言行外録》等宋人記載均稱蘇昞爲"博士",自《宋史》而下始稱"太常博士",應有誤。其一,太常博士掌"講定五禮儀式",不當視爲學官;其二《伊洛淵源録》引《胡氏傳家録》稱蘇昞對廢后之事"越職上書",如其爲太常博士,似不應視爲越職;其三,舊黨文人在元祐期間的升遷有一定的集體特點,大都進入國學,如與蘇昞同時提拔爲地方學官的吳師仁,田述古,蘇昞不應爲特例。因此,本文以爲朱熹等人所指乃是"太學博士"。

⑤ 李燾:《長編》卷三百八十九,第 9468 頁。

⑥ 李燾:《長編》卷三百六十八,第 8862 頁。

提到吳師仁（元祐初，召爲太學正，遷博士）、田述古（除太學正，充廣親北宅教授），還有蘇昞的同門呂大臨等。[①] 可見蘇昞入仕，究其原因是得益于舊黨得勢，一旦黨爭攻守相易，其仕途也必遭波折。紹聖元年（1094）哲宗親政，呂大防隨即罷相，同時整頓元祐以來官學，"今後内外學官選進士出身及經明行修人充"，[②]建中靖國元年（1101）更是規定"元祐所除無出身人充内外學官者一切罷去"。[③]

　　不過蘇昞于建中靖國元年（1101）前已離職，元符三年（1100）新舊兩黨圍繞孟后廢黜事件展開爭鋒，蘇昞越職上書，落職。[④] 因此，當年呂大忠墓誌僅稱"武功蘇昞"而無官銜，同年蘇昞還與李援等在京兆草堂寺題名一段。這些材料均證實蘇昞去職後很快便返回京兆。只是舊黨的烙印早已經打上，崇寧元年（1102）九月，朝廷下令開具元符三年（1100）臣僚章疏姓名，蘇昞名列"邪上尤甚"，隨即除名勒停，并編管。[⑤] 直到崇寧四年（1105），對舊黨的打壓政策有所放鬆，各地羈管、編管人員"可特與放還鄉里，仰州縣長吏及監司取責親屬保任其身"。[⑥] 蘇昞或在此期間北返。次年正月，又詔："應元祐及元符末繫籍人等，今既遷謫累年，已足懲戒，可復仕籍，許其自新。"[⑦]正月庚戌進一步確認蘇昞等人"并于舊資上降兩資收叙，送吏部與合入差遣，内無資可降人，依條注遠小處"。[⑧] 蘇昞的仕途再獲轉折。南宋《道命録》記載《正蒙》一書稱"河南府軍巡判官蘇昞季明釐爲十七篇"，[⑨]河南府設左、右軍巡院，以軍巡判官爲副，李心傳應該是按從終的習慣來稱呼蘇昞。到徽宗政和二年（1112），蘇昞再撰吕大鈞妻种氏墓誌，説明他至少活到了六十六歲，《宋史》曰"編管饒州，卒"，有刪簡過當之嫌，容易讓人生出誤解。[⑩]

---

　　① 參考《宋元學案》卷六《士劉諸儒學案》（北京：中華書局，1986年，第255頁），《邵氏聞見録》卷十九（北京：中華書局，1986年，第209頁）。《宋元學案》另將吳師仁、司馬光、張載歸入"古靈同調"；田述古、尹材均爲司馬光門生，尹材雖以遺逸薦爲學官，但元祐中卒，不得入國學。而蘇昞被舉薦爲太學博士，離不開當時擔任宰相的呂大防的助力。

　　② 徐松輯，劉琳、刁忠民、舒大剛、尹波等校點：《宋會要輯稿·職官二八》，第3761頁。

　　③ 徐松輯，劉琳、刁忠民、舒大剛、尹波等校點：《宋會要輯稿·職官二八》，第3764頁。

　　④ 朱熹：《伊洛淵源録》卷九《蘇學士》，見《朱子全書》第12册，第1037頁。

　　⑤ 徐松輯，劉琳、刁忠民、舒大剛、尹波等校點：《宋會要輯稿·職官六八》，第4874頁。

　　⑥ 楊仲良撰，李之亮校點：《皇宋通鑑長編紀事本末》卷一百二十二，哈爾濱：黑龍江人民出版社，2006年，第2060頁。

　　⑦ 楊仲良撰，李之亮校點：《皇宋通鑑長編紀事本末》卷一百二十四，第2078頁。

　　⑧ 楊仲良撰，李之亮校點：《皇宋通鑑長編紀事本末》卷一百二十四，第2085—2086頁。陸心源《元祐黨人傳》卷六已經注意到這一條記載，對蘇昞事迹有所訂正，但後來學者似乎未予以重視。

　　⑨ 李心傳輯，朱軍點校：《道命録》卷四《何若乞申戒師儒黜伊川之學》，上海：上海古籍出版社，2016年，第40頁。

　　⑩ 如王美鳳等編《關學學術編年》認爲蘇昞卒于崇寧三年（1104）後不久，有誤。（西北大學出版社，2015年，第118頁）

結　語

　　綜上，通覽武功蘇氏家族的仕進之路，展現了一支陝西地方士族如何在宋代變幻莫測的形勢中謀求晋升的歷程。蘇通、蘇昕父子面對戰事的積極態度，反映出當時一部分士人將戰爭看作是避開科舉的要途，甘冒鋒矢以求功名，也體現了北宋陝西士人群體豪邁、雄健的士風特徵。但在"崇文抑武"朝政轉向下，這股尚武風氣反而招來朝廷的警惕、忌憚。而蘇晦、蘇昞依托各自的身份，都没有選擇競爭激烈的鄉試。可即使有着傾斜性的科舉政策，蘇晦的入仕過程依舊曲折。反觀蘇昞背靠"身份政治"，[①]在元祐舊黨執政期間屢次依靠薦舉得以快速升遷，這也是黨争異化的一個體現。并且這背後同樣也受到士人群體間錯綜複雜的關係網絡影響，以武功蘇氏家族爲例，可以一窺北宋中後期陝西士人在政治上的這層複雜關係。

　　【作者簡介】張雲夢，男，1994 年生，碩士，陝西省社會科學院古籍整理研究所助理研究員，主要從事宋史及宋代文獻研究。

---

　　① "身份政治"這一概念興起于當代西方政治社會學研究中，用于闡述相同特質的人對其群體身份的强調及其背後的政治訴求（如弗朗西斯・福山著，劉芳譯：《身份政治——對尊嚴與認同的渴求》，北京：中譯出版社，2021 年）。但就其宋代而言，權力世界中的不同社會身份及所享有的利益更多是自上而下界定的，如科舉資源的不同分配路徑（地方鄉試、漕試、國子監發解試以及宗子應試等），只是黨争的異化加劇了士人群體間的你我之分，黨人的身份開始凸顯并凌駕于制度規定。

唐仲友生卒年新考[*]

許起山　代天才

　　唐仲友,字與政,南宋婺州金華(今屬浙江)人,學者稱爲悦(一作"説")齋先生。唐氏精通文史,著述頗豐,今尚有《悦齋文鈔》《帝王經世圖譜》等著作傳世。因其與朱熹交惡,生前身後頗受道學人士排斥,以致流傳至今的有關唐仲友的生平資料很少,其生卒年更無明確記載。

　　南宋嘉定元年(1208)七月,周必大應唐仲友門人之請,爲唐氏著作《帝王經世圖譜》撰寫序言,其中提到唐仲友"不幸得年僅五十三"。[①] 即唐仲友享年五十三歲。現存唐仲友著述中有《上四府書》一文,自言"蒙被國家長養作成之恩,二十九年矣",[②]知上書時唐仲友二十九歲。一些學者根據《上四府書》中所叙宋金和戰等背景,考證出唐仲友上書年份在隆興二年(1164)。隆興二年,唐仲友二十九歲,再根據享年五十三歲,便能推算出他的具體生卒年。

　　然而,學界對唐仲友於隆興二年爲二十九歲,究竟是實歲還是虛歲的問題觀點不一。鄧廣銘認爲是實歲,其上書時虛歲"恰爲三十歲","由此上推其生年,當爲高宗紹興五年乙卯(1135)"。再根據周必大之説,認爲唐仲友逝世時間在"淳熙十四年丁未(1187)"。[③] 然而,周學武在爲唐仲友編年譜時,注意到《悦齋文鈔補》收録了唐仲友所撰《重建新學記》一文,文中提到淳熙十五年(1188)十一月最後一天發生的事情,[④]由此即可確定此年唐仲友

　　* 本文爲國家社科基金青年項目"兩宋之際雜史輯佚與研究"(20CZS009)階段性研究成果。

　　① 周必大:《廬陵周益國文忠公集》卷五十四《帝王經世圖譜題辭》,見王蓉貴、(日)白井順點校:《周必大全集》,成都:四川大學出版社,2017年,第508頁。檢數種周必大文集,南宋至清刻本、鈔本皆作"五十三",疑初刻時即如此。

　　② 曾棗莊、劉琳主編:《全宋文》卷五八六〇《上四府書》,第260册,上海:上海辭書出版社;合肥:安徽教育出版社,2006年,第278頁。

　　③ 鄧廣銘:《悦齋唐仲友生卒年份考》,原載《益世報·讀書週刊》(1937年7月1日),後收入《鄧廣銘全集》第八卷,石家莊:河北教育出版社,2005年,第711—715頁。

　　④ 《全宋文》卷五八六四收録此文,所據底本亦爲《悦齋文鈔補》,但注明寫作時間在"淳熙十五年十二月"。根據文中所述,淳熙十五年"仲冬晦,新學成",然後纔有人請唐仲友撰文記事之舉,故撰寫《重建學校記》一文至早在淳熙十五年十二月。周學武將此文撰寫時間置在淳熙十五年十一月,即仲冬,不確。

尚在世。① 若以唐仲友所言隆興二年"二十九年"爲虚歲計,恰與淳熙十五年(1188)五十三歲去世相合。若以實歲計,淳熙十五年唐氏則爲五十四歲,與周必大所言"得年僅五十三"相悖。故而周先生認爲隆興二年(1164)唐仲友虚歲二十九,"據此向前後推算,當生于高宗紹興六年(1136),卒于孝宗淳熙十五年十二月"。② 當今學界多從周説。

唐仲友在淳熙十五年十二月尚有撰文之舉,可知當時其身體狀況尚可。現存史料没有唐仲友在淳熙十六年(1189)尚在世的明確記載,周先生根據"二十九""五十三"兩個年齡進行推算,只能將唐仲友的去世時間置在淳熙十五年十二月,這樣纔能與隆興二年唐仲友虚歲二十九相符。

2017年,趙瑶丹、方如金《關于鄧廣銘先生〈悦齋唐仲友生卒年份考〉及其他唐仲友生卒年問題再探討》(以下簡稱"趙文")認爲鄧廣銘先生的計算方法"顯然在邏輯上産生了前後抵牾,互相矛盾。正因這一小誤解導致最後的結論出現了一年的時間偏差"。趙文認爲的"這一小誤解"即指鄧先生將"二十九年"當作了唐仲友的實歲。趙文提到"古人的習慣是以虚齡稱,那麽,唐氏上書時應該是稱自己的虚齡"。從而認爲:"周學武先生的推斷是科學、嚴密、正確的,這也是鄧先生的推斷邏輯,遺憾的是鄧先生只是因爲理解的小偏差而與正確的結論擦肩而過。"③最終得出與周學武先生相同的生卒年結論,并認爲已經解決了有關唐仲友生卒年的數百年謎結。

趙、方兩先生對唐仲友生平及學術頗有研究,他們在論述時旁徵博引,有關唐仲友生卒年的問題似可蓋棺定論。筆者往時亦曾對唐仲友生卒年問題有所關注,但未深究,既得此文,遂反復尋繹,以釋積疑。最終發現周學武先生及趙文所考證出的唐仲友生卒年仍不足以作爲定論。

筆者注意到仍有一則與唐仲友生平相關的材料没有被鄧先生、周先生及趙文引用,那就是唐仲友撰寫的《祭王丞相母太夫人文》,該文的撰寫時間可以佐證唐仲友并非去世于淳熙十五年。《祭王丞相母太夫人文》中言:

> 惟坤之載,母道是儀。有克全之,五福具宜。惟太夫人,博厚其資。毓于慶門,耆儒是歸。婦順妻柔,鞠子而慈。乃生英傑,皇家是毗。歲逾星終,潭府七移。袞章定

---

① 唐仲友撰《陳君墓誌銘》也提到陳氏"以淳熙十五年六月癸酉卒于寢,將以十六年九月三日庚申葬于和睦山清塘原"。該文見《全宋文》卷五八六五,第260册,第368頁。可知《陳君墓誌銘》撰寫于淳熙十五年至十六年之間。

② 周學武:《唐仲友年譜》,見吳洪澤、尹波主編《宋人年譜叢刊》第9册,成都:四川大學出版社,2003年,第6247—6248頁。

③ 趙瑶丹、方如金:《關于鄧廣銘先生〈悦齋唐仲友生卒年份考〉及其他唐仲友生卒年問題再探討》,見姜錫東主編:《宋史研究論叢》第21輯,北京:科學出版社,2017年,第278—279頁。

省，彩服遨嬉。慈顔念鄉，需章抗辭。真祠晝錦，高堂燕怡。四座親姻，姪辰百卮。色如桃花，謂當期頤。今終上壽，憾無毫絲。子心何窮，孺慕以悲。人孰無母，孰光以輝？惟太夫人，在古亦希。掃門下客，受恩無涯。敬陳薄奠，灑淚致辭。①

南宋宰相王姓且與唐仲友有深厚交情者，僅王淮（1126—1189）一人，曾爲宰相七年（1182—1188）。唐仲友與王淮同是金華人，且爲姻家，②與文中"四座親姻，姪辰百卮"之語十分契合。又云"慈顔念鄉，需章抗辭。真祠晝錦，高堂燕怡"，據《漢書·項籍傳》記載，亡秦之後，有人勸項羽留在關中，但其回鄉心切，説道："富貴不歸故鄉，如衣錦夜行。"③後人遂稱富貴還鄉爲"衣錦晝行"，即"晝錦"。宋人韓琦乃相州安陽人，罷相後，判家鄉相州，遂建晝錦堂，歐陽修爲之作記。淳熙十五年（1188）五月初，左相王淮"上章力求去"，④孝宗以"王相乞宮祠，今欲除大觀文，可以判甚郡"詢問周必大，周必大奏云：

臣伏蒙聖問，仰見陛下優禮大臣之意。地望稍高，無如四明；去鄉尤近，則有衢州。緣淮親年八十有四，若稍遠，想于迎侍非便，伏候聖裁。⑤

後來王淮便除觀文殿大學士、判衢州。王淮本是婺州人，但衢州"去鄉尤近"，"侍親歸里，稇載驩迎，親故歡豔，以爲古人戲彩晝繡，公獨兼之"，⑥此即唐仲友《祭王丞相母太夫人文》中的"晝錦"所指。

觀唐仲友《祭王丞相母太夫人文》，其所言王淮獲晝錦之榮及母慈子孝等事屬于追述，該文寫作時間在王淮的母親去世後不久。楊萬里爲王淮撰寫的《神道碑》云：

光宗嗣位。公以舊學，首奉明詔，詢初政。公答詔言極切至，大概謂盡孝進德，奉天敬民，用人立政，罔不在初。上欲拜公使相，而公宅魏國憂。有詔服除日降制。公

---

①　曾棗莊、劉琳主編：《全宋文》卷五八六五《祭王丞相母太夫人文》，第 260 册，第 373 頁。此文出自《永樂大典》卷一四〇四九。

②　脱脱等：《宋史》卷四百二十九《朱熹傳》，北京：中華書局，1977 年，第 12756 頁。

③　班固：《漢書》卷三十一《項籍傳》，北京：中華書局，1962 年，第 1808 頁。"衣錦"，司馬遷《史記》卷七《項羽本紀》作"衣繡"。

④　脱脱等：《宋史》卷三百九十六《王淮傳》，第 12072 頁。

⑤　周必大：《廬陵周益國文忠公集》卷一百五十一《王相判郡御筆》，見王蓉貴、（日）白井順點校：《周必大全集》，第 1446 頁。

⑥　楊萬里撰，辛更儒箋校：《楊萬里集箋校》卷一百二十《宋故少師大觀文左丞相魯國王公神道碑》，北京：中華書局，2007 年，第 4647 頁。

念母子相爲命者六十四年，至此痛極，不如無生。誓以素食終喪。既卒哭，得脾疾，親舊勸公曰："此素食所致也。喪有疾御酒肉，禮也。盍强食從禮?"言未畢，公一慟幾絶，勸者乃止。未幾小愈。聞王人及門，傳宣慰問，且襚魏國以白金及帛疋兩各七百。公起拜命，自草奏稱謝。一日，忽語家人子曰："《易》卦六十有四，吾年亦然。"即命子弟執筆，自占表章，祈致其仕。翼日夜漏下十刻，薨于正寢，實淳熙十六年某月某日也。①

又據樓鑰撰王淮《行狀》：

> 二月，光宗受内禪，以詔書咨詢初政，略曰……公奉詔感泣，遂奏疏曰……會魏國薨，候服闋日降制。公執喪孺慕，悲泣無時，不肯少近滋味。仲秋，中使傳宣撫問，賜内帑銀絹七百匹兩爲賻，公親具表謝。纔數日，忽語諸子曰："六十有四卦，氣已盡，而哀苦衰病如此，其能久乎? 主恩未報，母葬未舉，爲恨耳!"……夜漏下一刻，默然而薨，實八月十二日也。②

以上兩文皆提到宋光宗在淳熙十六年(1189)二月繼位後不久，向王淮咨詢朝廷政事，欲加之使相，但恰逢王淮的母親去世，只能等到他守孝完畢再除官。王淮還沒有將其母親安葬，便染病去世，具體時間在淳熙十六年八月十二日，享年六十四。

王淮因母喪，哀毀不已，"既卒哭，得脾疾"。按照古時喪葬禮儀，尊親去世滿百日之後叫卒哭。八月初，宋廷特遣"中使傳宣撫問"，"賜内帑銀絹七百匹兩爲賻"協助王淮治喪，故卒哭之日約在七月末或八月的前幾天，王淮母親當卒于淳熙十六年五月之前。楊萬里《祭王丞相文》云："嗚呼! 昔歲云秋，公在里居。問焉以書，答焉劬愉。今春云暮，公在堊室。唁焉以筆，哀不能答。八月中浣，我來自西。次于上饒，聞公迎醫。九月之九，言至都下。則聞公薨，驚涕以雨。"③所言"堊室"乃王淮居母喪之所，"今春云暮"即是暮春，一般指三月。周必大淳熙十六年寫給王淮的書信中又提到：

> 某不審裏奉在何時。既祔葬先太師之兆，則規模必已素定，莫止俟時月之利否?

① 楊萬里撰，辛更儒箋校：《楊萬里集箋校》卷一百二十《宋故少師大觀文左丞相魯國王公神道碑》，第4647—4648頁。

② 樓鑰：《攻媿集》卷八十七《少師觀文殿大學士魯國公致仕贈太師王公(淮)行狀》，見張元濟等編：《四部叢刊初編》第1150冊，上海：商務印書館，1929年，第31—35頁。

③ 楊萬里撰，辛更儒箋校：《楊萬里集箋校》卷一百零二《祭王丞相文》，第3845頁。

某自聞變故,即合致唁。而春夏之交數感冒在告,嘗屢語潘漕矣。今緣尸素無補,上
章丐退,恐還江西則道遠,艱于走介,故輒忙作此,少叙不敏,惟鈞慈矜察,幸甚。①

根據周必大言"今緣尸素無補,上章丐退",史載淳熙十六年(1189)五月六日、七日,周必大
連續四次上疏"乞解政機",八日,周必大除觀文殿大學士,判潭州,②由此知周必大給王淮
寫信的時間在其罷相之前。周必大信中提到王淮母親去世之後,應該前去吊唁,但因春夏
之交,天氣多變,導致他身體欠佳,未能致唁,故作此書表達歉意。此又説明王淮母親當去
世于淳熙十六年春末,即三月末。唐仲友《祭王丞相母太夫人文》的撰寫時間必然不會早
于王淮母親去世的時間,也不會晚于八月十二日王淮去世之後。加之唐、王二人關係密
切,又是姻親,此篇祭文撰寫的時間,或在四月初王淮母親剛去世不久之時。如此,唐仲友
卒年必然不在淳熙十五年(1188)。

除了這篇《祭王丞相母太夫人文》外,尚未見到唐仲友在淳熙十六年之後的活動痕迹,
故唐仲友極有可能卒于王淮母親去世之後的數月之間。隆興二年(1164),唐仲友二十九
歲,若以實歲計,他生于紹興五年(1135),至淳熙十六年(1189)卒,享年五十五。周必大云
其得年五十三,恐是書籍傳抄之訛,後一"五"字誤爲"三"使然。

【作者簡介】許起山,男,1990 年生,暨南大學古籍所副教授,主要從事宋代歷史文化
研究。代天才,男,1991 年生,華東師範大學古籍所博士研究生,主要從事宋元思想與文
獻研究。

---

① 周必大:《廬陵周益國文忠公集》卷一百九十《王季海丞相》,見王蓉貴、(日)白井順點校:《周必大全集》,第
1788 頁。
② 王聰聰:《周必大年譜長編》,華東師範大學 2014 年博士學位論文,第 415—416 頁。

《忘山廬日記》中的孫寶瑄與清季理學[*]

劉國宣

全面紬繹孫寶瑄(1874—1924)的治學歷程與言思絕非區區篇幅所能盡，本文的意圖僅在根據《忘山廬日記》中的清季理學叙述，考索孫寶瑄對理學的態度、認知與修正，構建其探究理學的思想進路，企望因個體窺究全局，追尋清季理學的歷史意義。①

一、前　言

作爲較少緣飾雕琢而直接呈現個人經歷、見聞與觀念的歷史文獻，日記愈發得到研究者的重視，蓋秉筆者所寫多屬"爲己"，那些有意"爲人"的著述意識相對較弱，與信史的標準更相符合；而立言者身份的不同，也往往決定着日記擁有多方面的價值。孫寶瑄的《忘山廬日記》(下文簡稱"《日記》")在近代的名氣不比《越縵堂日記》《湘綺樓日記》《緣督廬日記》那些同時代的學人日記弱，身爲清末多次重大歷史事件的親歷者與見證者，②孫氏的日記受到追捧自在情理之中，尤其隨着近些年閱讀史、書籍史的提倡而生發出一種轉向，即孫氏日記中的閱讀實踐和受學歷程越來越被人珍視，使得孫氏《日記》竟似與前述李慈銘、葉昌熾等人的日記漸歸一類了。③

＊　本文爲 2023 年度江蘇省高校哲學社會科學研究一般項目"文獻學視域下的晚清理學復興研究"(2023SJYB0245)及 2023 年度江蘇省社科基金一般項目"江藩《宋學淵源記》與清代學術思潮研究"(23ZXB002)的階段性成果。

①　在新舊轉換、中西交織的思想背景下，名相模棱不定是當時的常態，如"理學"一詞，孫寶瑄除沿襲"宋學"的舊稱外，也會冠以"名理之學"以及外來的"哲學"等晚近術語，意義大抵一致。本文除孫特意強調的"道""理"有別以外，一律稱以理學，不復區分。

②　關於孫寶瑄的生平，參見劉錦：《由先進回歸保守——晚清官宦子弟孫寶瑄的經歷(1894—1902)》，見《近代中國(第二十輯)》，上海：上海社會科學院出版社，2010 年，第 46—63 頁。

③　這方面的代表論著，如秦利國等：《孫寶瑄的閱讀實踐與社會變遷——以〈孫寶瑄日記〉爲中心》[《山西大同大學學報(社會科學版)》2017 年第 6 期，第 30—36 頁]、徐雁平：《新學書籍的湧入與"腦界不能復閉"——孫寶瑄〈忘山廬日記〉研究》[《清華大學學報(哲學社會科學版)》2019 年第 4 期，第 144—165 頁]、王美英：《孫寶瑄的閱讀實踐與思想轉變》(《中國經濟與社會史評論》第十輯，2022 年，第 440—460 頁)等。

　　晚清史的書寫大抵鋪設在衰朽暗悶的背景之下,這一前提常常令人忽視當時知識資源異常豐富的基本事實。同時,晚近學術史的基調在于激進的革新,舉凡傾向保守甚至激進色彩不甚顯著的近代人物,大抵被摒棄于主流叙述之外,即使是兼融并蓄的開明人士,他們守舊的一面也往往被忽略甚至遮蔽。[①] 但應正視的是,無論革新派抑或保守派,他們最初的受學基礎大抵不能逾越于本土舊學資源的場域,接觸西學多屬後事,對舊學的認知深刻影響着對新學的態度。倘若研究者在預流的同時,能够秉持一種"向後看"的眼光,回顧其人與舊學的互動,似乎不失爲一種有意義的學術史探討。

　　孫寶瑄即是一位不尚激進的維新派人士,生平言説從未對舊學進行摧枯拉朽的批判。他出身清季高門,自謂"生平從未遇拂逆之境",[②]即使出仕之後,仍能"無日不讀書",可謂篤志向學,嗜書不倦。"余最長于窮理之學",把"説理"當作自已生平自負三絶之一;曾自況爲"由理想入手"的"王陽明、笛卡爾一流人物"(他也曾在日記中表達過對王陽明知行合一主張的推崇),自信"入理精深,獲聞至道"而"不爲文字障、名譽障所蒙蔽",也可推知其知識追求的純粹性與去平庸化。孫氏游移于學界邊緣,既不屬任何派别,也無絶對的宗主,借用韋伯(Max Weber)的話説,他確是一位在信仰危機之際,能對隨世運升降的多種思潮保持價值中立者,故能與當時學界的中心人物如宋恕、章太炎、梁啓超等保持着密切而平等的往來。像這類既具備評騭學術的資格,又少門户私見者的言説,對後人回看那個時代的學術態勢與知識格局顯然具有重要意義。

二、孫寶瑄的理學意趣與探求

　　《日記》紀事始于光緒十九年癸巳(1893)十一月,迄于光緒三十四年戊申(1908)歲末,前後逾十五年,其中光緒二十一年、二十二年、二十五年、二十六年、三十年、三十一年凡六年闕如,已非全秩。所記讀書、交游并重,光緒二十三年(1897)以前讀書遵循道咸以來漢宋兼採的軌轍,經史以外,最嗜理學(《明儒學案》以外,《國朝先正事略》也是孫屢讀不疲之書,其中所載清代理學名臣的事迹尤爲孫所樂道),同時也涉獵新學書籍,[③]但比例不大;

---

　　① 這其中當然也包括過去那種以論代史、論在史先的歷史叙述,如李侃《清末士大夫思想演變的縮影——讀〈忘山廬日記〉》《歷史研究》1984 年第 2 期,第 72—82 頁]、王林《世紀之交的文人心態——孫寶瑄思想剖析》[《山東師大學報(社會科學版)》1998 年第 4 期,第 40—42 頁],即使近年刊出的研究論著,仍不免于趨"新"避"舊"的基調。

　　② 中華書局編輯部編,童楊校訂:《孫寶瑄日記》,北京:中華書局,2019 年,第 1127 頁。後所引日記内容皆來源此書,不復出注。个别標點略有改動。

　　③ 孫氏在《上合肥李傅相書》中説:"寶瑄,一介迂庸,本無知識,客歲(1894 年)以邊事起,略涉洋務書,稍知大要。"《萬國公報》1896 年 5 月,第 88 期。

二十四年戊戌（1898）始，閱讀西學論著、近代報刊的篇幅激增，幾乎凌駕于中學書籍之上；直至三十二年（1906）以後，西學色彩漸淡，轉向以掌故雜記與集部書爲重。[①] 閱讀興趣的變化實係學術關懷轉移的表現，早年追求理學、兼融漢宋，一變爲矚目于國門之外，正是逆睹世變的刺激所致。

質言之，孫寶瑄對理學的追求，即在近代國家危機的時代背景以及漢宋交織的晚清學術語境下，探尋理學揆道救時與安心立命之用。故其自稱：

> 人之性質各有所近，余平素亦無書不讀，無學不研究，然必以義理爲歸，是余性質之所近也。蓋余之學問，以明理、修身、救世爲宗旨，故于名理之書，每酷嗜之，不厭不倦也。

光緒二十三年（1897），孫寶瑄寓居杭州，時距宗宋採漢的名儒朱一新去世甫三年，孫氏對這位博學有識的同鄉前輩表現出了異常的尊崇。是年九月二十三日《日記》曰："入書肆購朱蓉生先生《無邪堂答問》携歸。"此後八日，區區五卷篇帙的《無邪堂答問》成爲不離左右的讀物，即使旅途之中也要抽暇閱覽，前後摘録甚至引申發揮不止五次，這在整部《日記》中頗爲鮮見。次日《日記》曰："晨，覽《無邪堂答問》。有云：'訓詁者，文字之門徑；家法者，專經之門徑；宗旨者，求道之門徑。'言極精審。又云：'漢學家之言曰：訓詁名物，治經之途徑，未有入室而不由徑者。其言良有功于經學。第終身徘徊門徑之間而不一進宮墻之美富，揆諸古人小學、大學之教，夫豈其然。'尤合鄙見。"二十八日又記曰："朱蓉生先生論小學、大學有云：格致者，小學之終事，大學之始事。然哉然哉！自來解格致者，都未講明。"在三十日讀《無邪堂答問》"終卷"之後記曰："蓉生先生于漢、宋兩學皆有心得，頗能窺其本原。惜其于西國事，隔閡而已。"意之所謂，朱氏論學允當深刻，所不愜意者，在其不能與時而進，未周實用。[②] 後來孫寶瑄研討"國故"，不棄樸學，確實貫徹着朱一新的主張，對瑣碎的考據程式頗有保留。他承認"本朝治漢學諸儒，閎博淵澹，考核精確"，可最終成績"僅僅解得經文字句明白，供人之誦讀而已"；多數人只是"流于入海算沙，困而不知返矣"，

---

① 具體統計，參見前舉秦利國《孫寶瑄的閱讀實踐與社會變遷》一文中所列的"《孫寶瑄日記》所載其閱讀書目一覽表"。

② 對朱一新所持評價如此，自非無故。其月二十五日《日記》云："覽《無邪堂答問》，其《景教流行中國碑》考評語，援據極博，惜狃中國舊見，至謂西國藝事之精，多爲中土所流傳。又云：西國文字之傳，自古及今，無不以耳治者。舊聞不盡可稽，反不若見于中國史籍者之可據。此尤武斷。"

"以爲經學在是,更無暇問義理,不審古聖賢留是經典欲何爲者也"。^① 而對宋學,也非一味追捧,對其偏弊觀察深切:

> 宋儒之專談心性,不務實學者,誠爲大弊。然當時尚有永嘉、永康諸派留心經濟者,不皆墮于空虛。沿及元、明,遂專以講誦談心性爲風尚,非獨實學不講,且并束書不觀矣。洎明末國初,亭林、百詩諸先生出,力矯其非,變宋爲漢,而訓詁考訂之風開本朝一大蹊徑。然其流弊所及,又不免專事讀書,明古而昧今,求其獲實效于國家,則又蔑如也。

"談心性"固然佳事,但"不務實學"在風雨如晦、趨利求功的近代中國違背時趨,洵屬共識。理學"治内而遺外,又非出世學,故語天下事多不審情理,馴至遺毒後世,亦勢所必然也"。同樣評騭漢宋學術,康有爲指斥二者"浩博而寡要,漏略而難安","瑣碎箋疏,空談語録,舉無關儒家道統之傳"。^② 鄒容更嘲諷道:"漢學者流,尋章摘句,箋注訓詁,爲六經之奴婢,而不敢出其範圍;宋學者流,日守其《五子近思録》等書,高談其太極、無極、性功之理,以求身死名立,于東西廡一瞰冷豬頭。"^③這類摧陷舊學的言説反將孫的温情襯托得十分明顯。

他也清楚理學的優長,"宋儒于心性之學不爲無功,其教人讀書之法亦極精要","觀其書,頗能斂壹人心,使不躁動,而潛入理境,則有益"。光緒二十八年(1902)三月二十六日《日記》有云:

> 若國家衰亂……理學可以不藉王家之力,閉户而專修,群居而深譚,權在我也。且世愈亂,其學人愈不得不求其所以然之故,而名理愈出。

孫對理學實有別解。他始終强調,"道"與"理"有虛實、廣狹之分:歷來被儒家奉爲最

---

① 孫在《日記》中曾多次表達過對當朝漢學家的欽佩,如光緒三十三年正月十六日記曰:"本朝康雍考據家,余最所心折。"十八日記曰:"余于國朝經學諸書,亦欲博觀詳覽之。""經學至本朝諸名家,已批郤導窾,如土委地,余殊欲搜集諸家,採其精華,芟其繁蕪,薈萃編纂,成一專書,以餉學者。"

② 康有爲:《子曰學而不思則罔》,見康有爲撰、姜義華、吳根梁編校:《康有爲全集(二)》,上海:上海古籍出版社,1990年,第25—27頁。

③ 鄒容:《革命軍》,見北京師範大學歷史系中國近代史組編:《中國近代史資料選編》,北京:中華書局,1977年,第182頁。

高鵠的的"道"本是一個含混而廣義的泛稱，"析其道則有理焉。理者，道之細者也"。① 意欲區分本無異致的"理學""道學"，而將"理學"由"道學"之中析出。然則"理"者謂何？"經緯整齊曰理，理與亂對，亂者，條段錯紊是也。故凡事謂之有理者，必其秩序之整齊而不紊錯者也。彼凡執偏駁之論、訛曲之説者，不得盜理之名而自居。"光緒三十二年（1906）閏四月二十七日《日記》進一步論曰：

> 宋人不言理外之事，世以爲拘而泥，抑知非也。所謂理者，如木之有文理也。天下之理，皆生于事中，當因事而虚心求其理，不可虚懸一理，以衡度天下事。蓋天下事出無窮，理出亦無窮。宋人誤認先有理，後有事，且于事之前橫鯁一虚理，于是事之起也，有與其虚擬之理不合者，遂謂斷無是事，則大謬矣，豈特拘而泥邪？天下之理，未有可虚而擬者也。可以虚而擬，則其理在事外，非事在理外也。

在他看來，"理"字既不在"道"中而獲獨立，名理便擺脱了儒學的道德支配，理學中那些成賢作聖的精神教化與信仰追求便不再成爲思想束縛和行爲羈絆，如此一來，"性理之學"化身成了"名理之學"。因事求理，也即朱子解釋孟子"以意逆志"所説的"自家虚心在這裏，看他書道理如何來，自家便迎接將來"，以"自然相合"；②但"天下事出無窮，理出亦無窮"的主張，意味着理須因勢而異，却根本顛破了理一成不變的絕對權威性（如《朱子語類》所説"有此理，便有此天地；若無此理，便亦無天地"），而賦予"理"以維新精神的解讀。被孫重新定義的"理學"竟與近代傳入的"哲學"一詞愈發接近了。

三、義理經世的可能

　　學術研討，未必完全出于純粹的知識性訴求，關懷也可能并不着落于學術本身，而在與之相繫的天下興亡、民生榮敝。儒學本是"一種關于秩序的學問"，③理學更把儒學整合秩序的功用推峰造極。

　　除去對純粹知識的探究和形上玄遠之學的興趣，孫寶瑄未必摒棄利用理學洗滌社會風俗的功利性目的。這一認識淵源有自，晚清理學的抬頭本與嘉道時人藉性理之學扭轉世俗人心息息相關。他在《日記》中憤然痛斥的"近來朝廷紀綱之頹""士林風氣之壞"，以

---

① 案"析"原作"折"，疑誤。
② 語出《四書章句集注》，所謂"虚心"，亦即西人所揭的"心靈開放"（Open mind）。
③ 葛兆光：《古代中國社會與文化十講》，北京：清華大學出版社，2002年，第57頁。

及"我國政治，種種腐敗"，指不勝屈，慨嘆之餘，又對清初理學名臣像熊賜履、陳鵬年、楊明時、朱軾、于成龍等時時懷想，其内在理路，似隱約存有藉理學以實現廓清社會道德污弊的企望。士人每對眼下失望、對現實無奈之時，往往憧憬昔日人事以消遣抑鬱；而在當時不少人的心目中，理學確是重塑社會秩序的可能途徑（這與清代前期皇權以理學壟斷意識局面的成功經驗或不無關係）。逆而言之，社會風俗的清正醇厚與否，成爲時人判定理學功用的標準。然而正如陳寅恪所描述的，清季"清流士大夫雖較清廉，然殊無才實；濁流之士大夫略具才實，然甚貪污"。① 馬君武更一語道破，"君吏昏虐，士庶奸僞"的現狀使"所謂先賢義理之教，心意之學""絲毫不食其報"。② 朽壞頹敗的世勢，已明示孫寶瑄理學不足以擔當洗滌風俗的重任，他倒不甚惋惜，因理學的功用絶不局限于此。孫曾舉"我國學人所治之經學、詞章"爲例，稱其"至有趣味，然而無用"，"天下之事有趣味者往往無用"，而未將下過苦功的理學包括在内，這似乎表明理學在他心目中尚屬有用之學。案光緒三十三年（1907）九月二十二日《日記》謂：

> 吾于國初，最心折者兩先生：一黄梨洲，一顔習齋。二公皆能破舊時障礙而創新知，以先覺覺斯民者也。蓋梨洲能揭數千年專制之毒，于政界中放一曙光；習齋則悟孔孟真諦，爲三代下儒生所蔽，專研求空虚無用之學，今欲一一返求諸實，以期有用，又于學界中放一曙光。至今日，二先生之言皆驗矣。

所謂"于政界中放一曙光"者，即被梁啓超稱爲"于晚清思想之驟變，極有力焉"的黄宗羲《明夷待訪録》，③《日記》雖屢道《明儒學案》，但對《待訪録》并無過多深論，④即便就此看來，理學中人也完全能夠憑藉歷史經驗與識解來啓迪民智，濟危救時。至于顔元，《日記》有濃墨重彩的記述，僅在光緒二十三年（1897）初的兩個月中，即覽《顔氏學記》凡十一次，他興奮地感慨道："吾不意國初時竟有此種人物。"顔元對理學的依違提供給孫以直接的啓示。"習齋以爲，世間真學問，不外天文、律曆、兵農、水火、禮樂諸有實用濟民事。蓋已窺見今日泰西學校之本"；"蓋先生專以崇實爲本，惡漢、宋以來專執書本爲學問"，"無裨于民物政教，皆虚學也"，被孫贊許爲"洞知本原"，"誠足矯宋、元以來儒生之弊"。他藉此觀察

---

① 陳寅恪：《寒柳堂記夢未定稿》，見陳寅恪著：《寒柳堂集》，上海：上海古籍出版社，1980 年，第 170—171 頁。
② 馬君武：《新學術與群治之關係》，見莫世祥編：《馬君武集》，武漢：華中師範大學出版社，1991 年，第 198 頁。
③ 梁啓超：《清代學術概論》，臺北：臺灣中華書局，1974 年，第 14 頁。
④ 《日記》給予黄宗羲的明確評述表現出孫的世界眼光："立于亞洲，發明公理，洞見本原，切中世弊者，前有我國黄梨洲之《明夷待訪録》，後有日本深山虎太郎之《草茅危言》。梨洲之《原君篇》《原臣篇》《原法篇》，深山之《民權篇》《共治篇》《君權篇》，體例亦相近。"

到，"中國無實學"，"即名爲治經濟家，往往紙上極有條理，而見諸實事，依然無濟，不核實之病至此"。

顏元講求的"實學"與孫寶瑄所説的"經濟"之學，也即昔日所稱事功之學。清代理學由于此前清廷政治導向與壓力的影響，幾乎已將宋儒時常談論的夷夏之防、王霸之辨、謀求事功等褪盡，更多偏向立身行己的品格修養與處世姿態，偶涉哲思，也脱離于實用世務，竟使得提倡理學的主張，只能着落在維護程朱正統和洗滌風俗人心兩方面（無怪于嘉道以降因世變而醞釀出的經世思想多藉史學展開），而時人似乎也已習慣于當朝的狹隘認知，很少再把理學與經國濟世視爲内聖外王的一體。直到提倡"義理經世"的曾國藩勘平大亂，實現了清朝的"中興"，這也不啻向世人昭示理學經世的可信，而顏元的重新發現更爲之演示了實際的可操作性。

四、"渾然于中西"的"通學"觀

不特事功觀念的重建，以往嚴守夷夏大防的言思也在當時對外屈辱的境遇下取中西角立的"民族主義"語調，愈演而愈甚。[①] 鄭觀應描述咸、同時代排斥西學的情狀，"自命正人者，動以不談洋務爲高，見有講求西學者，則斥之曰名教罪人、士林敗類"。[②] 直到二十世紀初，鄧實肯定理學的主張依然偏向此意："漢學、宋學皆有其真，得其真而用之，皆可救今日之中國"，"宋學嚴彝夏内外之防，則有民族之思想；大死節復仇之義，則有尚武之風。民族主義立，尚武之風行，則中國或可不亡"。[③] 而與民族主義共生且交攻的"世界主義"在清季知識界中同時存在，[④]如果説十九世紀晚期尚能賴國勢差安而閉目塞聽，到了清末，士人對西學業已無可回避。"國故"在中西學術競争中表現出的弱勢，催逼着那時人將思想資源的汲取持續西移。

孫寶瑄顯然未惑于"夷夏"對立的聲音，他深知"腦界于是不能復閉"，對待理學，即以

① 史革新爬梳當時"理學派的西學觀"，總結爲"嚴夷夏之大防"論、"西學源于中學"論、"以夏變夷"論及"取西人之藝事，以輔吾之不逮"論四項。史革新：《晚清理學研究》，北京：商務印書館，2007年，第164—183頁。

② 鄭觀應：《盛世危言》卷一《西學》，見鄭觀應等撰，鄒振環整理：《危言三種》，上海：上海古籍出版社，2013年，第25頁。

③ 鄧實：《國學今論》（約1905），《國粹學報》第一年第五期。值得注意者，稍前鄧實所持見解與此相左，他認爲，醉心于"干禄之學"者固不必論，即使真正的理學家也"藐藐于禪寂之性理"，"豈可遂謂之學哉！"語見鄧實：《國學保存論》，《政藝通報》甲辰三號。前後不過年餘，一主理學不能成學，一主理學可以有用，意見乍變。近代中國顯著的時代特徵之一即是多歧性，亦即孫在《日記》所説的"善變"，具體到個人的思想、言行前後截然對立，判若兩人，實屬常態。

④ 朱維錚：《"天下一道"論——王韜的"弢園文"發凡》，見朱維錚著：《求索真文明：晚清學術史論》，北京：中信出版集團，2020年，第122頁。

融通宏闊的視閾重新審視驗證，以獲新知，以立創論。光緒二十八年（1902）五月五日《日記》有謂：“余數年來，專以新理新法治舊學，故能破除舊時一切科（窠）臼障礙。”清季士人的普遍面相之一，即在新舊之間徘徊、調試，孫也不例外。他那句被廣泛徵引的名言“以新眼讀舊書，舊書皆新書也；以舊眼讀新書，新書亦舊書也”，表現出的正是在國故與新學之間的挪移與溝通，所企望的，蓋不過將新舊、中西融爲一體，却難免于强“故”以就“新”：“愚謂居今世而言學問，無所謂中學也，西學也，新學也，舊學也，今學也，古學也，皆偏于一者也。惟能貫古今，化新舊，渾然于中西，是之謂通學，通則無不通矣”，“而何有中西，何有古今？”光緒二十八年（1902）三月五日《日記》道：

> 我國哲學，發源于周末諸子，而大盛于宋、元、明諸儒。本朝又尚文學、考古，而哲學稍衰，至今日哲學又稍稍發萌焉。然而今之談哲學者，其聞見廣博，其胸臆偉大，無一不通東西古今學術源流與政治之沿革者，以是而講哲學，宜其新理日發，精微奧美，决非宋、元諸儒所可擬而及之也。

所以，他特別主張“居今日而欲談名理，以多讀新譯書爲要。蓋新書言理善于剖析，剖析愈精，條理愈密。若舊書，非不能説理，但能包含，不能剖析，故常病其粗”。又説，“我國人自古著書多無條理，往往零雜續成，無有首尾一綫到底者。試觀釋家之書及西人書，則節目條貫，無絲毫紊雜爲可貴也”。

在這方面，馬君武所見與孫頗有契合，只是立説稍嫌激切。他認爲，中學“守三四千年前祖先發明之庭燎野火，不能光大”，因“不知以‘比較’‘經驗’‘觀察’‘聚積’‘類別’‘演繹’‘歸納’之法講學故也”，實即孫所説的“以新理新法治舊學”。他繼而將批評對象引向理學，“《大學》何嘗不言格致，而曰格致所以誠意正心。夫心學者，格致中之一事，而非其宗主之所歸也。程、朱小儒，眼孔如豆，盛張謬説，謂綱常外無義理，心意外無學問；陸、王之以禪學虛空率天下者，更無論矣”。[①]

秉持“貫古今，化新舊，渾然于中西”的“通學”觀，孫寶瑄牽合佛學以解理學。如光緒二十八年（1902）十月十二日《日記》曰：“宋儒亦震驚聖人之道之大，然不知其道爲何物，誤以理混道，不知道自道，理自理，不容强合也。猶佛家之所謂法，亦與理有別，讀佛書又誤解法爲理，皆非也。”又曰：“以理混道，故人視聖人之道，亦不過空言而已。抑知道有實事，非空言能了此事也。此事爲何事？ 即佛爲大事因緣出世之事也。”甚而包舉佛、耶二教之

---

① 馬君武：《新學術與群治之關係》，見莫世祥編：《馬君武集》，第197—198頁。

説以補正理學之疏謬(或有受于友人歐陽石芝、章太炎的佛學研究之影響):

　　　　宋儒言性,分義理、氣質。陋矣哉! 吾則謂義理非性,氣質亦非性。蓋義理者,萬
　　物自然之經緯,氣質者,萬物已成之質點,與性何與? 夫不通佛學而妄言性,宜其聚訟
　　紛然,皆成塵障。諸儒又動謂性之粹然者,天所賦予。不知天作何狀? 其賦予之法如
　　何? 若耶穌所謂靈性者,上帝所給,人爲上帝子云云,又諸儒所訶詆者也。然而所言
　　反類彼教語,抑何故耶? 余嘗解上帝子三字,謂即佛言人海一滴水,自謂其説頗圓。

五、餘論:"作何名論,至此都無用"

　　政教(學)不分的傳統在我國歷史上長期存在,使政治、社會等一切時代問題的解決,
幾乎終要通過學術來獲得經驗。[1] 章學誠所説的"風氣宜以學術挽回,不可以學術趨風
氣"即是此意,被孫寶瑄奉爲"名言",[2]其實他自己牽合佛學、西學來解釋理學,本就是受
風氣裏挾的結果。後來孫却明確指出,"若我國,則僅有風氣而無學理",并且把"風氣"目
爲"天行"。孫的主張,蓋意在區別"學"與"術",中國有"術"無"學",而"術"又不切實用,
"風氣"也就積重難返,事無可爲。這一言説自有其時代背景,章太炎就曾稱道:"學説和致
用的方術不同。致用的方術,有效就是好,無效就是不好。學説就不然,理論和事實合纔
算好,理論和事實不合就不好,不必問他有用没用。"[3]王國維却有"術"從"學"出的主張,
認爲"凡生民之先覺、政治教育之指導、利用厚生之淵源",莫不如此,"非徒一國之名譽與
光輝而已"。[4] 據此而論,有其"術"則有其"學",孫的意見未免消極。

　　理學史上固然也有被孫許爲"能考核事理、深通經濟者"(如司馬光),但"無識迂儒"恐
怕更多:"三代下,人遇事每喜援證古法,而不知時異勢殊,古利而今害者不知凡幾。無他,
名同而實異也。今不考其實,而徒循其名,此迂儒無識之所爲也。"孫氏誠然有識。後來黄
濬也論道,"士之呫嗶者,非周秦六經,即馬班兩史。其腦中所縈憶者,多中古以上事迹,其

---

　　① 此即阮元所説的"夫經世之務,必由于學",而"經濟皆學術爲之"。語出阮元:《京師慈善寺西新立顧亭林先生
祠堂記》,原載劉師培:《左盦題跋》,轉錄自陳鴻森:《阮元揅經室佚文輯存(二)》,《大陸雜志》第 103 卷第 5 期。
　　② 孫對章學誠的評價前後出入頗大,案《日記》光緒二十年(1894)正月初六日記曰:"覽章實齋《文史通義》,筆墨
蕪冗,議論雖有可採,然識解頗小。"十三日記曰:"觀《文史通義·婦學》","長篇累牘,猥瑣繁重","曉曉多言,徒辭費
也"。到二十三年(1897)二月時,《日記》語涉章氏之處,已變爲"其識頗卓""旨哉言乎""最與鄙意合"了。
　　③ 章太炎:《論教育的根本要從自國自心發出來》,見湯志鈞編:《章太炎政論選集》,北京:中華書局,1977 年,第
507 頁。
　　④ 王國維:《觀堂別集》卷四《國學叢刊序》,見王國維著:《觀堂集林(外二種)》,石家莊:河北教育出版社,2003
年,第 703 頁。

所濡觸者，却爲現代之物華。日溺于近，而心馳于古”，“故一旦受侮發憤，欲刺取吾國固有長技，侈舉與西歐對峙者，率皆墟墓簡策間言”，[①]與孫所言無異致。學術不周實用，終究會使制度層面的維新改革，流于形式。有如光緒二十八年（1902）正月初三日《日記》論清廷廢黜八股之舉，“恐日後仍不免泄泄沓沓，有名無實也。夫以數千年弊壞之法，而欲挽回于一日，非有大手段、大見識者，不能奏功。而今之當軸者，半皆不學無識之徒，所謂力小而任重，鮮不覆也”。

黃節曾把當時的“愛國者”分作“盲信己國派”“無視己國派”和有常識的愛國者三派：所謂“盲信己國派”，“以己國所有者，視爲至上無極，不知己國之外更有世界”，也即當今的民粹式反智主義者；所謂“無視己國派”，“以己國所有者，視爲一無足取，一唯他國是崇拜，而不知國粹之爲何義”；只有兩派之外的有常識之愛國者，“深知己國之長短；己國之所長者，則崇守之，己國之所短者，則排斥之。崇守排斥之間，時寓權衡之意，不輕自譽，亦不輕自毀，斯之謂真愛國者也”。[②] 孫寶瑄無疑屬于後者。這位“真愛國者”面對清季學術思潮之繁複，恰如錢鍾書所說的“通而不同，向背倚伏，乍即乍離”，[③]研治理學，也無非期望有裨于人生與世運而已。光緒二十三年（1897），李鴻章對孫寶瑄（孫係李瀚章婿）說的那句“作何名論，至此都無用”，爾後終于成讖，他對理學的熱情與興趣隨之消散殆盡。理學在清季走低以致瀕于邊緣的文化處境，可以説是一個具有症候性的話題，透過孫寶瑄這一個體以窺究理學在那個時代的印記，較諸宏觀叙事似或稍能深切入微。

【作者簡介】劉國宣，男，1987 年生，文學博士、博士後，南京師範大學文學院講師，主要從事古典文獻學、中國古代學術史研究。

---

① 黃濬著，李吉奎整理：《花隨人聖庵摭憶》，北京：中華書局，2013 年，第 41—42 頁。

② 黃節：《愛國心與常識之關係》，見《壬寅政藝叢書·政學文編》卷五，臺北：文海出版社，1976 年，第 184 頁。

③ 錢鍾書：《管錐編》第四册，北京：中華書局，1979 年，第 1389 頁。在那種情形下，孫寶瑄的主張是，“觀其大，據其要，高瞻而遐矚焉，執簡以馭繁焉。諸葛忠武之觀大略，陶靖節之不求甚解，恢恢乎能讀書者也，善治學問者也。”用劉光蕡的話説，就是“今日講學，宜粗淺，不宜精深”。（引録自徐世昌等編纂，沈芝盈等點校：《清儒學案》，北京：中華書局，2008 年，第 7365 頁。）

墓誌重文符號及其校理[*]

敖玲玲

一、出土文獻中的重文符號

重文符號,即"重字替代符號",或稱"重文號""重字符號",是古人書寫重複文字時使用的一種具有指示替代文字作用的書寫符號。古人通常用"＝"表示重文符號,書寫在重複文字的右下方,"它可以節省書寫、鎸刻重字的時間,符合經濟性原則。在不影響表意的前提下,重字符號是具有積極作用的"。[1] 了解出土文獻中重文符號的書寫特點、解讀方法,對釋讀和理解文本内容以及文獻校勘,具有重要的價值。

(一) 重文符號的産生與變體

重文符號的使用始見于甲骨文,任遠舉《卜辭通纂》之例,認爲"商代已經有了重文符號,只是卜辭中少有重文,所以我們能見到的符號還不多"。[2] 裘錫圭進一步指出:"重文號和部分重文號却還没有在早于第 3 期的卜辭裏發現過。説不定重文號就是從第 3 期纔開始使用的。"[3]到周代金文中重文符號就已常見,金文中的慣用語"子子孫孫"大都用重文符號"＝"表示。秦漢碑刻、簡牘、帛書中重文符號的使用也較爲廣泛,敦煌寫本文獻中重文符號亦大量存在。

重文符號爲何用"＝"表示,前賢對此觀點不一。鮑善淳認爲唐人李賢、清人何琇解釋

---

* 本文爲國家社科基金重大招標資助項目(19ZDA281);内蒙古民族大學博士科研啓動基金項目(BS618);國家民委人文社會科學重點研究基地——中國北方民族文化藝術發展研究基地重點項目(23MZYSJDZ04)階段性成果。承蒙匿名審稿專家提出的寶貴修改意見,謹致謝忱。

① 毛遠明:《碑刻文獻學通論》,北京:中華書局,2009 年,第 63—66 頁。
② 任遠:《古代重文符號略論》,《語言研究》1990 年第 1 期,第 87 頁。
③ 裘錫圭:《再談甲骨文中重文的省略》,見裘錫圭著:《古文字論集》,北京:中華書局,1992 年,第 150 頁。

的“＝”表示數詞“二”字以及清人杭世駿所言“＝”是古文“上”字的觀點均屬臆測，他認爲古人採用“＝”作重文符號，不過是約定俗成，取其簡便易書而已。① 後來隨着書寫工具、材質以及書體的變化，在符號“＝”基礎上，重文符號也出現了不同的變體和樣式。毛遠明對碑刻文獻中的重文符號進行了歸納，有“ミ”“二”“、”“匕”“厶”“上”“ㄟ”“⺄”“乀”“乙”等十種形式。② 敦煌寫本文獻中重文符號的使用較爲普遍，張涌泉概括了重文符號的基本類型，有“ミ”“二”“丶”“ㄜ”“ㄅ”“ㄣ”“く”“ㄉ”“ろ”“|”等十種，同時指出“除了上列基本形體，還有相當多由之派生的變體，真可謂是五花八門，令人眼花繚亂”。③ 古人使用重文符號的情況也較爲複雜，重文符號不只用于單字的重複，還可用于詞語甚至是句子的重複，具體讀法則要依據上下文而定。

（二）出土文獻重文符號研究綜述

出土文獻真實性强，石刻、簡牘、帛書、敦煌寫本都真實地保留了古人使用重文符號這一書寫形式的歷史原貌。當前學界從不同角度對出土文獻重文符號進行了研究，取得了一些成果。

從文獻學和校勘學角度進行研究的單篇類論文主要有裘錫圭《考古發現的秦漢文字資料對于校讀古籍的重要性》，利用居延漢簡、銀雀山竹簡、馬王堆帛書以及其他漢代金石文字材料的若干具體例子，闡述了考古發現的秦漢文字資料對校讀傳世古籍的重要意義。指出目前古籍整理注釋工作中，比較普遍地存在對考古發現的文字資料重視不够的傾向，希望扭轉這種傾向。④ 郭在貽、張涌泉、黄徵《敦煌變文整理校勘中的幾個問題》以敦煌變文爲例，列舉校勘中須注意的問題，包括不明重文符號而誤的情况。⑤ 楊琳《馬王堆漢墓帛書重文號釋例》以《馬王堆漢墓帛書》第一輯（文物出版社，1980 年）爲材料，對重文符號的使用情况進行了歸納和說明。⑥ 任遠《古代重文符號略論》利用出土文獻闡述重文符號的産生與流變，對重文符號的讀法與誤讀類型，以及重文符號的省略，則多舉傳世文獻例子進行討論。⑦ 黄光武《金文子孫稱謂重文的釋讀及啓發》闡述金文銘辭中的“子孫”稱謂

① 鮑善淳：《重文表示法與古籍校勘》，《安徽教育學院學報（社會科學版）》1990 年第 1 期，第 79—82 頁。
② 毛遠明：《碑刻文獻學通論》，第 63—66 頁。
③ 張涌泉：《敦煌寫本書寫特例發微》，見張涌泉著：《舊學新知》，杭州：浙江大學出版社，1999 年，第 244 頁。
④ 裘錫圭：《考古發現的秦漢文字資料對于校讀古籍的重要性》，《中國社會科學》1980 年第 5 期，第 3—28 頁。
⑤ 郭在貽、張涌泉、黄徵：《敦煌變文整理校勘中的幾個問題》，《古漢語研究》1988 年第 1 期，第 70—79 頁。
⑥ 楊琳：《馬王堆漢墓帛書重文號釋例》，《文獻》1990 年第 3 期，第 262—264 頁。
⑦ 任遠：《古代重文符號略論》，《語言研究》1990 年第 1 期，第 87—91 頁。

重文符號的釋讀形式，論證從宋代至今釋讀金文習語子孫稱謂重文如"子孫孫""孫子子"一類是不正確的。① 鄧文寬《敦煌吐魯番文獻重文符號釋讀舉隅》對敦煌吐魯番文獻中的重文符號的用法分爲單字重文、雙字重文、三字和三字以上重文、整句重文，同時列舉一些釋讀錯誤的重文符號加以辯證。② 李懷之《淺談中醫古文獻中的重文符號》歸納了簡牘帛書中重文符號的四種使用情況，并進行舉例分析。③ 馬振凱《楚簡〈老子〉中的重文識讀與分類》按郭店楚墓竹簡《老子》中重文現象的特點，將其歸納爲同體重文和包孕重文兩大類。④ 張涌泉《重文號和"之"字訛混廣例》在闡明古代寫本中重文符號與"之"字手寫形近的基礎上，舉例討論了敦煌寫本中"之"字誤作重文號或重文號誤作"之"字的實例，對相關的疑難文句進行了解讀。⑤ 劉卿、孫健《漢簡〈孫臏兵法〉頂針中的重文符號》文章以張震澤的《孫臏兵法校理》爲依據，對銀雀山漢簡《孫臏兵法》中的重文符號"＝"和頂真修辭的關係進行詳細分析。⑥

從文字學角度進行研究的論文主要有張海艷《從重字符號替代到漢字重複構件符號替代》利用碑刻文字材料，分析漢字重複構件符號替代的成因、類型及其演變歷程。⑦ 龔元華《重文符號與近代漢字的簡省演變》根據近代漢語語料，論證了重文符號個別變體的寫法對近代漢字本身部件減省替代的影響。⑧

以上，學界從不同角度對敦煌寫本、簡帛、金文等出土文獻中的重文符號進行了研究，然出土墓誌文獻重文符號的研究相對較少。

二、墓誌中的重文符號

墓誌不同于其他出土文獻，墓誌中重文符號的刻寫受到誌石材質與大小、墓誌文本字數、界格、刻工撰刻技術、刻工對重文内容的處理方式、撰刻書體等諸多因素的影響，墓誌重文符號的刻寫和使用具有自身鮮明的特點：不同墓誌重文符號的書寫位置不同，重文符號有單獨佔用一個字格的，有與本字擠刻于一個字格内的，有位于本字的下一字格右邊

　　① 黄光武：《金文子孫稱謂重文的釋讀及啓發》，《中山大學學報（社會科學版）》1992年第4期，第124—126頁。
　　② 鄧文寬：《敦煌吐魯番文獻重文符號釋讀舉隅》，《文獻》1994年第1期，第160—173頁。
　　③ 李懷之：《淺談中醫古文獻中的重文符號》，《國醫論壇》2005年第3期，第46頁。
　　④ 馬振凱：《楚簡〈老子〉中的重文識讀與分類》，《東方論壇》2009年第4期，第39—41頁。
　　⑤ 張涌泉：《重文號和"之"字訛混廣例》，《語文研究》2015年第4期，第26—28頁。
　　⑥ 劉卿、孫健：《漢簡〈孫臏兵法〉頂針中的重文符號》，《當代修辭學》2015年第5期，第91—95頁。
　　⑦ 張海艷：《從重字符號替代到漢字重複構件符號替代》，見《中國文字研究》第二十二輯，上海：上海書店出版社，2015年，第131—138頁。
　　⑧ 龔元華：《重文符號與近代漢字的簡省演變》，《古漢語研究》2021年第1期，第120—125頁。

的,有位于本字正下方的,有位于本字右下角的。不僅如此,同一墓誌中重文符號刻寫也不統一;重文符號的形式也是多種多樣,即使在同一墓誌中重文符號的書寫形式也有不一致的情況;重文符號表示的重複內容亦不一,有的表示單字的重複,有的表示詞語或句子的重複。墓誌中重文符號的使用情況,值得引起學界的注意。

(一) 重文符號的刻寫位置

　　墓誌中重文符號的刻寫位置大多受到界格的影響。墓誌的界格是指在墓誌石面上劃出的等距離的綫條。界格能夠使墓誌書寫方便,文字大小一致,整體分佈勻稱、美觀。墓誌中界格的情況有三種:一種是有縱橫方界格,另一種只有縱界格,還有一種無界格。
　　墓誌有縱橫方界格時,有以下幾種情況:1. 重文符號大多會單獨佔用一個字格,其位置一般位于本字的下一字格右邊,或者正下方。2. 重文符號與本字擠刻于一個字格內,重文符號位于字格內的右下角,這一種情況極其少見,可參《裴涓墓誌》,①此墓誌有縱橫界格,正書,有四處重文,重文符號位于本字"萬""事""生""前"的右下角,并與其本字擠刻于一個字格內。3. 同一墓誌中重文符號刻寫位置不一致,既有重文符號佔一個字格,又有重文符號與本字擠刻一格內的情況。如《馮黨墓誌》,②墓誌有縱橫界格,正書,時雜草書。此墓誌有兩處重文均用重文符號,然這兩處重文符號的刻寫位置不同,"翩翩鳳子"的重文符號位于"翩"字下方,佔一個字格。"宛宛竜駒"的重文符號位于"宛"字下方,并與本字"宛"擠刻于一個字格內,若不注意,釋讀時較易疏漏。
　　墓誌有縱界格時,重文符號通常佔一個字格或半字格,位于本字的正下方或右下方位置。如《郎公墓誌》,③墓誌有縱界格,行書,有兩處重文"左帶青林之鬱鬱""右挾赤堡之巍巍",重文符號均刻于本字"鬱""巍"的正下方,均佔一字格。再如《任玄播墓誌》,④墓誌有縱界格,有兩處重文"君汪汪有達人之量""恢恢韞不器之才",重文符號刻于本字"汪""恢"字的右下方,約佔半字格。
　　墓誌無界格時,重文符號的刻寫也受到書寫字體的影響而不同:楷書墓誌,重文符號通常佔一字格,位于本字的正下方位置,也有刻在右下方的情況;行書或草書墓誌,重文符號有時佔半字格,大多會位于本字的正下方位置,若重文符號寫于本字的右下方則釋讀時

①　洛陽古代藝術館編,陳長安主編:《隋唐五代墓誌彙編》洛陽卷,第十五册,天津:天津古籍出版社,1991年,第10頁。
②　西安碑林博物館編,趙力光主編:《西安碑林博物館新藏墓誌彙編》上册,北京:綫裝書局,2007年,第142頁。
③　西安碑林博物館編,趙力光主編:《西安碑林博物館新藏墓誌彙編》下册,第700頁。
④　王仲璋主編:《汾陽市博物館藏墓誌選編》,太原:三晋出版社,2010年,第24頁。

容易産生脱漏。如《桓執珪墓誌》,①墓誌無界格,行書,重文有四處,重文符號位于本字"義""平""樂""祭"正下方,約佔半字格。

(二) 重文符號的使用

墓誌重文符號的使用較複雜,同一墓誌中重文符號的使用和刻寫大致有三種情況:

第一種,墓誌中重文符號標示所有的重文内容,重文符號的刻寫形式也一致。如《屈突仲翔妻朱氏墓誌》,②此墓誌有縱橫界格,正書,重文共有十二處,依次是:"喈喈""宛宛""碌碌""哀哀""去去""摇摇""肅肅""躇躇""碌碌""贏贏""寂寂""蒼蒼",重文符號均刻于本字的正下方,刻寫形式統一爲"ㄑ",佔一個字格。此類有縱橫界格,正書,重文内容與形式規範統一的墓誌,易于相關學者整理和釋讀。

第二種,墓誌中重文符號標示所有的重文内容,但重文符號的書寫形式不同。如《朱延度夫人柳氏墓誌》,③此墓誌有縱橫界格,正書,重文有兩處"悠悠大暮""荒郊寂寂",均用重文符號表示,然這兩處重文符號刻寫形式不同,"悠"字正下方重文符號刻作"ㄑ",佔一個字格,"寂"字正下方重文符號作"ㄑ",佔一個字格。

第三種,墓誌中重文符號只標示一部分重文内容,即墓誌重文内容有寫重文符號的,也有寫出本字的。如《袁勝墓誌》,④此墓誌有縱橫界格,正書,重文共有六處:"代代""人人""昂昂""充充""森森""昏昏",其中前四處用重文符號,重文符號刻寫形式一致均爲"ㄑ",位置都刻在本字的正下方,佔一個字格。後兩處重文部分"森森""昏昏"未採用重文符號,而是寫出本字。甚至有的墓誌在前後相連的重文詞句中,前一重文用本字,而後一重文用符號。如《李旻妻裴氏墓誌》,⑤此墓誌有縱橫界格,正書,有兩處重文"然後有生生,有化化,故常生常化爲之道",其中"生生"寫本字,而"化化"是在"化"字正下方位置刻重文符號"ㄑ",佔一個字格。

① 李明、劉呆運、李舉綱主編,陝西省考古研究院編:《長安高陽原新出土隋唐墓誌》,北京:文物出版社,2016年,第194頁。
② 齊運通、楊建鋒:《洛陽新獲墓誌二〇一五》,北京:中華書局,2017年,第120頁。
③ 郭茂育、趙水森等編著:《洛陽出土鴛鴦墓誌輯録》,北京:國家圖書館出版社,2012年,第17頁。
④ 毛陽光、余扶危主編:《洛陽流散唐代墓誌彙編》,北京:國家圖書館出版社,2013年,第174頁。
⑤ 毛陽光、余扶危主編:《洛陽流散唐代墓誌彙編》,第354頁。

（三）重文符號的釋讀

　　重文符號的釋讀可分兩種，一種是單字重文，另一種是詞語或句子的重文。需要注意墓誌中重文"A＝B＝"形式，其可釋讀爲"AABB""ABAB"和"AB，AB"，即可表示連續的單字重文，也可釋讀爲詞語的重文。所以，當我們碰到"A＝B＝"形式時，需要依據上下文的内容仔細解讀。

　　"A＝B＝"釋讀爲"AABB"，如《宋感墓誌》，[①]此墓誌有縱橫界格，正書，重文内容爲"殷王葉裔，微子枝孫。閑家有節，肅〻温〻。外禦其侮，内懃相存"。重文符號"〻"刻于"肅""温"字下，佔一個字格。這裹"肅〻温〻"應釋讀爲"肅肅温温"。

　　"A＝B＝"釋讀爲"ABAB"，如《崔泌及妻王氏墓誌》，[②]此墓誌有縱橫界格，正書，有兩處重文符號"捧雉之年，再罹凶釁，家傳孝友，已解稱冤，痛、矣、、石不朽矣"，重文符號刻爲一點"、"，分别刻于"痛""矣"字下，佔一個字格。依據文意，這裹的"痛、矣、"不能釋爲"痛痛矣矣"，應釋讀爲"痛矣痛矣"。

　　"A＝B＝"釋讀爲"AB，AB"，如《郝閏墓誌》，[③]此墓誌有縱界格，正書，誌文刻五處重文符號，分别爲"儲祉含芳，而生九〻華〻聰敏柔懿，婉淑明秀""亭〻閑態""豔〻麗容""杳〻然如隔雲霄"，重文符號均刻于本字的右下方，佔半字格。此處"九〻華〻"兩個連續的重文符號與後文"亭〻""豔〻""杳〻"讀法不同，不能理解爲"九九華華"，據誌文前後，推知"九華"是誌主的字，誌文釋讀爲"儲祉含芳，而生九華，九華聰敏柔懿"更合文意。由此可見，同一墓誌中重文符號的釋讀方法也不統一，需要結合上下文意來判斷。

　　還要注意墓誌中"A＝B＝C＝D＝"的情況，也需要依據上下文的内容來解讀。一種是四個連續的單字重文，"A＝B＝C＝D＝"可以解讀爲"AABB，CCDD"，如《史惟清墓誌》，[④]此墓誌有縱橫界格，正書，重文内容爲"温〻翼〻切〻思〻。嗟逝水之無歸，悼隙光之難駐"，重文符號刻在"温""翼""切""思"字正下方，佔一個字格，據上下文意，連續四個重文符號釋讀爲"温温翼翼，切切思思"。另一種是詞句的重文，"A＝B＝C＝D＝"可以解讀爲"ABCD，ABCD"。如《裴涓墓誌》，[⑤]重文内容爲"今則已矣，萬〻事〻生〻前〻，逝者何有"，依文意，此處"萬〻事〻生〻前〻"不能作"萬萬事事生生前前"，當釋讀爲"萬事生前，萬事生前"。

　　①　王仲璋主編：《汾陽市博物館藏墓誌選編》，第 32 頁。
　　②　洛陽古代藝術館編，陳長安主編：《隋唐五代墓誌彙編》洛陽卷，第十一册，第 42 頁。
　　③　洛陽古代藝術館編，陳長安主編：《隋唐五代墓誌彙編》洛陽卷，第十二册，第 98 頁。
　　④　郭茂育、趙水森等編著：《洛陽出土鴛鴦誌輯録》，第 183 頁。
　　⑤　洛陽古代藝術館編，陳長安主編：《隋唐五代墓誌彙編》洛陽卷，第十五册，第 10 頁。

三、墓誌重文符號校理

墓誌重文符號的刻寫較爲常見，然重文符號刻寫位置各異，形式繁多，讀法不一，加之墓誌的保存程度、拓印技術等因素都會影響墓誌的整理工作。一般來説，墓誌出土時保存完好，界格清晰，字迹清楚，拓印效果好，其墓誌中的重文符號就較易辨識；若墓誌受到磨損、泐蝕，文字模糊不清，草書或行書刻寫，無界格，墓誌中重文符號的釋讀就會有一定難度。墓誌整理者若不注意，就有可能出現種種疏誤，下面略舉二例，以發其凡，不當之處，祈請方家指正。

（一）誤釋重文符號例

重文符號有不同的變體和樣式，其容易與形體相近字混淆。任遠《古代重文符號略論》，[①]列舉三種重文符號誤讀的類型，有重文符號誤作"又"字例，有重文符號誤作數字"二"字例，有重文符號誤釋作"之"字例。張涌泉《重文號和"之"字訛混廣例》，[②]闡述古書中"之"字誤作重文符號或重文符號誤作"之"字的實例，可參。墓誌校理中也有相類的訛誤例。

例1:《諾思計墓誌》:"□無望空，天□單煞，鳥則驚透，獸則波散。迄之勇夫，心神必引。將□百齡偕老，豈其一夕纏痾。積善無懲祈禱無校。形神異滅，風燭難留。森森景川，罕停東逝，何其永□金歔，長瘞玉泉。"[③]

此墓誌爲正書，石面有部分石花，有淺顯的橫界格，刻字整齊。"迄"下一字，拓本作 ，佔一個字格，字迹清楚可辨，《唐代墓誌彙編續集》釋作"之"字，恐非，應爲重文符號。墓誌下文"森森景川"之第二個"森"作 ，亦爲重文符號，可以比勘。因重文符號"ㄥ"與"之"字二者形近，釋讀時誤將重文符號釋作"之"字。

誌文作"迄迄勇夫，心神必引"，文意順暢。"迄迄"，可作"仡仡"解，謂勇猛雄壯的樣子。參《尚書·秦誓》:"仡仡勇夫，射御不違，我尚不欲。"墓誌材料中有相類的語料亦可爲

---

① 任遠:《古代重文符號略論》,《語言研究》1990 年第 1 期,第 87—91 頁。
② 張涌泉:《重文號和"之"字訛混廣例》,《語文研究》2015 年第 4 期,第 26—28 頁。
③ 周紹良、趙超主編:《唐代墓誌彙編續集》,上海:上海古籍出版社,2001 年,第 610 頁;吳鋼主編:《隋唐五代墓誌彙編》陝西卷,第四册,天津:天津古籍出版社,1991 年,第 9 頁。

參證。如《徐懷隱墓誌》:"祖文經,濟濟勇夫,早閑軍行。"①《高玄墓誌》:"肅肅勇夫,昂昂詞□。弱齡岐嶷,壯齒忠正。"②

例2:《李滉第八女墓誌》:"痛哉! 天道□□,幽途恍忽,□□風之習之少女不□河□草之青青,王孫長往。 悲夫!"③

墓誌爲正書,兼行書,石面剥泐,略模糊。"習"下一字,拓本作▓,《唐代墓誌彙編續集》釋作"之",不確。據字形推測其爲重文符號。

考察語義,"習習",謂微風和煦。參《詩經·邶風·谷風》:"習習谷風,以陰以雨。"墓誌材料中見相類的語例,如《柳懷素墓誌》:"姚風習習,祁日煌煌。"④《李無慮墓誌》:"習習雄風,和而扇物;粲粲□□,寵而益□。"⑤《皇甫政及妻淳于氏墓誌》:"依依飛旐,習習谷風,背南城之朝市,向北邙之泉宮。"⑥誌文作"風之習習",語義通順。

"不"下一字,拓本作▓,略模糊,《唐代墓誌彙編續集》闕文。字形左部可辨爲"糸"行書,據輪廓推測爲"緣"字。"草"上一字,《唐代墓誌彙編續集》闕文,其拓本作▓,清晰可識,當爲"岸"字。

以上一段《唐代墓誌彙編續集》全未標點。據墓誌義例特點,可斷爲:"痛哉! 天道□□,幽途恍忽。□□風之習習,少女不緣;河岸草之青青,王孫長往。"

(二) 脱漏重文符號例

重文符號的刻寫位置、大小、佔格、形式等各異,墓誌整理抄録過程中重文符號較容易脱落,造成釋文的脱漏。

例1:《蔡默墓誌》:"爰杖不才,以爲銘曰:帝城之南數里,中有佳城兮閉君子。地久天長無易期,白楊蕭蕭悲風起。"⑦

墓誌正書,有縱橫方界格,文字佈局整齊,字迹清晰。細核拓片,"南"字下爲▓,獨佔一個字格,清晰可見,應爲重文符號。此重文符號與墓誌下文"白楊蕭蕭悲風起"的"蕭蕭"

① 周紹良主編,趙超副主編:《唐代墓誌彙編》,上海:上海古籍出版社,1992年,第1729頁。
② 周紹良、趙超主編:《唐代墓誌彙編續集》,第317頁。
③ 周紹良、趙超主編:《唐代墓誌彙編續集》,第628頁;王仁波主編《隋唐五代墓誌彙編》陝西卷,第一册,天津:天津古籍出版社,1991年,第138頁。
④ 周紹良、趙超主編:《唐代墓誌彙編續集》,第331—332頁。
⑤ 周紹良主編,趙超副主編:《唐代墓誌彙編》,第1354—1355頁。
⑥ 周紹良主編,趙超副主編:《唐代墓誌彙編》,第1560頁。
⑦ 周紹良、趙超主編:《唐代墓誌彙編續集》,第545頁;吳鋼主編:《隋唐五代墓誌彙編》陝西卷,第三册,第159頁。

所用重文符號刻法完全相同,可資比勘。《唐代墓誌彙編續集》脱一"南"字,當校補作"帝城之南南數里,中有佳城分閉君子"。

例2:《劉公素墓誌》:"孫女四人,長適上谷侯氏,次感,幼喜子、小喜等淚橫進以沾衣,氣沖襟以填臆,感平生之撫視,傷祖莫而遄臻,周陟坂而摧輪,類凌空之失翼。"①

墓誌爲正書,偶兼行書,有石花。復核拓本,"感"字下有█,實爲重文符號。《汾陽博物館藏墓誌選編》脱一"感"字,當補爲"次感感",二孫女名"感感"。此墓誌無界格,文字分佈不均勻,重文符號約佔半字格,不易辨識,因而釋讀時易疏忽導致脱漏。

例3:《史光及妻孫氏墓誌》:"府君存,夫人温。常選碩德,高道蘭薰。□□□□,□里高□。"②

墓誌有縱界格且行書,石面剥泐。復核拓本,"存"字下作█,佔一字格。"温"字下爲█,約佔一字格,二者皆爲重文符號。

"存存"與"温温"相類語例墓誌材料亦見,《薛震墓誌》:"我家存存,道義之門。"③《李濤妻獨孤氏墓誌》:"温温夫人,貞順而慈。"④《唐代墓誌彙編續集》脱重文符號,可據補之。

(三)未識重文符號而闕文例

墓誌出土後受到不同程度的磨損、泐蝕,導致文字模糊難以辨識。若墓誌無界格,草書或行書刻寫,加之墓誌中的重文符號的刻寫因人因地因時而異,這些都會給後人釋讀造成一定的困難。我們可細核拓片,結合墓誌的上下文意,參考相類的墓誌語例,去補證墓誌的闕文。

例1:《徐承嗣墓誌》:"□□魯郊,爰有奇人。昔顯儒聖,今生武臣。勳王忠烈,不顧厥身。"⑤

墓誌正書,有縱横界格,略有磨損。"魯"上二字,《新中國出土墓誌》闕文。《唐代墓誌彙編續集》⑥亦收録此墓誌,釋文作"塊塊魯郊"。細核拓本,第一字作█,微泐,排除石花,左部"土"尚可辨,右部輪廓似"央",推測其字形爲"塊"字。第二字作█,佔一個字格,字

① 王仲璋主編:《汾陽市博物館藏墓誌選編》,第92頁。
② 周紹良、趙超主編:《唐代墓誌彙編續集》,第807—808頁;北京圖書館金石組編:《北京圖書館藏中國歷代石刻拓本彙編》,第二十九册,鄭州:中州古籍出版社,1989年,第31頁。
③ 周紹良、趙超主編:《唐代墓誌彙編續集》,第280頁。
④ 周紹良主編,趙超副主編:《唐代墓誌彙編》,第1793—1794頁。
⑤ 中國文物研究所、陝西省古籍整理辦公室編:《新中國出土墓誌·陝西(貳)》,北京:文物出版社,2003年,圖版上册第109頁,録文下册第89—90頁。
⑥ 周紹良、趙超主編:《唐代墓誌彙編續集》,第592—593頁。

迹清晰，應爲重文符號。墓誌上文"府君熹熹志性，赳赳武夫"之"熹熹""赳赳"，均用重文符號，可比勘。"块块"，即廣大之貌。釋文補作"块块魯郊，爰有奇人"，文意通順。

例2：《霍基及妻劉氏墓誌》："第二秀，第三嗣，并武臣宿衛，天子之爪牙。能孝能忠，是王臣之□□。刻石記號，鐫字勒銘。"①

墓誌正書，有縱横界格，石下邊略殘，文字稍損。"之"下二字，《唐代墓誌彙編續集》闕文。復核拓本，第一字作 ，下部泐蝕，據上部殘劃，可推測其爲"謇"字。第二字作 ，佔一個字格，字迹清晰，乃重文替代符號。

"謇謇"，即忠謹之貌。相類語例唐代墓誌多見，《成忠墓誌》："昭昭令德，謇謇王臣。"②《姚愛同墓誌》："資父事君，則王臣謇謇。"③《陳玄墓誌》："浩浩淮海，地出瑤琨；謇謇王臣，人惟杞梓。"④以上皆其例，可參證。

例3：《蔡希周墓誌》："時覆囚使王公褧衣繡持斧，皇□蜀門，將以問一夕之苛留，書百郡之淫遲。"⑤

墓誌正書，有縱横界格。"皇"下一字，《唐代墓誌彙編續集》闕文。校驗拓本 ，佔一個字格，字迹清晰，實乃重文符號。

"皇皇"即美盛貌。墓誌材料亦多相類語例，可參《劉璿墓誌》："皇皇門慶，毓靈降祥。"⑥《陽玄基墓誌》："皇皇我祖，赫赫隆周。"⑦皆其例證，釋文可據補爲"皇皇蜀門"。

例4：《張君妻蕭氏墓誌》："即以其年五月廿一日殯于都北邙山下。鬱鬱佳城，蒼□□□，惜魚軒之永閟，痛鶴隧之長湮。"⑧

誌文正書，有縱横界格，石面略剥泐，多石花。"蒼"下一字，《唐代墓誌彙編》闕文。檢視原拓，作 ，佔一個字格，據墓誌刻寫特點，實爲重文符號，當補作"蒼"字。墓誌上文"鬱鬱佳城"之"鬱鬱"亦用重文符號，可以比勘，應據補。

---

① 周紹良、趙超主編：《唐代墓誌彙編續集》，第475頁；河北省文物研究所墓誌編輯組編，孟繁峰、劉超英主編：《隋唐五代墓誌彙編》河北卷，天津：天津古籍出版社，1991年，第58頁。

② 周紹良主編，趙超副主編：《唐代墓誌彙編》，第764頁。

③ 趙君平、趙文成編：《河洛墓刻拾零》，北京：北京圖書館出版社，2007年，第247頁。

④ 周紹良主編，趙超副主編：《唐代墓誌彙編》，第899頁。

⑤ 周紹良、趙超主編：《唐代墓誌彙編續集》，第606—607頁；洛陽古代藝術館編，陳長安主編：《隋唐五代墓誌彙編》洛陽卷，第十一册，第90頁。

⑥ 周紹良、趙超主編：《唐代墓誌彙編續集》，第391—393頁。

⑦ 洛陽市第二文物工作隊、喬棟、李獻奇、史家珍編著：《洛陽新獲墓誌續編》，北京：科學出版社，2008年，圖版第75頁，録文第363頁。

⑧ 周紹良主編，趙超副主編：《唐代墓誌彙編》，第1260—1261頁；洛陽古代藝術館編，陳長安主編：《隋唐五代墓誌彙編》洛陽卷，第九册，第83頁。

餘　論

　　重文符號是出土文獻常見的一種書寫符號,然墓誌中的重文符號不同于簡帛、敦煌寫本等其他出土文獻,具有自身鮮明的特點,值得關注。依據墓誌的性質,我們可從兩個層面來看墓誌中的重文符號。

　　第一個層面"墓誌的前世",即出土之前的墓誌。墓誌的形成是一個從紙上到石上的過程,它由古人撰寫于紙上,然後刻工刻于石上,最終埋藏于墓中。這樣,墓誌理論上就有紙本和石本兩個版本内容。有的墓誌銘,只見紙本,有的則只見石本;而有的墓誌銘,紙本、石本,并行于世。① 紙本墓誌可以像其他文體一樣流傳于世,保存于文人別集或詩文總集中,然古人書寫紙本時是否運用重文符號,如何書寫重文符號,今人却不得而知了。墓誌由紙本到石本,有的墓誌是由刻工依據書家書丹拓印而刻石,有的墓誌没有經過拓印而是直接由書家寫在石上而鐫刻的,②還有的墓誌没有拓印也没有書家書丹,而是由刻工直接刻石。那麽,最終刻于石上的重文符號是如何進入石上的? 重文符號的刻法及佔格大小、不同形式到底是出自書家之手還是刻工之手呢? 在刻寫時是否也有重文符號的脱刻、衍刻、誤刻等情況呢? 這些是對墓誌撰刻層面重文符號的思考。

　　第二個層面"墓誌的今生",即出土之後的墓誌。埋藏于地下的墓誌出土以後,產生兩種存在形態,一是拓本,一是今人對墓誌進行釋讀形成的録文。墓誌的保存程度、拓印技術和拓本品質以及重文符號刻寫的多樣性都會影響墓誌整理者對重文符號的整理和辨認工作,也會造成重文符號的誤釋、脱漏、闕文等現象。以石本和拓本爲材料,了解墓誌重文符號刻寫位置、形式、使用情況及釋讀方法等方面的特點,有助于我們科學、準確地釋讀墓誌。

　　【作者簡介】敖玲玲,女,1985 年生,文獻學博士,内蒙古民族大學文學與新聞傳播學院講師,主要從事碑刻文獻學研究。

---

　　① 彭國忠:《從紙上到石上:墓誌銘的生產過程》,《安徽大學學報(哲學社會科學版)》2016 年第 3 期,第 34—49 頁。
　　② 胡可先:《中古墓誌銘的文體形態與書寫規則》,《浙江大學學報(人文社會科學版)》2019 年第 3 期,第 64—82 頁。

2016—2020 年刊佈陝西出土唐代墓誌要錄（下）

黨　斌

514. 元惟乂墓誌：大和元年（827）八月八日。誌文楷書 15 行，滿行 15 字。出土於陝西省西安市長安區。《秦晉豫新出墓誌蒐佚三編》著錄。

515. 田鎬墓誌：大和二年（828）二月十日。誌題“唐故朝請大夫翼王府長史充左衛副使雁門田府君墓誌銘并序”。蓋文篆書 3 行，滿行 3 字。誌文楷書 27 行，滿行 27 字。皇甫權撰，丘景玄書。1986 年出土於陝西省西安市長安縣韋曲北原，現藏陝西省考古研究院。《陝西省考古研究院新入藏墓誌》著錄。

516. 劉相殷夫人李氏墓誌：大和二年（828）閏三月二十四日。誌題“唐故隴西李氏墓誌銘并序”。誌文楷書 14 行，滿行 14 字。劉弘泰撰并書。2001 年出土於陝西省西安市長安區，現藏陝西省考古研究院。《長安高陽原新出土隋唐墓誌》著錄。

517. 萬幹墓誌：大和二年（828）十一月二日。誌題“唐故朝議郎試衢州長史扶風郡萬公墓誌銘并序”。蓋文篆書 3 行，滿行 3 字。誌文楷書 22 行，滿行字數不等。秦嚴已撰。2003 年出土於陝西省西安市長安區紫薇田園都市小區工地，現藏陝西省考古研究院。《長安高陽原新出土隋唐墓誌》著錄。

518. 尹承恩墓誌：大和二年（828）十一月七日。誌題“唐故開府儀同三司檢校太子賓客行恭王府長史上柱國永陽郡王食邑三千户尹公墓誌并序”。蓋文篆書 3 行，滿行 3 字。誌文楷書 26 行，滿行 26 字。滕邁撰，尹承愍書。出土於陝西省西安市長安區。《秦晉豫新出墓誌蒐佚三編》著錄。

519. 宋若昭墓誌：大和二年（828）十一月八日。誌題“大唐内學士廣平宋氏墓誌銘并序”。誌文楷書 26 行，滿行 26 字。出土於陝西省西安市長安區。《秦晉豫新出墓誌蒐佚三編》著錄。

本文爲國家社科基金項目“陝西新出唐代墓誌整理與研究（2007—2020）”（20XZS010）階段性成果。

520. 駱明珣墓誌:大和二年(828)十一月二十一日。誌題"大唐故駱府君墓誌銘并序"。蓋文楷書3行,滿行3字。誌文楷書25行,滿行30字。郭瓊撰。出土地不詳,現藏陝西省考古研究院。《陝西省考古研究院新入藏墓誌》著録。

521. 郭睇墓誌:大和三年(829)正月二十二日。誌題"唐故鳳翔府郿縣令太原郭府君墓誌銘并序"。蓋文楷書3行,滿行3字。誌文楷書30行,滿行30字。郭承蝦撰。出土于陝西省西安市郊區。《西南大學新藏墓誌集釋》著録。

522. 長孫晛及夫人遷葬誌:大和三年(829)七月二十三日。誌題"遷座玄堂後紀"。蓋文篆書3行,滿行3字。誌文楷書18行,滿行19字。長孫立言撰。出土于陝西省西安市長安區。《秦晋豫新出墓誌蒐佚三編》著録。

523. 嚴厚本夫人薛氏墓誌:大和四年(830)八月八日。誌題"唐故薛夫人墓誌"。蓋文楷書3行,滿行3字。誌文楷書14行,滿行15字。出土于陝西省西安市長安區。《西安新獲墓誌集萃》著録。

524. 張熙真墓誌:大和四年(830)八月十一日。誌題"唐故女道士常山張氏墓誌"。蓋文篆書3行,滿行3字。誌文楷書19行,滿行28字。張又新撰,張敦簡書。出土于陝西省西安市長安區。《秦晋豫新出墓誌蒐佚三編》著録。

525. 王朝郎墓誌:大和四年(830)十月二十九日。誌題"唐故太原郡王府君墓誌"。蓋文篆書3行,滿行3字。誌文楷書9行,滿行13字。出土、現藏地不詳。《秦晋豫新出墓誌蒐佚三編》著録。

526. 王崔五墓誌:大和四年(830)十月二十九日。誌題"唐故太原郡王府君墓誌"。蓋文篆書3行,滿行3字。誌文楷書9行,滿行12字。出土、現藏地不詳。《秦晋豫新出墓誌蒐佚三編》著録。

527. 魏式墓誌:大和五年(831)四月二十八日。誌題"唐故鳳翔等道巡覆軍糧使判官殿中侍御史内供奉鉅鹿魏府君墓誌銘并序"。蓋文篆書3行,滿行3字。誌文楷書27行,滿行27字。韋齊休撰。2002年出土于陝西省西安市長安區安裝機械廠工地,現藏陝西省考古研究院。《長安高陽原新出土隋唐墓誌》著録。

528. 班縗夫人李氏墓誌:大和五年(831)十一月十二日。誌題"唐故太學博士扶風班府君夫人隴西李氏墓誌銘并序"。蓋文楷書3行,滿行3字。誌文楷書20行,滿行23字。李朋撰。2002年出土于陝西省西安市長安區,現藏陝西省考古研究院。《長安高陽原新出土隋唐墓誌》著録。

529. 趙篆墓誌:大和六年(832)正月十二日。誌題"唐故侍御史内供奉知鹽鐵埇橋院趙府君墓誌銘"。蓋文篆書3行,滿行3字。誌文楷書28行,滿行27字。韋博撰。出土于陝西省西安市長安區。《西南大學新藏墓誌集釋》《秦晉豫新出墓誌蒐佚三編》著録。

530. 楊準墓誌：大和六年（832）七月十九日。誌題"唐故弘農楊府君墓誌銘并序"。蓋文楷書 3 行，滿行 3 字。誌文行楷 29 行，滿行字數不等。吉鬱撰。1993 年出土于陝西省西安市長安縣鎬京村，1994 年入藏陝西歷史博物館。《風引薤歌——陝西歷史博物館藏墓誌萃編》著録。

531. 薛弘實墓誌：大和六年（832）十二月八日。誌題"唐故河東薛府君墓誌銘并序"。蓋文楷書 3 行，滿行 3 字。誌文楷書 17 行，滿行 18 字。李蚡撰。1997 年出土于陝西省西安市雁塔區曲江池村，1997 年入藏陝西歷史博物館。《風引薤歌——陝西歷史博物館藏墓誌萃編》著録。

532. 斑朗墓誌：大和六年（832）十二月十二日。誌題"唐故處士斑府君墓誌銘并叙"。誌文楷書 24 行，滿行 23 字。斑河撰，李總書。2013 年出土于陝西省西安市長安區。《秦晉豫新出墓誌蒐佚三編》著録。

533. 杜式方夫人李氏墓誌：大和七年（833）七月二十四日。誌題"唐故隴西郡太夫人贈涼國太夫人李氏墓誌銘并序"。蓋文篆書 3 行，滿行 3 字。誌文楷書 36 行，滿行 37 字。崔鄲撰。出土于陝西省西安市長安區。《西南大學新藏墓誌集釋》著録。

534. 于興宗夫人韋氏墓誌：大和八年（834）十一月二十六日。誌題"河南府户曹參軍于公夫人京兆韋氏墓誌銘并序"。誌文楷書 25 行，滿行 26 字。李戡撰，李勝書。出土于陝西省西安市。《秦晉豫新出墓誌蒐佚三編》著録。

535. 蘇諤墓誌：大和九年（835）三月二十八日。誌題"唐故許國文貞公四代孫絳州翼城縣尉武功蘇府君墓誌銘并序"。蓋文隸書 3 行，滿行 3 字。誌文楷書 18 行，滿行字數不等。蘇調撰。出土于陝西省西安市長安區，2009 年入藏陝西歷史博物館。《風引薤歌——陝西歷史博物館藏墓誌萃編》著録。

536. 邢昌墓誌：大和九年（835）四月二十五日。誌題"唐銀青光禄大夫檢校太子賓客兼殿中侍御史賜紫金魚袋上柱國河間邢公墓誌銘并叙"。蓋文篆書 3 行，滿行 3 字。誌文楷書 23 行，滿行 23 字。卜炎撰，王亮書。出土于陝西省西安市長安區。《秦晉豫新出墓誌蒐佚三編》著録。

537. 王氏墓誌：大和九年（835）八月二十三日。誌題"王氏墓誌并序"。誌文楷書 22 行，滿行 24 字。出土于陝西省西安市長安區。《秦晉豫新出墓誌蒐佚三編》著録。

538. 韓曄夫人魏琰墓誌：大和九年（835）八月二十九日。誌題"唐故尚書司封郎中衡州刺史潁川韓府君夫人鉅鹿縣君魏氏墓誌銘并序"。蓋文篆書 3 行，滿行 3 字。誌文楷書 25 行，滿行 25 字。楊嗣復撰，韋愨書。出土于陝西省西安市郊區。《西南大學新藏墓誌集釋》著録。

539．蕭遇夫人盧氏墓誌：大和九年（835）十月二十五日。誌題"大唐贈工部尚書蕭公夫人贈范陽郡太君盧氏墓誌銘并序"。蓋文篆書 3 行，滿行 3 字。誌文楷書 23 行，滿行 26 字。蕭儥撰。出土于陝西省西安市郊區。《西南大學新藏墓誌集釋》著録。

540．馮元倞改葬墓誌：大和九年（835）十一月十九日。誌題"大唐古宗正寺德明興聖廟令長樂馮府君改葬誌"。蓋文楷書 3 行，滿行 3 字。誌文楷書 18 行，滿行 20 字。馮韞書，潘儼刻。出土地不詳，現藏陝西省考古研究院。《陝西省考古研究院新入藏墓誌》著録。

541．孟君暨夫人孫氏墓誌：大和年間（827—835）。誌題"唐故朝散大夫内侍省内給事上柱國賜緋魚袋浙江東道監軍贈内侍省（下闕）孟公墓誌銘并序"。誌文行書 31 行，滿行字數不等。王千運撰。出土于陝西省西安市長安區，2009 年入藏陝西歷史博物館。《風引薤歌——陝西歷史博物館藏墓誌萃編》著録。

542．薛芳墓誌：大和年間（827—835）。誌題"（上闕）張公夫人河東薛氏墓誌銘并序"。蓋文隸書 3 行，滿行 3 字。誌文楷書 26 行，滿行 26 字。郭復珪撰，張龔書，鄭處添諱。出土于陝西省西安市長安區。《西安新獲墓誌集萃》著録。

543．趙運墓誌：開成二年（837）二月二日。誌題"唐故朝議郎行右衛率府長史上柱國天水郡趙府君墓誌銘并序"。誌文楷書 21 行，滿行字數不等。孔圖撰。出土于陝西省西安市郊區。《西南大學新藏墓誌集釋》著録。

544．段伯倫墓誌：開成二年（837）五月四日。誌題"唐故太中大夫檢校户部尚書兼太僕卿上柱國紫金魚袋贈吏部尚書段公墓誌銘"。誌文楷書 35 行，滿行 35 字。袁都撰，趙袞篆，段群書。出土于陝西省西安市灞橋區，現藏關中民俗藝術博物院。《考古與文物》2020 年第 2 期著録。

545．韋道昇墓誌：開成四年（839）正月二十四日。誌題"唐故韋氏女子道昇墓銘"。誌文楷書 12 行，滿行 12 字。韋絢撰。出土于陝西省西安市。《秦晉豫新出墓誌蒐佚三編》著録。

546．李回墓誌：開成四年（839）二月二日。誌題"唐故右内率府兵曹參軍李府君墓誌銘并序"。蓋文篆書 3 行，滿行 3 字。誌文楷書 14 行，滿行 18 字。周僧達撰，周承徽書。2013 年出土于陝西省。《秦晉豫新出墓誌蒐佚三編》著録。

547．韋師素夫人崔氏墓誌：開成四年（839）二月八日。誌題"唐守大府寺丞分司東都韋師素故夫人博陵崔氏墓誌銘"。蓋文楷書 3 行，滿行 3 字。誌文楷書 24 行，滿行 25 字。韋同撰。出土地不詳，現藏陝西省考古研究院。《陝西省考古研究院新入藏墓誌》著録。

548. 班公夫人烏氏墓誌:開成四年(839)二月十四日。誌題"唐瓊王友扶風班公夫人張掖烏氏墓誌銘并序"。誌文楷書 25 行,滿行 27 字。班洙撰,班滋書。出土于陝西省西安市長安區。《秦晋豫新出墓誌蒐佚三編》著録。

549. 韋孝思墓誌:開成四年(839)四月四日。誌題"唐故和州烏江縣韋府君墓誌銘并序"。誌文楷書 17 行,滿行 25 字。韋毅撰,韋鄘書,郭弘亮刻。出土于陝西省西安市。《西安新獲墓誌集萃》著録。

550. 傅元直墓誌:開成四年(839)七月六日。誌題"唐故通直郎行壽州都督府司兵參軍上輕車都尉傅府君墓誌銘并序"。蓋文篆書 3 行,滿行 3 字。誌文楷書 22 行,滿行 23 字。傅植撰。2006 年出土于陝西省西安市長安區昊瑞花苑小區工地,現藏陝西省考古研究院。《長安高陽原新出土隋唐墓誌》著録。

551. 武恭墓誌:開成五年(840)十一月九日。誌題"唐故朝散大夫太子率更令武府君墓誌銘"。誌文楷書 29 行,滿行 28 字。出土于陝西省西安市郊區。《西南大學新藏墓誌集釋》著録。

552. 李氏墓誌:開成五年(840)十一月二十日。誌題"唐故江華縣主墓誌銘并序"。蓋文篆書 3 行,滿行 3 字。誌文楷書 24 行,滿行 25 字。陶温撰,沈庠書。出土于陝西省西安市長安區。《秦晋豫新出墓誌蒐佚三編》著録。

553. 李悦墓誌:開成五年(840)十二月十三日。誌題"大唐故瓊王墓誌銘并序"。誌文楷書 25 行,滿行 25 字。敬暐撰,安景之書,唐玄度篆額,邢公素刻。出土于陝西省西安市長安區。《秦晋豫新出墓誌蒐佚三編》著録。

554. 段嘉貞墓誌:開成年間(836—840)。誌題"故銀青光禄大夫行内侍省内侍員外置同正員上柱國武威縣開國子食邑五百户賜紫金魚袋段公墓誌銘并序"。蓋文篆書 3 行,滿行 3 字。誌文楷書 35 行,滿行 34 字。王肇撰,王克禮書。1988 年出土于陝西省西安市灞橋區紡織城街道西北國棉五廠工地,現藏陝西省考古研究院。《陝西省考古研究院新入藏墓誌》著録。

555. 崔行宣墓誌:會昌元年(841)八月二十三日。誌題"大唐故汝州司户參軍崔君墓誌銘并序"。誌文楷書 25 行,滿行 25 字。昔耘撰。出土于陝西省西安市。《秦晋豫新出墓誌蒐佚三編》著録。

556. 李言揚墓誌:會昌元年(841)十月七日。誌題"唐故紀王墓誌銘并序"。蓋文篆書 3 行,滿行 2 字。誌文楷書 22 行,滿行 20 字。崔鉉撰,郗約書,毛伯貞篆。出土于陝西省西安市長安區。《西安新獲墓誌集萃》著録。

557. 史從及墓誌:會昌二年(842)正月十四日。誌題"唐故朝議郎行太府寺丞上柱國史公墓誌銘并序"。蓋文篆書 4 行,滿行 3 字。誌文楷書 25 行,滿行 35 字。史實撰,唐玄序書并篆額。出土于陝西省西安市長安區。《西南大學新藏墓誌集釋》著録。

558. 李洞真墓誌:會昌二年(842)三月二十日。誌題"唐故咸宜觀主三洞法師李練師墓誌銘并叙"。蓋文篆書 3 行,滿行 3 字。誌文楷書 20 行,滿行 20 字。王珩撰叙,郄玄表撰銘并書,尹仲儒刻。出土于陝西省。《秦晉豫新出墓誌蒐佚三編》著録。

559. 曹太聰墓誌:會昌三年(843)二月二十日。誌題"唐義武軍節度同經略副使高陽軍馬軍十將銀青光禄大夫檢校太子賓客試殿中監故曹府君墓誌銘并序"。誌文行書 20 行,滿行 20 字。出土、現藏地不詳。《秦晉豫新出墓誌蒐佚三編》著録。

560. 徐君夫人王氏墓誌:會昌三年(843)四月十五日。誌題"故河陰縣徐主簿王氏夫人合葬文"。誌文楷書 4 行,滿行 9 字。郭稜書。2003 年出土于陝西省西安市長安區紫薇田園都市小區工地,現藏陝西省考古研究院。《長安高陽原新出土隋唐墓誌》著録。

561. 令狐覽墓誌:會昌三年(843)十月十五日。誌題"唐故朝散大夫前守同州長史上柱國敦煌令狐公墓誌銘并序"。蓋文篆書 3 行,滿行 3 字。誌文楷書 30 行,滿行 26 字。令狐温撰。出土于陝西省西安市長安區。《秦晉豫新出墓誌蒐佚三編》著録。

562. 李匡符墓誌:會昌三年(843)十二月十六日。誌題"唐故秀士隴西李府君墓誌"。誌文楷書 17 行,滿行 17 字。劉稚珪撰。出土于陝西省西安市。《秦晉豫新出墓誌蒐佚三編》著録。

563. 趙涪墓誌:會昌四年(844)四月二十日。誌題"唐故桂管觀察判官承奉郎試大理司直兼殿中侍御史天水趙府君墓誌銘并序"。蓋文篆書 3 行,滿行 3 字。誌文楷書 26 行,滿行 25 字。姜薦撰。出土于陝西省西安市長安區。《秦晉豫新出墓誌蒐佚三編》著録。

564. 李恂墓誌:會昌四年(844)閏七月十日。誌題"唐故沔王墓誌并序"。蓋文篆書 3 行,滿行 2 字。誌文楷書 23 行,滿行 21 字。孫毅撰,楊師讓書,毛伯貞篆。出土于陝西省西安市長安區。《西安新獲墓誌集萃》著録。

565. 嚴厚本墓誌:會昌四年(844)十月十八日。誌題"唐故朝議大夫尚書司封郎中嚴府君墓誌銘并序"。蓋文楷書 3 行,滿行 4 字。誌文楷書 17 行,滿行 38 字。劉三復撰。出土于陝西省西安市長安區。《西安新獲墓誌集萃》著録。

566. 許慕賢夫人崔琬墓誌:會昌四年(844)十二月十二日。誌題"唐故博陵崔氏夫人墓誌銘并叙"。蓋文篆書 3 行,滿行 3 字。誌文楷書 25 行,滿行字數不等。許慕賢撰并書,趙季隨刻。2002 年出土于陝西省西安市長安區紫薇田園都市小區工地,現藏陝西省考古研究院。《長安高陽原新出土隋唐墓誌》著録。

567. 范光祖墓誌:會昌四年(844)十二月十八日。誌題"□□南陽郡太原府范倉曹墓誌銘并序”。誌文楷書 28 行,滿行 27 字。出土于陝西省西安市長安區。《秦晋豫新出墓誌蒐佚三編》著録。

568. 嚴脩睦夫人崔氏墓誌:會昌五年(845)七月二十二日。誌題“唐大理司直嚴公夫人清河崔氏墓誌銘并序”。誌文楷書 25 行,滿行 25 字。嚴茂卿撰,嚴脩睦書。出土于陝西省西安市長安區。《秦晋豫新出墓誌蒐佚三編》著録。

569. 邵搏墓誌:會昌五年(845)七月二十七日。誌題“故邵公墓誌文”。誌文楷書 20 行,滿行 21 字。陳稼撰。出土于陝西省西安市長安區。《秦晋豫新出墓誌蒐佚三編》著録。

570. 崔景裕墓誌:會昌五年(845)十月二十七日。誌題“大唐故櫟陽崔府君墓誌銘并序”。蓋文篆書 3 行,滿行 3 字。誌文楷書 26 行,滿行 27 字。崔景萇撰。出土于陝西省西安市長安區。《秦晋豫新出墓誌蒐佚三編》著録。

571. 劉婼墓誌:會昌六年(846)二月十三日。誌題“唐故長沙劉氏室女道真墓誌銘并序”。誌文楷書 22 行,滿行 23 字。劉瞻撰。出土于陝西省西安市長安區。《秦晋豫新出墓誌蒐佚三編》著録。

572. 韋文度墓誌:會昌六年(846)二月十九日。誌題“唐故京兆府兵曹參軍韋公墓誌銘并序”。誌文楷書 22 行,滿行 25 字。王戡撰。1986 年出土于陝西省西安市長安縣韋曲北原,現藏陝西省考古研究院。《陝西省考古研究院新入藏墓誌》著録。

573. 張惟鋒墓誌:會昌六年(846)九月四日。誌題“唐故朝議郎行潭州都督府法曹參軍充度支勾官上柱國清河張府君墓誌銘并序”。蓋文篆書 3 行,滿行 3 字。誌文楷書 24 行,滿行 24 字。王儒撰,李逍書。出土地不詳,現藏陝西省考古研究院。《陝西省考古研究院新入藏墓誌》著録。

574. 馬全慶墓誌:大中元年(847)十月十一日。誌題“唐故朝散大夫衢王友上柱國扶風馬君墓誌銘并序”。蓋文篆書 3 行,滿行 3 字。誌文楷書 24 行,滿行 24 字。閻衡撰。出土于陝西省西安市長安區。《西南大學新藏墓誌集釋》著録。

575. 楊晟夫人李氏墓誌:大中二年(848)二月十九日。誌題“唐故興元府西縣令楊君夫人墓誌銘”。蓋文篆書 3 行,滿行 3 字。誌文楷書 21 行,滿行 20 字。李合撰。出土于陝西省西安市長安區。《秦晋豫新出墓誌蒐佚三編》著録。

576. 裴寅夫人王氏墓誌:大中二年(848)四月五日。誌題“前淮南節度判官檢校司封郎中兼侍御史裴寅妻京兆王氏晋陽縣君墓誌銘”。誌文楷書 32 行,滿行 32 字。裴寅撰。出土、現藏地不詳。《秦晋豫新出墓誌蒐佚三編》著録。

577. 趙涪夫人李氏墓誌:大中二年(848)七月十二日。誌題“唐故桂管觀察判官承奉郎試大理司直兼殿中侍御史天水趙君夫人隴西李氏墓誌銘并叙"。蓋文篆書3行,滿行3字。誌文楷書19行,滿行21字。李銖撰。出土于陝西省西安市長安區。《秦晋豫新出墓誌蒐佚三編》著録。

578. 韋居實夫人李氏墓誌:大中二年(848)八月十五日。誌題"故京兆府興平縣主簿韋君夫人隴西李氏墓誌銘并叙"。蓋文篆書3行,滿行3字。誌文楷書24行,滿行24字。韋元實撰,李承嗣書。出土于陝西省西安市長安區。《秦晋豫新出墓誌蒐佚三編》著録。

579. 武恭夫人李氏墓誌:大中四年(850)正月六日。誌題"唐故太子率更令武府君夫人隴西縣君李氏墓誌"。蓋文篆書4行,滿行3字。誌文楷書23行,滿行23字。辛冀撰并書。出土于陝西省西安市郊區。《西南大學新藏墓誌集釋》著録。

580. 李瓌夫人陳氏墓誌:大中四年(850)四月十九日。誌題"唐邢州任縣尉趙郡李君夫人潁川陳氏墓誌銘并序"。蓋文篆書3行,滿行3字。誌文楷書24行,滿行27字。陳璩撰并書。出土于陝西省西安市。《秦晋豫新出墓誌蒐佚三編》著録。

581. 董誼夫人史氏墓誌:大中四年(850)四月二十五日。誌題"唐壽州盛唐縣尉董誼妻河南史氏墓銘并序"。蓋文篆書2行,滿行2字。誌文楷書16行,滿行15字。柳仲年銘并書,邵宗簡刻。出土于陝西省西安市長安區。《秦晋豫新出墓誌蒐佚三編》著録。

582. 梁守志夫人趙氏墓誌:大中四年(850)七月七日。誌題"唐故左神策軍華原鎮遏都知兵馬使銀青光禄大夫檢校太子詹事兼嘉王府長史侍御史上柱國梁氏夫人天水郡君趙氏墓誌銘并序"。蓋文篆書3行,滿行4字。誌文楷書26行,滿行25字。安嚴撰,王從章書。出土地不詳,現藏陝西省考古研究院。《陝西省考古研究院新入藏墓誌》著録。

583. 陳君奕室女三人墓誌(一):大中四年(850)七月十日。誌題"唐故鳳翔節度使銀青光禄大夫檢校兵部尚書右衛上將軍□御史大夫贈太子少保上柱國陳府君室女三人墓誌銘并序"。蓋文篆書3行,滿行3字。誌文楷書20行,滿行字數不等。陳頌撰并書。2006年出土于陝西省西安市長安區摯信櫻花園小區工地,現藏陝西省考古研究院。《長安高陽原新出土隋唐墓誌》著録。

584. 陳君奕室女三人墓誌(二):大中四年(850)七月十日。誌題"唐故鳳翔隴州節度使銀青光禄大夫檢校兵部尚書右衛上將軍兼御史大夫贈太子少保上柱國陳室女三人墓誌銘并序"。蓋文篆書3行,滿行3字。誌文楷書20行,滿行字數不等。陳頌撰并書。2006年出土于陝西省西安市長安區摯信櫻花園小區工地,現藏陝西省考古研究院。《長安高陽原新出土隋唐墓誌》著録。

585. 陳君奕室女三人墓誌(三):大中四年(850)七月十日。誌題"唐故鳳翔節度使銀青光禄大夫檢校兵部尚書右衛上將軍兼御史大夫贈太子少保上柱國陳府君室女三人墓誌銘并序”。蓋文篆書 3 行,滿行 3 字。誌文楷書 20 行,滿行字數不等。陳頒撰并書。2006年出土于陝西省西安市長安區摯信櫻花園小區工地,現藏陝西省考古研究院。《長安高陽原新出土隋唐墓誌》著録。

586. 皇甫郔墓誌:大中四年(850)十一月八日。誌題“唐故將仕郎試左衛兵曹參軍驍騎都尉安定皇甫公墓誌銘并序”。誌文楷書 27 行,滿行 28 字。魏楨之撰。出土于陝西省西安市長安區。《秦晉豫新出墓誌蒐佚三編》著録。

587. 周涯墓誌:大中四年(850)十一月二十二日。誌題“大唐故朝請郎前守太原府司録參軍周氏墓誌銘并序”。誌文楷書 26 行,滿行 26 字。薛蒙撰,周琳書。出土于陝西省西安市郊區。《西南大學新藏墓誌集釋》著録。

588. 柳知微妻陳蘭英墓誌:大中四年(850)十二月十一日。誌題“唐故潁州陳氏墓記”。誌文楷書 15 行,滿行 15 字。柳知微撰并書。出土于陝西省西安市長安區。《秦晉豫新出墓誌蒐佚三編》著録。

589. 鄭何夫人李自虛墓誌:大中五年(851)五月。誌題“大唐故普安公主册贈梁國大長公主謚(下闕)”。蓋文楷書 4 行,滿行 4 字。誌文楷書 34 行,滿行字數不詳。1999 年出土于陝西省西安市長安縣細柳鄉高廟村,1999 年入藏陝西歷史博物館。《風引薤歌——陝西歷史博物館藏墓誌萃編》著録。

590. 柳蒨墓誌:大中五年(851)七月二十四日。誌題“唐故柳氏室女十八娘子墓誌銘”。蓋文楷書 3 行,滿行 3 字。誌文楷書 23 行,滿行 21 字。柳遵撰,薛相書。2007 年出土于陝西省西安市長安區韋曲街道曲江瀾山工地,現藏陝西省考古研究院新入藏墓誌》著録。

591. 韋楚望墓誌:大中五年(851)十月二十九日。誌題“唐故潮州刺史京兆韋公墓誌銘并序”。誌文楷書 31 行,滿行 34 字。令狐壽撰,柳庭實書。出土于陝西省西安市長安區。《西安新獲墓誌集萃》著録。

592. 韋諫夫人崔氏墓誌:大中六年(852)五月四日。誌題“唐京兆府倉曹參軍韋君故夫人博陵崔君墓誌”。蓋文隸書 3 行,滿行 3 字。誌文分兩面:首面楷書 21 行,滿行 26字。次面楷書 6 行,滿行 12 字。崔讓撰,崔誼書。出土于陝西省西安市長安區。《秦晉豫新出墓誌蒐佚三編》著録。

593. 薛弘休夫人裴氏墓誌:大中六年(852)五月十九日。誌題“唐薛氏故裴夫人墓誌銘并引”。誌文楷書 23 行,滿行 27 字。薛弘休撰,裴恪書。出土于陝西省西安市長安區。《秦晉豫新出墓誌蒐佚三編》著録。

594. 趙弘武夫人康氏墓誌:大中七年(853)二月十七日。誌題“左神策軍押院兵馬使兼押衙知將朝散大夫行亳州司倉參軍兼監察御史趙氏康夫人墓誌銘"。蓋文行書 3 行,滿行 3 字。誌文楷書 22 行,滿行 23 字。費德□撰,王幼鈞書,宋悦刻。出土于陝西省西安市長安區。《秦晋豫新出墓誌蒐佚三編》著録。

595. 辛鋭夫人張氏墓誌:大中七年(853)四月一日。誌題"唐故右龍武軍兵曹參軍辛府君清河張氏墓誌銘并序"。蓋文楷書 3 行,滿行 3 字。誌文楷書 26 行,滿行 25 字。侯恩撰,辛璪書。2011 年出土于陝西省西安市長安區韋曲街道曲江觀山悦工地,現藏陝西省考古研究院。《陝西省考古研究院新入藏墓誌》著録。

596. 李弘慶墓誌:大中七年(853)七月二十日。誌題"唐故衢王府參軍李府君墓誌銘并序"。蓋文楷書 3 行,滿行 3 字。誌文楷書 22 行,滿行 21 字。李胤撰。2001 年出土于陝西省西安市三橋鎮簡家村,2009 年入藏陝西歷史博物館。《風引薤歌——陝西歷史博物館藏墓誌萃編》著録。

597. 鄭佶墓誌:大中七年(853)八月二日。誌題"唐故興元府南鄭縣尉滎陽鄭君墓銘有序"。蓋文楷書 3 行,滿行 3 字。誌文楷書 29 行,滿行 29 字。盧子復撰。2004 年出土于陝西省西安市長安區西北大學長安校區工地,現藏陝西省考古研究院。《長安高陽原新出土隋唐墓誌》著録。

598. 秦叔向墓誌:大中八年(854)二月五日。誌題"唐故逸人隴西秦公墓誌銘并叙"。蓋文篆書 4 行,滿行 3 字。誌文楷書 25 行,滿行 26 字。秦魯撰,秦管篆額并書,李宗志刻。出土于陝西省西安市。《秦晋豫新出墓誌蒐佚三編》著録。

599. 閻建方小室王氏墓誌:大中八年(854)五月。誌題"唐閻氏亡小室太原王氏墓誌銘并序"。誌文楷書 18 行,滿行 18 字。2013 年出土于陝西省西安市長安區萬科城工地,現藏陝西省考古研究院。《陝西省考古研究院新入藏墓誌》著録。

600. 蕭宏墓誌:大中九年(855)二月二十三日。誌題"蘭陵蕭府君墓誌銘并序"。蓋文篆書 3 行,滿行 3 字。誌文楷書 25 行,滿行 24 字。蕭朗撰并書。出土于陝西省西安市。《秦晋豫新出墓誌蒐佚三編》著録。

601. 康英賢墓誌:大中九年(855)七月八日。誌題"唐故銀青光禄大夫檢校太子賓客守左神策軍大將軍兼侍御史上柱國潁川郡開國男食邑三百户康府君墓誌銘并序"。蓋文篆書 3 行,滿行 3 字。誌文楷書 30 行,滿行 30 字。1992 年出土于陝西省西安市新城區韓森寨街道東方機械廠工地,現藏陝西省考古研究院。《陝西省考古研究院新入藏墓誌》著録。

602. 萬據墓誌:大中九年(855)七月十九日。誌題"唐故萬府君墓誌銘并序"。蓋文篆書 3 行,滿行 3 字。誌文行書 19 行,滿行字數不等。張厚初撰。2003 年出土于陝西省西安市長安區紫薇田園都市小區工地,現藏陝西省考古研究院。《長安高陽原新出土隋唐墓誌》著録。

603. 段彝墓誌:大中九年(855)八月十四日。誌題"唐故朝散大夫滑州長史段公墓誌銘并序"。誌文楷書 31 行,滿行 31 字。范鄰撰,高碩書并篆額,趙君政刻。出土于陝西省西安市長安區。《秦晉豫新出墓誌蒐佚三編》著録。

604. 趙進誠墓誌:大中九年(855)八月二十日。誌題"巨唐故華山處士天水趙府君墓誌銘并序"。蓋文篆書 3 行,滿行 3 字。誌文楷書 19 行,滿行 27 字。楊通玄撰。出土于陝西省西安市長安區。《秦晉豫新出墓誌蒐佚三編》著録。

605. 薛芻墓誌:大中十年(856)四月十三日。蓋文篆書 3 行,滿行 3 字。誌文楷書 24 行,滿行 23 字。出土于陝西省西安市長安區。《秦晉豫新出墓誌蒐佚三編》著録。

606. 韋諫墓誌:大中十年(856)七月二十日。誌題"唐故京兆府士曹京兆韋公墓誌"。蓋文篆書 3 行,滿行 3 字。誌文楷書 23 行,滿行 28 字。崔誼撰并書,李公武刻字。出土于陝西省西安市長安區。《秦晉豫新出墓誌蒐佚三編》著録。

607. 韋師素墓誌:大中十年(856)七月。誌題"唐故朝請郎守太子中舍人分司東都韋府君墓誌銘"。蓋文篆書 3 行,滿行 3 字。誌文楷書 29 行,滿行 26 字。獨孤□撰,劉駕書并篆蓋。出土地不詳,現藏陝西省考古研究院。《陝西省考古研究院新入藏墓誌》著録。

608. 馮敦睦及夫人姜氏合葬墓誌:大中十年(856)十二月二十八日。誌題"唐故綿州神泉縣令馮府君及夫人天水姜氏合葬墓誌銘并序"。蓋文篆書 4 行,滿行 3 字。誌文楷書 26 行,滿行 27 字。孟曄撰,李偕書。出土地不詳,現藏陝西省考古研究院。《陝西省考古研究院新入藏墓誌》著録。

609. 陸耽墓誌:大中十二年(858)二月二十一日。誌題"唐故四鎮北庭行軍涇源渭武等州節度營田觀察處置等使中散大夫檢校左散騎常侍使涇州刺史御史大夫上柱國賜紫金魚袋贈工部尚書吳郡陸公墓志銘"。蓋文篆書 4 行,滿行 3 字。誌文楷書 36 行,滿行 36 字。蔣伸撰,陸漢卿書。出土于陝西省西安市郊區。《西南大學新藏墓誌集釋》著録。

610. 田章墓誌:大中十二年(858)閏二月二十八日。誌題"大唐故朝議大夫檢校國子祭酒侍御史兼福王傅瓊渠二州刺史賜紫金魚袋雁門郡田府君墓誌銘并叙"。蓋文楷書 3 行,滿行 3 字。誌文楷書 30 行,滿行 30 字。盧縱之撰。1986 年出土于陝西省西安市長安縣韋曲北原,現藏陝西省考古研究院。《陝西省考古研究院新入藏墓誌》著録。

611. 韓孝恭墓誌:大中十二年(858)五月。誌題"唐故潁川韓鍊師玄堂銘并序"。誌文楷書 26 行,滿行 26 字。路植撰,鄭岫書。出土于陝西省西安市郊區。《西南大學新藏墓誌集釋》著録。

612. 崔薦墓誌:大中十二年(858)八月二十四日。誌題"唐故博陵崔君墓誌銘并序"。誌文楷書 29 行,滿行 29 字。崔照撰,宇文袞書。出土于陝西省西安市長安區。《秦晋豫新出墓誌蒐佚三編》著録。

613. 高氏墓誌:大中十二年(858)十月十二日。誌題"唐故渤海高氏墓誌銘"。誌文楷書 14 行,滿行 15 字。高勛書。出土于陝西省西安市長安區。《秦晋豫新出墓誌蒐佚三編》著録。

614. 蕭君夫人韋氏墓誌:大中十三年(859)四月十一日。誌題"唐故同州白水縣令蘭陵蕭府君夫人京兆韋氏墓誌銘并序"。誌文楷書 25 行,滿行 25 字。庾晦撰,韋蕃書。出土于陝西省西安市長安區。《西安新獲墓誌集萃》著録。

615. 邵建和墓誌:大中十三年(859)四月二十八日。誌題"大唐故中書省鐫□御題玉簡都勾當刻玉册官游擊將軍右威衛左郎將上柱國高平郡邵府君墓誌銘并序"。誌文楷書 26 行,滿行 25 字。王南薰撰,董景仁書。出土于陝西省西安市長安區。《秦晋豫新出墓誌蒐佚三編》著録。

616. 李悦墓誌:大中十三年(859)六月七日。誌題"大唐故隴西李生墓誌銘并序"。誌文楷書 22 行,滿行 22 字。于熏撰,李彧書。2006 年出土于陝西省西安市長安區韋曲街道富力城工地,現藏陝西省考古研究院。《陝西省考古研究院新入藏墓誌》著録。

617. 薛凌長女墓誌:大中十三年(859)十月十五日。誌題"河東 薛 氏 長殤女墓誌銘并序"。蓋文篆書 3 行,滿行 3 字。誌文楷書 22 行,滿行 21 字。韋詢撰。出土地不詳,現藏陝西省考古研究院。《陝西省考古研究院新入藏墓誌》著録。

618. 薛凌次女墓誌:大中十三年(859)十月十五日。誌題"河東薛氏次殤女墓誌銘并序"。蓋文篆書 3 行,滿行 3 字。誌文楷書 20 行,滿行 20 字。韋詢撰。出土地不詳,現藏陝西省考古研究院。《陝西省考古研究院新入藏墓誌》著録。

619. 丘從儉墓誌:大中十三年(859)十二月十五日。誌題"唐故劍州普安縣令丘府君墓誌銘并序"。蓋文楷書 2 行,滿行 3 字。誌文楷書 18 行,滿行 26 字。萬必復撰。出土于陝西省西安市長安區。《秦晋豫新出墓誌蒐佚三編》著録。

620. 李彦温夫人裴損墓誌:大中十四年(860)正月十日。誌題"唐李秀士故夫人河東裴氏墓誌銘并序"。誌文楷書 31 行,滿行 31 字。李黄文撰。出土地不詳,現藏陝西省考古研究院。《陝西省考古研究院新入藏墓誌》著録。

621. 郭文幹夫人梁氏墓誌:咸通二年(861)十一月二十日。誌題"唐故右神策軍散兵馬使兼押衙銀青光禄大夫檢校國子祭酒兼殿中侍御史上柱國太原郡開國公食邑三千户襲實封五十□郭文幹夫人安定梁氏墓誌銘并序"。蓋文篆書 3 行,滿行 3 字。誌文行書 20

行,滿行 22 字。王鵠撰,李賢書。2014 年出土于陝西省西安市長安區郭杜街道萬科城工地,現藏陝西省考古研究院。《陝西省考古研究院新入藏墓誌》著錄。

622. 令狐綯夫人李氏墓誌:咸通三年(862)正月十六日。誌題"趙郡李氏墓記"。蓋文篆書 3 行,滿行 2 字。誌文楷書 17 行,滿行 18 字。令狐綯撰。出土于陝西省西安市。《秦晋豫新出墓誌蒐佚三編》著錄。

623. 羅叔玠墓誌:咸通三年(862)二月二十二日。誌題"大唐故右神策軍馬軍大將軍神衛銀青光禄大夫檢校太子賓客上柱國羅府君墓誌銘并序"。蓋文篆書 3 行,滿行 3 字。誌文楷書 21 行,滿行 21 字。王南薰述并書兼篆蓋。出土于陝西省西安市長安區,2009 年入藏陝西歷史博物館。《風引薤歌——陝西歷史博物館藏墓誌萃編》著錄。

624. 盧深夫人崔氏墓誌:咸通三年(862)八月一日。誌題"行監察御史盧深夫人清河崔氏墓誌銘并序"。蓋文楷書 3 行,滿行 3 字。誌文楷書 27 行,滿行 32 字。盧深撰。出土于陝西省西安市長安區。《秦晋豫新出墓誌蒐佚三編》著錄。

625. 崔孟墓誌:咸通四年(863)正月二十二日。誌題"唐故博陵崔氏室女墓誌銘"。蓋文楷書 3 行,滿行 3 字。誌文楷書 15 行,滿行 15 字。出土于陝西省西安市長安區。《西安新獲墓誌集萃》著錄。

626. 韋昶墓誌:咸通四年(863)四月二十九日。誌題"唐故朝請大夫守太子左庶子上柱國韋府君墓誌銘并序"。蓋文篆書 3 行,滿行 3 字。誌文楷書 31 行,滿行 30 字。2015 年出土于陝西省西安市長安區航天城,現藏西安市文物保護考古研究院。《考古與文物》2019 年第 1 期著錄。

627. 李滋墓誌:咸通四年(863)八月七日。誌題"唐故夒王墓誌銘并序"。蓋文篆書 3 行,滿行 2 字。誌文楷書 21 行,滿行 20 字。于琼撰,李璟書,毛知儔篆蓋,陳從諫刻。出土于陝西省西安市長安區。《西安新獲墓誌集萃》著錄。

628. 李思真墓誌:咸通五年(864)二月二十七日。誌題"唐故扶風萬府君夫人趙郡李氏墓銘并序"。蓋文篆書 4 行,滿行 3 字。誌文楷書 31 行,滿行 50 字。吳燭撰,李曉書,尹仲傪刻。出土于陝西省西安市長安區。《秦晋豫新出墓誌蒐佚三編》著錄。

629. 李琉夫人宋氏墓誌:咸通五年(864)五月十一日。誌題"唐翰林待詔朝請郎試左金吾衛兵曹參軍李琉妻夫人廣平宋氏墓誌銘并序"。蓋文篆書 3 行,滿行 3 字。誌文楷書 23 行,滿行 23 字。李琉撰,李鈇書并篆蓋。出土地不詳,現藏陝西省考古研究院。《陝西省考古研究院新入藏墓誌》著錄。

630. 張仲群墓誌:咸通五年(864)八月十八日。誌題"唐故鳳翔監軍使光禄大夫行内侍省内侍知内侍省事上柱國清河郡開國公食邑二千户贈左監門衛將軍張公墓誌銘并序"。

誌文楷書 41 行,滿行 40 字。劉巽撰,郭遠書,毛知儔篆蓋,尹僚刻。2018 年出土于西安市雁塔區等駕坡街道西安正馳置業有限公司工地,現藏西安市文物保護考古研究院。《古文獻整理與研究(第六輯)》著錄。

631. 李季平墓誌:咸通六年(865)七月二十七日。誌題"大唐故左神策軍藍田鎮馬步都虞候朝散大夫檢校太子賓客上柱國李公墓誌銘并序"。誌文楷書 21 行,滿行 20 字。出土于陝西省西安市長安區。《西安新獲墓誌集萃》著錄。

632. 令狐緯墓誌:咸通六年(865)十月二十五日。誌題"唐故好畤縣令令狐府君墓誌銘并序"。誌文楷書 25 行,滿行 25 字。令狐纁撰,令狐洵書并篆額。出土于陝西省西安市長安區。《秦晋豫新出墓誌蒐佚三編》著錄。

633. 朱迥墓誌:咸通七年(866)閏三月九日。誌題"唐故銀青光禄大夫檢校國子祭酒前虔州司馬殿中侍御史上柱國吳郡朱府君墓誌銘并序"。蓋文楷書 4 行,滿行 4 字。誌文楷書 28 行,滿行 27 字。宋延休撰,朱翃書。出土地不詳,現藏陝西省考古研究院。《陝西省考古研究院新入藏墓誌》著錄。

634. 杜傳慶墓誌:咸通七年(866)閏三月二十七日。誌題"大唐故朝議郎守河中府河東縣令杜府君墓誌銘并序"。蓋文楷書 3 行,滿行 3 字。誌文楷書 37 行,滿行 38 字。杜速撰,杜振書。出土于陝西省西安市長安區。《秦晋豫新出墓誌蒐佚三編》著錄。

635. 曹周仁墓誌:咸通七年(866)四月二十四日。誌題"唐故鉅鹿郡君夫人曹氏墓誌銘并序"。誌文楷書 27 行,滿行 27 字,周碬撰,霍翱書并篆蓋,强穎刻。出土于陝西省西安市長安區。《西安新獲墓誌集萃》著錄。

636. 李玄氳墓誌:咸通七年(866)五月六日。誌題"唐故建德縣主墓誌銘并序"。蓋文楷書 3 行,滿行 2 字。誌文楷書 24 行,滿行 22 字。盧尚拙撰。出土于陝西省西安市長安區。《秦晋豫新出墓誌蒐佚三編》著錄。

637. 陸遆墓誌:咸通八年(867)正月二十九日。誌題"唐前德州刺史陸公逆修墓誌銘并序"。蓋文篆書 3 行,滿行 4 字。誌文楷書 30 行,滿行 31 字。陸洸撰并書。2002 年出土于陝西省西安市長安區陝西師範大學長安校區工地,現藏陝西省考古研究院。《長安高陽原新出土隋唐墓誌》著錄。

638. 楊栖愈墓誌:咸通八年(867)二月二日。誌題"唐故右神策軍衙前兵馬使銀青光禄大夫檢校太子賓客濮王府咨議參軍兼殿中侍御史上柱國弘農楊府君墓誌銘并序"。誌文楷書 29 行,滿行 31 字。李公儉撰,陳滉書,强存審刻。出土于陝西省西安市郊區。《西南大學新藏墓誌集釋》著錄。

639. 張君夫人王氏墓誌:咸通八年(867)八月十八日。誌題"唐故宣德郎行内侍省内府局丞員外置同正員上柱國張府君夫人王氏墓誌銘并序"。蓋文篆書 3 行，滿行 3 字。誌文行書 27 行，滿行 25 字。夏侯智撰，李璹書。出土于陝西省西安市長安區，2008 年入藏陝西歷史博物館。《風引薤歌——陝西歷史博物館藏墓誌萃編》著錄。

640. 朱小娘子墓誌：咸通九年（868）正月十四日。誌題"唐故朱氏第四十一女墓誌銘并序"。蓋文楷書 3 行，滿行 3 字。誌文楷書 18 行，滿行 18 字。宋延休撰。出土地不詳，現藏陝西省考古研究院。《陝西省考古研究院新入藏墓誌》著錄。

641. 崔睦墓誌：咸通九年（868）四月九日。誌題"唐故前明經崔氏子權厝墓誌銘并序"。誌文楷書 17 行，滿行 17 字。崔充撰。出土于陝西省西安市長安區。《秦晉豫新出墓誌蒐佚三編》著錄。

642. 夏侯如夫人鄧氏墓誌：咸通九年（868）十一月二十五日。誌題"仲父故白水縣令府君如夫人南陽鄧氏墓誌并銘"。蓋文篆書 3 行，滿行 3 字。誌文楷書 18 行，滿行 18 字。夏侯藻撰，李崇書并篆蓋。1986 年出土于陝西省西安市長安縣韋曲北原，現藏陝西省考古研究院。《陝西省考古研究院新入藏墓誌》著錄。

643. 李彥回墓誌：咸通九年（868）十二月十七日。誌題"唐故廬州長史嗣澤王墓誌銘并序"。誌文楷書 27 行，滿行 26 字。高熀撰。出土地不詳，現藏陝西省考古研究院。《陝西省考古研究院新入藏墓誌》著錄。

644. 李又玄墓誌：咸通十年（869）四月十日。誌題"大唐故度支廊廷院官侍御史內供奉柱國賜緋魚袋隴西李府君墓銘并叙"。蓋文楷書 3 行，滿行 3 字。誌文楷書 43 行，滿行 43 字。李罕撰，韋承素書。出土于陝西省西安市郊區。《西南大學新藏墓誌集釋》著錄。

645. 張君遇夫人李氏墓誌：咸通十年（869）四月十六日。誌題"唐故隴西李氏夫人墓誌"。蓋文楷書 3 行，滿行 3 字。誌文楷書 13 行，滿行 15 字。張君遇撰。出土地不詳，現藏陝西省考古研究院。《陝西省考古研究院新入藏墓誌》著錄。

646. 李行素墓誌：咸通十年（869）十二月一日。誌題"唐故容管經略招討處置等使檢校右散騎常侍兼御史大夫上柱國隴西縣開國男食邑三百戶贈工部尚書李公墓誌銘并序"。誌文楷書 35 行，滿行 35 字。鄭愚撰，劉道貫書。出土于陝西省西安市長安區。《秦晉豫新出墓誌蒐佚三編》著錄。

647. 鄭佶夫人盧氏墓誌：咸通十一年（870）十一月十三日。誌題"唐故邕管招討巡官興元南鄭尉公府君盧氏夫人墓誌"。蓋文篆書 3 行，滿行 3 字。誌文楷書 27 行，滿行 31 字。韋昭撰。2004 年出土于陝西省西安市長安區西北大學長安校區工地，現藏陝西省考古研究院。《長安高陽原新出土隋唐墓誌》著錄。

648. 梁公夫人劉氏墓誌：咸通十一年（870）十一月二十四日。誌題"唐故宣徽使贈內侍梁公妻彭城郡劉氏夫人墓誌銘并序"。誌文楷書 25 行,滿行 29 字。黄裕撰。出土地不詳,現藏陝西省考古研究院。《陝西省考古研究院新入藏墓誌》著録。

649. 郭行脩墓誌:咸通十一年(870)十一月二十八日。誌題"唐故絳州龍門縣尉太原郭府君墓誌銘并序"。誌文楷書 23 行,滿行 23 字。姚瓚撰,郭弘裕書。出土于陝西省西安市郊區。《西南大學新藏墓誌集釋》著録。

650. 崔小孌墓誌:咸通十二年(871)七月二十三日。蓋文篆書 3 行,滿行 3 字。誌文楷書 15 行,滿行 16 字。崔滉撰,李從刻。出土于陝西省西安市長安區。《西安新獲墓誌集萃》著録。

651. 靳酈墓誌:咸通十二年(871)十月十三日。誌題"唐故右金吾列駕押衙銀青光禄大夫檢校太子賓客上柱國清河郡靳府君墓誌銘并序"。誌文楷書 24 行,滿行 24 字。胡蒙撰并書,李從刻。出土于陝西省西安市長安區。《西安新獲墓誌集萃》著録。

652. 杜公夫人潘氏墓誌:咸通十二年(871)十月十八日。誌題"大唐京兆杜公故夫人滎陽潘氏墓誌銘并序"。蓋文篆書 3 行,滿行 3 字。誌文楷書 24 行,滿行 24 字。劉希顔撰,潘玄景書。出土地不詳,現藏陝西省考古研究院。《陝西省考古研究院新入藏墓誌》著録。

653. 陳君夫人費氏墓誌:咸通十二年(871)十月二十四日。誌題"銀青光禄大夫檢校國子祭酒兼廣州都督府長史侍御史潁川郡陳公妻故臨海郡費氏夫人墓誌銘并序"。蓋文楷書 3 行,滿行 3 字。誌文楷書 24 行,滿行 25 字。徐璟撰。2006 年出土于陝西省西安市長安區陝西師範大學長安校區工地,現藏陝西省考古研究院。《長安高陽原新出土隋唐墓誌》著録。

654. 毛孟安墓誌:咸通十三年(872)四月四日。誌題"唐故盩厔鎮遏兵馬使銀青光禄大夫檢校國子祭酒兼右驍衛將軍御史大夫上柱國滎陽縣開國子食邑五百户毛公墓誌銘"。誌文楷書 37 行,滿行 38 字。趙訥撰。出土地不詳,現藏陝西省考古研究院。《陝西省考古研究院新入藏墓誌》著録。

655. 華霖墓誌:咸通十五年(874)六月四日。誌題"唐故平原華府君墓誌銘并序"。誌文楷書 20 行,滿行 20 字。趙邁撰。出土于陝西省西安市長安區。《秦晋豫新出墓誌蒐佚三編》著録。

656. 郭佐思墓誌:咸通十五年(874)七月二十八日。誌題"唐故朝散郎行内侍省内府局令員外置同正員上柱國賜魚袋郭府君墓誌銘"。誌文楷書 31 行,滿行 31 字。朱濤撰。出土于陝西省西安市郊區。《西南大學新藏墓誌集釋》著録。

657. 鄭公夫人盧氏墓誌:咸通十五年(874)十月二十四日。誌題"唐故壽州團練使鄭公繼室范陽盧夫人墓誌銘并序"。誌文楷書 26 行,滿行 25 字。鄭逸撰,鄭虞書,韋玕篆蓋。2013 年出土于陝西省西安市長安區。《秦晋豫新出墓誌蒐佚三編》著録。

658. 李又玄夫人邵氏墓誌:咸通十五年(874)十月二十七日。誌題"大唐故侍御史内供奉度支廊廷院官賜緋魚袋隴西李公又玄夫人安陽邵氏墓誌銘并序"。蓋文楷書 3 行,滿行 3 字。誌文楷書 31 行,滿行 31 字。李罕撰,裴棨書。出土于陝西省西安市郊區。《西南大學新藏墓誌集釋》著録。

659. 李符聖墓誌:咸通十五年(874)□月十五日。誌題"故京兆府醴泉縣丞李府君墓銘并序"。誌文楷書 27 行,滿行 25 字。裴灌撰。出土地不詳,現藏陝西省考古研究院。《陝西省考古研究院新入藏墓誌》著録。

660. 樊嗣昌墓誌:乾符三年(876)二月二十八日。誌題"唐故鳳翔府天興縣令樊府君墓誌并序"。蓋文楷書 3 行,滿行 3 字。誌文楷書 23 行,滿行 26 字。湯夔撰,樊嵩書。出土地不詳,現藏陝西省考古研究院。《陝西省考古研究院新入藏墓誌》著録。

661. 盧成德墓誌:乾符三年(876)四月二十日。誌題"故姬范陽盧氏墓誌銘并序"。誌文楷書 22 行,滿行 21 字。陸辯之撰并書。出土于陝西省西安市長安區。《秦晋豫新出墓誌蒐佚三編》著録。

662. 唐君夫人路氏墓誌:乾符三年(876)八月二十九日。誌題"唐故商州豐陽縣令唐府君夫人路氏墓誌銘"。蓋文篆書 4 行,滿行 5 字。誌文楷書 16 行,滿行 16 字。路啓撰。2014 年出土于陝西省西安市。《秦晋豫新出墓誌蒐佚三編》著録。

663. 王遘墓誌:乾符三年(876)十月十一日。誌題"唐故詹事府丞王公墓誌銘并序"。誌文楷書 26 行,滿行 27 字。胡緘撰并書,曲公武刻。出土于陝西省西安市。《秦晋豫新出墓誌蒐佚三編》著録。

664. 郭鏐墓誌:乾符四年(877)正月二十二日。誌題"唐故興州刺史太原郭府君墓誌銘并序"。蓋文篆書 3 行,滿行 3 字。誌文楷書 33 行,滿行 33 字。韋弘矩撰,郭瓊書。出土于陝西省西安市。《秦晋豫新出墓誌蒐佚三編》著録。

665. 郭鏐夫人韋珏墓誌:乾符四年(877)四月二日。誌題"唐故興州刺史太原郭公夫人京兆韋氏扶風縣君墓誌銘并叙"。誌文楷書 32 行,滿行 32 字。韋孝立撰,郭瓊書。出土于陝西省西安市長安區。《秦晋豫新出墓誌蒐佚三編》著録。

666. 張彦敏墓誌:乾符六年(879)八月十五日。誌題"唐故朝散大夫行内侍省内寺伯員外置同正員上柱國賜紫金魚袋清河張公墓誌銘并序"。蓋文篆書 4 行,滿行 3 字。誌文楷書 47 行,滿行 45 字。崔鏞撰,□紹書,邵宗簡刻。出土于陝西省西安市長安區。《秦晋豫新出墓誌蒐佚三編》著録。

667. 陳再豐墓誌:乾符六年(879)十一月五日。誌題"唐故朝散大夫行内侍省宮闈局令員外置同正員上柱國賜紫金魚袋穎川陳公墓誌銘并序"。蓋文篆書 3 行,滿行 3 字。誌文楷書 30 行,滿行 30 字。時貫撰、書并篆額,劉贍刻。出土地不詳,現藏陝西省考古研究院。《陝西省考古研究院新入藏墓誌》著録。

668. 衛巨論墓誌:廣明元年(880)四月二十日。誌題"唐故陳許監軍副使中散大夫行内侍省掖庭令上柱國河東縣開國男食邑三百户賜紫金魚袋衛府君墓誌"。蓋文篆書 3 行,滿行 3 字。誌文楷書 30 行,滿行 30 字。白巖撰,衛虔岫書并篆蓋,劉贍刻。出土于陝西省西安市長安區。《西南大學新藏墓誌集釋》著録。

669. 杜光乂夫人李綽墓誌:文德元年(888)十一月二十七日。誌題"唐故杜氏隴西李夫人墓誌銘并序"。蓋文篆書 3 行,滿行 4 字。誌文楷書 30 行,滿行 34 字。李凝庶撰。出土于陝西省西安市長安區。《西安新獲墓誌集萃》著録。

670. 張讀墓誌:龍紀元年(889)七月二十五日。誌題"唐故通議大夫尚書左丞上柱國賜紫金魚袋贈兵部尚書常山張公墓誌銘并序"。誌文楷書 47 行,滿行 47 字。徐彦若撰,席悦書。出土于陝西省西安市長安區。《秦晋豫新出墓誌蒐佚三編》著録。

671. 劉氏墓誌:景福元年(892)十月二十三日。誌題"唐故彭城郡太夫人劉氏墓誌銘并序"。誌文行書 28 行,滿行字數不等。馬辭撰,孟尊古書,丁邴篆蓋,陳彦銖刻。出土于陝西省西安市郊區。《西南大學新藏墓誌集釋》著録。

672. 曹君墓誌蓋:唐代(618—907)。蓋文篆書 3 行,滿行 3 字,題"大唐故曹府君墓誌銘"。出土、現藏地不詳。《西安新獲墓誌集萃》著録。

673. 趙詵夫人王氏墓誌:唐代(618—907)。誌題"大唐故天水趙府君夫人太原王氏墓誌銘并序"。誌文楷書 25 行,滿行 24 字。出土于陝西省西安市。《秦晋豫新出墓誌蒐佚三編》著録。

674. 程公墓誌蓋:唐代(618—907)。蓋文行書 3 行,滿行 3 字,題"唐故開府程公墓誌銘"。出土地不詳,現藏陝西省考古研究院。《陝西省考古研究院新入藏墓誌》著録。

675. 崔夫人墓誌蓋:唐代(618—907)。蓋文楷書 3 行,滿行 3 字,題"唐故夫人崔氏墓誌銘"。出土、現藏地不詳。《西安新獲墓誌集萃》著録。

676. 崔氏塔銘:唐代(618—907)。蓋文楷書 2 行,滿行 3 字,題"崔氏敬遺塔記"。出土、現藏地不詳。《西安新獲墓誌集萃》著録。

677. 丁府君墓誌蓋:唐代(618—907)。蓋文篆書 3 行,滿行 3 字,題"唐故濟陽丁府君墓誌"。出土地不詳,現藏陝西省考古研究院。《陝西省考古研究院新入藏墓誌》著録。

678. 丁君墓誌蓋:唐代(618—907)。蓋文篆書 3 行,滿行 3 字,題"大唐故丁府君墓誌銘"。2004 年出土于陝西省西安市長安區西北大學長安校區工地,現藏陝西省考古研究院。《長安高陽原新出土隋唐墓誌》著録。

679. 府君墓誌蓋:唐代(618—907)。蓋文篆書 3 行,滿行 3 字,題"大唐故府君墓誌之銘"。出土、現藏地不詳。《西安新獲墓誌集萃》著録。

680. 李夫人墓誌蓋:唐代(618—907)。蓋文篆書 3 行,滿行 3 字,題"唐故李氏夫人墓誌銘"。出土、現藏地不詳。《西安新獲墓誌集萃》著録。

681. 李君墓誌蓋:唐代(618—907)。蓋文篆書 3 行,滿行 3 字,題"大唐故李府君墓誌銘"。2003 年出土于陝西省西安市長安區紫薇田園都市小區工地,現藏陝西省考古研究院。《長安高陽原新出土隋唐墓誌》著録。

682. 李君墓誌蓋:唐代(618—907)。蓋文篆書 3 行,滿行 3 字,題"大唐故李府君墓誌銘"。2006 年出土于陝西省西安市長安區陝西師範大學長安校區工地,現藏陝西省考古研究院。《長安高陽原新出土隋唐墓誌》著録。

683. 劉氏墓誌蓋:唐代(618—907)。蓋文篆書 3 行,滿行 3 字,題"大唐故夫人劉氏誌銘"。出土、現藏地不詳。《西安新獲墓誌集萃》著録。

684. 隴西郡王妃王氏墓誌蓋:唐代(618—907)。蓋文篆書 6 行,滿行 6 字,題"大唐故禮部尚書檢校宗正卿上柱國贈開府儀同三司荆州大都督隴西郡王妃王氏誌銘"。2004 年出土于陝西省西安市長安區西北大學長安校區工地,現藏陝西省考古研究院。《長安高陽原新出土隋唐墓誌》著録。

685. 南僧寶夫人任氏墓誌:唐代(618—907)。誌題"唐故新野郡夫人任氏墓誌銘并序"。誌文楷書 22 行,滿行 20 字。王則撰。出土于陝西省西安市長安區。《秦晋豫新出墓誌蒐佚三編》著録。

686. 齊國夫人墓誌蓋:唐代(618—907)。蓋文楷書 3 行,滿行 3 字,題"唐故齊國夫人墓誌銘"。出土地不詳,現藏陝西省考古研究院。《陝西省考古研究院新入藏墓誌》著録。

687. 其靈冥冥五方精鎮墓石:唐代(618—907)。正文楷書 6 行,滿行 8 字。出土、現藏地不詳。《西安新獲墓誌集萃》著録。

688. 秦君墓誌蓋:唐代(618—907)。蓋文篆書 2 行,滿行 2 字,題"秦君墓誌"。出土、現藏地不詳。《西安新獲墓誌集萃》著録。

689. 青虛冥冥五方精鎮墓石:唐代(618—907)。正文楷書 6 行,滿行 7 字。出土、現藏地不詳。《西安新獲墓誌集萃》著録。

690. 王君墓誌蓋:唐代(618—907)。蓋文篆書 3 行,滿行 3 字,題"大唐故王君墓誌銘”。出土、現藏地不詳。《西安新獲墓誌集萃》著録。

691. 王伉夫人戴夫人墓誌蓋：唐代（618—907）。蓋文篆書 3 行，滿行 3 字，題“大唐故戴夫人墓誌銘”。1987 年出土于陝西省西安市雁塔區長延堡鄉西安净水廠工地，現藏陝西省考古研究院。《陝西省考古研究院新入藏墓誌》著録。

692. 韋湑東方鎮墓石：唐代（618—907）。上部篆書 11 行，滿行 6 字。誌文楷書 21 行，滿行 9 字。出土地不詳，現藏陝西省考古研究院。《陝西省考古研究院新入藏墓誌》著録。

693. 韋湑中央鎮墓石：唐代（618—907）。上部篆書 4 行，滿行 4 字。出土地不詳，現藏陝西省考古研究院。《陝西省考古研究院新入藏墓誌》著録。

694. 吴府君墓誌蓋：唐代（618—907）。蓋文篆書 3 行，滿行 3 字，題“大唐故吴府君墓誌銘”。出土地不詳，現藏陝西省考古研究院。《陝西省考古研究院新入藏墓誌》著録。

695. 五方精鎮墓石盒蓋：唐代（618—907）。正文楷書 7 行，滿行 6 字。出土地不詳，現藏陝西省考古研究院。《陝西省考古研究院新入藏墓誌》著録。

696. 仵君墓誌蓋：唐代（618—907）。蓋文篆書 3 行，滿行 3 字，題“大唐故仵府君墓誌銘”。出土、現藏地不詳。《西安新獲墓誌集萃》著録。

697. 陽君墓誌蓋：唐代（618—907）。蓋文篆書 3 行，滿行 3 字，題“大唐故陽府君墓誌銘”。出土、現藏地不詳。《西安新獲墓誌集萃》著録。

698. 楊夫人墓誌蓋：唐代（618—907）。蓋文篆書 3 行，滿行 3 字，題“大唐故楊夫人墓誌銘”。出土、現藏地不詳。《西安新獲墓誌集萃》著録。

699. 尹君墓誌蓋：唐代（618—907）。蓋文篆書 4 行，滿行 4 字，題“大唐故朝散大夫行翼州司馬尹君墓誌”。出土地不詳，現藏陝西省考古研究院。《陝西省考古研究院新入藏墓誌》著録。

700. 張君墓誌蓋：唐代（618—907）。蓋文篆書 3 行，滿行 3 字，題“唐故張君墓誌之銘”。出土、現藏地不詳。《西安新獲墓誌集萃》著録。

701. 張君墓誌蓋：唐代（618—907）。蓋文篆書 3 行，滿行 3 字，題“唐故府君張公墓誌銘”。出土、現藏地不詳。《西安新獲墓誌集萃》著録。

702. 張君墓誌蓋：唐代（618—907）。蓋文篆書 3 行，滿行 3 字，題“唐故張君墓誌之銘”。出土、現藏地不詳。《西安新獲墓誌集萃》著録。

703. 誌銘墓誌蓋：唐代（618—907）。蓋文楷書 1 行，滿行 2 字，題“誌銘”。2006 年出土于陝西省西安市長安區陝西師範大學長安校區工地，現藏陝西省考古研究院。《長安高陽原新出土隋唐墓誌》著録。

704. 朱君墓誌蓋：唐代（618—907）。蓋文篆書 3 行，滿行 3 字，題"唐故朱君墓誌之銘"。出土、現藏地不詳。《西安新獲墓誌集萃》著録。

【作者簡介】党斌，男，1981 年生，歷史學博士，陝西省社會科學院古籍整理研究所研究員，主要從事碑刻文獻整理與研究。

長安印學概述

龐任隆

作爲見證政治、經濟、軍事、文化和地理諸多方面成就、已有三千多年歷史的"長安印章",在三秦大地上一枚一枚精彩亮相,震撼國人;一批一批脱穎而出,驚動世界。尤其是從"長安印章"到"長安印學"所形成的"示範性""獨特性"和"藝術性"三大特點,在現實生活中越來越受到人們的關注和重視。本文以歷代面世和出土的璽印、封泥實物爲軸綫,對"長安印學"的歷史脈絡進行了梳理和歸集,希冀能爲中國印學文化的繁榮和中國篆刻藝術事業發展有所啓迪。縱觀長安印學三千年的發展史,我認爲總體可分爲創立、成熟、傳承、變革和回歸五個時期,現概述如下:

一、創立時期(西周—東周)

《周禮》裏有"凡通貨賄,以璽節出入之"[1]的記載,説明最初的印章與社會經濟關係密切;《左傳·襄公二十九年》載"季武子取卞,使公冶問,璽書追而與之",[2]表明印章與政治、軍事也有關;《後漢書·祭祀下》載"至于三王,俗化彫文,詐僞漸興,始有印璽以檢奸萌",[3]文獻的記載説明印章起源于西周時期。

20世紀80年代初,陝西省扶風縣黄堆鄉雲塘村農民,向周原博物館交獻了一枚三角形、底邊和高均爲2.2厘米的圖像印。不久,周原博物館館長羅西章在扶風縣法門鄉莊白村西周中期一處灰坑中,發現了一枚近正方形、邊長3.4厘米×3.1厘米的圖像璽印(現藏于扶風縣博物館)(圖1),[4]這兩枚璽印,所反映的内容均有一定的裝飾意味,對進一步判定西周時期璽印,提供了重要的實物資料。

---

① 楊天宇:《周禮譯注》,上海:上海古籍出版社,2004年,第210頁。
② 楊伯峻編著:《春秋左傳注(修訂本)》,北京:中華書局,2016年,第1276頁。
③ 范曄撰,李賢等注:《後漢書》之《志第九》,北京:中華書局,1965年,第3205頁。
④ 羅紅俠、周曉:《試論周原遺址出土的西周璽印》,《文物》1995年第12期,第76—77頁。

圖1　周原莊白村出土鳳鳥紋璽及印面拓片

　　對于西周用印遺迹有深入研究的高明先生，在他所著的《古陶文彙編》中收録了三枚西周抑印陶文（亦名"陶文戳印"），分別是："令作召塤"（圖2）、"令司樂作太宰塤"（圖3）、"賜作召塤"，可謂西周文句印的遺留。[①] 2016年在渭南市澄城縣王莊鎮柳泉村九溝的西周早期墓葬出土一枚"龍鈕璽印"（圖4），周曉陸等多位專家認爲此璽印"是中國印史上所見早期的玉質印章，是罕見的西周龍鈕璽印"，[②]具有特別重要的意義。而劉雲輝先生在最近的一篇論文中作出"這枚龍紐玉印製作時代，只能是商代晚期前段"的判斷，[③]或將改寫長安印學的歷史。

圖2　令作召塤　　　　圖3　令司樂作太宰塤　　　　圖4　龍鈕璽印

　　到了戰國時期，璽印製作逐漸規整，從圖形、圖像到文字趨于完善，金文（大篆）入印，青銅鑄造，總體風格以"詭異參錯"爲藝術特色，其中著録于《古璽彙編》、現藏于北京故宮博物院的"工師之印"（圖5），以及《上海博物館藏印選》裏的"長安君"（圖6）等，當爲戰國印章的代表。值得關注的是，陝西省考古研究所2006年考古年報公佈了西安市長安區神禾原戰國秦陵園出土了一枚封泥"内史之印"，從封泥整體輪廓方正可以看出已使用了"封

---

　　① 高明編著：《古陶文彙編》，北京：中華書局，1990年，第29頁。

　　② 周曉陸、同學猛：《澄城出土西周玉質璽印初探》，《考古與文物》2017年第2期，第53頁。

　　③ 劉雲輝、劉思哲：《柳泉九溝西周墓出土的龍紐玉印相關問題再議》，見《中國玉學：玉文化學術研討會論文集》，長沙：湖南人民出版社，2023年，第269—281頁。

泥匣”，爲我們研究戰國秦印提供了重要資訊。另外，在陝北歷史文化博物館裏收藏有一枚出自陝西關中渭河的“印章飲廚”印（圖 7），其名不見文獻。據周曉陸先生考知，當是戰國晚期秦官印的標準器，或可視作秦“摹印篆”在早期的表現。①

圖 5　工師之印　　　　圖 6　長安君　　　　圖 7　印章飲廚

二、成熟時期（秦統一時期）

公元前 221 年，秦始皇嬴政統一六國。作爲“書同文，車同軌”重要見證的“印章”，不僅統一用“秦小篆”入印，印工鏨刻，有“田字格”和“日字格”模式，而且實現了從“封物”到“封書”的歷史性轉變，讓“以檢奸萌”制度進入國家管理層面。并且在大小、規格、形制、材料和保管使用等方面，都有了一定的規定。具體有兩個顯著特徵：一是運用了“摹印體”，使官印發生了重大變化，有了明顯的時代標誌。諸如“咸陽右鄉”“上林郎池”“茝陽少内”“中行羞府”“宜陽津印”“邦候”“亭印”“商庫”（圖 8 至圖 11）等，②塑造了中國印學史上第一座高峰，并以“奇古雄勁”的藝術特色傳播于後世。其中現藏于上海博物館的“宜陽津印”，就是秦代一枚少見的掌管津關渡口的官印。

圖 8　上林郎池　　　圖 9　茝陽少内　　　圖 10　宜陽津印　　　圖 11　邦候

①　許静洪、許雲華主編：《陝北歷史文化博物館藏璽印封泥選·序》，杭州：西泠印社出版社，2000 年，第 5—7 頁。
②　羅福頤主編：《秦漢南北朝官印徵存》，北京：文物出版社，1987 年，第 1—18 頁。

　　二是建立了璽印等級制度,即從稱謂、質地、鈕飾等方面區別等級,由丞相李斯作篆, "符節令丞"專管其事。明確規定:天子之印獨稱璽,臣下之印皆稱印。"皇帝六璽,皆白玉 螭虎鈕,文曰'皇帝行璽''皇帝之璽''皇帝信璽''天子行璽''天子之璽''天子信璽',凡六 璽。"①在百餘枚秦官印中,有一枚被譽爲"封泥家族的天皇巨星",那就是陽文"皇帝信璽" (圖12),最早著録于《封泥考略》(現藏日本東京國立博物館),其内徑邊長已達2.6厘米, 大于一般百官用印,原印爲陰文,其篆法圓渾,暗含小篆的婉約之勢,轉折處圓中于方,顯 示出莊嚴雍容的風貌。筆者在《試論秦官印及其藝術特色》有專門考釋。②

圖12　皇帝信璽

　　20世紀90年代中期,西安北郊漢長安城遺址相家巷村秦封泥的大量出土,改寫了秦 代印章出土少的歷史,成爲秦文化發展史上繼秦俑、秦簡牘之後的又一次重大發現,從三 公九卿、郡縣亭里,再到宫殿苑囿,近一千餘個品種的泥封珍品,填補了秦代歷史、地理、官 制等諸多方面的空白,不僅爲中國印學史續寫了新的一頁,而且對中國"傳拓文化"産生了 積極影響,正如周佩珠先生在《傳拓技藝概説》裏强調:"可以説封泥與傳拓有着間接的關 係,而且與傳拓的産生、發展有着密切的淵源關係,也可以説是我國傳拓的萌芽階段。"③

三、傳承時期(兩漢—魏晋南北朝)

　　兩漢時期是長安印學發展、深化的重要階段。渾厚爾雅的西漢官印、精細精美的新朝 官印和風神流動的東漢官印,主導了這一時期的印章風貌。④ 總體印臺爲方形,規格在 2.4厘米到2.6厘米之間,漢摹印(繆篆)文字入印,字體方筆,峻峭遒勁,莊嚴典重,雄渾 雋曠。吾丘衍在《學古編》十九舉曰:"漢魏印章,皆用白文,大不過寸許。朝爵印文皆鑄,

---

① 孫星衍等輯,周天游點校:《漢官六種》,北京:中華書局,1990年,第30—31頁。
② 龐任隆:《試論秦官印及其藝術特色》,《文博》1996年第6期,第84—99頁。
③ 周佩珠:《傳拓技藝概説》,北京:人民美術出版社,2004年,第3頁。
④ 龐任隆:《長安歷代官印述略》(上),《書與畫》1997年第4期,第29—31頁。

蓋擇日封拜,可緩者也。軍中印文多鑿,蓋急于行令,不可緩者也。古無押字,以印章爲官職信令,故如此耳。"①其中 1983 年 4 月陝西鳳翔縣柳林鎮屯頭村出土的新莽時期"五威司命領軍"銀印(圖 13);②1997 年西安市碑林區省建一公司出土的西漢"軍市令印"(圖 14);還有西安市文物商店移交的東漢"部曲將印"、"軍司馬印"(圖 15)、"軍曲侯印"、"關外侯印"等,當爲這一時期長安印學的代表。

圖 13　五威司命領軍　　　圖 14　軍市令印　　　圖 15　軍司馬印

　　特別值得關注的是"長安皇(太)后三璽"的面世,轟動了整個印壇。1954 年在陝西略陽縣陽平關發現的東漢"朔寧王太后璽"龜鈕金印(圖 16),③規格爲 3.2 厘米×3.3 厘米,高 2 厘米,現藏重慶中國三峽博物館;1968 年 9 月在陝西咸陽市韓家灣狼家溝村出土的西漢"皇后之璽"玉印,規格爲邊長 2.8 厘米,高 2 厘米,螭虎鈕,現藏陝西歷史博物館(圖 17)。④這兩枚兩漢時期一金一玉印,在中國印章發展史上都是獨一無二的。特別是"皇后之璽"玉印,被列爲"中國歷史上三十九件鎮國之寶"之一,是目前發現的兩漢時期等級最高且唯一的一枚帝后玉璽,屬于國家級文物,創造了兩項全國之最,一是我國最早發現的皇后印璽,二是玉璽的主人是年代最早的皇后。

圖 16　朔寧王太后璽　　　　　　圖 17　皇后之璽

---

　①　吾丘衍撰,金少華點校:《學古編》,杭州:浙江古籍出版社,2019 年,第 5 頁。
　②③④　陝西省古籍整理辦公室編,王翰章編著:《陝西出土歷代璽印選編》,西安:三秦出版社,1990 年,第 3—4、2、1 頁。

　　三國、魏晋南北朝時期的長安官印,基本沿用漢制,規格没有多大變化,印文漸趨于纖柔單薄。而這一時期中原王朝頒給域内和邊遠少數民族首領的印章增多,其章法平穩合度,綫條挺勁流暢。諸如 1972 年徵集的東漢末三國時的"費左尉印",1973 年西安市未央區李下塚村出土的西晋"關内侯印"(圖 18),1961 至 1981 年寶鷄市汧陽縣出土的三國後期的"立義將軍"(圖 19)、[①]"晋屠各率善佰長",榆林綏德縣出土的"魏率善羌仟長"(圖 20),[②]長武、興平和扶風分别出土的"魏率善氐仟長",1987 年寶鷄市出土的"晋率善氐邑長"等,都是這一時期的典型代表。

圖 18　關内侯印　　　　圖 19　立義將軍　　　　圖 20　魏率善羌仟長

　　還有兩件南北朝時期的特殊印章,再次創造了中國印學史的奇迹。(一)1981 年在陝西旬陽縣東門外出土了一枚罕見的"西魏獨孤信十八面炭精印"(圖 21),[③]縱横各呈八棱,總高 4.5 厘米,寬 4.35 厘米,十八面中十四面有印文(現藏陝西歷史博物館),豐富多彩的文書形式,各種官銜職務以魏體、楷書等不同的字體入印。與其説是獨孤信的"私印",倒不如説是一枚"多媒體"的"公印",它所展示的"多功能性",不僅在長安出土的歷代璽印中獨樹一幟,而且在中國印學史上也是極其罕見的。

　　(二)1996 年 6 月咸陽市渭城公安局文物派出所在嚴打中繳獲的北周"天元皇太后璽"金印(圖 22),規格爲 4.55 厘米×4.45 厘米,高 4.7 厘米,是三秦大地上發現的第三枚皇后之璽,符合皇后之璽用金制度,已被定爲國家一級文物(現藏陝西省咸陽市渭城區文物保護中心)。天元皇太后阿史那氏是突厥公主,嫁給北周武帝,被册立爲皇后,《周書》記載:"后有姿貌,善容止,高祖深敬焉。"[④]武帝去世后,宣帝尊其爲"天元皇太后"。此璽又是秦漢以來長安印學中獨具特色的一枚大型陽文官印,與此前發現的"皇后之璽""朔寧王太后璽",被譽爲"長安皇(太)后三璽",堪稱稀世珍寶。

　　①②③　陝西省古籍整理辦公室,王翰章編著:《陝西出土歷代璽印選編》,第 9—10,88—89 頁。
　　④　令狐德棻等:《周書》卷九《皇后傳》,北京:中華書局,1971 年,第 144 頁。

圖 21　獨孤信十八面炭精印

圖 22　天元皇太后璽

四、變革時期（隋唐五代—兩宋遼金元時期）

　　隋、唐兩朝，均建都長安。這一時期長安印學體制發生了重大變化，主要表現在：一是印綬制度被廢除，出現了官署印，印面逐漸增大，印鈕簡化但增高增大；二是印文由陰文改爲陽文，結束了長達八百年的秦漢印系，爲後世官印模式，揭開了新的一頁。如 1971 年在西安市長安區五星鄉建斗村出土的“千牛府印”（圖 23），[①]這枚篆書銅印，正方印面，矩形

────────

　　①　陝西省古籍整理辦公室編，王翰章、王長啓編著：《陝西出土歷代璽印續編》，西安：三秦出版社，1993 年，第25—26 頁。

鈕式,規格爲 4.6 厘米×4.7 厘米,高 2.1 厘米,是一枚陽文官印。西安市徵集的陶質"乾封縣之印"(圖 24),①規制又明顯增大,印面達到 5.56 厘米×5.58 厘米,變化十分明顯,是一枚極其少見的陶質大印。

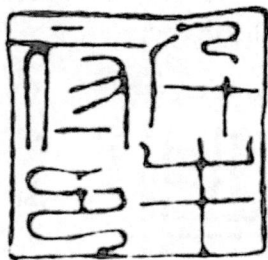

圖 23　千牛府印　　　　　　　　　　　圖 24　乾封縣之印

公元 618 年太原留守李淵稱帝關中,建都長安,國號爲唐。這一時期作爲新政權的憑信物官印,也被改制增大,其明顯特點文字綫條不作方折處理,形狀曲折環繞,故謂之"蟠曲綫",印則稱爲"蟠條印",如"萬年縣之印"(圖 25)。② 又如 1971 年在西安市菊花園出土的唐初的"陝虢防禦都虞候朱記",銅質方形鈕,通高 8.5 厘米,邊長 5.5 厘米,邊寬與印文筆劃相等;1981 年秋榆林縣馬合鄉打拉石村周家梁出土的"夏州都督府印",方形陶質,邊長 5.5 厘米;還有西安市徵集的陶質"陰槃縣之印"(圖 26),③邊長 5.58 厘米×5.72 厘米,通高 1.09 厘米,當爲這一時期的代表。

圖 25　萬年縣之印　　　　　　　　　　圖 26　陰槃縣之印

西夏王朝自公元 1038 年建立,到公元 1227 年被蒙古所滅。前期和北宋遼國并立,後期則與南宋、金國并立。20 世紀 80 年代西夏官印曾先後在綏德、宜君縣出土過三枚。此

① 西安市文物保護考古所編著:《西安文物精華·印章》,西安:世界圖書出版西安公司,2011 年,第 17 頁。
② 陝西省古籍整理辦公室編,王翰章、王長啓編著:《陝西出土歷代璽印續編》,第 26—27 頁。
③ 西安市文物保護考古所編著:《西安文物精華·印章》,第 18 頁。

外有意爲"首領"的兩枚:一是 1971 年在西安市永仁路菊花園窖穴中出土銅質西夏文印(圖27),正方印面,銅質橛鈕,邊長5.2厘米,通高2.7厘米,款式上有文字;二是西安市文物保護考古所收集的一枚,正方形印面,帶穿矩形鈕,邊長 5.78 厘米,印鈕高 2.25 厘米,通高 3.4 厘米(圖28),均精緻完好,文字清晰。西夏文,最初稱爲蕃書或蕃文,後世稱其爲"河西字""唐古特文"。這兩枚印中所用的文字是改造後的"九疊篆文"。

圖 27　首領

圖 28　首領

　　兩宋、遼、金、元五個朝代,歷時四百多年,建都均没有在長安,而周、秦、漢、唐的印風,却對各代產生了積極影響。如宋代的官印制度直接繼承了唐代并有所發展,印面多在 5 厘米至 6 厘米,印文筆劃,增加了曲折,形成"九疊篆"體,鑄造時印文印體,一并鑄成,鈕飾杙鈕,有細邊框;印的背面絕大多數有刻文,或爲年款及鑄印機構名。諸如 20 世紀 80 年代初在延安市出土的"延安府司院記"(圖29)、[1]三原縣出土的"蕃將第四副指揮使朱記"(圖30),[2]子洲縣駝耳巷鄉出土的"河東第九副將之印",扶風縣城關鎮出土的"湟州兵馬都監司印"等,均爲北宋時期在陝西留下的印迹,可謂長安印學中不多見的官印。

圖 29　延安府司院記

圖 30　蕃將第四副指揮使朱記

　　值得關注的是,20 世紀90 年代在寶雞市岐山縣一帶的水庫工地發現的"汗赭印",現藏西北大學博物館,鐵質,長 11.4 厘米,寬 6.7 厘米,高 3.2 厘米。經賈麥明先生等專家

①②　陝西省古籍整理辦公室編,王翰章編著:《陝西出土歷代璽印選編》,第 46、47 頁。

考證這枚特殊的宋體稀缺孤品，不僅是十分罕見的宋代陽文"汗血馬臀部烙印"，而且是目前全國僅存的唯一一枚"汗赭印"，是汗血寶馬經絲綢之路來到長安的重要見證。

金代官印，印面呈正方形，印鈕多作杙鈕，爲長方板狀，個別印鈕下還有二層臺，文字以漢文"九疊篆"爲主，相當一部分有編號，或以"五行"編號，或以"千字文"爲序。金朝與長安往來密切，各地發現的官印約三百枚，其中有西安市文物商店移交的"總領之印"（圖31），印面7.4厘米，印鈕高2.8厘米，通高4.6厘米；[1]還有20世紀80年代子長、大荔、綏德、丹鳳、安康等地出土的"都統之印""總領軍馬之印""宣字副統之印""義軍萬戶所印""提空所我字印""陝西徵西行萬戶所積字型大小之印"等。

1984年臨潼公安局在打擊文物走私活動中收繳了一枚金代銅質象鈕官印"都提空溫宇印"，印面正方，邊長7厘米。值得關注的是，1996年西安鐘樓廣場出土了"元帥右都監印"、"軍前行六部外郎印"、"行省左右司印"、"安撫司印"、"南山一帶安撫司印"、"涇州之印"（圖32）、"興平縣監納印"、"朝邑鎮監納印"、"應辦官印"等二百七十九枚金代官印，其數量多、規格高、印面大，創下了金代印章出土史之最，震撼了整個中國印學界和考古界。[2]

圖 31　總領之印　　　　　圖 32　涇州之印

元朝于公元1271年建立，1279年攻下南宋，實現了全國的又一次大一統。元代的官印制度，是在統一戰爭的過程中根據需要設立并逐步完善的。元代的"皇帝之璽"，以玉爲多，均爲龍鈕；百官和地方官員之印則爲銅質，印鈕爲扁長方形杙鈕；印文文字有兩種：一爲漢字篆書，一爲八思巴文（蒙古新字）篆體，以後一種居多；兩種文字的背面均用漢字楷書刻款。如羅福頤《古璽印概論》收錄的"白水寨巡檢印"（圖33），[3]1971年西安市菊花園出土的"京兆錄事司印"，銅質矩形鈕，邊長5.4厘米，通高4.4厘米；1974年岐山縣益店鎮宋村出土的"扶風務印"，銅質矩形鈕，邊長5.5厘米，通高5.5厘米；1981年洛南縣出

---

①② 西安市文物保護考古所編著：《西安文物精華·印章》，第20、21—251頁。
③ 羅福頤：《古璽印概論》，臺北：學海出版社，1983年，第11頁。

土的"蒙古軍都元帥府之印"(圖34),①銀質矩形鈕,邊長8.7厘米,通高9.5厘米;還有韓城、耀縣、淳化出土的"萬戶之印""行六部員外郎之印""河中府知事印"等均爲代表;而西安市徵集的"淮安百戶印"、"隨山芽屯義兵白戶印"(圖35),②當爲長安印學中元代官印的精品。

圖33　白水寨巡檢印

圖34　蒙古軍都元帥府之印　　　圖35　隨山芽屯義兵白戶印

五、回歸階段(明清—民國時期)

公元1368年明朝建立至1949年中華人民共和國成立前,這一階段前期還是以傳承"秦漢"精神爲主流,後期逐步呈現"回歸"態勢,突出的特點是表現在文字上,讓我們看到了"秦小篆"入印的曙光,同時又有"宋體""北碑""楷書"入印的新芽。明代官印印文在保持"九疊篆"、印鈕在使用"杙鈕"的基礎上印面繼續擴大,印鈕飾樣下大上小的橢圓柱狀,高出宋、金印鈕的兩倍;材質有銅、木兩種,形制有長方形(亦稱"關防")和長條形(俗稱"條記"),款式以"背款"爲上,一般是右側刻印文,左側刻鑄造時間和鑄造機

①　陝西省古籍整理辦公室編,王翰章編著:《陝西出土歷代璽印選編》,第70—71頁。
②　陝西省古籍整理辦公室編,王翰章、王長啓編著:《陝西出土歷代璽印續編》,第50—51頁。

構,側刻印章編號。如收録在羅福頤《古璽印概論》裏的"合陽縣醫學記"①和1968年8月漢陰縣城東郊龍崗下出土的"後營游擊關防"(圖36),②都是這一時期"條記"和"關防"印章的代表。

這一時期特別關注的有"四枚大印":一是1999年在西安市雁塔區曲家鄉金滹沱村出土的"汧陽端懿王印"(圖37),邊長10厘米×10厘米,高2.5厘米,是迄今鮮見的一枚外塗金粉的特號木質陽文大印。端懿王是秦王宗室,是秦康王的第三子,此印當爲明"皇子封親王"制度的重要見證。③

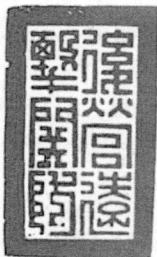

圖36　後營游擊關防　　　圖37　汧陽端懿王印　　　圖38　三水縣信

二是1957年藍田縣城北出土的明大順永昌年間的"三水縣信"(圖38),④邊長6.9厘米,高8.5厘米;"永昌"是李自成的年號,這枚大印當是李自成官制定于襄陽,改"印"爲"信"的重要見證。

三是西安市文物商店移交的一枚"大明秦蕃宗室輔國將軍誠漵關防記"(圖39),⑤規格爲13.2厘米×6.1厘米×1.8厘米,陽文篆書石質大印。明代施行"分封諸王"制度,陝西是明代"封王建蕃"的主要地區,朱樉就是在諸王中排行最高、建蕃最早、最有權勢的"塞王"之一,曾坐鎮西安,加强對西北的控制。印中的"誠漵",應是郡王之孫,按"誠"和"漵"列序,此印即是第五代藩王的關防印。

四是1973年西安市徵集了一枚"耀州造到大寶券紙"(圖40),⑥規格爲10.1厘米×5.5厘米×4.5厘米的銅質大印,這不僅是一枚鮮見的楷書大印,而且標明陝西耀州明時有"貞祐寶券紙"的機構,此印當爲"耀州造到大寶券紙"的標號。

①　羅福頤:《古璽印概論》,第11頁。

②④　陝西省古籍整理辦公室編,王翰章編著:《陝西出土歷代璽印選編》,第78—81頁。

③⑤⑥　西安市文物保護考古所編著:《西安文物精華·印章》,第210、158—159、157頁。

圖 39　大明秦蕃宗室輔國將軍誠淯關防記　　圖 40　耀州造到大寶券紙

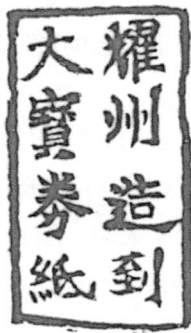

　　清代官印主要爲銅質，印鈕多同明制，印文滿漢對照，既有監造機構名稱和年款，也有以帝王年號爲首的編號。漢文多用篆體，而且是直接取秦漢篆文而略作藝術變形；滿文則有楷、篆兩種。諸如陝西綏德出土的"延綏高家營游擊關防"，通高 11.2 厘米，邊長 9.4 厘米，寬 6 厘米，右邊篆書陽文，左側滿文兩行；右側楷書陰文"順字一千九百十一號"，左側"順治二年七月"；印鈕上方"禮部"，下方"造"，是一枚典型的清代官印。1972 年西安市徵集了一枚同樣與綏德有關的"陝西綏德城守營都司僉書之關防"（圖 41），[①]長柱印鈕，款式顯示"乾隆十七年四月"。細看兩枚印面均有壓痕，似爲廢棄之印。

圖 41　陝西綏德城守營都司僉書之關防　　　圖 42　夾江縣儒學記

　　1972 年西安市東五路廢品站徵集的"臨潼縣分駐關山鎮縣丞關防"，圓柱鈕式，印面 7.8 厘米×4.6 厘米，通高 9.8 厘米，印面左側爲陽文漢字篆書，右爲同義滿文，中間爲一行回文。印左側刻頒印時間"同治四年十二月"，另一側應爲頒印機構"禮部造"，是一枚非

---

① 　西安市文物保護考古所編著：《西安文物精華·印章》，第 161 頁。

常罕見的"同一印上有三種文字"的關防印。1995 年西安市公安七處移交了一枚乾隆十六年(1751)五月頒發的"夾江縣儒學記"銅質大印(圖 42),①印面 8.47 厘米×5.32 厘米,通高 10.78 厘米,圓柱鈕飾,印面左側爲漢文兩行,每行三字陽文篆書,右側爲滿文兩行,文義同右。印款中顯示編號爲"乾字七千五百七十三號"。夾江縣,屬四川省。本漢南安縣地,唐武德初年移至今縣地。此印爲長安印學中少見的一枚"印文鎏金"大印。

　　民國時期的官印仍以銅質爲主,印鈕演變爲"圓柱狀",印文爲陽文漢字篆書,印背款大多書民國紀年款及以"國"字爲首的編號。民國的印信制度在繼承清代印信制度的基礎上有所發展和改進,"璽"的名稱又重新出現,如在國家層面先後有"中華民國臨時大總統印""大元帥印",尤其是"中華民國之璽",文字採用了標準的秦小篆。各機關、省府及其以下印信,則爲印、關防、鈐記、官章(亦稱"小章")四種,其印面規格稍有所變小,但"邊欄"增厚,顯得宏大氣派。諸如《西安文物精華·印章》收集的一枚中華民國十年(1921)十月印鑄局造的"淶源縣政府印"(圖 43),②邊長 6.54 厘米,鈕高 8.59 厘米,通高 10.47 厘米,就是民國時期地方官印的代表。

　　民國官印經歷了"玉箸篆""鐵綫篆"入印過程,并在章法佈局、文字綫條和風格韻味三個方面彰顯"新變"特色,尤其凸顯出"圓融、勁峭、婀娜"之感,讓印章總體格調和意境得到升華。③ 有印學家曾把民國官印稱爲"篆體官印之絶唱",是有一定道理的。我們從"陝西省政府印"(圖 44)、"陝西省政府主席"、"陝西省建設廳"、"陝西民政長印"、"西京籌備委員會印"、"華縣縣政府印"、"扶風縣旅省同鄉會圖記"等十餘枚代表作品中可窺見一二。

　　值得一提的是,在西安市檔案館裏的一份《榮哀狀》上,發現蓋有一枚寬邊碩大的印章"榮典之璽"(圖 45),格外耀眼。翻閱資料方知是勛位、勛章及其榮典文書的專用之璽。另外,還有一枚同大的"封策之璽",是頒爵襲職及其他封贈册軸之用。

圖 43　淶源縣政府印　　圖 44　陝西省政府印　　圖 45　榮典之璽

①② 西安市文物保護考古所編著:《西安文物精華·印章》,第 163、164 頁。
③ 龐任隆:《西安所藏民國時期的官印》,《説古道今》2002 年第 4 期。

六、結　語

　　縱觀"長安印學"近三千年的發展歷程和豐碩成果,對中國印學最大的貢獻就是代表了中國印章傳統文化的主流和方向,并在材料選擇、形象塑造、印鈕選擇以及功能運用等方面,都具有經典、超越和創新的特點。諸如"漢匈奴惡適屍逐王印"(花岡石)、西魏"獨孤信十八面印"(炭精)、明代"汧陽端懿王印"(木質)等,這正是"長安印學"寬懷千里、海納百川、氣貫長虹、道法自然的體現。前不久,中國書協第八屆專委會篆刻委員會工作培訓班以"印宗秦漢"爲主題展開了積極討論,又一次吹響了"根植傳統,守正創新"的號角,作爲中國印學起源的重鎮,尤其是以秦封泥諸多官印爲代表的秦印模式和以"皇后之璽""朔寧王太后璽"爲代表的漢印風範,爲"印宗秦漢"提供了强有力的學術、技術和藝術支撑,相信隨着"長安印學"理論體系的逐步建立和推廣宣傳,長安印學文化,必將爲新時代陝西特色文化研究助力,爲中國篆刻事業繁榮做出新的貢獻。

　　【作者簡介】龐任隆,男,西安中國書法藝術博物館研究館員,主要從事中國書法篆刻與文物考古理論研究。

《三國志集解·蜀書·劉彭廖李劉魏楊傳》勘誤*

張寅瀟　黃巧萍

　　盧弼的《三國志集解》(以下簡稱"《集解》")徵引宏博,考訂周詳,對于《三國志》以及三國史的研究具有相當重要的參考價值。中華書局曾于 1982 年影印出版了 1957 年古籍出版社的排印本,而後,上海古籍出版社于 2009 年出版了由錢劍夫先生標點整理的整理本《集解》。錢先生在盧弼的基礎上,對《集解》徵引、考證、訓詁、注說、質疑和句讀等六個方面的失誤又作了進一步的考辨,堪稱《集解》整理研究史上的里程碑之作。但該書有個別地方仍值得商榷,現以卷四十《蜀書·劉彭廖李劉魏楊傳》爲例,將其中疑誤之處臚列于下,求教于方家。

　　一、《蜀書·劉封傳》:"(孟)達既懼罪,又忿恚(劉)封,遂發表辭先主,率所領降魏。"①
　　按:"發表辭先主",點校本《三國志》(以下簡稱"點校本")作"表辭先主",②無"發"字,百衲本同。"表"即有上表之意,一般無須加"發"字。史籍中偶見"發表"連用的記載,指公開言說,如《三國志·吳書·華覈傳》載:"蜀爲魏所并,(華)覈詣宮門發表曰:'問聞賊衆蟻聚向西境,西境艱險,謂當無虞。定聞陸抗表至,成都不守,臣主播越,社稷傾覆。……陛下聖仁,恩澤遠撫,卒聞如此,必垂哀悼。臣不勝忡悵之情,謹拜表以聞。'"③蜀爲魏所滅,作爲吳國大臣的華覈連忙到宮門向吳王表達自己的傷感之情。
　　又有《三國志·魏書·崔琰傳》載:"(崔)琰嘗薦鉅鹿楊訓,雖才好不足,而清貞守道,

　　* 本文爲 2024 年陝西省社會科學基金年度項目"漢晉之際關隴士人與地方社會治理研究"(2024G012)階段性成果。
　　① 陳壽撰,裴松之注,盧弼集解,錢劍夫整理:《三國志集解》卷四十《蜀書·劉封傳》,上海:上海古籍出版社,2009 年,第 2614 頁。
　　② 陳壽撰,裴松之注,陳乃乾校點:《三國志》卷四十《蜀書·劉封傳》,北京:中華書局,1982 年,第 991 頁。
　　③ 陳壽撰,裴松之注,陳乃乾校點:《三國志》卷六十五《吳書·華覈傳》,第 1464 頁。

太祖即禮辟之。後太祖爲魏王,訓發表稱贊功伐,褒述盛德。"①這則材料比較明顯地反映出"發表"的典型用法,即向外公開發出言論。據此可知,古籍所見"發表"均有向外公開言論之意,但《劉封傳》所載孟達向劉備的上表實則爲拜辭表,達本意定不願向外公開,故不宜用"發表"一詞,《集解》"發"字疑衍,應據點校本删去。

二、《蜀書·劉封傳》:"魏文帝善(孟)達之姿才容觀,以爲散騎常侍、建武將軍,封平陽亭侯。合房陵、上庸、西城三郡,達領新城太守。"②《集解》盧弼注曰:"三郡下當有'爲新城郡'四字,《水經·沔水注》及《通鑑》皆有之。"③

按:《水經注疏·沔水》載:"魏文帝合房陵、上庸、西城,立以爲新城郡,以孟達爲太守,治房陵故縣。"④楊守敬按曰:"《國志》夏侯尚、劉封等《傳》及《注》,……(建安)二十五年,(孟)達降魏,文帝合房陵、上庸、西城三郡置新城郡,以達爲太守。"⑤《資治通鑑·魏紀一》亦載:"蜀將軍孟達屯上庸,與副軍中郎將劉封不協;封侵陵之,達率部曲四千餘家來降。達有容止才觀,王甚器愛之,引與同輦,以達爲散騎常侍、建武將軍,封平陽亭侯。合房陵、上庸、西城三郡爲新城,以達領新城太守,委以西南之任。"⑥

無論《水經注》還是《資治通鑑》,在"三郡"後皆有"置西城郡"或"爲新城"之語,"達領新城太守"前亦俱有"以"字,故點校本據此增補"爲新城郡,以"五字。從上下文來看,既然以孟達任新城太守,則"合房陵、上庸、西城三郡"後應有"爲新城郡"之語,否則後文"新城太守"無所指,盧説是。又"合三郡"與"以孟達領太守"等皆爲魏文帝所爲,故"達領新城太守"前應有"以"字。且《水經注疏》楊守敬按語即引自《三國志》,則今本《三國志》闕此數字明矣,《集解》應據《水經注》及《通鑑》補之。

三、《蜀書·劉封傳》注引《魏略》載(孟)達辭先主表曰:"……臣聞范蠡識微,浮于五湖;舅犯謝罪,逡巡于河上。"⑦

按:"逡巡于河上",趙幼文《三國志校箋》(以下簡稱"《校箋》")曰:"蕭書、郝書'巡'下

① 陳壽撰,裴松之注,陳乃乾校點:《三國志》卷十二《魏書·崔琰傳》,第369頁。
② 陳壽撰,裴松之注,盧弼集解,錢劍夫整理:《三國志集解》卷四十《蜀書·劉封傳》,第2615頁。
③ 陳壽撰,裴松之注,盧弼集解,錢劍夫整理:《三國志集解》卷四十《蜀書·劉封傳》注,第2618頁。
④ 酈道元注,楊守敬、熊會貞疏,段熙仲點校,陳橋驛復校:《水經注疏》卷二十八《沔水中》,南京:江蘇古籍出版社,1989年,第2346—2347頁。
⑤ 酈道元注,楊守敬、熊會貞疏,段熙仲點校,陳橋驛復校:《水經注疏》卷二十八《沔水中》,第2347頁。
⑥ 司馬光編著,胡三省音注:《資治通鑑》卷六十九《魏紀一·文帝黄初元年》,北京:中華書局,1958年,第2180頁。
⑦ 陳壽撰,裴松之注,盧弼集解,錢劍夫整理:《三國志集解》卷四十《蜀書·劉封傳》注引《魏略》,第2614頁。

俱無'于'字。"①《後漢書·隗囂傳》載:"更始二年,遣使徵(隗)囂及(隗)崔、(隗)義等。囂將行,方望以爲更始未可知,固止之,囂不聽。望以書辭謝而去,曰:'……范蠡收責句踐,[乘]偏舟于五湖;舅犯謝罪文公,亦逡巡于河上。'"②結合方望《辭隗囂書》與孟達《辭先主表》來看,後者明顯因襲前者而又有所節略。按照前後對應的關係,孟達既然將方書"乘偏舟于五湖"簡化爲"浮于五湖",那麼"逡巡于河上"也應略寫爲"逡巡河上","于"字疑衍。

四、《蜀書·劉封傳》注引《魏略》載(孟)達辭先主表曰:"……昔申生至孝,見疑于親;子胥至忠,見誅于君;蒙恬拓境,而被大刑;樂毅破齊,而遭讒佞。臣每讀其書,未嘗不慷慨流涕;而親當其事,益以傷絶。"③

按:"蒙恬拓境"與"而被大刑"、"樂毅破齊"與"而遭讒佞"之間均無須斷開,中間逗號應删去,點校本作"蒙恬拓境而被大刑,樂毅破齊而遭讒佞",④是。

另,"臣每讀其書,未嘗不慷慨流涕"與"而親當其事,益以傷絶"非并列關係,中間分號宜改爲逗號。

五、《蜀書·劉封傳》:"(孟)達與(劉)封書曰:'古人有言:疏不間親,新不加舊。此謂上明下直,讒慝不行也。若乃權君謫主,賢父慈親,猶有忠臣蹈功以罹禍,孝子抱仁以陷難,种、商、白起、孝己、伯奇,皆其類也。'"⑤

按:"孝已",點校本作"孝己"。⑥ 孝己,即祖己,商高宗武丁之子,有孝行。《帝王世紀》載:"初,高宗有賢子孝己,其母早死,高宗惑後妻之言,放之而死,天下哀之。"⑦《史記·陳丞相世家》載:"(魏)無知曰:'臣所言者,能也;陛下所問者,行也。今有尾生、孝己之行而無益于勝負之數,陛下何暇用之乎?'"⑧如淳注曰:"孝己,高宗之子,有孝行。"⑨《晋書·愍懷太子傳》亦載:"册復太子曰:'……而朕昧于凶構,致爾于非命之禍,俾申生、孝己

① 趙幼文遺稿,趙振鐸等整理:《三國志校箋》卷四十《蜀書·劉封傳》注,成都:巴蜀書社,2001年,第1364頁。
② 范曄撰,李賢等注:《後漢書》卷十三《隗囂傳》,北京:中華書局,1965年,第520頁。
③ 陳壽撰,裴松之注,盧弼集解,錢劍夫整理:《三國志集解》卷四十《蜀書·劉封傳》注引《魏略》,第2614頁。
④ 陳壽撰,裴松之注,陳乃乾校點:《三國志》卷四十《蜀書·劉封傳》注引《魏略》,第993頁。
⑤ 陳壽撰,裴松之注,盧弼集解,錢劍夫整理:《三國志集解》卷四十《蜀書·劉封傳》,第2615頁。
⑥ 陳壽撰,裴松之注,陳乃乾校點:《三國志》卷四十《蜀書·劉封傳》,第992頁。
⑦ 皇甫謐:《帝王世紀》卷四《殷商》,見劉曉東等點校《二十五別史》,濟南:齊魯書社,2000年,第32頁。
⑧ 司馬遷撰,裴駰集解,司馬貞索隱,張守節正義:《史記》卷五十六《陳丞相世家》,點校本二十四史修訂本,北京:中華書局,2014年,第2496頁。
⑨ 司馬遷撰,裴駰集解,司馬貞索隱,張守節正義:《史記》卷五十六《陳丞相世家》注,點校本二十四史修訂本,第2497頁。

復見于今。’”①均作“孝己”。

伯奇,周宣王大臣尹吉甫之子,亦有孝行。《漢書·景十三王傳》顏師古注曰:“伯奇,周尹吉甫之子也,事後母至孝,而後母譖之于吉甫。吉甫欲殺之,伯奇乃亡走山林。”②《漢書·武五子傳》載壺關三老(令狐)茂上書曰:“……昔者虞舜,孝之至也,而不中于瞽叟;孝己被謗,伯奇放流,骨肉至親,父子相疑。”③據此可知,孝己與伯奇常被當作父子相疑的代表人物,并列出現于古代典籍中,《三國志·劉封傳》所載孟達《與劉封書》正與之同,故整理本《集解》“孝已”誤,應爲“孝己”,中華書局1982年影印本《集解》并誤。④

六、《蜀書·劉封傳》:“(孟)達與(劉)封書曰:‘……今足下與漢中王,道路之人耳。親非骨血,而據勢權;義非君臣,而處上位。征則有偏任之威,居則有副軍之號,遠近所聞也。自立阿斗爲太子已來,有識之人,相爲寒心。’”⑤

按:“親非骨血”與“而據勢權”、“義非君臣”與“而處上位”之間均無須斷開,中間逗號應刪去,點校本作“親非骨血而據勢權,義非君臣而處上位”,⑥是。

另,“道路之人耳”與後文語意相連,其後的句號宜改爲逗號。“有識之人”與“相爲寒心”之間的逗號也應刪去。

七、《蜀書·劉封傳》:“(孟)達與(劉)封書曰:‘……昔微子去殷,智果別族,違難背禍,猶皆如斯。’”⑦注引《國語》曰:“智宣子將以瑤爲後。智果曰:‘不如霄也。’宣子曰:‘霄也很。’”⑧

按:裴注引《國語》智果所言“不如霄也”中的“霄”指智宣子的庶子智霄,其下漏加專名號,應補上,作“霄”。

八、《蜀書·劉封傳》:“申儀叛(劉)封,封破,走還成都。申耽降魏,魏假耽懷集將軍,徙居南陽;儀魏興太守,封真鄉侯,屯洵口。”⑨《集解》引趙一清曰:“(申)儀襲兄封員鄉侯,

①　房玄齡等:《晋書》卷五十三《愍懷太子傳》,北京:中華書局,1974年,第1462頁。
②　班固著,顏師古注:《漢書》卷五十三《景十三王傳》注,北京:中華書局,1962年,第2425頁。
③　班固著,顏師古注:《漢書》卷六十三《武五子傳》,第2744頁。
④　盧弼集解:《三國志集解》卷四十《蜀書·劉封傳》,北京:中華書局影印本,1982年,第812頁上欄。
⑤⑦　陳壽撰,裴松之注,盧弼集解,錢劍夫整理:《三國志集解》卷四十《蜀書·劉封傳》,第2615頁。
⑥　陳壽撰,裴松之注,陳乃乾校點:《三國志》卷四十《蜀書·劉封傳》注引《魏略》,第992頁。
⑧　陳壽撰,裴松之注,盧弼集解,錢劍夫整理:《三國志集解》卷四十《蜀書·劉封傳》注,第2616頁。
⑨　陳壽撰,裴松之注,盧弼集解,錢劍夫整理:《三國志集解》卷四十《蜀書·劉封傳》,第2620頁。

真字爲誤。"①

　　按：申耽本爲員鄉侯，孟達等率軍攻劉封，申儀與其兄申耽并降魏，魏文帝以耽封號封儀，則理應也爲員鄉侯。《魏略》載："黄初中，（申）儀復來還，詔即以兄故號加儀，因拜魏興太守，封列侯。"②趙説是，點校本據此改爲"員鄉侯"。又《水經注疏》楊守敬按曰"《三國志·蜀書》，劉封、申儀俱封員鄉侯"，③可作旁證。故《集解》"真鄉侯"誤，應改作"員鄉侯"。

　　九、《蜀書·劉封傳》注引《魏略》曰："申儀兄名耽，字義舉。初在西平、上庸間聚衆千家，後與張魯通，又遣使詣曹公，曹公加其號爲將軍，因使領上庸都尉。"④《集解》引趙一清曰："西平誤，當作西城。"⑤

　　按：趙一清認爲《魏略》所載"初在西平、上庸間聚衆千家"中的"西平"應爲"西城"之誤，是。西平郡，"東漢建安中分金都郡置，治所在西都縣（今青海西寧市）"，⑥與上庸郡相隔甚遠，"申耽不可能在如此遼闊之地聚衆起事"。⑦《資治通鑑》注引《魏略》曰："申耽初在西城、上庸間，聚衆數千家，與張魯通；又遣使詣曹公，公加其號爲將軍，使領上庸都尉。"⑧故《集解》、點校本皆誤，應據《資治通鑑》改"西平"爲"西城"。

　　十、《蜀書·彭羕傳》："彭羕字永年，廣漢人。身長八尺，容貌甚偉。姿性驕傲，多所輕忽。惟敬同郡秦子敕，薦之于太守許靖曰：'昔高宗夢傅説，周文求吕尚，爰及漢祖，納食其于布衣，此乃帝王之所以倡業垂統，緝熙厥功也。'"⑨《集解》注引《史記·酈生傳》曰："酈生食其者，陳留高陽人，好讀書，家貧落魄，無以爲衣食，業爲里監門吏。"⑩

　　按："多所輕忽"與"惟敬同郡秦子敕"語意相連，中間句號應該爲逗號。

　　另，《集解》所引《史記·酈生傳》"無以爲衣食，業爲里監門吏"的斷句有誤，應在"業"

---

①⑤　陳壽撰，裴松之注，盧弼集解，錢劍夫整理：《三國志集解》卷四十《蜀書·劉封傳》注，第2621頁。

②　陳壽撰，裴松之注，陳乃乾校點：《三國志》卷四十《蜀書·劉封傳》注引《魏略》，第994頁。

③　酈道元注，楊守敬、熊會貞疏，段熙仲點校，陳橋驛復校：《水經注疏》卷二十八《沔水中》，第2349頁。

④　陳壽撰，裴松之注，盧弼集解，錢劍夫整理：《三國志集解》卷四十《蜀書·劉封傳》注引《魏略》，第2620頁。

⑥　復旦大學歷史地理研究所《中國歷史地名辭典》編委會編：《中國歷史地名辭典》，南昌：江西教育出版社，1986年，第282頁。

⑦　楊耀坤、揭克倫校注：《今注本二十四史·三國志》卷四十《蜀書·劉封傳》注，成都：巴蜀書社，2013年，第2624頁。

⑧　司馬光編著，胡三省音注：《資治通鑑》卷六十八《漢紀六十·獻帝建安二十四年》注引《魏略》，第2159頁。

⑨　陳壽撰，裴松之注，盧弼集解，錢劍夫整理：《三國志集解》卷四十《蜀書·彭羕傳》，第2621—2622頁。

⑩　陳壽撰，裴松之注，盧弼集解，錢劍夫整理：《三國志集解》卷四十《蜀書·彭羕傳》注，第2622頁。

字後斷開。"無以爲衣食業"指没有用來供給衣食的産業,《史記·酈生傳》作"無以爲衣食業,爲里監門吏",①是。整理本《集解》誤,應據點校本《史記》改。

十一、《蜀書·廖立傳》:"廖立字公淵,武陵臨沅人。先主領荆州牧,辟爲從事;年未三十,擢爲長沙太守。"②《集解》引姚範曰:"《集韻》《廣韻》,廖、方照切,音料。"③

按:"辟爲從事"與"年未三十,擢爲長沙太守"并非并列關係,中間分號應改爲逗號。

另,《集解》引姚範所言"廖、方照切"中的"方照切"是對"廖"的音注,之前的頓號應改爲逗號。

十二、《蜀書·廖立傳》:"後丞相掾李卲、蔣琬至,(廖)立計曰:'軍當遠出,卿諸人好諦其事,昔先主不取漢中,走與吳人爭南三郡,卒以三郡與吳人,徒勞役吏士,無益而還。'"④《集解》引盧明楷曰:"楊戲《輔臣贊》注曰:李邵字永南,建興元年,丞相(諸葛)亮辟爲西曹掾。此作李卲,未詳孰是。"⑤《集解》引趙一清曰:"作邵是,觀其字永南知之。下文卲、琬亦應改邵。"⑥

按:關于《廖立傳》中"丞相掾"是"李邵"還是"李卲"的問題,盧明楷未有定論,趙一清則以其字"永南"認爲應爲"李邵"。然"邵"與"永南"之間并未見有何特殊關聯,且《華陽國志》載李邵字偉南,⑦與《三國志》不同,故以此推斷"李邵"誤作"李卲"的説服力不足。

《三國志·蜀書·楊戲傳》載楊戲《季漢輔臣贊》注曰:"(李)永南名邵,廣漢郪人也。先主定蜀後,爲州書佐部從事。建興元年,丞相(諸葛)亮辟爲西曹掾。亮南征,留邵爲治中從事,是歲卒。"⑧建興元年(223),諸葛亮曾辟李邵爲丞相府西曹掾。同年,諸葛亮也辟蔣琬爲東曹掾,恰與《廖立傳》中所言"丞相掾李卲、蔣琬"相合。且廖立心懷不滿正是在後主即位後不久,與李邵、蔣琬任職時間也符合,而蜀漢之時并未見有李卲其人記載,故《廖立傳》所言丞相掾"李卲"當爲"李邵"之誤,點校本已改,《集解》也應據之改。

另,廖立所言"昔先主不取漢中"中的"先主"誤,劉咸炘認爲"'主'當作'帝'",⑨是。其時,劉備已亡,後主即位,蜀漢群臣不得再稱劉備爲"先主",應稱"先帝",故此處"先主"應改爲"先帝"。

①　司馬遷撰,裴駰集解,司馬貞索隱,張守節正義:《史記》卷九十七《酈生傳》,點校本二十四史修訂本,第 3261 頁。
②④　陳壽撰,裴松之注,盧弼集解,錢劍夫整理:《三國志集解》卷四十《蜀書·廖立傳》,第 2626 頁。
③　陳壽撰,裴松之注,盧弼集解,錢劍夫整理:《三國志集解》卷四十《蜀書·廖立傳》注,第 2626 頁。
⑤⑥⑨　陳壽撰,裴松之注,盧弼集解,錢劍夫整理:《三國志集解》卷四十《蜀書·廖立傳》注,第 2628 頁。
⑦　常璩著,任乃强校注:《華陽國志校補圖注》卷十中《廣漢士女》,上海:上海古籍出版社,1987 年,第 567 頁。
⑧　陳壽撰,裴松之注,陳乃乾校點:《三國志》卷四十五《蜀書·楊戲傳》附《季漢輔臣贊》注,第 1086 頁。

十三、《蜀書·廖立傳》注引《諸葛亮集》載諸葛亮表曰："……陛下即位之後,普增職號,(廖)立隨比爲將軍,面語臣曰:'我何宜在諸將軍中! 不表我爲卿,上當在五校!'"①

按:廖立對諸葛亮所言"不表我爲卿,上當爲五校"中的"上"字很是讓人費解,廖立本意是向諸葛亮抱怨自己不應處在五校之中,而應當任卿等更高一級的官職,"上"字顯得非常突兀。對于此,李慈銘認爲"上疑作止",②李説倒不失爲一種解釋,但文獻中"止當"連用的記載并不多,意思也與此有異,又無版本依據,故不宜擅改。

趙幼文《校箋》曰:"蕭書'上'字作'尚',郝書苟注無'上'字。"③對于蕭常《續後漢書》中的"尚"字,我們認爲也是不合適的。因爲廖立此前任職侍中,并不在"五校"之列,故不宜用"尚"字。此外,查郝經《續後漢書》苟宗道的注可知,其并非没有"上"字,而是"上"讀爲"卿上"。④ 然從文獻來看,"卿上"連用表高級官職的記載甚少,反而是"上卿"更爲常見。上卿,相傳爲夏商周時期的高級執政官或爵位名。《國語·晋語一》注曰:"上卿,執政,命于天子者也。"⑤而後逐步演變爲位高權重者的稱謂。《史記·藺相如傳》載:"既罷歸國,以(藺)相如功大,拜爲上卿,位在廉頗之右。"⑥《漢書·趙充國傳》:"臣位至上卿,爵爲列侯。"⑦

綜上所述,《廖立傳》"不表我爲卿,上當在五校"中的"上"字或應在"卿"前,作"不表我爲上卿,當在五校?"意爲:"不上表我爲上卿,(却)當在五校之列嗎?"

十四、《蜀書·廖立傳》注引詔曰:"三苗亂政,有虞流宥。廖立狂惑,朕不忍刑,亟徙不毛之地。"⑧《集解》引何焯曰:"方受付托主少國,疑不得不廢(廖)立,以懲不恪,非度之未宏也。"⑨

按:《集解》引何焯所言的斷句有誤,《義門讀書記》作"方受托付,主少國疑,不得不廢立以懲不恪,非度之未宏也",⑩是。同時,"托付",《集解》顛倒爲"付托"。

① 陳壽撰,裴松之注,盧弼集解,錢劍夫整理:《三國志集解》卷四十《蜀書·廖立傳》,第 2627 頁。
②⑨ 陳壽撰,裴松之注,盧弼集解,錢劍夫整理:《三國志集解》卷四十《蜀書·廖立傳》注,第 2628 頁。
③ 趙幼文遺稿,趙振鐸等整理:《三國志校箋》卷四十《蜀書·廖立傳》注,第 1368 頁。
④ 郝經:《續後漢書》卷二十《廖立傳》注,北京:商務印書館,1958 年,第 199 頁。
⑤ 左丘明撰,徐元誥集解,王樹民、沈長雲點校:《國語集解》卷七《晋語一》注,北京:中華書局,2002 年,第 248 頁。
⑥ 司馬遷撰,裴駰集解,司馬貞索隱,張守節正義:《史記》卷八十一《藺相如傳》,點校本二十四史修訂本,第 2961 頁。
⑦ 班固撰,顏師古注:《漢書》卷六十九《趙充國傳》,第 2982 頁。
⑧ 陳壽撰,裴松之注,盧弼集解,錢劍夫整理:《三國志集解》卷四十《蜀書·廖立傳》注,第 2627 頁。
⑩ 何焯著,崔高維點校:《義門讀書記》卷二十七《三國志·蜀志》,北京:中華書局,1987 年,第 467 頁。

十五、《蜀書・李嚴傳》："（建興）九年春，（諸葛）亮軍祁山，（李）平催督運事。秋夏之際，值天霖雨，運糧不繼，平遣參軍狐忠，督軍成藩喻指，呼亮來還，亮承以退軍。"①

按："參軍狐忠"與"督軍成藩"爲并列關係，中間逗號應改爲頓號。

十六、《蜀書・李嚴傳》："于是（諸葛）亮表（李）平曰：'自先帝崩後，平所在治家，尚爲小惠，安身求名，無憂國之事。臣當北出，欲得平兵，以鎮漢中。平窮難縱橫，無有來意，而求以五郡，爲巴州刺史。去年臣欲西征，欲令平主督漢中，平說司馬懿等開府辟召。臣知平鄙情欲，因行之際逼臣取利也。是以表平子豐督主江州，隆崇其遇，以取一時之務。平至之日，都委諸事，群臣上下，皆怪臣待平之厚也。'"②

按：該段表文有多處句讀錯誤。"欲得平兵"與"以鎮漢中"、"求以五郡"與"爲巴州刺史"、"群臣上下"與"皆怪臣待平"之間都無須斷開，中間逗號皆應删去。"臣知平鄙情欲，因行之際逼臣取利也"的斷句也有誤，李平想要在臨行之際逼迫諸葛亮取利，所以應在"情"字後斷開，"欲"字下讀，作"臣知平鄙情，欲因行之際逼臣取利也"。

十七、《蜀書・李嚴傳》注引（諸葛）亮公文上尚書曰："（李）平爲大臣，受恩過量……自度奸露，嫌心遂生，聞軍臨至，西向托疾還沮、漳，軍臨至沮，復還江陽。平參軍狐忠勤諫，乃止。……輒與行中軍師車騎將軍都鄉侯臣劉琰，使持節前軍師征西大將軍領涼州刺史南鄭侯臣魏延、前將軍都亭侯臣袁綝……等議，輒解平任，免官禄、節傳、印綬、符策，削其爵土。"③

按："平參軍狐忠勤諫乃止"中的"勤"字，盧弼懷疑應是"勸"，是。《諸葛亮集》載《公文上尚書》正作"勸"。④ "勤""勸"二字字形相近，蓋傳抄中出現訛混。同時，"復還江陽"後的句號也應改爲逗號。

另，"輒與行中軍師車騎將軍都鄉侯臣劉琰"其後的逗號似應改爲頓號，這些一同上表的大臣之間應該是并列關係，其後皆作頓號，惟"劉琰"後爲逗號，點校本同，不知何故？《諸葛亮集》載《公文上尚書》作頓號，疑整理本《集解》與點校本并誤。

十八、《蜀書・李嚴傳》："（建興）十二年，（李）平聞（諸葛）亮卒，發病死。平常冀亮當

① 陳壽撰，裴松之注，盧弼集解，錢劍夫整理：《三國志集解》卷四十《蜀書・李嚴傳》，第 2631 頁。
② 陳壽撰，裴松之注，盧弼集解，錢劍夫整理：《三國志集解》卷四十《蜀書・李嚴傳》，第 2632 頁。
③ 陳壽撰，裴松之注，盧弼集解，錢劍夫整理：《三國志集解》卷四十《蜀書・李嚴傳》注，第 2632 頁。
④ 諸葛亮著，段熙仲、聞旭初編校：《諸葛亮集》卷一《公文上尚書》，北京：中華書局，1960 年，第 10 頁。

自補,復策後人不能,故以激憤也。"①

　　按:"(李)平常冀(諸葛)亮當自補,復策後人不能"的斷句有誤,應在"復"字後斷開,"補復"有補充官職之意,不可斷開。李平被廢爲平民後,常常期望諸葛亮可以重新啓用自己,推測繼任者不能,故應作"平常冀亮當自補復,策後人不能"。《資治通鑑·魏紀四》作:"(李)平常冀(諸葛)亮復收己,得自補復,策後人不能故也。"②意思更爲明確。

　　十九、《蜀書·劉琰傳》:"自是大臣妻母,朝慶遂絶。"③
　　按:"大臣妻母"與"朝慶遂絶"語意相連,不可斷開,中間逗號應删去。

　　二十、《蜀書·魏延傳》注引《魏略》曰:"夏侯楙爲安西將軍,鎮長安。(諸葛)亮于南鄭與群下計議,(魏)延曰:'……長安中惟有御史、京兆太守耳。橫門邸閣與散民之穀,足周食也。'"④《集解》引潘眉曰:"邸閣,貯糧之所也。李傕謂我邸閣儲偫少,王基分兵取雄父邸閣,收米三十餘萬斛。"⑤
　　按:《集解》引潘眉所言"雄父邸閣"的專名號標注有誤,"雄父"整體爲邸閣名稱,應均在其下加專名號,點校本及《集解·魏書·王基傳》皆作"雄父邸閣",⑥是,《集解·魏延傳》引潘眉所言"雄父邸閣"中的"父"字下漏加,應補上。

　　二十一、《蜀書·魏延傳》:"秋,(諸葛)亮病,因密與長史楊儀、司馬費禕、護軍姜維等作身歿之後退軍節度,令(魏)延斷後,姜維次之;若延或不從命,軍便自發。"⑦
　　按:《集解》盧弼注曰:"宋本'因'作'困',《通鑑》同。"⑧點校本同。揆諸情理,人只有在病情危重時纔會安排後事,如果僅僅是"病",尚未達到要托付後事的程度,如《先主傳》"先主病篤",方"托孤于丞相(諸葛)亮"。⑨ 故《集解》"亮病,因"應改爲"亮病困",逗號置于"困"後。

---

①　陳壽撰,裴松之注,盧弼集解,錢劍夫整理:《三國志集解》卷四十《蜀書·李嚴傳》,第2633頁。
②　司馬光編著,胡三省音注:《資治通鑑》卷七十二《魏紀四·明帝青龍二年》,第2299頁。
③　陳壽撰,裴松之注,盧弼集解,錢劍夫整理:《三國志集解》卷四十《蜀書·劉琰傳》,第2637頁。
④　陳壽撰,裴松之注,盧弼集解,錢劍夫整理:《三國志集解》卷四十《蜀書·魏延傳》注引《魏略》,第2639頁。
⑤　陳壽撰,裴松之注,盧弼集解,錢劍夫整理:《三國志集解》卷四十《蜀書·魏延傳》注,第2640頁。
⑥　陳壽撰,裴松之注,陳乃乾校點:《三國志》卷二十七《魏書·王基傳》,第752頁;陳壽撰,裴松之注,盧弼集解,錢劍夫整理:《三國志集解》卷二十七《魏書·王基傳》,第2000頁。
⑦　陳壽撰,裴松之注,盧弼集解,錢劍夫整理:《三國志集解》卷四十《蜀書·魏延傳》,第2641頁。
⑧　陳壽撰,裴松之注,盧弼集解,錢劍夫整理:《三國志集解》卷四十《蜀書·魏延傳》注,第2642頁。
⑨　陳壽撰,裴松之注,陳乃乾校點:《三國志》卷三十二《蜀書·先主傳》,第891頁。

二十二、《蜀書·魏延傳》:"(魏)延獨與其子數人逃亡,奔漢中。(楊)儀遣馬岱追斬之,致首于儀,儀起自踏之,曰:'庸奴! 復能作惡不?'遂夷延三族。"①《集解》引郝經曰:"楊儀有幹略而不知義,不能自附廉、藺先國家之急,新喪元帥,以私撼殺大將,罪浮于(魏)延矣。"②

按:《集解》引郝經所言"不能自附廉、藺先國家之急"的斷句有誤,廉頗、藺相如是戰國時期趙國的大將與名相,二人雖有私怨,但在國家大義面前却能握手言和,爲後世留下了"將相和"的千古佳話。郝經在這裏指責楊儀雖有幹略但没有仁義之心,不能像廉、藺二人那樣以國家大局爲重,故《集解》應在"藺"後斷開,《續後漢書》作"不能自附廉、藺,先國家之急",③是,整理本《集解》誤。

另,《續後漢書》在"以私撼殺大將"後有"使孔明不暝于地下"數字,《集解》漏引。

二十三、《蜀書·楊儀傳》:"楊儀字威公,襄陽人也。建安中,爲荆州刺史傅群主簿,背群而詣襄陽太守關羽。"④

按:"背群而詣襄陽太守關羽"中的"群"指荆州刺史傅群,其下漏加專名號,應補上,作"群"。

二十四、《蜀書·楊儀傳》:"初,(楊)儀爲先主尚書,(蔣)琬爲尚書郎,後雖俱爲丞相參軍長史,儀每從行,當其勞劇,自惟年、官先琬,才能踰之,于是怨憤形于聲色,嘆吒之音發于五内。"⑤

按:《集解》盧弼注曰:"宋本'官'作'宦',《通鑑》同。"⑥點校本、百衲本俱作"年宦"。《隋書·李穆傳》載:"(李穆)遺命曰:'吾荷國恩,年宦已極,啓足歸泉,無所復恨。'"⑦可知"年、官"應作"年宦",中間頓號應刪去。

【作者簡介】張寅瀟,男,1986 年生,歷史學博士,陝西省社會科學院文化與歷史研究所助理研究員,主要從事秦漢三國史、歷史文獻學及陝西歷史文化研究。黄巧萍,女,1982年生,歷史學博士,陝西省社會科學院古籍整理研究所助理研究員,主要從事商周考古及先秦秦漢史研究。

① 陳壽撰,裴松之注,盧弼集解,錢劍夫整理:《三國志集解》卷四十《蜀書·魏延傳》,第 2641 頁。
② 陳壽撰,裴松之注,盧弼集解,錢劍夫整理:《三國志集解》卷四十《蜀書·魏延傳》注,第 2643 頁。
③ 郝經:《續後漢書》卷二十《魏延傳》,第 204 頁。
④ 陳壽撰,裴松之注,盧弼集解,錢劍夫整理:《三國志集解》卷四十《蜀書·楊儀傳》,第 2643 頁。
⑤ 陳壽撰,裴松之注,盧弼集解,錢劍夫整理:《三國志集解》卷四十《蜀書·楊儀傳》,第 2645 頁。
⑥ 陳壽撰,裴松之注,盧弼集解,錢劍夫整理:《三國志集解》卷四十《蜀書·楊儀傳》注,第 2645 頁。
⑦ 魏徵、令狐德棻:《隋書》卷三十七《李穆傳》,北京:中華書局,1973 年,第 1118 頁。

《隆平集校證》列傳補正*

劉　坤　　張呈忠

　　《隆平集》共二十卷,題北宋曾鞏撰,是宋史研究的重要典籍,其中卷四至卷十九爲列傳部分。此書長期以來缺乏可供學界使用的整理本,近年通過王瑞來先生辛勤整理,點校本得以問世。王先生整理的《隆平集校證》一書校對頗爲精審,但考訂史事偶有失誤,現在其基礎上對《隆平集》列傳部分進行補正。爲便于讀者查考,每條注明卷、頁,採用底本爲中華書局 2012 年版點校本,①每條引文不再作具體的注釋。

1. 薛居正建隆末出知朗州

　　卷四《薛居正傳》,143 頁:"薛居正,字子平,開封人……建隆初知朗州,有亡卒數千爲盜,軍使疑城中釋子爲應,欲盡殺之。"

　　按:《宋史》卷二百六十四《薛居正傳》:"初平湖湘,以居正知朗州。會亡卒數千人聚山澤爲盜,監軍使疑城中僧千餘人皆其黨,議欲盡捕誅之。"②南宋李燾《續資治通鑑長編》(以下簡稱"《長編》")卷四:建隆四年四月丙午,"以樞密直學士、户部侍郎薛居正權知朗州"。③《宋史》卷一《太祖本紀》載:建隆四年十一月"甲子,有事南郊,大赦,改元乾德"。④由此可知,薛居正于建隆四年(963)四月權知朗州。同年十一月,宋太祖改元乾德。因此,薛居正應是建隆末出知朗州,而不是建隆初。

2. 沈倫罷相在太平興國七年

　　卷四《沈倫傳》,144 頁:"沈倫,字順宜,陳留人……及(太宗)即位,擢樞密副使。開寶六年拜相,太平興國四年罷。"

---

　*　本文爲國家社科基金後期資助項目"王安石新法體制與北宋晚期政局研究"(21FZSB053)階段性成果。
　①　曾鞏撰,王瑞來校證:《隆平集校證》卷四《薛居正傳》,北京:中華書局,2012 年。
　②　脱脱等:《宋史》卷二百六十四《薛居正傳》,北京:中華書局,1985 年,第 9110 頁。
　③　李燾:《續資治通鑑長編》卷四,北京:中華書局,2004 年,第 90 頁。
　④　脱脱等:《宋史》卷一《太祖本紀》,第 15 頁。

按：《長編》卷二十三：太平興國七年四月，"左僕射、兼門下侍郎、同平章事沈倫被病踰數月，多請告，盧多遜將敗，倫已上表求致仕……庚辰，責授工部尚書，落其子都官郎中繼宗班薄"。① 太平興國七年（982）四月，沈倫纔罷相。同見李埴《皇宋十朝綱要》（以下簡稱《綱要》）卷二、陳均《皇朝編年綱目備要》（以下簡稱《綱目備要》）卷三、徐自明《宋宰輔編年錄》卷二、《宋史》卷四《太宗本紀》、《宋史》卷二百一十《宰輔表》、王稱《東都事略》卷十四《沈倫傳》等載。② 綜上，沈倫罷相應在太平興國七年（982），而不是太平興國四年（979）。

3. 竇儀爲李昉之誤

卷四《趙普傳》，146 頁："（開寶）十年，三司使趙玭廉其市木治第事，雷有鄰又訟中書不法。太祖惡之，學士竇儀入對，因訪普所爲，儀曰不知。"

按：翰林學士竇儀早就于乾德四年（966）去世。考《長編》卷十四：開寶六年六月丁未，"上初聽趙玭之訴，欲逐普……上訪諸李昉，昉曰：'臣職司書詔，普所爲，臣不得而知也。'上默然。"③《宋史》卷二百六十五《李昉傳》："時趙普爲多遜所構，數以其短聞于上，上詢于昉，對曰：'臣職司書詔，普之所爲，非臣所知。'"④ 同見《隆平集》卷四《李昉傳》、王稱《東都事略》卷十五《李昉傳》等載。⑤ 由此可知，竇儀當爲李昉之誤。另太祖年號開寶只有九年，十年當爲六年之誤。

4. 向敏中薨于天禧四年

卷四《向敏中傳》，156 頁："向敏中，字常之，開封人……大中祥符五年復相，天禧三年薨，年七十二，贈太尉、中書令，謚文簡。"

按：《長編》卷九十五：天禧四年三月己卯，"左僕射、兼中書侍郎、平章事向敏中卒"。⑥《宋史》卷二百八十二《向敏中傳》："（天禧）三年重陽，宴苑中，（向敏中）暮歸中風眩，郊祀不任陪從……明年三月卒，年七十二。"⑦結合《長編》和《宋史》本傳記載可知，向敏中應卒

---

① 李燾：《續資治通鑑長編》卷二十三，第 518 頁。

② 李埴撰，燕永成校正《皇宋十朝綱要校正》卷二，北京：中華書局，2013 年，第 68 頁。陳均編，許沛藻等點校：《皇朝編年綱目備要》卷三，北京：中華書局，2006 年，第 63 頁。徐自明撰，王瑞來校補《宋宰輔編年錄校補》卷二，北京：中華書局，2012 年，第 34 頁。脫脫等《宋史》卷四《太宗本紀》，第 68 頁。脫脫等《宋史》卷二百一十《宰輔表》，第 5425 頁。王稱《東都事略》卷十四《沈倫傳》，見劉曉東等點校《二十五史》，濟南：齊魯書社，2000 年，第 253 頁。

③ 李燾：《續資治通鑑長編》卷十四，第 304 頁。

④ 脫脫等：《宋史》卷二百六十五《李昉傳》，第 9136 頁。

⑤ 曾鞏：《隆平集校證》卷四《李昉傳》，第 147 頁。王稱《東都事略》卷十五《李昉傳》，第 257 頁。

⑥ 李燾：《續資治通鑑長編》卷九十五，第 2186 頁。

⑦ 脫脫等：《宋史》卷二百八十二《向敏中傳》，第 9556 頁。

于宋真宗天禧四年(1020)。同見《綱要》卷三、《綱目備要》卷八、《宋史全文》卷六、《宋史》卷八《真宗本紀》等載。① 綜上可知,"三年"爲"四年"之誤,向敏中薨于天禧四年。

5. 馮拯中太平興國三年(978)進士

卷四《馮拯傳》,164頁:"馮拯,字道濟,河陽人。太平興國二年登進士第……"

按:2010年出土于河南洛陽偃師縣的《馮拯墓誌銘》明確記載馮拯中太平興國三年進士。② 胡仔《苕溪漁隱叢話》後集卷十九:"前一歲,呂文穆蒙正爲狀頭,始賜以詩,蓋示以優寵之意,至是復賜文懿。然狀頭詩迄今時有,探花郎後無繼者,惟文懿一人而已,此科舉之盛事也。"③呂蒙正是太平興國二年(977)狀元,推知馮拯是太平興國三年的探花。可知"二年"爲"三年"之誤。

6. 呂夷簡判樞密院事是在慶曆二年(1042)

卷五《呂夷簡傳》,172頁:"呂夷簡,字坦夫,壽州人……未幾復相。慶曆元年,進封許國公,判樞密院。"

按:《東都事略》卷五十二《呂夷簡傳》載:"慶曆元年,拜司空,封許國公。二年,兼判樞密院事改兼樞密使。"④《長編》卷一百三十七:慶曆二年秋七月戊午,"右僕射、兼門下侍郎、平章事呂夷簡判樞密院……"⑤結合《東都事略》本傳和《長編》可知,呂夷簡判樞密院一事應在慶曆二年秋七月。同見《綱目備要》卷十一、《宋史全文》卷八、《宋宰輔編年錄》卷四、《宋史》卷十一《仁宗本紀》、《宋史》卷二百一十一《宰輔表》等載。⑥ 由此可知,呂夷簡判樞密院事是在慶曆二年,"元年"爲"二年"之誤。

7. 陳堯佐爲兩浙轉運使

卷五《陳堯佐傳》,178頁:"(陳堯佐)爲兩浙轉運副使,杭州江堤舊以竹籠石……遂徙

---

① 李塤撰,燕永正校正:《皇宋十朝綱要校正》卷三,第133頁。陳均編,許沛藻等點校:《皇朝編年綱目備要》卷八,第171頁。汪聖鐸點校:《宋史全文》卷六,北京:中華書局,2016年,第286頁。脱脱等:《宋史》卷八《真宗本紀》,第168頁。

② 郭茂育、劉繼保編著:《宋代墓誌輯釋》,鄭州:中州古籍出版社,2016年,第119頁。

③ 胡仔纂集,廖德明校點:《苕溪漁隱叢話》後集卷十九,北京:人民文學出版社,1962年,第131頁。

④ 王稱:《東都事略》卷五十二《呂夷簡傳》,見劉曉東等點校:《二十五史》,第412頁。

⑤ 李燾:《續資治通鑑長編》卷一百三十七,第3283頁。

⑥ 陳均撰,許沛藻等點校:《皇朝編年綱目備要》卷十一,第253頁。汪聖鐸點校:《宋史全文》卷八,第399頁。徐自明撰,王瑞來校補:《宋宰輔編年錄校補》卷四,第236頁。脱脱等:《宋史》卷十一《仁宗本紀》,第214頁。脱脱等:《宋史》卷二百一十一《宰輔表》,第5465頁。

堯佐京西。”

　　按:陳堯佐任“兩浙轉運副使”與《宋史・陳堯佐傳》記載同。但考《長編》卷八十二:大中祥符七年(1014)五月,“(兩浙)轉運使陳堯佐……又徙堯佐京西路”。① 再考杜大珪《名臣碑傳琬琰集》(以下簡稱“《琬琰集》”)上卷十五《陳文惠公堯佐神道碑》:“(陳堯佐)丁秦公憂,服除,判三司三勾院、兩浙轉運使,徙京西、河東、河北三路,糾察在京刑獄。”②《東都事略》卷四十四《陳堯佐傳》:“(陳堯佐)嘗爲兩浙轉運使,錢塘江堤以竹籠石……遂徙堯佐京西,又徙河北,又徙河東。”③綜上可知,陳堯佐應爲兩浙轉運使,而不是副使。

8. 晏殊爲張知白所薦

　　卷五《晏殊傳》,185 頁:“晏殊,字同叔,撫州臨川人。七歲善爲文。景德初,李昉、張知白安撫江南,薦之,召試詩賦。”

　　按:李昉薨于宋太宗至道二年(996),故其不可能在宋真宗景德初年推薦晏殊。考《東都事略》卷五十六《晏殊傳》:“晏殊字同叔,撫州臨川人也。七歲善屬文,號神童。景德初,張知白安撫江西,薦之,得召試。”④《宋史》卷三百一十一《晏殊傳》:“晏殊字同叔,撫州臨川人。七歲能屬文,景德初,張知白安撫江南,以神童薦之。”⑤《琬琰集》上卷三《晏元獻公殊舊學之碑》:“公生七歲,知學問,爲文章,鄉里號爲神童。故丞相張文節公安撫江西,得公以聞。”⑥綜上可知,晏殊爲張知白所薦,“李昉”二字應是衍文。

9. 杜衍諡“正獻”

　　卷五《杜衍傳》,188—189 頁:“杜衍,字世昌,越州人……卒,年八十,贈司徒兼侍中,諡文獻。”

　　按:《東都事略》卷五十六《杜衍傳》:“杜衍字世昌,越州會稽人……卒,年八十,贈司徒兼侍中,諡曰正獻。”⑦《宋史》卷三百一十《杜衍傳》:“杜衍字世昌,越州山陰人……卒,年八十。贈司徒兼侍中,諡正獻。”⑧綜上可知,杜衍應諡“正獻”。

① 李燾:《續資治通鑑長編》卷八十二,第 1874—1875 頁。
② 杜大珪編、顧宏義、蘇賢校證:《名臣碑傳琬琰集校證》上卷十五《陳文惠公堯佐神道碑》,上海:上海古籍出版社,2021 年,第 342 頁。
③ 王稱:《東都事略》卷四十四《陳堯佐傳》,見劉曉東等點校:《二十五史》,第 345 頁。
④ 王稱:《東都事略》卷五十六《晏殊傳》,第 442 頁。
⑤ 脫脫等:《宋史》卷三百一十一《晏殊傳》,第 10195 頁。
⑥ 杜大珪撰、顧宏義、蘇賢校證:《名臣碑傳琬琰集校證》上卷三《晏元獻公殊舊學之碑》,第 60 頁。
⑦ 王稱:《東都事略》卷五十六《杜衍傳》,第 445 頁。
⑧ 脫脫等:《宋史》卷三百一十《杜衍傳》,第 10189—10192 頁。

10. 賈昌朝爲天章閣侍講

卷五《賈昌朝傳》,194 頁:"景祐元年初置崇政殿説書,以授昌朝。而天章閣置侍讀,亦自昌朝始。"

按:據鄒賀研究:"有宋一代,前後共設置有七種:'翰林侍讀學士''翰林侍講學士''侍讀''侍講''天章閣侍講''崇政殿説書'和'邇英殿説書'。"① 宋代并無"天章閣侍讀"。《長編》卷一百一十四:景祐元年,"始置崇政殿説書,命都官員外郎賈昌朝、屯田員外郎趙希言、太常博士崇文院檢討王宗道、國子博士楊安國爲之,日以二人入侍講説。初,孫奭出知兗州,上問奭誰可代講説者,奭薦昌朝等,因命中書試説書。至是,特置此職以處之。後三歲,乃遷天章閣侍講"。② 《綱要》卷五載:景祐四年"三月甲戌,始置天章閣侍講,以直集賢院賈昌朝、崇文院檢討王宗道、國子直講趙希言楊安國爲之"。③ 高承《事物紀原》卷四《天章閣侍講》載:"景祐四年三月,詔以賈昌朝等爲天章閣侍講……"④ 例子衆多,兹不贅述。綜合而言,"天章閣侍讀"爲"天章閣侍講"之誤,賈昌朝爲天章閣侍講。

11. 宋庠中天聖二年進士第

卷五《宋庠傳》,196 頁:"宋庠,字公序,安州人。舉進士,開封、禮部皆第一人。天聖元年賜進士及第……"

按:《琬琰集》上卷七《宋元憲公庠忠規德範之碑》:"會同榜鄭戩爲樞密副使,葉清臣權三司使……公得知揚州。"⑤ 宋庠和葉清臣、鄭戩都是同年進士及第。《隆平集》卷十四《葉清臣傳》:"葉清臣,字道卿。蘇州人。天聖二年登進士甲科……"⑥ 吕中《類編皇朝大事記講義》(以下簡稱《大事記講義》)卷十:"天聖二年三月,賜舉人第,得宋祁、葉清臣以下……郊(庠)與弟祁俱以詞賦得名,太后不欲弟先兄,乃擢郊(庠)第一。"⑦ 《長編》卷一百零二:天聖二年,"禮部上合格進士姓名,詔翰林學士晏殊、龍圖閣直學士馮元編排等第。乙巳,御崇政殿,賜宋郊(庠)、葉清臣、鄭戩等一百五十四人及第,四十六人同出身。不中格者六人,以嘗經真宗御試,特賜同三禮出身。丙午,又賜諸科一百九十六人及第,八十一

① 鄒賀:《君德成就:宋朝經筵制度研究》,西安:陝西人民出版社,2017 年,第 65 頁。
② 李燾:《續資治通鑑長編》卷一百一十四,第 2662 頁。
③ 李埴撰,燕永正校正:《皇宋十朝綱要校正》卷五,第 186 頁。
④ 高承撰,李果訂,金圓、許沛藻點校:《事物紀原》卷四,北京:中華書局,1989 年,第 224 頁。
⑤ 杜大珪編,顧宏義、蘇賢校證:《名臣碑傳琬琰集校證》上卷七《宋元憲公庠忠規德範之碑》,第 143 頁。
⑥ 曾鞏撰,王瑞來校證:《隆平集校證》卷十四《葉清臣傳》,第 413 頁。
⑦ 吕中撰,張其凡、白曉霞整理:《類編皇朝大事記講義・類編皇朝中興大事記講義》,上海:上海人民出版社,2014 年,第 208 頁。

人同出身"。① 又檢《綱要》卷四可知,天聖元年(1023)無開科取士。② 綜上可證,宋庠是宋仁宗天聖二年(1024)進士,"元年"爲"二年"之誤。

12. 王舉正拜參知政事在康定二年(1041)

卷六《王舉正傳》,216頁:"王舉正,字伯中。幼重厚,嗜學寡言。……堯佐罷,復知制誥,又爲翰林學士。康定三年,參知政事。"

按:康定是宋仁宗第五個年號,一共使用兩年。康定二年十一月,宋仁宗改元爲慶曆。《東都事略》卷三十七《王舉正傳》載:"康定二年,拜右諫議大夫、參知政事。"③《長編》卷一百三十二:康定二年五月辛未,"翰林學士、兵部郎中、知制誥王舉正爲右諫議大夫、參知政事"。④ 結合《東都事略》本傳和《長編》可知,王舉正拜參知政事應在康定二年五月。這與《宋史全文》卷八、《宋宰輔編年錄》卷四、《宋史》卷十一《仁宗本紀》、《宋史》卷二百一十一《宰輔表》等記載同。⑤ 因此,"三年"爲"二年"之誤。

13. 文明殿學士自程羽始

卷七《宋綬傳》,235頁:"太平興國中改爲文明殿學士,以授李昉。"

按:《東都事略》卷三十二《李昉傳》載:"太平興國八年,改文明殿學士、遂除參知政……故事,端明殿設學士二員,居翰林學士上,專備顧問,馮道、趙鳳始居是職,累事。"⑥ 由此可知,李昉改文明殿學士是在太平興國八年(983)。檢《長編》卷二十一:太平興國五年正月庚寅,"以禮部侍郎程羽爲文明殿學士,序立于樞密副使之下。文明殿學士,即端明殿學士也……文明殿學士自羽始"。⑦《宋史》卷二百六十二《程羽傳》:"羽性淳厚,莅事恪謹。時太宗尹京,頗以長者待之。及即位,拜給事中,知開封府。……及是,即殿名以羽爲文明殿學士,位在樞密副使下,且即泰寧坊營第以賜之。"⑧結合《長編》和《宋史》本傳可知,太平興國五年(980),文明殿學士自程羽始,而不是自李昉始。這與《綱要》卷二、《綱目

① 李燾:《續資治通鑑長編》卷一百零二,第2353—2354頁。
② 李埴撰,燕永正校正:《皇宋十朝綱要校正》卷四,第165頁。
③ 王稱:《東都事略》卷三十七《王舉正傳》,見劉曉東等點校:《二十五史》,第295頁。
④ 李燾:《續資治通鑑長編》卷一百三十二,第3128頁。
⑤ 汪聖鐸點校:《宋史全文》卷八,第391頁。徐自明撰,王瑞來校補:《宋宰輔編年錄校補》卷四,第234頁。脱脱等:《宋史》卷十一《仁宗本紀》,第212頁。脱脱等:《宋史》卷二百一十一《宰輔表》,第5465頁。
⑥ 王稱:《東都事略》卷三十二《李昉傳》,見劉曉東等點校:《二十五史》,第295頁。
⑦ 李燾:《續資治通鑑長編》卷二十一,第471頁。
⑧ 脱脱等:《宋史》卷二百六十二《程羽傳》,第9082—9083頁。

備要》卷三、《宋史全文》卷三等記載同。①

14. 周起享年

卷十《周起傳》,307 頁:"周起,字萬卿,淄州人也……卒,年五十八,贈禮部尚書,謚安惠。"

按:《東都事略》卷四十四《周起傳》載:"(周起)卒,年五十八,贈禮部尚書,謚曰安惠。"②然而,王安石《周安惠公起神道碑》:"(周起)至汝若干年,以某年某月某甲子卒,春秋五十九。"③顯然,《周起神道碑》和《隆平集》《東都事略》所載相矛盾。熊偉華指出:"然而,筆者在對照《隆平集》《東都事略》《宋史》三者的相關傳記時,發現在文字結構和人物評價上,《東都事略》反而與《隆平集》更相似(因三者詳略不一,這裏指三者共有的記載),這說明《隆平集》是《東都事略》的重要史源之一……"④故可推知,《東都事略》中關於周起卒年的記載應因襲於《隆平集》本傳。總之,周起卒年問題仍需進一步研究。

15. "王咸度"應爲"王咸庶"

卷十一《王德用傳》,325 頁:"(王德用)卒,年七十八,贈太尉、中書令,謚武恭。子咸熙、咸融、咸度、咸英、咸康。"

按:王安石《臨川先生文集》卷九十《魯國公贈太尉中書令王公行狀》:"男子咸熙,東頭供奉官,早卒,以子故累贈至右千牛衞將軍;次咸融,西京左藏庫使、果州團練使;次咸庶,內殿崇班,早卒;次咸英,供備庫副使;次咸康,內殿承制。"⑤《琬琰集》上卷十九《王武恭公德用神道碑》:"(王德用)五男四女。男曰咸熙,東頭供奉官,蚤卒;次曰咸融,西京左藏庫使、果州團練使;次曰咸庶,內殿崇班,早卒;次曰咸英,供備庫副使;次曰咸康,內殿承制。"⑥結合《琬琰集》和《臨川先生文集》可知,"王咸度"應爲"王咸庶"。

16. 孫甫應爲侍讀

卷十四《孫甫傳》,400 頁:"孫甫,字之翰,許州人……累擢天章閣待制、河北都轉運

---

① 李埴撰,燕永正校正:《皇宋十朝綱要校正》卷二,第 65 頁。陳均撰,許沛藻等點校:《皇朝編年綱目備要》卷三,第 59 頁。汪聖鐸點校:《宋史全文》卷三,第 109 頁。
② 王稱:《東都事略》卷四十四《周起傳》,見劉曉東等點校:《二十五史》,第 352 頁。
③ 杜大珪編,顧宏義、蘇賢校證:《名臣碑傳琬琰集校證》上卷二十一《周安惠公起神道碑》,第 444 頁。
④ 熊偉華:《〈隆平集〉的作者問題再考證》,見范立舟、曹家齊主編:《張其凡教授榮開六秩紀念文集》,上海:上海人民出版社,2009 年,第 672 頁。
⑤ 王安石撰,劉成國點校:《王安石文集》卷九十《魯國公贈太尉中書令王公行狀》,北京:中華書局,2021 年,第 1557 頁。
⑥ 杜大珪編,顧宏義、蘇賢校證:《名臣碑傳琬琰集校證(上)》卷十九《王武恭公德用神道碑》,第 411 頁。

使,留侍講。"

　　按:"侍讀"和"侍講"都是宋代經筵官。考《琬琰集》中卷七《孫待制甫墓誌銘》:"嘉祐元年,遷刑部郎中、天章閣待制、河北都轉運使,不行。疾少間,乃留侍讀。"①《琬琰集》中卷四十七《孫待制甫行狀》:"至和三年,遷刑部郎中,入天章閣爲待制,遂爲河北都轉運使。疾不行,又兼侍讀。"②《東都事略》卷六十四《孫甫傳》:"改直史館,知陝州,徙晉州,爲河東轉運使、三司度支副使,擢天章閣待制、河北都轉運使,不行,留侍讀。"③《宋史》卷二百九十五《孫甫傳》:"遷刑部郎中、天章閣待制、河北都轉運使。留爲侍讀,卒。"④綜上可知,孫甫應爲侍讀,而非侍講,"侍講"爲"侍讀"之誤。

17. 王洙爲翰林侍讀學士、兼侍講學士

　　卷十四《王洙傳》,416 頁:"王洙,字源叔,應天府人……以兄子堯臣參知政事,權翰林侍讀學士。"

　　按:檢《東都事略》卷七十《王洙傳》載:"拜翰林學士,以兄子堯臣參知政事,改侍讀學士兼侍講學士。"⑤《長編》卷一百八十二:嘉祐元年閏三月辛卯,"翰林學士王洙爲翰林侍讀學士、兼侍講學士,知制誥劉敞知揚州。敞,王堯臣姑子;洙,堯臣從父,堯臣執政,兩人皆避親也。洙罷一學士,換二學士,且兼講讀,國朝未嘗有。知諫院范鎮請追還過恩,且令洙依敞例出補外官,又言洙在太常,壞陛下禮樂,爲學士時,進不由道,資性奸回,恐終累堯臣。章六上,卒不報"。⑥《宋史》卷二百九十四《王洙傳》:"既而洙以兄子堯臣參知政事,改侍讀學士兼侍講學士。罷一學士,換二學士且兼講讀,前此未嘗有也。"⑦結合《長編》和《宋史》等記載可知,王洙當爲翰林侍讀學士、兼侍講學士,原文應補"兼侍講學士"。

18. 余靖知虔州

　　卷十四《余靖傳》,425—426 頁:"余靖,字安道,韶州人……積官至工部尚書,卒謚襄靖。常三使契丹,曉其語言……靖乃自求侍養,改將作少監,分司居韶州。六年,起知虔州,喪父解官。"

---

①　杜大珪編,顧宏義、蘇賢校證:《名臣碑傳琬琰集校證》中卷七《孫待制甫墓誌銘》,第 696 頁。
②　杜大珪編,顧宏義、蘇賢校證:《名臣碑傳琬琰集校證》中卷四十七《孫待制甫行狀》,第 1402 頁。
③　王稱:《東都事略》卷六十四《孫甫傳》,見劉曉東等點校:《二十五史》,第 528 頁。
④　脫脫等:《宋史》卷二百九十五《孫甫傳》,第 9841 頁。
⑤　王稱:《東都事略》卷七十《王洙傳》,第 581 頁。
⑥　李燾:《續資治通鑑長編》卷一百八十二,第 4399 頁。
⑦　脫脫等:《宋史》卷二百九十四《王洙傳》,第 9816 頁。

按：《東都事略》卷七十五《余靖傳》載："靖聞之不自得，左遷將作少監，分司南京。六年，起知虔州，以父憂去官。"①但考《長編》卷一百七十一：皇祐三年八月丙戌，"衛尉卿余靖落分司知虔州"。②《琬琰集》上卷二十三《余襄公靖神道碑》："……分司南京。公怡然還鄉里……絕人事，凡六年……皇祐二年，祀明堂覃恩，遷衛尉卿。明年，知虔州，丁父憂去官。"③余靖出知虔州在皇祐三年（1051），不是皇祐六年（1054），此處《隆平集》和《事略》當補作"凡六年"。另余靖謚曰"襄"，故"積官至工部尚書，卒謚襄。靖常三使契丹，曉其語言……"句號前移，襄靖斷開爲是。

19. 姚内斌改任慶州刺史

卷十六《姚内斌傳》，481 頁："姚内斌，平州人……世宗以爲汝州刺史，乾德中改命慶州……"

按：《大事記講義》卷二："建隆二年十二月，以姚内斌爲慶州刺史。"④但考《長編》卷三：建隆三年十二月甲辰，"上以西鄙羌戎屢爲寇鈔，選授虢州刺史姚内贇（斌）爲慶州刺史"。⑤ 同見《綱目備要》卷一、《宋史全文》卷一等載。⑥ 然《綱目備要》和《宋史全文》所載本自《長編》，故實爲一說。因此，原文中的"乾德"應爲"建隆"，姚内斌被授予的是"慶州刺史"。

20. 劉平景德二年（1005）登進士第

卷十九《劉平傳》，561 頁："劉平，字士衡，開封人。景德三年登進士第……"

按：《長編》卷六十：景德二年六月丁丑朔，"又下詔勸學，權停貢舉二年"。⑦ 因此，景德三年及四年均無取士。這與《綱要》卷三記載同。⑧ 可知，"二年"爲"三年"之誤，劉平應是景德二年進士及第。

【作者簡介】劉坤，男，1995 年生，上海大學中國古代史碩士，主要從事宋遼金史和文獻學研究。張呈忠，男，1987 年生，台州學院校聘教授，主要從事宋史研究。

---

① 王稱：《東都事略》卷七十五《余靖傳》，第 623 頁。
② 李燾：《續資治通鑑長編》卷一百七十一，第 4105 頁。
③ 杜大珪編，顧宏義、蘇賢校證：《名臣碑傳琬琰集校證（上）》卷二十三《余襄公靖神道碑》，第 479 頁。
④ 呂中撰，張其凡、白曉霞整理：《類編皇朝大事記講義·類編皇朝中興大事記講》，第 55 頁。
⑤ 李燾：《續資治通鑑長編》卷三，第 77 頁。
⑥ 陳均撰，許沛藻等點校：《皇朝編年綱目備要》卷一，第 12 頁；佚名撰，汪聖鐸點校：《宋史全文》卷一，第 28 頁。
⑦ 李燾：《續資治通鑑長編》卷六十，第 1344 頁。
⑧ 李埴撰，燕永正校正：《皇宋十朝綱要校正》卷三，第 105—106 頁。

敦煌本《百家姓》校釋[*]

胡耀飛

　　敦煌文獻中存有三件《百家姓》寫本,分別爲:Дx. 6066、P. 4585、P. 4630,其中前者爲俄藏,後兩件爲法藏。《敦煌經部文獻合集》據此三件爲底本,校録《百家姓》,分別稱爲底一、底二、底三。[①]　又據鄭阿財、朱鳳玉觀點,兩件法藏"二本均係小册子本,紙張高寬相同,字迹與行款一致,當是同一寫本",[②]故可以合爲一件。任占鵬根據鄭、朱二氏看法,標識此二件爲 P. 4585＋P. 4630。[③]　此處爲便于整理,依舊目之爲三件,并梳理如下:

　　1. Дx. 6066,據《敦煌經部文獻合集》題解:"底一編號爲俄敦六〇六六。凡六行,每行抄六字。又同頁倒書一遍。另外多數字右側(個别字左右兩側)又用小字重抄一至六次不等。《俄藏》未定名。按此爲《百家姓》習字,所抄爲《百家姓》前三十六姓,與傳本(據清王相《百家姓考略》本,中國書店 1991 年影印,以下簡稱"刊本")文字全同,故據以擬定今名。"[④]關于其是否爲敦煌藏經洞出土文獻的真實性,《敦煌經部文獻合集》根據存疑的 P. 4585、P. 4630 兩件,亦對 Дx. 6066 予以存疑:"剩下的還有底一,直覺告訴我們,這也不像敦煌寫卷,但因缺少具體證據,只能存疑。"[⑤]

　　2. P. 4585,據《敦煌遺書總目索引》該條小注:"起句爲'趙錢孫李'。兒童習字所書,觀紙色非北宋物。"[⑥]陳祚龍《中古敦煌的書學》描述爲:"伯四五八五'卷子':薄楮紙一張,高約 21.8 公分,寬約 40.6 公分,先經上下對折成爲兩'葉',再行書寫。"[⑦]又據《敦煌蒙書研究》概述:"册子本,楮紙,殘存 2 頁。高約 21.5cm,寬約 43.5cm。每半頁 6 行,行 6 字。第一面,起'趙趙錢錢孫孫'訖'楊楊朱朱秦秦';第二面,起'朱朱朱朱朱朱',訖'呂呂呂呂

　　* 本文爲國家社科基金重大項目"中國童蒙文化史研究"(16ZDA121)階段性成果。

　　①④　張涌泉主編:《敦煌經部文獻合集》第八册,北京:中華書局,2008 年,第 3997 頁。
　　②　鄭阿財、朱鳳玉:《敦煌蒙書研究》,蘭州:甘肅教育出版社,2002 年,第 69—70 頁。
　　③　任占鵬:《晚唐姓氏教材〈敦煌百家姓〉的編撰特點與學習方式探析——兼論其與〈蒼頡篇〉〈急就篇〉〈百家姓〉的關聯》,見郝春文主編:《敦煌吐魯番研究》第 21 卷,上海:上海古籍出版社,2022 年,第 211—225 頁。
　　⑤　張涌泉主編:《敦煌經部文獻合集》第八册,第 4003 頁。
　　⑥　商務印書館編:《敦煌遺書總目索引》,北京:中華書局,1983 年,第 304 頁。
　　⑦　陳祚龍:《中古敦煌的書學》,見陳祚龍著:《敦煌資料考屑》,臺北:臺灣商務印書館,1979 年,第 165 頁。

呂呂’；第三面，起‘費連連岑岑廉’，訖‘伍伍余余元元’；第四面，起‘德德盛盛永永’，訖‘橫橫廣楊楊仿’。”①又據《敦煌經部文獻合集》題解：“底二編號爲伯四五八五。册子本，存二頁四面，每面六行，行六字，一、三、四面一般每字連抄兩遍（第四面前二行‘德德盛盛永永義’諸字又在右側小字重抄一二次），第二面每字連抄六遍（一整行）；一、二面順序相連，二、三面間缺四十二姓，當有缺頁；第四面與第三面内容不相連續，似屬雜抄性質，此不録。前三面起‘趙錢孫李’，止‘伍余元［卜］’，計三十九姓。”②據原件，第一頁第一、二面和第二頁第一面確爲《百家姓》内容的習字件，第二頁第二面“德盛永義泉東南獻應印龍成劉李甓橫廣楊倣”十九字，《敦煌經部文獻合集》校記認爲：“刊本‘伍余元’後接‘卜’姓，底二‘德’字以下十九字序次與刊本大異，且其中‘李’‘楊’二姓上文已見，而‘德永義泉’四姓刊本未見，古未見姓‘永’者，‘德’‘義’‘泉’亦罕見用作姓氏者，疑此十九字屬抄手雜抄雜字，而非《百家姓》的一部分，故不録。”③

3. P.4630，據《敦煌遺書總目索引》該條括注：“與4585號同。”④陳祚龍《中古敦煌的書學》描述爲：“伯四六三〇‘卷子’：薄楮紙一張，高約40.8公分，寬約45.1公分，先經上下對折成爲兩‘葉’，再行書寫。（是卷曾由巴黎國立圖書館東方稿本部有關當局，僅以薄紙裱襯背面）。”⑤又據《敦煌蒙書研究》概述：“册子本，楮紙，殘存2頁。高約21.5cm，寬約43.5cm。每半頁6行，行6字。第一面，起‘郟浦尚濃温莊’，訖‘衡步都耿滿弘’；第二面，起‘匡國文寇廣禄’，訖‘饒空曾毋沙乜’；第三面，起‘赫連皇甫尉遲’，訖‘令狐鍾離宇文’；第四面，起‘養鞠須豐巢關’，訖‘諸葛聞人東方’。”⑥又有按語曰：“P.4630根據内容依次當爲第一、二、三、四面，P.4585四面次第較亂。然二本均係小册子本，紙張高寬相同，字迹與行款一致，當是同一寫本。依其字體與抄寫情形觀之，似爲兒童習字。”⑦又據《敦煌經部文獻合集》題解：“底三編號爲伯四六三〇。册子本，存二頁四面，每面六行，行六字，先後順序爲一、二、四、三，起‘郟浦尚農’，訖‘鍾離宇［文］’，計一一八姓。其中‘禄東歐殳沃利蔚越夔師鞏簡沙乜’諸字右側或左側又以小字重抄一次。”⑧關于此號與P.4585的關係，陳祚龍已曰：“這兩份寫卷，如加結合，實際就是《百家姓》的殘本。”⑨《敦煌經部文獻合集》進一步題解：“此二本出于同一《百家姓》習字寫卷可以無疑，唯底二一般每姓重抄一

---

①⑥　鄭阿財、朱鳳玉：《敦煌蒙書研究》，第69頁。

②⑧　張涌泉主編：《敦煌經部文獻合集》第八册，第3997頁。

③　張涌泉主編：《敦煌經部文獻合集》第八册，第4005頁。

④　商務印書館編：《敦煌遺書總目索引》，第305頁。

⑤　陳祚龍：《中古敦煌的書學》，見陳祚龍著：《敦煌資料考屑》，第165頁。

⑦　鄭阿財、朱鳳玉：《敦煌蒙書研究》，第69—70頁。

⑨　陳祚龍：《中古敦煌的書學》，見陳祚龍著：《敦煌資料考屑》，第165—166頁。

次，底三則不重抄，蓋抄手前後抄寫有變化。另按刊本，底二、底三間缺二百二十五姓，當有缺頁。"①

關于 P. 4585 和 P. 4630 是否真的出自敦煌藏經洞，《敦煌蒙書研究》作者引述其師潘重規（1907—2003）先生之説曰："在法國巴黎國家圖書館藏的敦煌漢文寫本中，保存有寫着'趙錢孫李'幾個大字的紙張，從字迹來看，很顯然這一紙張是孩童的習字。雖然如此，但是却具有相當的價值，它的出現證明了《百家姓》是宋朝初年的作品。"②《敦煌蒙書研究》進一步説："今敦煌寫本中赫然發現有 P. 4585 及 P. 4630 兩件《百家姓》寫本，證明《百家姓》確實在北宋初期即已存在，且遠傳至西北邊陲的敦煌地區，同時還作爲孩童識字習字之用。"③不過據《敦煌經部文獻合集》的推測："敦煌藏經洞封閉時間在十一世紀初（有明確紀年的敦煌文獻抄寫時間最晚的爲北宋咸平五年，即公元一〇〇二年），離《百家姓》的成書年代極近。很難想像吳越小民編撰的這樣一本小書短短三五十年便傳到了遥遠的敦煌，并在莫高窟藏經洞留下了踪迹。其實在敦煌當地流行的是一種'張王李趙'起首的類似《百家姓》的童蒙讀物，而上述'趙錢孫李'起首的《百家姓》未必是藏經洞之物。"④此外，《敦煌經部文獻合集》尚有其他字體方面的理由，并據《漢—八思巴文對照百家姓》也把"万俟"錯成了"万侯"的情況，認爲："這種種疑問，解釋也許只有一個，即該卷很可能也是黑水城宋元以後文獻。"⑤任占鵬也贊同《敦煌經部文獻合集》的看法，認爲："鑒于當時的政治環境，《百家姓》在三五十年内從吳越地區流傳到敦煌地區并流行是不太可能的。因此，這兩件《百家姓》寫本應該是宋元時期的産物。"⑥

如上所述，Дx. 6066、P. 4585、P. 4630 三件《百家姓》寫本是否出自敦煌莫高窟藏經洞尚且存疑，甚至很有可能爲黑水城文獻，但并不妨礙我們進一步整理這三件文書。由于目前尚無確鑿證據予以證僞，故而我們依舊根據其存在于敦煌文獻的事實，稱之爲"敦煌本《百家姓》"。事實上，即便并非出自藏經洞，其也來自宋元時期的西北地區，依舊有其傳播史的價值所在。就版本而言，由于宋本《百家姓》原本已不存，但依然能够依據《古今合璧事類備要》"類姓門"所保存的南宋《百家姓》（簡稱"備要本《百家姓》"）⑦進行對校。而此

① 張涌泉主編：《敦煌經部文獻合集》第八册，第 3997—3998 頁。
② 鄭阿財、朱鳳玉：《敦煌蒙書研究》，第 72 頁。
③ 鄭阿財、朱鳳玉：《敦煌蒙書研究》，第 73 頁。
④ 張涌泉主編：《敦煌經部文獻合集》第八册，第 4002—4003 頁。
⑤ 張涌泉主編：《敦煌經部文獻合集》第八册，第 4003 頁。
⑥ 任占鵬：《晚唐姓氏教材〈敦煌百家姓〉的編撰特點與學習方式探析——兼論其與〈蒼頡篇〉〈急就篇〉〈百家姓〉的關聯》，見郝春文主編《敦煌吐魯番研究》第 21 卷，第 216—217 頁。
⑦ 謝維新：《古今合璧事類備要》續集卷七至卷三十，宋刊本，國家圖書館藏涵芬樓藏本。本文據中華再造善本影印本。

前諸家整理敦煌本《百家姓》者，并未將兩者合而觀之。亦可參考另兩種《百家姓》文本，即元代八思巴文《百家姓》漢字部分和清代王相《百家姓考略》。①

　　俄藏敦煌本《百家姓》Дx. 6066 圖版收錄于《俄藏敦煌文獻》第 12 册，第 344 頁；亦見于《敦煌經部文獻合集》第 8 册，第 3998 頁。② 法藏敦煌本《百家姓》P. 4585、P. 4630 圖版收錄于《法藏敦煌西域文獻》第 32 册，第 99 頁；亦見于《敦煌經部文獻合集》第 8 册，第 3999、4000 頁。③

　　此外，尚有幾種錄文可校，即：1.《敦煌蒙書研究》（簡稱"蒙書本"）分別將 P. 4585 和 P. 4630 加以簡單錄文；2.《敦煌經部文獻合集》（簡稱"經部本"）將 Дx. 6066、P. 4585 和 P. 4630 合并校錄爲《百家姓》并有詳細的校記。考慮到 Дx. 6066 的字體與 P. 4585、P. 4630 的字體頗有差別，故此處分別校錄俄藏和法藏。

俄藏《百家姓》(Дx. 6066)[一]

上半面：

趙[二]錢孫李，周吴」鄭王。

馮陳褚衛，」蔣沈韓楊。

朱秦[三]」尤許，何吕施張[四]。」

孔曹嚴[五]華，金魏」陶姜。

戚謝鄒喻，」

下半面：

趙錢孫李，周吴」鄭王。

馮陳褚衛，」蔣沈韓楊。

朱秦[六]」尤許，何吕[七]施張。」

孔曹嚴華，金魏」陶姜。

戚謝鄒喻，」

---

　　① 照那斯圖編著：《新編元代八思巴字百家姓》，北京：文物出版社，2003 年；王相：《百家姓考略》，上海：華東師範大學出版社，2010 年。

　　② 孟列夫、錢伯城主編：《俄藏敦煌文獻 12》，上海：上海古籍出版社，2000 年，第 344 頁；張涌泉主編：《敦煌經部文獻合集》第八册，第 3998 頁。

　　③ 李偉國、府憲展等執行編輯：《法藏敦煌西域文獻 32》，上海：上海古籍出版社，2005 年，第 99 頁；張涌泉主編：《敦煌經部文獻合集》第八册，第 3999—4000 頁。

【校釋】

〔一〕按：Дx.6066 原件無題，據收藏地和内容擬定爲"俄藏《百家姓》"，并括注編號。

〔二〕按：此字及以下三十六大字，與備要本《百家姓》内容及順序相同。大字旁小字相同，不録。

〔三〕秦，圖版"秦"下"禾"作"示"，旁二小字亦同，經部本録文徑作"秦"，未出校。

〔四〕張，圖版"張"字旁二小字作"弓"旁加"馬"字，經部本未出校。

〔五〕嚴，圖版"嚴"字旁一小字"嚴"下"敢"作"射"，經部本未出校。

〔六〕秦，圖版"秦"下"禾"作"示"，經部本未出校。

〔七〕吕，圖版作"吕"，即兩口中間無短撇，而法藏 P.4585 爲"呂"，兩口中間有短撇，經部本未出校。按："吕"、"呂"爲同一字，然書法有别，俄藏 Дx.6066 爲"吕"，法藏 P.4585 爲"呂"，可作爲鑒定筆迹之用，故此揭示。

法藏《百家姓》一(P.4585)〔一〕

第一頁第一面：

趙趙〔二〕錢錢孫孫」李李，周周吴吴」鄭鄭王王。

馮馮」陳陳褚褚〔三〕衛衛」，蔣蔣〔四〕沈沈韓韓」楊楊〔五〕。

朱朱秦秦」

第一頁第二面：

朱朱朱朱朱朱」秦秦秦秦秦秦」尤尤尤尤尤尤」許許許許許許」，何何何何何何」呂呂呂呂呂呂〔六〕

第二頁第一面：

費〔七〕連連〔八〕岑岑廉」薛薛〔九〕，雷雷賀賀」伊伊〔一〇〕湯湯。

樂樂」傅傅余余〔一一〕，皮皮」邊邊〔一二〕齊齊康康。

伍伍余余元元」

第二頁第二面：

德德盛盛永永」義義泉泉東東」南南獻獻〔一三〕應應」印印龍龍成成」劉劉李李龔龔」橫横廣楊楊傲〔一四〕

【校釋】

〔一〕按：P.4585 原件無題，《法藏敦煌西域文獻》定名爲《百家姓習字》，今據收藏地和内容擬定爲"法藏《百家姓》"，爲與 P.4630 區别，加上編號"一"并括注原件編號。

〔二〕按：此二字及以下第一頁第一面、第一頁第二面，爲《百家姓》"趙錢孫李，周吴鄭王。馮陳褚衛，蔣沈韓楊。朱秦尤許，何吕施張"諸句，僅缺"施張"二姓，與備要本《百家姓》内容及順序相同。其中第一頁第一面"趙錢孫李，周吴鄭王。馮陳褚衛，蔣沈韓楊。朱秦"每字重複抄寫兩次，第一頁第二面"朱秦尤許，何吕"每字重複抄寫六次。

〔三〕褚褚，圖版作"褚褚"，蒙書本作"褚褚"，經部本作"褚"，皆未出校。按：備要本《百家姓》、清人王相《百家姓考略》作"褚"姓。據《漢語大字典》示部，"褚"爲"褚"的訛字，今統一校正爲"褚"。

〔四〕蔣蔣，圖版作"將將"，蒙書本作"蔣蔣"，未出校。經部本作"蔣"，校記曰"誤作'將'"。今據備要本《百家姓》、蒙書本、經部本改。

〔五〕楊楊，圖版作"楊陽"，蒙書本作"楊楊"，未出校。經部本作"楊"，校記曰"誤作'陽'"。今據備要本《百家姓》、蒙書本、經部本改。

〔六〕按：第一頁第二面以下，經部本校記曰："第一頁第二面止于'吕'字，其下至'費連'間約殘缺二至四頁，凡四十二姓。"此處殘缺四十二姓，若按第一頁第二面每姓抄六次，則缺七面；若按第一頁第一面和第二頁第一面及第二面每姓抄兩次，則缺三面不到。無論七面抑或三面，皆爲單數，因一面無法成一頁，故此殘缺四十二姓，必爲每姓抄六次與抄兩次的情況皆有。且很大概率爲前面若干姓抄六次，後面若干姓抄兩次，以銜接抄兩次的第二頁第一面。此外，根據對四十二姓抄寫分佈的推測，也并不存在每面每姓都抄六遍或都抄兩遍的情況，即可能每面同時存在每姓抄六遍和兩遍的情況。當然，這種推斷是理想狀態下的猜測，根據第二頁第二面爲雜抄諸字的情況，第一頁和第二頁之間并不存在缺頁也是可能的。

〔七〕費，按：據圖版，從第一頁第一面每姓抄兩遍的情況來看，此處"費"字僅抄一遍，即接續抄兩遍的"連"字，可知在此頁之前殘缺的那一頁中，可能還有一個"費"字在行末。當然，這也是理想狀態下的推測。

〔八〕連連，經部本根據《百家姓》刊本删去"連連"，保留後文的"廉"。按：經部本校記曰："'連'當係'廉'的音誤字，'廉'字底卷在行末，蓋即抄手發現前文誤書而補書于行末者，刊本正作'費廉岑薛'，兹據改正。"事實上，"連"字亦爲《百家姓》之一，在備要本《百家姓》中位于第 330 姓，十分靠後。雖然如此，即便廉姓在第 66 姓，兩個姓氏皆不常見，只因廉姓有先秦名將廉頗，故排位比較靠前。在日常生活中，連字又比廉字使用頻率更高，故此件文書中《百家姓》習字者誤"廉"爲"連"乎？

　　〔九〕薛，圖版無草頭，蒙書本、經部本作"薛"，蒙書本無校記，經部本校記曰："當係'薛'字省誤，兹據刊本校。"

　　〔一〇〕伊伊，蒙書本録作"伊伊"，經部本録作"伊"，然備要本《百家姓》、元代八思巴文《百家姓》、清人王相《百家姓考略》皆于"雷賀"二姓之後爲"倪"姓。按：經部本校記曰："'伊'字刊本作'倪'，而'伊'字在下文'秋仲伊宫'句；按'湯'爲商朝的開國之君，而'伊尹'爲湯的大臣，故'伊湯'連用意思上有關聯，便于記憶，疑以底卷爲長。"其實，以商湯與伊尹的君臣關係來解釋，雖有可取，但并不絶對。湯與伊尹，古文中往往簡稱"湯、尹"，而無"伊、湯"或"尹、湯"之説，蓋君在前，相在後。唯有伊尹與西周吕望對舉時，方有簡稱"伊、吕"的情況。因此，敦煌本《百家姓》中以"伊"爲"倪"大約爲習字者誤書，或亦因"伊"、"倪"音近而誤，并非原文需"伊、湯連用"。另外，敦煌本《百家姓》作"伊"，亦可能屬于《百家姓》在宋代的某個不同版本，故録文仍其舊。

　　〔一一〕樂樂傅傅余余，蒙書本録作此，經部本録作"樂［于時］傅"。按：經部本校記曰："此句底二本作'樂樂傅傅余余'，而下文'伍'後又有二'余'字，疑此處屬抄手誤書者，故不録，而據刊本于'樂'後擬補'于時'二字。"據此，可以猜測，此件《百家姓》習字者抑或抄手，其實并非根據《百家姓》抄寫，而是在默寫。即很有可能是一位蒙童，在背誦了《百家姓》之後，被師長要求默寫出來，故有多處音誤，如前面的"連"取代"廉"，"伊"取代"倪"，以及這裏的"余"取代"于"，以及後面的"邊"取代"卞"等。此處則不僅誤"于"爲"余"，更兼漏記"于""時"二姓，且以"余"字來補救"于"姓而仍漏"時"姓。

　　〔一二〕邊邊，蒙書本、經部本録文皆同此。按：經部本校記曰："'邊'字刊本作'卞'，而'邊'姓在下文'邊扈燕冀'句，未知孰爲其原貌。"據前一條校釋，習字者誤"卞"爲"邊"或其默寫時音近之誤。如此，則并不存在"孰爲其原貌"的問題。

　　〔一三〕獻獻，圖版作"献"，蒙書本爲簡體出版，故亦録爲"献"，經部本繁體出版，因故未録，但在校記中引述爲"獻"。今更正爲繁體正字"獻"。

　　〔一四〕按：經部本校記曰："'伍余元'後底二爲第二頁第四面，抄'德盛永義泉東南獻應印龍成劉李毉橫廣楊儆'十九字，按刊本'伍余元'後接'卞'姓，底二'德'字以下十九字序次與刊本大異，且其中'李''楊'二姓上文已見，而'德永義泉'四姓刊本未見，古未見姓'永'者，'德''義''泉'亦罕見用作姓氏者，疑此十九字屬抄手雜抄難字，而非《百家姓》的一部分，故不録。"其中，對于這十九字爲"雜抄雜字"的看法，整體可信。不過具體的意見稍有差異，比如十九字中，"獻""毉""儆"亦不在《百家姓》中，也幾無以此爲姓者。《元和姓纂》卷九有"獻"姓，然僅引述《風俗通》"晋獻公之後"的記載，并列"戰國有獻淵"一人而已，後世無聞。而"德永義泉"中,"泉"姓在唐初爲高句麗權臣泉蓋蘇文的姓氏,後入唐形成泉氏家族,不算罕見。① 總而言之,這十九字雖屬"雜抄難字",但并非字形上的難字,其中大多數也都是姓氏。

法藏《百家姓》二(P. 4630)〔一〕

第一頁第一面:

郟浦尚農。

温莊」別晏〔二〕,柴瞿閻充。」〔三〕

慕〔四〕連〔五〕茹習,宦〔六〕艾魚容。

向古易慎,」戈廖庚終。

暨居」衡〔七〕步,都耿滿弘。

第一頁第二面:

匡國文寇,廣祿」闕東。

歐殳沃利,」蔚越夔隆。

師鞏」庫〔八〕聶,晃勾敖融。」

冷訾辛闞,那〔九〕簡」饒空。

曾〔一〇〕母〔一一〕沙乜,」

第二頁第一面〔一二〕:

赫連皇甫,尉遲」公羊。

澹臺公冶,」宗政濮陽〔一三〕。

淳于」單〔一四〕于,太〔一五〕叔申屠。」

公孫仲孫,軒轅」令〔一六〕狐。

鐘〔一七〕鍾離宇,」

第三頁第二面:

養鞠須豐。

---

① 參見杜文玉:《唐代泉氏家族研究》,《渭南師範學院學報》2002 年第 3 期,第 34—40 頁;馮立君:《高句麗泉氏與唐朝的政治關係》,《社會科學戰綫》2018 年第 8 期,第 137—150 頁。

巢關」蒯相,查後荆紅。」

游竺權逯,蓋[一八]益」桓公。

万俟[一九]司馬,」上官歐陽。

夏侯[二〇]」諸葛,聞人東方。」

【校釋】

〔一〕按:P. 4630原件無題,《法藏敦煌西域文獻》定名爲《百家姓》,今據收藏地和内容擬定爲"法藏《百家姓》",爲與P. 4585區别,加上編號"二"并括注原件編號。

〔二〕温莊别晏,蒙書本、經部本同此録文,經部本校記曰:"刊本作'温别莊晏'。"按:備要本《百家姓》、八思巴文《百家姓》、清人王相《百家姓考略》皆作"温别莊晏",可知此法藏《百家姓》寫作"温莊别晏"當爲書寫者誤乙。

〔三〕按:八思巴文《百家姓》"温别莊晏柴瞿閻充"在"慕連茹習宧艾魚容"之後。

〔四〕慕,圖版艹頭下爲"暴",蒙書本録作"慕",經部本録作艹頭下暴,并在後面括注"慕"字。按:艹下暴當爲誤書,并無此字,故從備要本《百家姓》、八思巴文《百家姓》和清人王相《百家姓考略》改作"慕"。

〔五〕連,圖版作"蓮",蒙書本録作"蓮",經部本録作"蓮"的同時,在後面括注"連"字。按:"蓮"字無此姓,當爲誤書,故從備要本《百家姓》、八思巴文《百家姓》和清人王相《百家姓考略》改作"連"。

〔六〕宧,備要本《百家姓》作"官"。按:此姓後世諸本《百家姓》皆爲"宧",其中備要本小注爲"東陽,商音",清人王相《百家姓考略》小注爲"商音,東陽郡",可知無論"官"抑或"宧",當有一字爲訛。

〔七〕衡,圖版作"衞",蒙書本作"衡",經部本録作"衞"的同時,在後面括注"衡"字。按:圖版"衞"當爲"衡"字異體。

〔八〕庫,諸本皆同,清人王相《百家姓考略》作"厙",經部本校記曰:"'厙'蓋'庫'的後起分化字。"

〔九〕那,備要本《百家姓》作"郍",小注"音那"。

〔一〇〕曾,圖版作"曾",頭部"八"字相連成"人"字,故經部本録作"會",并括注"曾"字。按:據圖版,頭部"八"下并無一横,故不當録作"會",而應録作"曾",即"曾"字也。

〔一一〕母,圖版作"母",蒙書本録作"毋",未出校,經部本録作"母",并括注"毋"字。按:備要本《百家姓》明本作"毋",宋本、四庫本皆爲"母",元代八思巴文《百家姓》作"母"(八思巴文注音muw),清人王相《百家姓考略》作"毋"。綜合言之,似宋元時期《百家姓》

原本爲“母”，至明清時期出現“毋”字版本，故此以圖版爲準。

〔一二〕按：第二頁第一面和第二頁第二面，據《百家姓》順序，當互換。因此，蒙書本以第二頁第一面爲第四面，第二頁第二面爲第三面，順序互換。經部本亦互換後録文。今仍圖版之舊。

〔一三〕陽，圖版作“楊”，蒙書本亦作“楊”，經部本録作“楊”，并括注“陽”字。備要本《百家姓》、元代八思巴文《百家姓》未載此姓。按：濮陽姓以地名，濮水之陽，經部本校記引王相《百家姓考略》注文，亦有説明，故以“陽”爲準，而非樹木之“楊”，今據改。

〔一四〕單，圖版作“鄲”，蒙書本録作“鄲”，經部本録作“鄲”，并括注“單”字。備要本《百家姓》、元代八思巴文《百家姓》未載此姓。按：單姓源自匈奴單于，清人王相《百家姓考略》正作“單”，故改之。

〔一五〕太，圖版作“大”，蒙書本、經部本皆録作“大”。備要本《百家姓》、元代八思巴文《百家姓》未載此姓。按：大、太二字相通，然後世音義皆有別，太叔姓源自鄭穆公孫太叔儀，清人王相《百家姓考略》正作“太”，故改之。

〔一六〕令，圖版作“今”，經部本録作“今”，并括注“令”字，其餘諸本皆爲“令”。按：圖版當爲書寫者誤書，故改之。

〔一七〕鐘，蒙書本録作“钟”，即“鐘”字簡體。按：經部本校記曰：“刊本無‘鐘’字，此句作‘鍾離宇文’，‘鐘’蓋‘鍾’字誤書而未塗去者。”

〔一八〕蓋，圖版作“葢”，蒙書本録作“盖”，即“蓋”字簡體，經部本録作“蓋”。按：“葢”即“蓋”字異體，故改之。

〔一九〕俟，圖版作“侯”，蒙書本録作“俟”，經部本録作“侯”，并括注“俟”字。按：“万俟”姓之“俟”與“侯”形似，後文“夏侯”姓之“侯”圖版作“俟”，可知書寫者將此二字弄混，故改之。

〔二〇〕侯，圖版作“俟”，蒙書本録作“侯”，經部本録作“俟”，并括注“侯”字。按：“夏侯”姓之“侯”與“俟”形似，前文“万俟”姓之“俟”圖版作“侯”，可知書寫者將此二字弄混，故改之。

【作者簡介】胡耀飛，男，1986 年生，陝西師範大學唐文明研究院暨歷史文化學院副教授，主要從事隋唐五代史、唐宋文獻研究。

中華書局點校本《續夷堅志》整理平議[*]

王馨振華

《續夷堅志》是金元之際文壇領袖元好問的一部筆記小説,也是金元一朝留存下來爲數不多的私人著作,具有一定的文學與史學價值。中華書局于 1986 年出版了常振國的點校本,該點校本以道光十年(1830)榮譽《得月簃叢書》本爲底本,參校了嘉慶十三年(1808)余集大梁書院本和北京圖書館所藏清抄本,并補列目録,收入《古體小説叢刊》中,與《湖海新聞夷堅續志》合爲一册。這是目前學術界經常使用的版本。但該本存在一些點校方面的失誤,本文針對這些失誤提出新的整理建議,以便于學術界更好地使用此書。

卷一"王氏金馬"條:

君玉以天眷二年第。器玉、汝玉,<u>皇統元年相次科第</u>。(P12)

元好問《中州集·王汾州璹》:"璹字君玉,太原人。天眷二年進士。弟珙器玉、珦汝玉,皇統九年同榜。"①與此不同。皇統元年(1141)并未舉行科舉,"元"字應係"九"字之形訛,此處當據《中州集》改爲"九"字。

卷二"背疽方二"條:

好問年二十一,侍先君官隴城<u>大安。庚子</u>承先人疽發于鬢。(P41)

此處乃元好問自述經歷,先君指死去的父親而言。據元好問弟子郝經爲其撰寫墓銘,

---

* 本文爲國家社會科學基金項目"遼宋夏金社會變遷研究"(22VRC031)階段性成果。

① 元好問編,張静校注:《中州集校注》辛集第八《王汾州璹》,北京:中華書局,2018 年,第 2110 頁。同時還可參見薛瑞兆:《金代科舉》,北京:中國社會科學出版社,2004 年,第 103 頁。

元好問"父格,顯武將軍、鳳翔府路第九處正將,兼行隴城縣令、騎都尉、河南縣開國男、邑食三百户"。[①] 但元格實際是元好問的叔父,《南冠録引》開篇即云:"予以始生之七月,出繼叔氏隴城府君。迨大安庚午,府君卒官,扶護還鄉里,時予年二十有一矣。"[②]《續夷堅志》所言"先君",即《南冠録引》所言"叔氏",也就是他的叔父、因終官隴城縣令而被稱爲"隴城府君"的元格。但在當時的禮法關係上,元格是元好問的嗣父,因此後者提及他時,往往以稱呼父親的稱謂加以指稱。如"予兒時從先隴城府君官披縣",[③]"予年二十許時,侍先人官略陽",[④]略陽即隴城之古稱。《故物譜》中叙及家藏銅雀硯時説"先隴城府君官冀州時物也",[⑤]《爲第四女配婿祭家廟文》中稱之爲"顯考廣威隴城府君",[⑥]凡此種種,均指叔父兼嗣父元格。特别值得注意的是,《南冠録引》所述與《續夷堅志》此條所言一致,由此可知"大安"乃指金朝衛紹王年號,絶不可與"隴城"連讀。該年號從元年己巳至三年辛未共行用三年,只有中間二年乃庚午,并無庚子。之後的"承"字,上海圖書館藏吳繼寬抄本及中國社會科學院歷史研究所藏《遺山先生詩集》本皆作"春"字,當據改。因此,此處正確標點當作:"好問年二十一,侍先君官隴城。大安庚午春,先人疽發于髯。"

卷三"潼山莊氏"條:

靈璧北四十里,地名潼山,有南華觀。莊子之後餘二百家,族長以行第數之,有二千人,又有二千九翁之目。官給杖印,主詞訟,風俗醇厚,俗中有善談元者。(P52)

既云"莊子之後",則"談元"乃"談玄"之誤。底本及兩參校本均爲清代版本,清人諱"玄",改爲"元"字,點校者未能回改。

卷三"劉生青詞之譴"條

此條起首曰"正和初"(P59),但有金一朝并無正和年號,查清光緒七年(1881)方戊昌所刊讀書山房本《元遺山先生全集》所收《續夷堅志》本條,即作"正大初",當據改。

---

① 施國祁注,麥朝樞校:《元遺山詩集箋注》卷首《大德碑本遺山先生墓銘》,北京:人民文學出版社,1958年,第30頁。郝經此文有兩種版本,一爲收入郝經《陵川集》中的版本,一爲元好問之子在元代大德年間所立之碑本,後者較詳細。此處所引即後者,標點有修正。

② 元好問著,狄寶心校注:《元好問文編年校注》卷四,北京:中華書局,2012年,第346頁。

③ 元好問著,狄寶心校注:《元好問文編年校注》卷四,第354頁。

④ 元好問著,狄寶心校注:《元好問文編年校注》卷一,第117頁。

⑤ 元好問著,狄寶心校注:《元好問文編年校注》卷四,第392頁。

⑥ 元好問著,狄寶心校注:《元好問文編年校注》卷六,第1174頁。

卷三"陵川人祈仙"條：

　　陵川士人劉元方卿説：……元卿問：……元卿今客順天，屢爲予言，故續記于筆，陳于喪亂之後也。（P59—60）

　　此條起首説"劉元方卿"，後文則兩言"元卿"，前後不一，讀書山房本《元遺山先生全集》此條有趙培因考證，頗疑此人當名方字元卿，故彼本直接將起首改爲"劉方元卿"。當從。

卷四"宣靖播越兆"條：

　　此條至"悉以"止（P71），下有小注云："以下缺。"下接"女真黄""日本國冠服""焦燧業報""孔孟之後"四個條目，下有小注云："以上四條缺。"皆有目無文。但檢上海圖書館藏吳繼寬抄本，本條完整，且後四條皆有，當據以補齊：

宣靖播越兆

　　宣和中，龍德宫花竹池沼間散起廬舍，象村落田家所居。山莊、漁市、旗亭、茶店，無所不有，悉以宫婢主之。上皇策蹇其間，從以輕俠少年。所至，主人館客，留連笑謔，一與外間無異。將去，即以金錢遺之。播越之禍已見于此。《吕氏磧石録》

女真黄

　　文潞公元豐間鎮洛水南，銀李以千葉淡黄牡丹來獻，且乞名。公名之曰"女真黄"。後人始知其識。

日本國冠服

　　大定末，日本國販硫黄沙木將往明越，爲風漂至登州海岸。其人華冠縞服，上畫鷄犬，將如挽郎。自言先世秦人，是徐市船載入海者。市死，爲五蕃菩薩。國人至今爲凶服，會裕陵上仙，取沙木供葬。

焦燧業報

　　開封焦燧，以廉能擢大興推官。凡鞫囚有不伏者，即腦勘。及爲河東路提刑官，忽病腦疽，不勝楚。自嘆曰："吾鞫獄用腦勘，人亦痛如是乎？"百方療之，竟不起。

孔孟之後

　　宣聖五十三代孫名元措，字夢得，仕至大常卿，遥領泰寧軍節度使。顔子五十三世孫名珍，辛丑年見之，六十餘矣。長清有子貢之後木老，嘗有官廣威將軍，人目之爲

"木威"。冉子之孫一農家,在長清之鵲巢,小兒子牛兒,子改曰阿犍。孟氏亦有後,予未之見也。孔氏在曲阜者避聖諱,讀"丘"曰"區"。此亦不可不知也。

以上四條部分文字難以理解,如"孔孟之後"條"子改曰阿犍"處,"子"似爲"予"之誤。此句大意指元好問將冉氏小兒子之不甚雅馴的乳名"牛兒"改成較爲文雅的"阿犍"而言。若然,則"犍"字似爲"犍"字之訛,這樣被改之名和改後之名仍存在意義上的關聯性。以上皆爲推測,因無別本可校,只好照録。

卷四"平陽貢院鶴"條:

太安初,高子約、耿君嗣、閻子秀、王子正之考試平陽,舉子萬人。主司有夢緋衣人來謝謁者。<u>明旦試題以下</u>,語同官。俄群鶴旋舞至公樓上,良久不去。主司命胥吏揭榜大書示衆云:"今場狀元出自河東。"當舉,府題"聖人有金城",解魁宋可封,澤州;<u>省</u>"儉德化民,家給之本",省魁孫當時;_{此句疑有脱誤。}御題"獲承休德,不遑康寧",狀元王綱,平陽。三元者,果皆河東云。(P77)

此條"明旦試題以下"之"以""下"二字當互乙,全句當標點作:"明旦試題下,以語同官。"若如原標點法,當用"已"字,而不能用"以"字。原文"省"字後當脱"題"字。原文有小注"此句疑有脱誤",是指脱漏了省元孫當時的貫籍。

卷四"史學優登科歲月"條:

有相者爲□安史學優言,……(P77)

史學優即史學,元好問《中州集》有其小傳:"學字學優,延安人。"[①]據此,此處脱文當即"延"字。

卷四"王子明獲盜"條:

---

①　元好問編,張静校注:《中州集校注》庚集第七《史學》,第2018頁。

　　……于所佩小革囊中得買布單目及木印一，……<u>果有布是本印所記者</u>。（P78）

　　此條前文言及"木印"，後文誤作"本印"；又據讀書山房《元遺山先生全集》本亦作"木印"，"本印"誤。

卷四"介蟲之變"條：

　　東平薛僧，阜昌初進士，嘗令魚臺，嗜食糟蟹。<u>凡造蟹</u>，……（P79）

　　此條"凡造蟹"以下，介紹具體糟蟹的方法，雖然"造"有製作之意，也可通，但聯繫前文"糟蟹"一詞，此處當改作"凡糟蟹"爲優。

卷四"炭中二仙"條：

　　此地出炭，炭穴顯露，<u>隨取而足，用者積累成堆</u>，下以薪爇之，烈焰熾然。（P82）

　　"隨取而足，用者積累成堆"一句應當標點作"隨取而足用者，積累成堆"。"隨取而足用者"描述出炭之多，隨時可取就足夠所用。

　　另有一些明顯的錯誤，如卷二"賈叟刻木"條（P37）"連斤如風"，實則爲"運斤如風"之誤，且"風"字後有一後引號，前文却無前引號。若保留此後引號，需將前文"僧說"二字後加一前引號。否則當刪去。

　　【作者簡介】王馨振華，本名王振華，男，1984年生，歷史學博士，西北大學宋遼金史研究院、歷史學院講師，主要從事古典文獻學、秦漢三國史及五代遼宋夏金元史研究。

修訂本《宋書·天文志》校讀瑣記[*]

——兼議史書整理的異文處理問題

羅歷辛

  《宋書·天文志》四卷,其撰作、修改與編定歷經何承天、徐爰、沈約等數人之手,因《三國志》無志,故《宋書·天文志》所記天象始自三國時期,終于劉宋一代,以承續《後漢書》,因而在志書中卷帙頗重。此舉雖爲後人所詬病,然亦因之可與《晋書·天文志》多有互校。點校本《宋書》(下稱"點校本")由王仲犖先生整理,中華書局 1974 年出版後,《天文志》部分亦有爲之校補之文。① 《宋書》修訂本由丁福林先生主持,近年出版,② 于《天文志》部分的紀日和天象記録等方面的訛誤參考了《晋書·天文志》和劉次沅《諸史天象記録考證》等書,對點校本的一些失誤進行了校正與補充。今通閱修訂本《宋書·天文志》,發現其中文字、標點等仍有未盡之處,列述于下,兼與點校本之異文有可商榷者,并對由此引出史書校勘過程中一些難以判定正誤的異文問題略作討論,以就教于方家。

一、《天文志》校讀瑣記

  1. 御史中丞何承天論渾象體曰:"詳尋前説,因觀渾儀,研求其意,有以悟天形正員,而水周其下。"(第 735 頁)

  按:據《隋書·天文志》,"研求其意"下文爲:"有悟天形正圓,而水居其半,地中高外卑,水周其下。"③ 唐代天文學家瞿曇悉達編《開元占經》卷一"天地名體"引何承天説同。

  * 本文爲福建省社會科學基金青年項目"日藏寫本《天地瑞祥志》校録與研究"(FJ2024C038)階段性成果。

  ① 鄭慧生:《中華書局校點本〈宋書·天文志〉正誤》,《史學月刊》2006 年第 8 期,第 111—120 頁;楊勝朋:《〈宋書·天文志〉考議》,《鹽城師範學院學報(人文社會科學版)》2015 年第 3 期,第 105—106 頁。
  ② 中華書局 2018 年 5 月出版精裝本,2019 年 9 月出版平裝本,筆者所用爲平裝本,正文括號內標注頁碼均據此本。
  ③ 魏徵、令狐德棻撰:《隋書》卷十九,點校本二十四史修訂本,北京:中華書局,2020 年,第 566 頁。

推其文意,地勢中高外卑,故而能"水周其下",今本或有脱文,此説可參。①

2. 吴主孫權赤烏十三年五月,日北至,熒惑逆行入南斗。……按占,熒惑入南斗,三月,吴王死。一曰:"熒惑逆行,其地有死君。"太元二年權薨,是其應也。(第 747 頁)

按:據《開元占經》卷三十二"熒惑占三"引石氏曰:"熒惑入南斗,三月,吴王死。"②與上述占文完全一致,"一曰"爲他家占辭,天文志對于所記天象一般引述一則占辭言天象對應的人事吉凶,若有不同占文再言"一曰",可知前句亦當爲占辭,"按占"後不應用逗號,當加冒號與雙引號爲:

> 按占:"熒惑入南斗,三月,吴王死。"

同理還有如後文:

> 案占,蚩尤旗見,王者征伐四方。(第 749 頁)

此句占文于占書亦習見,《開元占經》卷八十五"妖星占上"引《洪範五行傳》《春秋緯·考異郵》均有此句,"占"字後不應用逗號,應加冒號和雙引號。整理者對于《天文志》中占辭的標點不太統一,一般而言,"占曰"後是完整的冒號和雙引號,然志文中有多處言"案占"或"按占",雙引號或有或無,如下句之標點:

> 魏陳留王景元元年二月,月犯建星。案占,"月五星犯建星,大臣相讒"。(第 750 頁)

無冒號,但又加上了雙引號。這一情形的出現或許與天文志作者的書寫有關係,有的占語蓋爲史官從占書中所截取,或有所删減,或依據占書自行占測,整理者難以明確是否爲完整的占辭引用,標點符號的使用標準比較模糊。然而,如上文中所述占書之固定占辭,應當加上冒號和雙引號,否則有可能出現占辭與史官自己的推測、總結等相混淆的情形。如下文:

---

① 按,此條異文王仲犖《宋書校勘記長編》已見載(北京:中華書局,2009 年,第 583 頁),并以《隋書·天文志》爲是,唯其《隋書·天文志》引文"地中高外卑"脱一"地"字,且未參考《開元占經》相關引文。

② 瞿曇悉達:《開元占經》,見《景印文淵閣四庫全書》第 807 冊,臺北:(臺灣)商務印書館,1986 年,第 419 頁。

明帝青龍二年二月己未，太白犯熒惑。占曰：“大兵起，有大戰。”是年四月，諸葛亮據渭南，吳亦起兵應之，魏東西奔命。九月，亮卒，軍退，將帥分爭，爲魏所破。案占，太白所犯在南，南國敗，在北，北國敗，此宜在熒惑南也。（第 741 頁）

“案占”後文，整理者未加冒號和雙引號，此段所述天象爲“太白犯熒惑”，考《史記·天官書》有言：“其（指太白）與列星相犯，小戰；五星，大戰。其相犯，太白出其南，南國敗；出其北，北國敗。”①《開元占經》卷二十一“五星占四”引《荆州占》曰：“熒惑與太白相犯，大戰。太白在熒惑南，南國敗；在熒惑北，北國敗。”②皆與上文相類。由此可知，《天文志》作者對于其時出現“太白犯熒惑”這一天象的書寫，先引占辭言“大兵起，有大戰”，而同年蜀、吳與魏對戰事正爲此句占辭之徵驗。這一戰争的結果是蜀軍爲魏所破，蜀在魏之南，作者再根據占辭所言“太白所犯在南，南國敗；在北，北國敗”，推測出當時太白犯熒惑的位置“宜在熒惑南也”。因此，末句的正確標點應爲：“案占：‘太白所犯在南，南國敗；在北，北國敗。’此宜在熒惑南也。”③

3. 齊王嘉平三年十一月癸未，熒惑犯亢南星。占曰：“大臣有亂。”正元元年二月，李豐等謀亂誅。

嘉平三年十一月癸未，有星孛于營室，西行積九十日滅。（第 747—748 頁）

按：兩處紀日均爲“嘉平三年十一月癸未”。前一則，“齊王嘉平三年十一月癸未”之“癸未”，修訂本校勘記言局本、《晋書·天文志》、《開元占經》卷八十九引《宋書·天文志》并作“癸亥”，是月癸卯朔，無癸未，有癸亥，疑此一“癸未”爲“癸亥”之訛。考點校本《宋書》，前一則月份并非“十一月”，而是“十月”，《開元占經》卷三十一“熒惑犯亢二”有引《宋書·天文志》曰：“魏嘉平三年十月癸未，熒惑犯亢南星。正元三年二月，李豐等謀亂誅。”④同書卷八十九“彗星占中”引《宋書·天文志》曰：“魏嘉平三年十一月癸亥，有星孛于營室，積九十日。”⑤《晋書·天文志》同：“嘉平三年十一月癸亥，有星孛于營室，西行，積

① 司馬遷撰，裴駰集解，司馬貞索隱，張守節正義：《史記》卷二十七，點校本二十四史修訂本，北京：中華書局，2014 年，第 1582 頁。
② 瞿曇悉達：《開元占經》，見《景印文淵閣四庫全書》第 807 册，第 334 頁。
③ 志書對于占辭的引用也有不加冒號的情況，如修訂本《魏書·天象志》（北京：中華書局，2017 年），其引用格式皆爲：占曰“×××”，而未加冒號。無論如何，《宋書·天文志》對于占辭引用的標點應當加上引號，否則就會出現文中所述將占辭引用與史官書寫混淆的情況。
④ 瞿曇悉達：《開元占經》，見《景印文淵閣四庫全書》第 807 册，第 408 頁。《開元占經》此處亦有訛誤，“正元三年”當爲“正元元年”之訛。
⑤ 瞿曇悉達：《開元占經》，見《景印文淵閣四庫全書》第 807 册，第 830 頁。

九十日滅。"①可知修訂本校勘記所謂"癸未"《開元占經》《晋書·天文志》作"癸亥"，并非前一則紀日所言"熒惑犯亢南星"之天象，而是後一則紀日所言"有星孛于營室"之天象，校勘記誤。

考歷史紀日，嘉平三年十月癸酉朔，有癸未；十一月癸卯朔，有癸亥。據上述《開元占經》引文、《晋書·天文志》等可知，"熒惑犯亢南星"之天象當繫于嘉平三年十月癸未，點校本《宋書》不誤，修訂本反誤；"有星孛于營室"之天象當繫于嘉平三年十一月癸亥，第二則紀日之"癸未"應爲"癸亥"之訛，點校本、修訂本皆未出校。

4. 嘉平五年六月庚辰，月犯箕。占曰："軍將死。"正元元年正月，鎮東將軍毌丘儉反，兵敗死。（第 748 頁）

按：本志下文即有言："魏高貴公正元元年十一月，有白氣出斗側，廣數丈，長竟天。……二年正月，毌丘儉等據淮南以叛，大將軍司馬師討平之。"言毌丘儉叛亂事在正元二年（255）正月。《三國志·魏書·三少帝紀》："（正元）二年春正月乙丑，鎮東將軍毌丘儉、揚州刺史文欽反。"②亦同。據此，上文"正元元年"應爲"正元二年"之訛。

5. 魏高貴公正元元年十一月，有白氣出斗側，廣數丈，長竟天。王肅曰："蚩尤之旗也。東南其有亂乎！"二年正月，毌丘儉等據淮南以叛，大將軍司馬師討平之。（第 749 頁）

按："白氣出斗側"，《晋書·天文志》作"白氣出南斗側"③，《開元占經》卷八十五"妖星占上"引文同。"南斗"即斗宿，二十八星宿之一，爲區別于北斗故稱，有時亦簡稱"斗"。志文天象記録多謂"南斗"，如上述第 2 條文"熒惑入南斗"，又如下文"吳孫亮太平元年九月壬辰，太白犯南斗"等。因斗、牛爲吳、越分野，其事應多在吳地，故王肅乃有言"東南其有亂乎"，今本或于"出"下脱一"南"字。

6. 高貴公正元二年二月戊午，熒惑犯東井北轅西頭第一星。占曰："群臣有家坐罪者。"甘露三年，諸葛誕族滅。（第 749 頁）

按："有家坐罪者"不辭，據《開元占經》卷三十四"熒惑占五"引陳卓曰："熒惑犯東井，群臣有以家事坐罪者。"④下文案語即引《宋書·天文志》述天象與事應，其所述第一則正與志文同，此説可參，"家"下或脱一"事"字。

---

①③　房玄齡等：《晋書》卷十三，北京：中華書局，1974 年，第 389 頁。

②　陳壽撰，裴松之注：《三國志》卷四，北京：中華書局，1959 年，第 132 頁。

④　瞿曇悉達：《開元占經》，見《景印文淵閣四庫全書》第 807 册，第 436 頁。

7. 景元四年六月,大流星二,并如斗,見西方,分流南北,光照隆隆有聲。(第 751 頁)

按:"光照隆隆有聲"不辭,此光應指流星之光芒,《晋書·天文志》作:"光照地,隆隆有聲。"①《乙巳占》卷七"流星占"有引述此段天象,《開元占經》卷七十一"流星占一"亦有引,二者皆同《晋書·天文志》,可知"光照"下蓋脱一"地"字。

8. 太安二年八月,長沙王奉帝出距二王,庚午,舍于玄武館。是日天中裂爲二,有聲如雷。三占同元康,臣下專僭之象也。是時長沙王擅權,後成都、河間、東海又迭專威命,是其應也。(第 764 頁)

按:"三占同元康"不辭,《宋書·天文志》多有謂"占同上""占悉同上"或"占同××(××爲年號)"等,意指前文已出現過此天象,今之占同前次,占辭不具引。前文有述晋惠帝元康二年二月,天西北大裂,引劉向説:"天裂,陽不足;地動,陰有餘。"(第 761 頁)"占同元康"前加一"三"字則不合文例。考《晋書·天文志》云:"太安二年八月庚午,天中裂爲二,有聲如雷者三。君道虧而臣下專僭之象也。"②後文所述史事與今本同,《開元占經》卷三"天裂"亦有述此天象與事應,與《晋書·天文志》略同。可知"三"字屬上讀,今本標點有誤。

9. 太元十二年二月戊寅,熒惑入月。占曰:"有亂臣死,相若有戮者。"一曰:"女親爲敗,天下亂。"是時琅邪王輔政,王妃從兄國寶以姻昵受寵。(第 790 頁)

按:"女親爲敗",《晋書·天文志》作"女親爲政",③《開元占經》卷十二"月占二"引文同。下文所言史事亦無涉"女親爲敗",而與《晋書·天文志》《開元占經》所言相合,"敗"字或爲"政"字之訛。

10. 太元十七年九月丁丑,歲星、熒惑、填星同在亢氐。占曰:"三星合,是謂驚位絶行,内外有兵喪與飢,改立王公。"(第 791 頁)

按:"驚位絶行",校勘記謂《漢書·天文志》《魏書·天象志》《晋書·天文志》作"驚立絶行",疑是。此説不確。"驚位""驚立"均見于史書天文志與天文占書,如《史記·天官書》集解引徐廣曰:"或云木、火、土三星若合,是謂驚立絶行。"然後文集解復引徐廣此句却

---

① 房玄齡等:《晋書》卷十三,第 396 頁。
② 房玄齡等:《晋書》卷十二,第 337 頁。
③ 房玄齡等:《晋書》卷十二,第 349 頁。

寫作"驚位絕行"。①《漢書·天文志》亦有作"驚位"者："（河平二年）十一月上旬，歲星、熒惑西去填星，皆西北逆行。占曰：'三星若合，是謂驚位，是謂絕行，外内有兵與喪，改立王公。'"②《開元占經》卷十九"五星占二"引班固《天文志》曰："三星若合，是謂驚位，是謂絕行。"宋均曰："有兵喪，故曰驚位；改立，故曰絕行。"③《漢書·天文志》顏師古注引晋灼注文與宋均説略同。按"立"當通"位"，"驚位"謂使王位受到震動，此説在天文書寫中成爲固定用語。古書中多見"立"讀爲"位"之用例，錢大昕《廿二史考異·漢書二·天文志》即云："'三星若合，是謂驚立絕行。'立，古'位'字，下文作'驚位'，可證。"④"立""位"二字既通用，整理者不必以"驚立"爲是，此條校勘記可删。

二、修訂本與原點校本的異文舉隅

通過對修訂本《宋書·天文志》的校讀，不難發現修訂本與點校本有不少異文，這對于史書的修訂過程來説是必然結果。點校本《宋書》的整理採用不專主一本，以宋元明三朝遞修本、明北監本等六種版本互校，擇善而從的方式。其擇善而從所定文字，直接呈現爲點校本出版，多有不出校記説明來源者。而詳細的校勘記録，包括各種版本、他校資料的異文，以及點校者的決斷，則完整保留在王仲犖《宋書校勘記長編》（下簡稱"《長編》"）中。根據修訂本《宋書》凡例，修訂本以商務印書館百衲本爲底本，參以三朝本等多種版本重新進行校勘，在通校本方面相比點校本多出明萬曆二十二年（1594）南京國子監本（南監本），另多出一種參校本，即國家圖書館藏宋刻宋元遞修本（存三十七卷）。

就《長編》的《天文志》部分而言，王先生的校勘難免存在疏失。然今比勘原點校本與修訂本的一些異文，却并非皆以修訂本爲長。如上述校讀札記第 3 條，出現了原點校本不誤，修訂本反誤的現象。點校本作"嘉平三年十月癸未"，修訂本却是"嘉平三年十一月癸未"，《長編》中并無關于這一紀日的校勘記録，筆者翻查了修訂本所用的底本百衲本，也是寫作"十月癸未"，⑤三朝本、北監本、南監本等皆是如此，⑥未知修訂本何以誤作"十一月癸未"。有訛誤的應當是第二則紀日"十一月癸未"，顯然不可能同年十月與十一月俱出現癸未日，點校本與修訂本均未對此加以校正。

① 司馬遷撰，裴駰集解，司馬貞索隱，張守節正義：《史記》卷二十七，點校本二十四史修訂本，第 1576、1608 頁。
② 班固撰，顏師古注：《漢書》卷二十六，北京：中華書局，1962 年，第 1310 頁。
③ 瞿曇悉達：《開元占經》，見《景印文淵閣四庫全書》第 807 册，第 326 頁。
④ 錢大昕著，方詩銘、周殿傑校點：《廿二史考異》卷七，上海：上海古籍出版社，2014 年，第 128 頁。
⑤ 沈約：《百衲本宋書》卷二十三，北京：國家圖書館出版社，2014 年，第 412 頁上欄。
⑥ 此據國家圖書館網站"數字古籍"資源庫所發佈的電子資源。

上述異文是修訂本整理者的疏失造成,修訂本《天文志》部分與原點校本還存在多處異文,應當是由于二者的整理原則不同導致。一個出現較多的異文是"高貴鄉公"這一人名,修訂本簡寫爲"高貴公"。修訂本《天文志》部分"高貴公"之名凡九見,點校本皆作"高貴鄉公"。筆者檢索了本書其他部分,這一人名僅見于志書中,《禮志》三見,《五行志》八見,《符瑞志》與《百官志》各一見。修訂本志書或作"高貴公",或作"高貴鄉公",應是底本如此。而點校本則不主一本,《長編》各條文也是以百衲本爲底本記録,百衲本《天文志》文"高貴公代立",《長編》有言:

> "公"字上,殿本、局本有"鄉"字。徑補,不出校。[1]

《天文志》其他出現了"高貴公"的地方,其校勘記録同上。王仲犖以作"高貴鄉公"爲是,兼有版本依據,因此在整理成果中直接改正而不加校記説明。修訂本整理者蓋認爲底本不誤,雖有別本作"高貴鄉公",不予改正,也不出校記説明,如此處理也是對底本原貌的尊重。誠然,無論是作"高貴鄉公",還是作"高貴公",確實不影響對文意的理解。在長期的文獻傳抄、刻印等過程中,難免會有遺漏,或在不影響文意的前提下少抄、少刻一兩個字,後人或許又會將之補充完整,故而出現各本不一的現象。而原本《宋書·天文志》是否全部寫作"高貴鄉公",顯然已無法確知。然在有別本依據的情形下,基于古籍整理嚴謹、審慎的原則,修訂本可加以校勘記説明這一異文。

與此類似的還有下文:

> 晋惠帝永康元年三月,妖星見南方,中臺星坼,太白晝見。占曰:"妖星出,天下大兵將起。臺星失常,三公憂。太白晝見爲不臣。"是月,賈后殺太子,趙王倫尋廢殺后及司空張華,又廢帝自立。于是三王并起,迭總**天權**。(第 762 頁)

"天權",點校本作"大權"。《長編》謂:

> "天",三朝、北監、毛本、殿本、局本作"大"。是。徑改,不出校。[2]

---

① 王仲犖:《宋書校勘記長編》,第 595 頁。殿本指清乾隆四年武英殿本,局本指金陵書局本。
② 王仲犖:《宋書校勘記長編》,第 602 頁。其中毛本指毛氏汲古閣本,其他版本上文有述。

可知除百衲本外，其餘五本皆作"大權"，點校本徑從，不出校，而修訂本則不予修改，這或許是因爲二詞義近，故從底本且不出校。而《晋書·天文志》《開元占經》等他校資料則同百衲本作"天權"。細究之，"天權"在天文學中是北斗七星其中一星之名，此處"天權"則應與"大權"義近，但更偏向于指天賜之權、天子之權等，從上文所言"廢帝自立""三王并起"等來看，確有所指。然本志下文又有言：

> 晋惠帝永寧元年，自正月至于閏月，五星互經天。《星傳》曰："日陽，君道也。星陰，臣道也。日出則星亡，臣不得專也。畫而星見午上者爲經天，其占爲不臣，爲更王。"今五星悉經天，天變所未有也。石氏説曰："辰星畫見，其國不亡，則大亂。"是後臺鼎方伯，互秉**大權**，二帝流亡，遂至六夷疆，迭據華夏，亦載籍所未有也。（第763頁）

上文語境與前一則相似，天象都有"五星畫見"，占辭也都是"不臣""更王"等大亂，史事徵驗亦正對應西晋爭奪中央集權的八王之亂時期。"迭總天權"與"互秉大權"之義應相差無幾。從文本内證的角度考慮，將"天權"改作"大權"亦有其理據。史書中"大權"一詞習見，"天權"則少見。當然，史書之行文用語因人而異，這并不能成爲"天權"是否應當改作"大權"的有力證據。

以上從對校、他校、本校和理校等多個角度對"天權"與"大權"應以何者爲是作了分析。然因二詞在這裏本就含義接近，二説皆可通，難以遽斷何者爲誤。

修訂本凡例中談到，修訂本以原點校本爲基礎，原點校本對底本所作的校改，修訂本全部重新覆核，而凡底本不誤者，遵從底本，若版本異文或他書異文可通者，出異文校予以説明。

就上述關于修訂本與點校本《天文志》部分的異文討論而言，對于一些大體無礙于文意理解的異文，整理者似更傾向于遵從底本而不出校。不獨《天文志》，書中其他部分亦有類似現象。筆者略覽修訂本《禮志》，試舉一例説明：

> 太康八年，有司奏："昏禮納徵……諸侯昏禮加納采告期**親迎**各帛五匹，及納徵馬四匹，皆令夫家自備，唯璋官爲具之。"（第364頁）

關于"諸侯昏禮"此句，校勘記謂："'親'字原闕，據《晋書》卷二一《禮志下》、《册府》卷五七四補。按《儀禮·士昏禮》，'告期'後爲'親迎'。"此句中補"親"字的改動及校勘記與原點校本一致。《儀禮·士昏禮》載婚禮六禮，即納采、問名、納吉、納徵、請期和親迎。雖無版本佐證，此處徑補一"親"字似無疑義，修訂本從。然修訂本後文又見：

次迎版文："皇帝曰，咨某官某姓，歲吉月令，吉日惟某，率禮以迎。……"（第367頁）

其納采、問名、納吉、請期、迎，皆用白雁白羊各一頭，酒米各十二斛。唯納徵羊一頭，……。（第368頁）

以上二處修訂本皆不于"迎"字前補"親"字，且未出校記。點校本則皆補"親"字，第一處稱據《通典·禮典》補，第二處稱據《晋書·禮志》補。[①]《儀禮》所載婚禮六禮爲古禮常識，親迎這一儀節更是承襲至今，修訂本在上二處文中未補"親"字，遵從底本，筆者推測其理據在于上二處文所記爲帝王婚禮，其一爲晋穆帝升平元年（357）納皇后何氏，其二爲晋孝武帝納王皇后，而在婚禮的實際施行過程中皇帝未親自迎接，而是令使臣迎后，故史官書寫不記"親"字。[②]《晋書·禮志》成于《宋書·禮志》之後，其内容亦多有蹈襲，然《晋書·禮志》三處皆有"親"字。

關于這一點，清代學者也已經注意到，嚴可均輯《全上古三代秦漢三國六朝文》，因穆帝納后之六禮版文爲太常王彪之所作，嚴氏將之輯録到王彪之名下，而最後一項稱爲"迎后版文"。[③]嚴氏大概也認爲天子未親迎所以不能用通行的"親迎"之名，但是稱單字又與其他儀節不協，故別名之"迎后"。盧文弨《群書拾補》言《晋書·禮志》"親迎版文"之"親"字衍，[④]顯然也是贊同《宋書·禮志》的書寫。然近代學者吳士鑑又于《晋書斠注》中反對盧文弨的意見："案當時六禮既備，實具親迎版文，惟仍遣太保、太尉禮迎耳，不得謂'親'字爲衍文也。"[⑤]而對于這一問題，吳麗娛《從〈宋書·禮志〉"迎"字校勘看中古帝王婚儀的變

---

① 二處皆可據《晋書·禮志》補，參《晋書》卷二十一，第667—668頁。王説有誤，查《通典·禮典》無"親迎版文"之説，所記此事文爲："迎用雁羊酒米如初。文曰：'……'"（杜佑撰，王文錦等點校《通典》卷五十八，北京：中華書局，1988年，第1639頁）。不記"親"字，與《宋書·禮志》同。

② 關于帝王婚禮中天子是否應親迎，也是一個有爭議性的問題，此處不便過度展開闡述。先秦典籍中有天子親迎及天子應親迎的記述，如《詩經·大雅·大明》："文定厥祥，親迎于渭。"《禮記·哀公問》載孔子談國君婚禮："大昏既至，冕而親迎，親之也。"《春秋左傳》《公羊傳》等也有一些國君親迎王后的記載。但是從漢及以後的史書記載來看，天子大都未在婚禮儀式上親自迎后。

③ 嚴可均編：《全上古三代秦漢三國六朝文》之《全晋文》卷二十一，北京：中華書局，1958年，第1575頁上欄。

④ 盧文弨：《群書拾補》，直隸書局民國十二年（1923）影印《抱經堂叢書》本。盧文弨謂"親字衍，下同"，應即指下文述晋孝武帝納王皇后禮，"其納采、問名、納吉、請期、親迎"之"親"字亦當衍。

⑤ 房玄齡等撰，吳士鑑、劉承幹注：《晋書斠注》，影印民國十七年（1928）吳興劉氏嘉業堂本，北京：中華書局，2008年，第470頁下欄。

更》一文中則有詳盡的論述，認爲《宋書·禮志》三處不加“親”字是作者有意爲之，志文第一處中的“諸侯”也是封君和一國之主，不會親自迎親，《晉書·禮志》之作者則未及細思，僅按古婚禮名目將之作爲脱文處理。而追溯其學理來源，《宋書·禮志》用“迎”取代“親迎”的做法揭示了東晉帝王婚喪禮儀服膺《左傳》及杜預注的事實，體現了中古時代皇權提升的意義。①

　　當然，這樣的長篇論述不可能出現在史書校勘記中，也脱離了單純校勘的範疇進入考證研究的領域。據吳麗娛所論，點校本三處補“親”字固然有失，修訂本或補或不補亦難稱無誤。修訂本《禮志》對于三處“迎”字校勘的不同處理，是基于“帝王不親迎”的理念，遵從底本單稱“迎”字，確有其理據，然不加任何説明，則不便于讀者的理解和使用。

三、關于史書校勘的一點思考

　　以上對于點校本與修訂本的幾處異文作了討論，這些異文的産生大都由于二本整理原則的不同。古籍整理工作的開展與版本源流體系的確定密不可分，而尤以底本的選擇至關重要，一旦選定底本，一般原則是底本不誤則不予校改，對于底本的改動需要有較爲充分的依據。因點校本秉持“不主一本，擇善而從”的原則，對于同一底本的改動顯然更多，其弊端在于僅由一人整理，有些校改未免過于主觀，甚而出現“過度校勘”，其最終定本體現的是點校者本人的取向，現今古籍整理已經很少採用此種方式。修訂本以百衲本爲底本，增加了通校本、參校本等，對于原點校本中一些有關正文的誤校、過度改動或不必出校的校勘記，也做出不少修正。

　　但是，“底本不誤則不予校改”這一原則，在實際的古籍整理過程中施行起來存在模糊不清的地方。當底本與校本、他書資料甚至是底本前後存在難以決斷的異文時，底本異文是否爲誤，這些異文是否兩通，有時依賴于整理者主觀的判斷。如上述關于《宋書·天文志》“天權”與“大權”的討論中，點校本整理者認爲“天權”誤，而修訂本整理者則認爲“天權”不誤。

　　底本不“誤”，但也并不一定就爲“正”，尤其是古詩文的校勘，有時并不能判斷哪一本異文爲誤，哪一本異文應是作者原文，雖然可以從文學欣賞的角度去鑒別作某字、某詞更佳（這樣的文學鑒賞顯然也是帶有主觀性的），然在作者原稿已逝的前提下後人對于詩文

---

① 吳麗娛：《從〈宋書·禮志〉“迎”字校勘看中古帝王婚儀的變更》，見彭林主編：《中國經學》第十五輯，桂林：廣西師範大學出版社，2015年，第109—128頁。

中的很多異文没有辦法單純地依靠校勘去判定"正誤",大多數整理本中還需要説明一本作某、某本作某等。

　　同樣,在史書的整理過程中,也有不少異文,無法準確地判斷底本有誤,還是别本(他書)有誤。倪其心《校勘學大綱》中曾談及出校的原則,要對異文的質量和疑誤的價值進行恰當的估量,存精去蕪,得要而出。這些依據包括致誤原因、形音特點和校者的學識成就等。① 但是另外,由于文獻性質不同、整理要求或目標不同,以及整理者的學識決斷存在差異等,對于異文的價值判斷及是否出校難免會成爲一個頗爲主觀且難以統一標準的問題。不同的點校者對于校改原則的把握會有出入,甚至同一本書的不同部分(如正史紀傳、志書各有相關領域的學者整理)體現的校改原則也可能有出入,誠如段玉裁所言:"校書之難,非照本改字不訛不漏之難也,定其是非之難。"②

　　應用對校、本校及他校所得出的大量異文,倘若確定遵從底本的情況下,哪些異文還需要出校,是一個古籍整理過程中經常會遇到的問題。在版本體系清晰、底本和校本選擇精當的前提下,對于因語言文字習慣等變化所出現的兩通的異文,不出異文校,自屬應分。而由于史書的内容不同于經部、集部文獻等,體量較大,不少正史成于衆手,其中有一些僅出現過一兩次的專名或是紀年紀月紀日等時間記録,在他書資料或本書前後中會出現異文,依靠單純的版本校難以判定正誤,即有出校的必要。仍以《宋書・禮志》爲例,載晋穆帝升平元年納皇后何氏,由太常王彪之擬定六禮版文,其中問名版文及對答爲:

　　　　次問名版文曰:"皇帝曰,咨某官某姓,兩儀配合,承天統物,正位于内,必俟令族,重章舊典。今使使持節太常某、宗正某,以禮問名。"主人曰:"皇帝嘉命,使者某到,重宣中詔,問臣名族。臣族女父母所生,先臣故光禄大夫雩婁侯楨之遺玄孫,先臣故豫州刺史關中侯惲之曾孫,先臣故安豐太守關中侯叡之孫,先臣故散騎侍郎準之遺女。外出自先臣故尚書左丞(孔)胄之外曾孫,先臣故侍中關内侯夷之外孫女。年十七。欽承舊章,肅奉典制。"(第 367 頁)

　　括號内"孔"字爲據《晋書・禮志下》《通典・禮・嘉禮三》所補,修訂本無此字,且未出校。點校本雖亦未出校,然王仲犖《宋書校勘記長編》則贊同補入"孔"字。③《宋書・禮

　　① 倪其心:《校勘學大綱》,北京:北京大學出版社,2022 年,第 287—292 頁。
　　② 段玉裁著,趙航、薛正興整理:《經韻樓集》卷十二《與諸同志書論校書之難》,南京:鳳凰出版社,2010 年,第 313 頁。
　　③ 王仲犖:《宋書校勘記長編》,第 309 頁。

志》這段文字是現存史料中關于婚禮之問名儀最早的實踐記録，牽涉對《儀禮·士昏禮》所載問名經文含義的理解。自鄭玄以來的經學家對問名所問爲何有不同看法，若"孔"字確爲原文所有，説明當時皇室婚禮的問名儀包含對女方母姓的回答，而這正與孔穎達《禮記正義》對問名的注解相合。有學者在對問名經義的討論中，即認爲《宋書·禮志》"孔"字爲脱文，當補。① 《宋書·禮志》成于《晋書》《通典》之前，在無别本依據的情況下，整理者可依從底本，然而這一異文與經學史上衆説紛紜的問題息息相關，顯然有出校的必要。

再來看本校的例子。筆者在校勘《漢書·天文志》過程中，發現書中關于西漢楚孝王劉囂的繼任者楚懷王之名所述不一，《諸侯王表》于"楚孝王囂"下記録的名字是劉芳："陽朔元年，**懷王芳**嗣，一年薨，亡後。"然《宣元六王傳》所記爲劉文："成帝河平中入朝，時被疾……明年，囂薨。子**懷王文**嗣，一年薨，無子，絶。"而在《漢書·天文志》中，這一人名竟然出現了第三種異文：

　　　　陽朔元年七月壬子，月犯心星。占曰："其國有憂，若有大喪。房、心爲宋，今楚地。"十一月辛未，**楚王友**薨。②

《天文志》所記薨逝的楚王正是陽朔元年繼任劉囂之位的楚王，然其所載之名竟與《漢書》表、傳文皆不同。同一書中同一人之名竟出現三種異文，因其任楚王僅一年，此人生平他事史書無載，即使參閱《漢書》的不同版本和他書資料，也難以判斷孰者爲是。面對這樣的異文，即應當出校記説明以俟考。③ 若遵從底本且不出校，讀者或研究者在資料使用過程中所依據《漢書》內容的不同，則其引文就會出現偏差。④

綜合以上例證可以看出，史書中一些難以判定正誤的異文，倘若全部機械地遵從底本，不加以任何説明，如此處理方式可能陷入過分依賴底本的危險。古書校勘以存真復原爲根本原則，過去"不主一本，擇善而從"的定本校方法有其弊端，今之古籍整理則多採用

---

① 詳參華喆：《〈儀禮·昏禮〉"問名"諸經説探賾——兼議禮教觀念對于經説之影響》，《孔子研究》2023 年第 4 期，第 79—88 頁。
② 以上《漢書》引文分别見載于卷十四、卷八十、卷二十六，第 422、3319、1310 頁。
③ 王先謙《漢書補注》已發現《宣元六王傳》與《諸侯王表》所記楚懷王名不同，其補注有説明，只是王氏未注意到《天文志》所載異文，參王先謙《漢書補注》，上海：上海古籍出版社，2008 年，第 553 頁。然中華書局點校本《漢書》雖以王先謙《漢書補注》爲底本，對這一異文却未出校。
④ 如《開元占經》卷十三引《漢書·天文志》此段天象與史事，《漢書·天文志》"楚王友"，《文淵閣四庫全書》本《開元占經》作"楚王芳"（第 284 頁）。而國家圖書館藏有一時代在四庫本之前的明萬曆年間抄本《開元占經》，則作"楚王交"，此爲誤文，楚地所封諸侯王劉交，時代不合。四庫本之"芳"字很可能爲四庫館臣依據《漢書·諸侯王表》所改，然館臣未察《宣元六王傳》記有此名的異文。《開元占經》在唐以後流傳稀少，現今所見最早的抄本也是成于明代成化、萬曆年間。無論是否能找到《開元占經》此處文字的最早版本，也無法作爲《漢書》校勘的有力證據。

底本校的方法，不輕易改動底本，這毫無疑問應當是古籍整理的基本原則之一。然而對于《宋書》《晋書》這種成書于寫本時代的史書而言，其長期流傳過程中實際上已經經過數次有意無意的校改。我們現今已無法完全還原史書最初的“真實文本”，但是仍可以在適當範圍内保留其“歷史痕迹”，前述有關《宋書·禮志》“迎”字、“孔”字校勘的討論就是有力的證明。這些異文的存在，對歷時角度下的文本形成、流傳與理解提供了重要的綫索，其文獻價值和歷史研究價值不應被輕易抹去，因爲“底本不誤則不予校改”的原則就被人所忽略。清代學者顧千里早已有精辟的總結：“書必以不校校之：毋改易其本來，不校之謂也；能知其是非得失之所以然，校之之謂也。”①“不校”，正對應“不輕改底本”；“校之”，則對應“不過分依賴底本”。出異文校可謂是在“不輕改底本”與“不過分依賴底本”之間取得平衡的一種重要方式，也是今天古籍整理工作者的一個共識。只是古書整理遇到的實際情況更爲複雜，整理本要在多大程度上尊重底本原貌，出校的原則應如何貫徹以免過于繁瑣，還需要更多的實踐與探索。

【作者簡介】羅歷辛，女，1990 年生，福建師範大學文學院講師，主要從事中國古代禮俗文獻研究。

---

① 顧廣圻著，王欣夫輯：《顧千里集》卷十七《禮記考異跋》，北京：中華書局，2007 年，第 265 頁。

讀《元代碑刻輯釋》札記

范志鵬

2022 年 11 月，南京林業大學鄒虎博士《元代碑刻輯釋》①（全五册）出版。該書爲教育部人文社會科學研究青年基金立項資助專案成果、國家古籍整理出版專項經費資助項目，收録元代碑刻七百餘通，每方碑刻配有簡要説明文字，記其刻立時間、地點、存藏情況以及形制、尺寸、書體、撰書人、著録情況等信息，并廣泛吸收前人已有的録文、題跋、碑刻文字彙編等研究成果，加以釋文校勘，補闕辨誤，乃大有功于學林之作。是書之纂，誠如作者所言，是"以一人之心力耳目，求一代碑拓總集"，其資料搜集之艱苦、拓片核驗之辛勞、釋文校勘考索之耗費心神，無不使作爲古籍工作同行且長年涉足碑刻文獻整理的筆者肅然起敬，心有戚戚焉。不過，在使用過程中，筆者也發現了書中某些説明文字、釋字標點等方面的問題。在此不揣固陋，冒昧提出，以供作者參考，亦就教于方家。以下以在原書中出現頁碼先後爲序，將問題一一羅列，原文在前，糾誤在後，并以按語形式附上筆者的簡要考釋。其釋字有脱、誤者，糾誤時相應文字加〇標出；其標點有誤者，則于糾誤文中徑改；其原文、糾誤文中之省略號，是筆者所加，以便略去無關文字，節省篇幅。

1. 第一册《宋德方墓誌》

P65 上半頁第二至六行：披雲老仙，人貌而天，其和也。飲之以不言，其智也。不舍晝夜之源泉，其功也。三洞三十六部，使天下萬世之永傳，是能克而用之，孰察其所以然而然。蓋一毫之微，始得于方寸間，而克養不息，以至彌滿乎。八埏門人數千，咸辱陶甄，或復窺見其一斑，或復望洋而言旋，兹土梗尚未能盡舉，況復道之大全。

標點有誤，應爲：披雲老仙，人貌而天。其和也，飲之以不言；其智也，不舍晝夜之源泉；其功也，三洞三十六部，使天下萬世之永傳。是能克而用之，孰察其所以然而然。蓋一毫之微，始得于方寸間，而克養不息，以至彌滿乎八埏。門人數千，咸辱陶甄，或復窺見其

① 鄒虎輯釋，臧克和審定：《元代碑刻輯釋》，南京：鳳凰出版社，2020 年。下文一律簡稱"《輯釋》"。

一斑，或復望洋而言旋。兹土梗尚未能盡學，況復道之大全。

按：此乃元代全真高道宋德方墓志，篇幅短小，誌文正文爲韻語，基本押平聲"一先"韻，《輯釋》點校者不察，將其點破爲散文。

2. 第一册《帖哥也里可温去思碑》

P155 頁説明文字之刻立年代"至元四年(1267)"有誤。

按：此碑爲獻州民衆在獻州達魯花赤帖哥也里可温去官之後爲其所立之德政碑。署"時至元四年八月既望"，有年號而無干支。有元一代，"至元"年號凡兩見，一爲元世祖忽必烈之至元(1264—1294)，一爲元順帝妥懽帖睦爾之至元(1335—1340)，後世以前至元、後至元區别之。考其碑文云"至元乙亥春，公自京出監是州"，而元世祖至元乙亥爲十二年，元順帝至元乙亥爲元年，二者相距一甲子。既然"去思碑"立碑時間在"至元四年"，則其傳主帖哥也里可温"出監是州"之"至元乙亥"理應是前此不久的元順帝至元元年乙亥，如此則此碑刻立之"至元四年"應爲元順帝至元四年戊寅，即公元 1338 年。

3. 第一册《重修朱太守廟記》

P162 頁説明文字之刻立年代"至元五年(1268)"有誤。

按：此碑署有確切年月，"至元五年歲在己卯孟夏既望，則畢工之歲月也。是歲仲夏上澣記"。此處"至元五年歲在己卯"，爲元順帝至元五年，即公元 1339 年。

4. 第一册《曹世昌墓誌》

P243 上半頁第七、八至九、十三、十五行：謹按曹世係出顓頊之後……自相國參佐漢得天下，封絳侯子孫，散居河東……自幼穎悟，既學涉獵書史，略通大義……時屬軍興，調度百出，悉倚公爲辦疑獄滯訟，隨即裁决，皆得其情。

釋字、標點有誤，應爲：謹按，曹〔氏〕係出顓頊之後……自相國參佐漢得天下，封絳侯，子孫散居河東……自幼穎悟，既學，涉獵書史，略通大義……時屬軍興，調度百出，悉倚公爲辦，疑獄滯訟，隨即裁决，皆得其情。

5. 第一册《田大成墓誌》

P248 上半頁第十四至十五、十七行：五原地隘阻民，依山谷間，盜賊易爲淵藪……公行視地，宜易之，夷近一方便之。

標點有誤，應爲：五原地隘阻，民依山谷間，盜賊易爲淵藪……公行視地宜，易之夷近，一方便之。

6. 第一册《王博文題名碑》

P334 上半頁第一至四行:翌日,率書史相臺韓從益雲卿、書吏河間李祐、祐之奏差真定郭琮瑞之男師道侍款謁岳祠,肅禮而退。從行者本縣達魯花赤、敦武九十縣尹、承事王弼順輔……

標點有誤,應爲:翌日,率書史相臺韓從益雲卿、書吏河間李祐祐之、奏差真定郭琮瑞之,男師道侍,款謁岳祠,肅禮而退。從行者本縣達魯花赤敦武九十,縣尹承事王弼順輔……

7. 第二册《北安王那木罕降香記》

P398 上半頁第二至三行:皇子北安王思以神祇介祉祖考。儲休遺,必闍赤塔納、答思、奧剌赤鄭察罕不花謹以白金、寶幡、香盒等物……

標點有誤,應爲:皇子北安王思以神祇介祉,祖考儲休,遺必闍赤塔納答思、奧剌赤鄭察罕不花,謹以白金、寶幡、香盒等物……

按:必闍赤、奧剌赤皆爲官名,塔納答思、鄭察罕不花皆爲人名。

8. 第二册《輔昌墓誌》

P405 頁與第三册 P948 頁《輔昌墓誌》重出。①

前者刻立年代繫于“至元二十三年(1286)四月”,後者繫于“延祐三年(1316)四月一日”。考之誌文,誌主輔昌卒于“至元庚辰二月七日”,即元世祖至元十七年(1280);其繼室上官氏後其三十五年“當延祐乙卯十月十六日卒”,即元仁宗延祐二年(1315);二人以“丙辰四月癸酉”合葬,即元仁宗延祐三年(1316)。當以後者爲是。

其所配説明文字、墓誌釋文及校勘記内容亦有所不同。前者説明文字記“額楷書橫題‘元故輔君墓誌’”,後者則記“額隸書橫題‘元故耀州同知王公墓誌銘’”,對照墓誌圖版,前者爲是。

按,檢《西安碑林全集》九十五卷“墓誌”,收有《輔昌磚誌》一方,其文曰:

輔昌,京兆北關人,召遠門祖塋咸在。公性直無華,頗義氣。其子孫恒以勤儉爲戒,與今市井人去相遠矣。妻衛氏先卒,次妻尚官氏無恙。子四人:世安、世榮、世忠、道奴;女二

---

① 從所配圖版看,二者顯係同一方墓誌,惟前者圖版稍有漫漶之處,後者清晰無缺。

人,孫男四人。公享年七十有三,以疾卒。至元之庚辰葬長安縣義陽鄉野狐塚,從吉卜也。

綜上可知,輔昌"至元庚辰(1280)二月七日"卒後,即以其年"葬長安縣義陽鄉野狐塚";其繼配上官氏卒"當延祐乙卯(1315)十月十六日",二人"丙辰(1316)四月癸酉"合葬。故輔昌墓誌有先後二方,一是至元庚辰(1280)刻立的磚誌,二是延祐丙辰(1316)刻立的合葬墓誌。

9. 第二册《李圭墓誌》

P664 上半頁第二、六至八行,下半頁第一至二、六行:大德五年十一月一日丙申,先生卒年凡十有七……先生養稟寬恕……嘗注《地理捕龍賦》,述《五姓内外宅纂》,用祛世弊。作詩《誡子弟》曰:"孝則神明祐……茂則家不破,勤則足有餘。若能依此語,何得有疏乎?"……以才行辟憲史令,爲陝西行省掾……善積慶鍾,大康大壽。

釋字、標點有誤,應爲:大德五年十一月一日丙申,先生卒,年〔七〕十有七……先生〔資〕稟寬恕……嘗注《地理捕龍賦》,述《五姓内外宅》,〔纂〕用祛世弊。作詩誡子弟曰:"孝則神明祐……〔義〕則家不破,勤則足有餘。若能依此語,何得有疏〔虞〕?"……以才行辟憲史,〔今〕爲陝西行省掾……善積慶鍾,〔而〕康〔而〕壽。

10. 第二册《劉元振妻郝柔墓誌》

P675 上半頁第九至十、十四至十五、二〇至二一行:間陰畫攻守,綏緝之説,必中幾會……至元戊子,忠惠故文武士合辭曰……大德辛丑七月,以廟妻改未畢,盧其側督之,疾作猶不歸,親賓給以禳祀,乃歸。十一月己酉,終壽七十一。

釋字、標點有誤,應爲:間陰畫攻守,綏緝之,説必中幾會……至元戊子,忠惠故,文武士合辭曰……大德辛丑七月,以廟妻改未畢,〔盧〕其側督之,疾作猶不歸,親賓〔給〕以禳祀,乃歸。十一月己酉終,壽七十一。

P675 下半頁第五至八行:間歲躬省,侍爲常贊。君子内助有聞,教子起家清白,衣幣果脯,寄官所相。屬愛諸孫,嫡庶均一,周恤親舊,家政務大略細,宴享豐絜自奉。僅取適成都,由行省平章而下,咸母事之。哭其喪,皆哀。柩行,傾郭。祖奠,閭巷亦出涕。

標點有誤,應爲:間歲躬省侍爲常,贊君子内助有聞。教子起家清白,衣幣果脯寄官所相屬。愛諸孫嫡庶均一,周恤親舊,家政務大略細,宴享豐絜,自奉僅取。適成都,由行省平章而下,咸母事之,哭其喪皆哀。柩行,傾郭祖奠,閭巷亦出涕。

11. 第二册《盛世忠墓誌》

P698 上半頁第五至七行:每笑曰:"自我得之,自我捐之,無所□□。"旦奇疾,有迎醫入見，先君嘆曰："我生不有命在天，非扁鵲□。"益不食而逝……

　　釋字、標點有誤，應爲：每笑曰："自我得之，自我捐之，無所〔恨〕。"□旦奇疾，有迎醫入見，先君嘆曰："我生不有命在天？〔雖〕扁鵲□益。"不食而逝……

　　P698下半頁第三至四行：不敢乞銘于當世君子，姑誌歲月而納諸幽云。爾男盛興祖泣血謹誌。

　　標點有誤，應爲：不敢乞銘于當世君子，姑誌歲月而納諸幽云爾。男盛興祖泣血謹誌。

12. 第三册《重修香泉寺記》

　　P915上半頁第八至九行：後稠禪師游方飛錫太行申違寺，卅六同日，締構而色身皆現。

　　釋字、標點有誤，應爲：後稠禪師游方飛錫太行〔中〕，〔建〕寺卅六，同日締構而色身皆現。

　　P915下半頁第三至五行：一日招，俄封宰史□信輝州判王琛、郡博胡存誠、鄉士葛榮祖、韓立相謂："吾邦負茲靈異，幸解脱，簪綏累相與要盟，山靈觀真，空度山劫，可乎？"

　　釋字、標點有誤，應爲：一日，招〔儀〕封宰史□信、輝州判王〔琛〕、郡博胡存誠、鄉士葛榮祖、韓立相謂〔□①〕："吾邦負茲靈異，幸解脱簪綏累，相與要盟山靈，觀真空、度山劫，可乎？"

13. 第三册《王世英墓誌》

　　P947上半頁第十一、十四至十五行：越明年，皇子王安西聞公名，召爲王府通事……朝廷命重臣野速兒犒軍，吐蕃陝西行省遣公爲輔行。會羌首爲亂……

　　標點有誤，應爲：越明年，皇子王安西，聞公名，召爲王府通事……朝廷命重臣野速兒犒軍吐蕃，陝西行省遣公爲輔行，會羌首爲亂……

　　P947下半頁第七至九行：臨危蹈難，寇莫敢犯。忠于君兮，辭尊居卑。養志毋違，孝于親兮。壽則匪嗇，位不滿德。在後昆兮，襄陽俊良。朱服銅章，治績聞兮。擾雲有根，達海有源。慶斯存兮，刻銘貞石。藏之玄宅，慰明魂兮。

　　標點有誤，應爲：臨危蹈難，寇莫敢犯，忠于君兮。辭尊居卑，養志毋違，孝于親兮。壽則匪嗇，位不滿德，在後昆兮。襄陽俊良，朱服銅章，治績聞兮。擾雲有根，達海有源，慶斯

---

　　① 細察圖版可知，該碑斷爲兩截，後重新拼接，此字係斷紋通過處，僅殘留部分筆畫，難以辨識。《輯釋》釋文以空白無字處理，不當。

存兮。刻銘貞石,藏之玄宅,慰明魂兮。

按:此銘文用四三句式,每句以語氣助詞"兮"收結,共六句,句式整齊,文義分明。

14. 第三册《張氏墓誌》

P965 上半頁第三行:嫻于婦道,温清寒燠牢醴之養,無不稱愜。

釋字、標點有誤,應爲:嫻于婦道,温〔清〕寒燠,牢醴之養,無不稱愜。

按:温清,語出《禮記・曲禮上》:"凡爲人子之禮,冬温而夏清,昏定而辰省。"

P965 下半頁第一至二行:三年春,次子信奉喪歸陽翟莽潁北舊學鄉之先塋。

釋字、標點有誤,應爲:三年春,次子信奉喪歸陽翟,〔葬〕潁北舊學鄉之先塋。

15. 第三册《重修金口閘記》

P982 上半頁第七至九、十二至十三、十五至十七行:今近北改作二洞,一以閘啓閉。時庶不害,僉謀于義其可,乃上之大司農,升中書省以聞,天子可其議。命下之,日當延祐四年……兖州知州尋敬、提調州吏鹿杲經,始于四年潤正月,成于三月……遂以命德智。德智謝非其人心焉。古而達于詞者,位不尊不□信于人,學不廣不足贍于文,焉敢犯此?不□太監公曰……

釋字、標點有誤,應爲:今近北改作二洞,一以閘啓閉。時庶不害,僉謀于義,[①]其可,乃上之大司農,升中書省以聞,天子可其議。命下之日,當延祐四年……兖州知州尋敬、提調州吏鹿杲,經始于四年潤正月,成于三月……遂以命德智。德智謝非其人,〔必〕焉。古而達于詞者,位不尊不□信于人,學不廣不足贍于文,焉敢犯此不〔贍〕? 太監公曰……

P982 上半頁第二三至二五行:濟寧路兖州達魯花赤那懷、知州尋敬、副達魯花赤伯顔、判官張濟、吏目郭汝賢、兖州嶧陽縣達魯花赤亦實、海□縣尹閆思義、主簿李契良、縣尉陳瑩、典吏鄭章。

釋字、斷句有誤,應爲:濟寧路兖州達魯花赤那懷、知州尋敬、副達魯花赤伯顔、判官張濟、吏目郭汝賢、兖州嶧陽縣達魯花赤亦實海□、縣尹閆思義、主簿李契良、縣尉陳瑩、典〔史〕鄭章。

按:揆諸史實,元代兖州下轄嶧陽、曲阜、泗水、寧陽四縣,并無"海□縣"。金口閘地屬嶧陽,碑末例署兖州及嶧陽縣兩級官員名銜,不應有他縣官員竄入。故可知《輯釋》標點有誤。此"亦實海□"應是時任嶧陽縣達魯花赤的名字,而時任嶧陽縣尹爲閆思義。

---

① 此"義"字是人名,即碑末署名之兖州嶧陽縣尹閆思義。

16. 第三册《程鉅夫妻徐氏追封碑》

P1012 上半頁第五至六行,下半頁第二行:既追榮祖彌,遂□□□室徐君爲楚國夫人……湯沐肇封,配徹侯邦君之爵。

釋字有誤,應爲:既追榮祖〔禰〕,遂□□□室徐君爲楚國夫人……湯沐肇封,配徹〔侯〕邦君之爵。

17. 第三册《郭宗敏墓誌》

P1016 上半頁第八至九行,下半頁第一至二行:或問以禍福,應對游刃,肯綮若先知焉。其行己勤静語默,一以禮節自律……嗚呼!鬚鬢鬒,不垂素。幾耳順,以五年未至,而遽罹此大故。

釋字、標點有誤,應爲:或問以禍福,應對游刃肯綮,若先知焉。其行己〔動〕静語默,一以禮節自律……嗚呼!鬚鬢鬒不垂素幾耳順,以五年未至而遽罹此大故。

按:所謂"鬚鬢鬒不垂素幾耳順",意謂誌主郭宗敏養生有道,年近耳順,猶鬚髮濃黑,不顯老態。

18. 第三册《尚好信墓誌》

P1091 上半頁第十至十一、十三至十四行,下半頁第五至六行:彦誠恒以奉親,甘旨不豐爲愧,乃降志爲商販貨殖事……逮至暮年,財贏意滿而能崇謙,抑絶鄙習……見其臨事慎重,不苟度,可乃爲之。

標點有誤,應爲:彦誠恒以奉親甘旨不豐爲愧,乃降志爲商販貨殖事……逮至暮年,財贏意滿,而能崇謙抑,絶鄙習……見其臨事慎重不苟,度可,乃爲之。

19. 第三册《許公鼎墓誌》

P1194 上半頁第一至三、四至五、九行:祖仲淵,諱沅,材識雄偉,當將器之羅,而官諸卿郡幕,實大其門。考明甫,諱顯,爲許氏宗子。介直樂善,方壯歲,即以公薦嗣己,而生子輒,蚤逝……人謂非善,不善之積,蓋先世卜葬美有未全之所致……二公少負剛直之氣……而叔父勉。齋翁暨二弟,又匡維之于外……

釋字、標點有誤,應爲:祖仲淵,諱沅,材識雄偉,當〔路〕器之,羅而官諸卿郡幕,實大其門。考明甫,諱顯,爲許氏宗子。介直樂善,方壯歲,即以公〔爲〕嗣,〔己〕而生子,輒蚤逝……人謂非善不善之積,蓋先世卜葬美有未全之所致……〔云〕公少負剛直之氣……而叔父勉齋翁暨二弟又匡維之于外……

20. 第三册《曹元用墓誌》

P1201 上半頁第十八至十九行，下半頁第七至九、十四至十六行：臺官聞其鯁介，辟令使，庭參中丞以下離席答拜，公辭謝……以故舉人或嘗奴僕、贅婿蒙古、色目，即冒主父、外舅，貫實籍南，曰："吾祖考嘗在北齒，未及輒僞，增之考官閲程文困頓，多不披覽……"河南、陝西、河東、燕南、東平、濟南、遼陽宜依兩都比朝廷，選考官一，先期馳傳往其所……

標點有誤，應爲：臺官聞其鯁介，辟令使，庭參，中丞以下離席答拜，公辭謝……以故舉人或嘗奴僕、贅婿蒙古、色目，即冒主父、外舅貫，實籍南，曰："吾祖考嘗在北。"齒未及，輒僞增之。考官閲程文困頓，多不披覽……河南、陝西、河東、燕南、東平、濟南、遼陽宜依兩都比，朝廷選考官一，先期馳傳往其所……

21. 第四册《孝烈將軍祠像辨正記》

P1303 上半頁第二至三行：世傳可汗募兵，孝烈痛父耄贏，弟妹皆稚駭，慨然代行。

釋字有誤，應爲：世傳可汗募兵，孝烈痛父耄〔羸〕，弟妹皆稚〔騃〕，慨然代行。

按：耄羸謂其父年老體衰，稚騃謂其弟妹年幼無知，作"耄贏""稚駭"則不辭。

P1303 上半頁第十一至十五行：微將軍以勞定國，有大功于一方之民，數百年之下，斷斷乎不得預祀典，享血食，此元儒故太子贊善劉庭直所|撰|完碑。睢陽境南，東距八十里曰營廓，此元儒故太子贊善劉庭直所撰完碑。睢陽境南東距八十里曰營郭，即古亳方城，孝烈之故墟也。

録文、釋字有誤，應爲：微將軍以勞定國，有大功于一方之民，數百年之下，斷斷乎不得預祀典，享血食，此元儒故太子贊善劉庭直所撰完碑。睢陽境南，東距八十里曰營郭，即古〔亳〕方城，孝烈之故墟也。

按：《輯釋》此段文字中"此元儒故太子贊善劉庭直所撰完碑。睢陽境南，東距八十里曰營廓"數句重出。

22. 第四册《黃妙真墓記》

P1346 上半頁第一行：繼母孺人黃氏，世居撫順川縣興壽鄉下車里。

釋字有誤，應爲：繼母孺人黃氏，世居撫〔臨〕川縣〔長〕壽鄉下車里。

按："撫順川縣"，作地名解釋不通。明洪武十七年（1384）築撫順城，此爲"撫順"得名之始，撫順亦無川縣；"撫臨川縣"，即元代之撫州臨川縣，今爲撫州市臨川區。觀此墓記形制，亦與撫州一帶出土之宋元民間壙誌、內碑等風格相類。

P1346 下半頁第二至三行：先君諱汝安，葬龍兩峰，其世次行事共載子墓中。

釋字有誤，應爲：先君諱汝安，葬龍〔雨〕峰，其世次行事〔具〕載〔于〕墓中。

23. 第四册《請亮公住持法王寺疏》

P1361 上半頁第二至四、五至六行：伏以虎體元班，何必重添；紋綵驪珠，不冗直須。特地針錐，蓋無師之智，悟必因師。然出鑛之金，餘無重鑛。况法王之師席，實洛水之聞，藍不遇當人，孰弘斯道？……四遠籬籠，渾不顧崧高，一唤便回頭。

標點有誤，應爲：伏以虎體元班，何必重添紋綵；驪珠不〔穴〕①，直須特地針錐。蓋無師之智，悟必因師；然出鑛之金，餘無重鑛。况法王之師席，實洛水之聞藍。不遇當人，孰弘斯道……四遠籬籠渾不顧，崧高一唤便回頭。

按：此疏除首尾二句外，皆用駢句，兩兩相對，《輯釋》不察，點破爲散文。

24. 第四册《韓允直墓誌》

P1369 上半頁第四、十三至十五行，下半頁十二至十三、十四行：曾祖避金亂圖，永宗祀誠，六子逃難各異方……凡憲綱疏密，知無不言，言無不盡，惟不務苛刻，尚寬簡聯署。服其老成，以徹宸聽，謂得御史，體除江東，僉憲官，以奉議大夫到任。未久，上章乞老，朝議弗允，進亞中大夫，復前職。移海北廣東道省風，歷屬郡，涉險艱，冒炎瘴，是用得疾……攬轡之滂，埋輪之綱……耆艾兮敦厖，足以藹祖宗之餘芳。

釋字、標點有誤，應爲：曾祖避金亂，圖永宗祀，〔誠〕六子逃難各異方……凡憲綱疏密，知無不言，言無不盡，惟不務苛刻，尚寬簡，聯署服其老成，以徹宸聽，謂得御史體。除江東僉憲，官以奉議大夫。到任未久，上章乞老，朝議弗允，進亞中大夫，復前職。移海北廣東道，省風歷屬郡，涉險艱，冒炎瘴，是用得疾……攬轡之滂，埋〔輪〕之綱……耆艾兮敦〔厖〕，足以藹祖宗之餘芳。

25. 第四册《劉逵墓誌》

P1375 頁說明文字之刻立年代"（後）至元二年（1337）"有誤：考之誌文"至元三年七月八日奉訓大夫同知平凉府事致仕劉公以疾卒于家，得年七十有七，卜以明月五日葬于長安縣小郭里之先塋"，可知該誌之刻立在至元三年（1337）。

---

① 不穴：語出宋釋正覺《頌古一百則》："圓珠不穴，大璞不琢，道人所貴無棱角。"

按,該墓誌記劉逵"至元三年七月八日"卒,"明月五日"葬,有年號而無干支,亦無其他明確時間記載,似難遽斷其爲前至元或後至元,唯其撰書者署"魯齋書院山長王通",查魯齋書院爲紀念元代大儒許衡(號魯齋)而建,共有三處,關中之魯齋書院延祐二年(1315)創立于奉元路咸寧縣,故此誌之"至元三年"應屬後至元無疑。

26. 第四册《内鄉縣創建延壽寺記》

P1393 上半頁第七至十行:其間相繼住院之僧暫來而倏往,未聞有怕心者,是以院門不振石破底。竹林寺正覺大師貴講主年高德邵,僧俗推服。延祐之初,達魯花赤僧住忠翊、縣尹陶承事、主簿趙登仕郎續到任……

釋字、標點有誤,應爲:其間相繼住院之僧暫來而倏往,未聞有〔恒〕心者,是以院門不振。石〔坡〕底竹林寺正覺大師貴講主年高德邵,僧俗推服。延祐之初,達魯花赤僧住忠翊、縣尹陶承事、主簿趙登仕〔節〕續到任……

27. 第四册《廣惠碑》

注釋有誤。P1424 上半頁第十七至二二行:迨及前宋崇寧初,旱既大甚,宰河邑陳公崇禱于祠下,虔求再拜曰:"崇忝牧民官也,遇此大旱,不職之罪,當及崇躬。"懇禮既畢,天油然作雲,沛然下雨,霑需告足,歲乃大豐。州牧具聞于朝廷,敕賜静應廟爲額。厥後,政和元年夏大雩,邦守李公徽猷罕憂不暇食,思不遑寐,率僚屬禱于祠下曰:"苗盡槁矣,神將無以爲依,人將無以爲食,不敢不告,守土有罪,殃及崇躬。"

碑文中"殃及崇躬"之"崇",因泐蝕嚴重已無從辨識,爲《輯釋》作者根據文意所補。理由見于其文後注釋"一〇":

此處拓本泐蝕,僅存上隅筆畫,字形難辨。按其當爲"崇"字,前文禱辭"不職之罪,當及崇躬",與此處"守土有罪,殃及崇躬"句式及義旨相類,是爲旁證。

按:"不職之罪,當及崇躬"之"崇",乃時任河内縣宰陳崇自稱,下文政和元年邦守李徽禱辭曰"守土有罪,殃及□躬",其泐蝕之缺文,若據前文相類之句型,則應爲"徽"字,或徑作缺字符"□"處理亦可。故《輯釋》所作注釋"一〇"之論據及結論均誤。

28. 第四册《忽失歹碑》

P1453 上半頁第六至七行:公名忽失歹……世居龍池河隸潤里,于大王位下,職統軍百夫長。

標點有誤,應爲:公名忽失歹……世居龍池河,隸潤里于大王位下,職統軍百夫長。

按:碑原文"澗里"抬行,可見"澗里于"應是人名,位居王爵,故抬行以示尊崇。

P1453 上半頁第十至十一行:金平,廼卜□□□家有妻撒兒赤,生男二人,長忽失歹,即公也。

釋字、標點有誤,應爲:金平,廼卜〔夏〕□□家〔焉〕。妻撒兒赤,生男二人,長忽失歹,即公也。

29. 第四册《韓立墓誌》

P1482 上半頁第四至五行:叔氏者,嘗受學于密齋史先生,□其霑丐。

釋字有誤,"丐"應爲"丐"。

按,墓誌原文不誤。《新中國出土墓誌》收録此誌,其釋文即作"丐"。①

P1482 上半頁第十二至十三行,下半頁第一行:參知政事王公,郡巨族也,公患其先塋將不能容昭穆之序,君有田二十畝環其塋,願爲廣之,而力辭。其直閭里。有貧病者輒賙貨爲湯藥之費……

標點有誤,應爲:參知政事王公,郡巨族也,公患其先塋將不能容昭穆之序,君有田二十畝環其塋,願爲廣之,而力辭其直。閭里有貧病者,輒賙貨爲湯藥之費……

按,《新中國出土墓誌》釋文此處標點無誤,然誤"里有貧病"之"貧"爲貪。

P1482 下半頁第四至五行:禮部尚書、泂溪王公爲文以紀其實,題曰"孝友",敦化詩序,賢士大夫歌詠成軸,今藏于家。

標點有誤,應爲:禮部尚書、泂溪王公爲文以紀其實,題曰"孝友敦化詩序"。賢士大夫歌詠成軸,今藏于家。

按,《新中國出土墓誌》釋文該處標點不誤。聯繫上下文,"孝友敦化詩序"乃禮部尚書王公爲韓立所作紀實文之題目,不可裂爲兩橛。

30. 第四册《钱熙祖墓誌》

P1537 上半頁第九行,下半頁第一行:吾非嗜酒也,意有所寓焉。爾苟一日忘酒,則吾將死矣。

標點有誤,應爲:吾非嗜酒也,意有所寓焉爾。苟一日忘酒,則吾將死矣。

P1537 下半頁第二行:將卒,沂等忽痛泣侍,庶幾有遺言。

---

① 見中國文物研究所、河南省文物研究所編:《新中國出土墓誌·河南壹·下》,北京:文物出版社,1994 年,第51 頁。

釋字有誤，"忽"應爲"忍"。

31. 第四册《安公提點行實記》

P1559 上半頁第三行：粵以漚滅漚生終乎，不離于性海；雲來雲去，到頭豈別于禪天。

標點有誤，應爲：粵以漚滅漚生，終乎不離于性海；雲來雲去，到頭豈別于禪天。

按，此爲駢句，上四下七，兩兩相對。

32. 第四册《明心普照大師俊公塔銘》

P1585 上半頁第五至九、十九行：時節既至，風火難留。法身元□太虚空，□□要歸無□□。一路向什麽處進步，良久，云："流水下山非有意，白雲歸烟本無心。"大衆且還，識僧□龍花會上俱透牢關，般若光中□一鼻孔。來時難未同來，去時今返同去。人人禪學麒麟，个个叢林獅子……賜講主并闍梨一十三員……

釋字、標點有誤，應爲：時節既至，風火難留。法身〔無〕〔礙〕，太虚空□。□要歸無，□□一路。向什麽處進步，良久云："流水下山非有意，白雲歸〔洞〕本無心。"大衆且還識僧□？龍花會上俱透牢關，般若光中〔共〕一鼻孔。來時〔雖〕未同來，去時今返同去。人人禪學麒麟，个个叢林獅子……賜講主并〔闍〕梨一十三員……

33. 第五册《莫簡墓誌》

P1619 上半頁第二至三行：祖迪，祖妣李氏；考祺，妣田氏。妻邢氏。用公貴，咸授三品，封贈冢子浩蔭七品流官。

標點有誤，應爲：祖迪，祖妣李氏；考祺，妣田氏；妻邢氏。用公貴，咸授三品封贈。冢子浩，蔭七品流官。

34. 第五册《文正書院碑》

P1629 頁説明文字"干文傅書丹"，"傅"應爲"傳"。

P1630 上半頁第八至九、十八至十九行：衆謂不可以無紀，而祁也幸際其會，宜爲文辭。既不獲，則取其家傳而徵之……延安定胡公入大學爲學者師。

釋字、標點有誤，應爲：衆謂不可以無紀，而祁也幸際其會，宜爲文，辭既不獲，則取其家傳而徵之……延安定胡公入〔太〕學爲學者師。

35. 第五册《石門寺重修廟宇記》

P1640 上半頁第二至三、四至六行，下半頁第一至二行：自年二十二歲出家訓到，法名智成。行化到安丘界石澗營彌陀院，虔心燭燃一指，修□佛殿……天淖燃其一指，得汩遷于本院□□。天淖法心于朱王廟前衆衆，拾其一指，竜王殿前燒其一指。于至正六年，天淖對耆老人等禱祝竜神，拾其一指……後開荒作藝，修蓋莊宅，孳畜曾容，但各全元，皆拖龍神神勢皓大，以問于后。

釋字、標點有誤，應爲：自年二十二歲出家，訓到法名智成。行化到安丘界石澗營彌陀院，虔心燭燃一指，修〔蓋〕佛殿……天淖燃其一指，得汩〔還〕于本院□□。天淖法心于朱王廟前衆衆，〔捨〕其一指，竜王殿前燒其一指。于至正六年，天淖對耆老人等禱祝竜神，〔捨〕其一指……後開荒作藝，修蓋莊宅，孳畜曾容，〔俱〕各全元，皆拖龍神神勢皓大，以問于后。

36. 第五册《重修顯靈王廟碑》

P1666 上半頁第五至七、九至十一行：風俗淳樸，信有關王廟存焉。經值年深，不蔽風雨。時則有若卿位下管頌扎安赤愛馬達魯花赤火者，慨然有志，協謀僚友達魯花赤六十耆宿，馬資馬欽，重爲修理……請子馬記勒之于石……愚間而壯之……曹魏擁百萬雄兵，孫吳據江東之阻，王及涿郡，張翼德爲漢之爪牙……

釋字、標點有誤，應爲：風俗淳樸，〔舊〕有關王廟存焉。經值年深，不蔽風雨。時則有若〔御〕位下管〔領〕扎安赤愛馬達魯花赤火者，慨然有志，協謀僚友達魯花赤六十、耆宿馬資、馬欽，重爲修理……請［予〕〔爲〕記，勒之于石……愚〔聞〕而壯之……曹魏擁百萬雄兵，孫吳據江東之阻，王及涿郡張翼德爲漢之爪牙……

P1666 下半頁第二至三、五至七行：而今而後，循古之典史，感于斯抑愈久，思而不能忘，非忠貫乎？天地義淶人心，寧有是耶……其辭曰：昔漢皇以創業垂統兮，穆穆而榮光維繼。世若昭□兮，赫赫而隆昌天錫。以輔之翼之兮，掃除而永褋。

釋字、標點有誤，應爲：而今而後，循古之典，〔莫〕〔盛〕于斯。抑愈久思而不能忘，非忠貫乎天地、義淶人心，寧有是耶……其辭曰：昔漢皇以創業垂統兮，穆穆而榮光。維繼世若昭□兮，赫赫而隆昌。天錫以輔之翼之兮，掃除而永褋。

37. 第五册《玉清宮聖旨碑》

P1718 頁説明文字之刻立年代"至正十五年（1355）"有誤。

按：此聖旨碑刻有聖旨二道，一爲"成吉思皇帝"即成吉思汗關于蠲免丘處機及全真教所屬道觀賦税并加以保護的旨意，末署"癸未年"；二爲皇帝命全真教清和真人尹志平等人，要求其派遣"德行清高道人"赴合剌和林住持道觀之事，末署"乙未年"。此"癸未年"對應到蒙元時期,分别是元太祖(成吉思汗)在位之十八年(1223),元世祖至元二十年(1283),元順帝至正三年(1343),其文既曰"成吉思皇帝",則頒于公元1223年無疑。"乙未年"對應到蒙元時期,分别是元太宗在位之七年(1235),元成宗元貞元年(1295),元順帝至正十五年(1355)。其詔命對象乃是"清和真人尹志平"等人,史載尹志平卒于1251年,則此"乙未年"之聖旨應頒于公元1235年。結合文末署"寓濰樵都真源王可道書丹",考王可道生卒年雖不詳,其生平活動亦在金元之際。又,成吉思汗及元太宗在位期間,尚未定國號爲"元",亦無年號,故此"聖旨"只署干支紀年,若依《輯釋》之説,則應署至正十五年;且元至正年間聖旨制式早已固定,①與此大不相同。

綜上可知,此碑若欲歸于蒙元,則其刻立年代應繫于元太宗七年(1235)爲宜。② 今人著作《元代藝術史紀事編年》《台州編年史》叙及《玉清宫摹刻聖旨碑》即用此説。③

38. 第五册《靈巖寺詩刻》

P1728頁説明文字之刻立年代"至正十六年(1356)三月"有誤。

按:此碑末署有確切年月"至正十五年正旦,當山住持嗣祖沙門靈泉野衲謹書立石",可知此碑之刻立時間爲至正十五年(1355)正月。

P1731下半頁第四行:時弟益男、文炳侍行云。

標點有誤,應爲:時弟益、男文炳侍行云。

古人云"校書如掃落葉,旋掃旋生",言校勘之難也。整理碑刻文獻之難,更甚于校書。碑銘摩崖,或埋于幽谷,或藏于深山,搜訪拓印難也;其文字篆隸真草,時有漫漶缺損,辨識釋讀難也;其内容包羅萬象,多有傳世文獻闕載者,校勘考證難也。《輯釋》以一人之力,不避艱難,廣搜細選,博引旁徵,校釋得當,洵屬力作。筆者忝爲古籍整理隊伍一員,無意于指摘《輯釋》之得失,而願爲"掃落葉"事業略盡綿力焉。

【作者簡介】范志鵬,男,1977年生,文學博士,陝西省社會科學院古籍整理研究所副研究員,主要從事近代文獻和陝西地方文獻研究。

---

① 元中後期蒙文聖旨和漢文詔書開頭都使用"長生天氣力裹,大福蔭護助裹,皇帝聖旨……"的套語。

② 此時金已滅,元未建,在宋爲理宗端平二年。

③ 見佘城編著《元代藝術史紀事編年》,天津:天津人民美術出版社,2017年,第41頁;任林豪、馬曙明編著《台州編年史(第四卷)》,杭州:浙江古籍出版社,2017年,第285頁。